신유형
국어의
정석

KWON LAB

이 책의 차례

제1부 문법

제0장 문법 필수 개념 — 006

제1장 음운론 — 010

제2장 형태론 — 024

제3장 문장론 — 049

제4장 의미론 — 069

제5장 표준 발음법 — 074

제6장 한글 맞춤법 — 083

제7장 로마자 표기법 — 099

제8장 고전 문법 — 102

제9장 언어의 본질 — 108

제2부 독해

제1장 내용일치와 유기성 ········· 116

제2장 제목 및 주제 찾기 ········· 124

제3장 범위·사례형 문제 ········· 129

제4장 접속어 찾기 ········· 133

제5장 빈칸 추론 ········· 136

제6장 순서 맞추기 ········· 142

제7장 설명 방식 ········· 149

제8장 화법·작문 ········· 155

제3부 논리, 강화-약화, 문학 제재

제1장 논리 ········· 166

제2장 강화-약화 ········· 250

제3장 문학 제재 ········· 256

권규호공무원국어

제1부

문법

제0장　문법 필수 개념
제1장　음운론
제2장　형태론
제3장　문장론
제4장　의미론
제5장　표준 발음법
제6장　한글 맞춤법
제7장　로마자 표기법
제8장　고전 문법
제9장　언어의 본질

제 0 장 • 문법 필수 개념

※ 꾸밈의 의미: 한정해 준다 or 구체적으로 설명한다.
예) 새 사람   멋진 사람   모든 사람
     관형사   형용사   관형사
    빠르게 간다 빨리 간다   천천히 간다
     형용사   부사   부사

※ '-이, -히'가 결합하면 용언×

	-고	-아서/-어서	-이	-히
막다	막고	막아서	×	×
먹다	먹고	먹어서	먹이	×
보다	보고	보아서	×	×
기다	기고	기어서	×	×
같다	같고	같아서	같이 (조사 or 부사)	×
빠르다	빠르고	빨라서	빨리	×
천천	×	×	×	천천히

1 품사와 문장 성분

1. 품사 vs 문장 성분

	품사	문장 성분
정의	단어의 갈래	어절의 갈래
찾는 방법	어절에다 조사까지 나눔	어절로 나눔
종류의 개수	5언(체언, 용언, 수식언, 관계언, 독립언) 9사(명사, 대명사, 수사, 동사, 형용사, 관형사, 부사, 조사, 감탄사)	7어(주어, 서술어, 목적어, 보어, 관형어, 부사어, 독립어)

① 세종대왕께서 / 한글을 / 창제하셨다.
    주어   목적어   서술어

② 세종대왕 / 께서 / 한글 / 을 / 창제하셨다.
  명사(체언) 조사(관계언) 명사(체언) 조사(관계언) 동사(용언)

품사는 단어의 갈래로, 어절에다가 조사까지 나누어야 구별할 수 있고, 문장 성분은 어절의 갈래로, 어절 단위로 나누어야 구별할 수 있다. 따라서 ①처럼 어절 단위로 쪼갠 경우에는 문장 성분을 판별할 수 있고, ②처럼 어절에다 조사까지 쪼개면 품사를 판별할 수 있다. 간혹 '세종대왕께서'를 명사라고 구별하는 경우가 있는데, 이는 잘못된 것이다.

▶ 어절 단위로 구별한 후 품사가 무엇인지 말하지 말자. 품사 단위로 말하고 싶으면 반드시 어절에다가 조사까지 쪼갠 다음에 말해야 한다.

2. 품사 구별하기

기능	의미	정의	예시
체언: 활용×, 조사와 결합 가능	명사	사물의 이름	대한민국, 책상
	대명사	명사를 대신하는 말→영어의 인칭대명사와 대응됨	나, 너, 그녀, 이것
	수사	숫자나 순서의 이름	하나, 둘, 첫째, 둘째
용언: 활용 =어간/어미 =기본형	동사	움직임이나 변화를 나타내는 말 (현재형 어미 결합 가능)	가다, 뛰다, 서다
	형용사	성질이나 상태를 나타내는 말 (현재형 어미 결합 불가능)	기쁘다, 슬프다, 빠르다
수식언 (꾸밈O, 활용×)	관형사	체언을 꾸며주는 말	새 옷, 헌 옷, 옛 사람
	부사	체언 외를 꾸며주는 말	더 많다, 아주 맵다
관계언	조사	앞말의 문법적 관계를 표시하거나 뜻을 더해 주는 말	학생이다→서술격 조사 우리의 가방→관형격 조사 은/는, 도, 만, 요→보조사
독립언	감탄사	놀람, 느낌, 부름, 응답 따위를 나타내는 말	아, 오, 네, 아싸…

(1) **체언**: 활용하지 않으며 조사와 결합 가능한 단어들이다. 이에는 명사, 대명사, 수사가 있다.

(2) **용언**: 용언은 활용하는 단어이다. 활용한다는 것은 '먹다, 먹고, 먹니, 먹어라'처럼 문장에서 형태가 바뀔 수 있다는 것이다. 이렇게 활용하면 반드시 어간(=변하지 않는 부분)과 어미(=변하는 부분)로 구분된다. 어떤 용언이든 어간만 또는 어미만 단독으로 존재할 수 없다. 그리고 활용하는 단어는 '-다' 형태로 끝나는 기본형을 가진다.

기본형	연결 '-고'	의문 '-니'	명령 '-어라'
먹 다	먹고	먹니	먹어라
싸우 다	싸우고	싸우니	싸워라

- 어간 = 자음으로 시작하는 어미와 결합했을 때 변화하지 않는 부분
    - 예) 아름답다 - 아름답고, 아름답니, 아름다운 (것)   ∴ 어간은 아름답-
      짓다 - 짓고, 짓니, 지어, 지은 (것)   ∴ 어간은 짓-

▶ 용언 = 활용하는 것 = 문장 속에서 형태 변화 = '어간/어미'로 구분 가능 = 기본형이 있음.

- 동사 - 형용사 구별하기: '판별하다 / 슬퍼지다 / 비슷하다'

먹다			가다		
	과거	먹었다		과거	갔다
	현재	먹는다		현재	간다
	미래	먹겠다		미래	가겠다

동사는 현재형 어미 '-ㄴ/는-'이 결합할 수 있고, 형용사는 그럴 수 없다. '판별하다'는 '판별한다'가 가능하므로 동사, '슬퍼지다'는 '슬퍼진다'가 가능하므로 동사, '비슷하다'는 '비슷한다'가 불가능하므로 형용사이다.

▶ 동사는 현재형 어미 '-ㄴ/는-'이 결합할 수 있고, 형용사는 그럴 수 없다.

※ 용언 우선의 법칙:
① 먹기가 어렵다.   ② 빠른 비행기   ③ 새 삶(cf. 새롭다)   ④ 먹이가 맛있다.
   동사   형용사   관형사   명사

조사와 결합하거나 꾸밈의 기능을 가지고 있어도 활용하면 용언이다. 활용하는지 여부를 알고 싶으면 기본형을 조사해야 한다. ①의 '먹기'는 '먹다'라는 기본형이 있으므로 용언이며 '먹는다'처럼 현재형 어미가 결합 가능하므로 동사이다. 조사가 결합한다고 체언 중 하나인 명사라고 착각해서는 안 된다. ②의 '빠른' 역시 '빠르다'라는 기본형이 있으므로 용언이며 '빠른다'는 불가능하므로 형용사이다. 꾸밈의 기능이 있다고 관형사라고 착각해서는 안 된다. 반면 ③의 '새'는 '-다'로 끝나는 기본형이 없으므로 용언이 될 수 없다. ④의 '먹이'는 '먹다'라는 기본형이 있는 것처럼 보이지만 사실은 그렇지 않다. '-이'나 '-히'로 끝나는 단어들은 결코 기본형을 가질 수 없다. 즉 용언이 될 수 없다. 따라서 '먹이'는 활용할 수 없으나 조사와 결합하므로 명사라고 해야 한다.

▶ 조사와 결합하거나 꾸밈의 기능을 가지고 있어도 활용하면 용언이다. 활용하는지 여부를 알고 싶으면 기본형을 조사해야 한다.
▶ 단 '-이'나 '-히'가 결합하면 절대 용언이 될 수 없다.

(3) **수식언**: 수식언은 활용하지 않으나 꾸밈의 기능을 지닌 단어이다. 꾸미는 단어인 수식언은 꾸며주는 단어인 피수식언을 구체적으로 설명해 주고, 한정(=범위 지정)해 준다. 이런 수식언에는 체언을 수식하는 관형사와 체언 외를 수식해 주는 부사가 있다.
① 나는 밥을 안 먹었다.
              부사

①에서 '안'은 '아니다'가 활용한 것이 아니다. 따라서 용언이 아닌 수식언이며 체언 외를 수식해 주므로 부사이다.

▶ '안 먹는다'에서 '안'은 기본형이 존재하지 않는 부사이다.

(4) **관계언**: 관계언은 다른 말과의 문법적 관계(=문장 성분)를 나타내거나 특정한 뜻을 더해 주는 단어이다. 관계언에는 조사가 있고, 조사는 다시 격 조사와 접속 조사, 보조사로 구분할 수 있다.

(5) **독립언**: 독립언은 다른 단어와 어울리지 않고 독립적으로 쓰이는 단어를 뜻한다.
※ '먹을 것 좀 다오'에서 '것'의 품사는?
명사(∵ '먹을 것(을) 다오'처럼 '것'은 조사와 결합할 수 있고, 활용하지 않으므로 체언이며 명사이다.)

완전학습

품사를 구별할 수 있어야 한다.

001   2014 서울시 9급
다음 예문의 밑줄 친 단어 가운데 품사가 다른 하나는?

―보기―
봄·여름·가을·겨울, 두루 사시(四時)를 두고 자연이 우리에게 내리는 혜택에는 제한이 없다. 그러나 그중에도 그 혜택을 가장 풍성히 아낌없이 내리는 시절은 봄과 여름이요, 그중에도 그 혜택이 가장 아름답게 나타나는 것은 봄, 봄 가운데도 만산(萬山)에 녹엽(綠葉)이 우거진 이때일 것이다.
― 이양하, <신록예찬> 중에서

① 두루   ② 가장   ③ 풍성히
④ 아낌없이   ⑤ 아름답게

002   2018 소방직 9급
밑줄 친 부분의 품사가 다른 하나는?
① 새 신발을 신으니 발이 아프다.
② 과연 우리는 앞으로 어떻게 될까?
③ 그는 해외로 출장을 자주 다닌다.
④ 철수는 이번 시험을 위해 정말 열심히 공부했다.

정답과 해설
001 ⑤ 부사와 부사형 전성 어미가 붙은 용언을 구별하는 문제이다. '아름답게'의 '-게'는 부사형 전성 어미이므로 '아름답게'는 형용사 '아름답다'의 활용형이다.
002 ① '새'는 '신발'을 수식하는 관형사이다. 다른 선택지의 밑줄 친 부분은 모두 부사이다.

완전학습

문장 성분을 정확히 파악할 수 있어야 한다.

003
2018 해양직 2차

다음 문장에서 확인할 수 없는 문장 성분은?

> 영미는 커서 결국 해양경찰이 되었다.

① 주어
② 보어
③ 관형어
④ 서술어

004
2013 서울시 기술직

다음 밑줄 친 단어 중 문장 성분이 다른 하나는?

① 동네에 있는 것은 <u>산이</u> 아니다.
② 바위가 많은 <u>산이</u> 동네에 있다.
③ 철수가 사는 고장에는 <u>산도</u> 많이 있구나.
④ <u>산조차</u> 아름답다니, 이 동네는 정말 좋다.
⑤ <u>산이</u> 있는 곳에 살고 싶다.

3. 문장 성분

종류		의미	예시
주성분	주어	문장의 주체를 나타내는 문장 성분	달이 뜬다. 아리가 밥을 먹었다.
	서술어	주어의 동작, 성질, 상태 등을 서술하는 기능을 하는 문장 성분	철수가 집에 간다. 학생이 글을 읽는다.
	목적어	서술어의 대상이 되는 문장 성분: '을/를'이 있거나 '을/를'과 결합할 수 있는 것 체언+목적격 조사(을/를), 체언+보조사	나는 과일을 좋아한다. 철수는 하나를 배우면 둘은 안다.
	보어	'되다, 아니다' 앞에 '이/가'가 결합한 것	철수는 학생이 아니다. (O) 물이 얼음이 되었다. (O) 물이 얼음으로 되었다. (X)
부속성분	관형어	체언을 수식하는 문장 성분 활용 여부를 따지지 않음	저 아이를 관찰해라. 대한민국의 심장은 서울이다. 붉은 노을이 보인다.
	부사어	용언, 관형어, 부사어, 문장 전체 등을 수식하는 문장 성분 활용 여부를 따지지 않음	로켓이 매우 빨리 날아간다. 장미가 곱게 피었다.
독립성분	독립어	문장의 어느 성분과도 직접적인 관련이 없는 문장 성분	아! 단풍이 곱게 물들었구나.

(1) **주어**: 문장의 주체를 나타내는 문장 성분이다. 서술어가 서술하려는 대상이다.

(2) **서술어**: 주어의 동작이나 성질, 상태를 서술하는 문장 성분이다. 문장의 핵이면서 문장 맨 끝에 오는 문장 성분이다.

(3) **목적어**: 서술어의 대상이 되는 문장 성분으로 '을/를'이 있거나 '을/를'과 결합할 수 있는 문장 성분이다.

(4) **보어**: '되다, 아니다' 앞에 '이/가'가 결합한 문장 성분이다. '이/가' 대신 '으로'가 결합되어 있으면 보어가 아닌 부사어가 된다.

(5) **관형어**: 체언을 꾸며주는 문장 성분이다. 관형사와 달리 활용하는 단어가 오더라도 체언을 꾸며주면 무조건 관형어가 된다.

(6) **부사어**: 체언 외를 꾸며주는 문장 성분이다. 부사와 달리 활용하는 단어가 오더라도 체언 외를 꾸며주면 무조건 부사어가 된다. 부사어를 찾는 게 상당히 어려우므로 문장에서 어떤 문장 성분인지 모르겠는데, 서술어와 연결된다면 부사어라고 생각하면 된다.

(7) **독립어**: 문장에서 독립적으로 존재하는 문장 성분이다.

> ▶ 문장 성분을 따질 때에는 활용하는지 여부를 신경쓰지 않는다.
> ▶ '되다, 아니다' 앞에 '이/가'가 결합하면 보어, '(으)로'가 결합하면 부사어이다.
> ▶ 무엇인지 잘 모르는 문장 성분은 대부분 부사어인 경우이다.

정답과 해설

003 ③ 해당 문장은 '영미는(주어) 커서(부사어) 결국(부사어) 해양경찰이(보어) 되었다(서술어).'의 구조로 되어 있다. 따라서 다음 문장에서 확인할 수 없는 문장 성분은 관형어이다.

004 ① 주어와 보어를 구별하는 문제이다. 보통 주어는 체언이나 명사구, 명사절에 주격 조사인 '이/가, 서, 께서, 에서' 등이 결합한 형태를 취한다. 하지만 주격 조사 대신 보조사가 결합할 수 있으므로 이런 경우에도 본래 문장 성분을 찾아낼 수 있어야 한다.
다른 선택지는 모두 주어이나, '동네에 있는 것은 산이 아니다.'의 '산이'는 보격 조사 '이'가 사용된 보어이다. 서술어 '되다, 아니다'가 사용된 문장에는 보격 조사 '이/가'가 사용된 보어가 존재하므로 주의해야 한다.

2 형태소

1. 형태소
형태소란 **뜻**을 가지고 있는 최소 단위이다.
- 예) 나는   풋나물을   먹었다.

2. 실질 형태소와 형식 형태소
(1) **실질** 형태소: 어휘적 의미를 지닌 형태소('**어간**'은 반드시 실질 형태소이다!)
= **단독** 또는 **조사**와 결합하여 어절 구성○. 단 어간은 무조건 실질.
- 예) 나, 나물, 먹-

(2) **형식** 형태소: 문법적 의미를 지닌 형태소
= **단독** 또는 **조사**와 결합하여 **어절** 구성×.
- 예) 는, 풋-, 을, -었-, -다

> ▸ 실질 형태소는 단독 또는 조사와 결합하여 어절을 구성할 수 있지만 형식 형태소는 그렇지 못하다.
> 단 어간은 어절을 구성할 수 없지만 예외적으로 실질 형태소로 인정한다.

완전학습

형태소를 이해하자.

005 2018 소방직 9급
다음 문장을 형태소 단위로 나눌 때, 적절한 것은?

> 하늘이 맑고 푸르다.

① 하늘이/ 맑고/ 푸르다
② 하늘/ 이/ 맑고/ 푸르다
③ 하늘/ 이/ 맑고/ 푸르/ 다
④ 하늘/ 이/ 맑/ 고/ 푸르/ 다

정답과 해설
005 ④ '형태소'는 뜻을 가지고 있는 최소 단위이다. 따라서 해당 문장은 '하늘/이/맑/고/푸르/다'로 나눌 수 있다. 형태소 단위로 나눌 때는 어간과 어미, 어근과 접사까지 나누어야 한다는 점을 주의해야 한다.

제1장 • 음운론

완전학습
최소 대립쌍을 구별할 수 있어야 한다!

001 2018 경찰직
음운은 의미를 변별해 주는 최소의 단위이다. 다음 중 음운의 유형으로 가장 적절하지 않은 것은?
① '태/테'에서의 모음
② '밤:/밤'에서의 장단
③ '가지/바지'에서의 어두 자음
④ '시름/주름'에서의 첫째 음절

완전학습
자음 표를 정확히 암기할 수 있어야 한다.

002 2013 지방직 9급
조음 기관이 좁혀진 사이로 공기가 마찰하여 나는 소리가 들어 있지 않은 것은?
① 개나리   ② 하얗다
③ 고사리   ④ 싸우다

---

1 음성과 음운

1. 음운의 개념과 종류

(1) 음성과 음운
① 음성: 의사소통을 위해 사람의 발음 기관을 통하여 나오는 물리적 말소리
② 음운: 말의 뜻을 구별하는 소리의 가장 작은 단위, 심리적·추상적 소리

(2) 음운의 종류
① 분절 음운(**음소**): 분절성이 있는 음운
  ㉠ 자음: 조음 시 발음 기관의 **장애**를 받으면서 나는 소리
  ㉡ 모음: 조음 시 발음 기관의 **장애**를 받지 않고 나는 소리
② 비분절 음운(**운소**): 분절성이 없는 음운
  ㉠ 장단: 소리의 **길이**, 모음에서만 나타난다.
    예 말[말:]-참말[참말]
  ㉡ 억양: 말소리의 **높낮이**
※ 최소 대립쌍: **하나**의 음운만 다르고 나머지는 같은 단어의 쌍. 언어의 음운 목록(=자음과 모음)을 파악할 수 있게 하는 것.
  예 곰-공(○)   자다-주다(○)   곰-강(×)

2 국어의 음운 체계

1. 자음

발음 기관의 **장애**를 받으면서 나는 소리

조음 방법		조음 위치	입술 (양순음)	잇몸, 혀끝 (치조음, 설단음)	센입천장 (경구개음)	여린입천장 (연구개음)	목청 (후음)
안울림 소리 (무성음)	파열음 (막았다 터뜨림)	예사소리	ㅂ	ㄷ		ㄱ	
		된소리	ㅃ	ㄸ		ㄲ	
		거센소리	ㅍ	ㅌ		ㅋ	
	파찰음 (파열음 +마찰음)	예사소리			ㅈ		
		된소리			ㅉ		
		거센소리			ㅊ		
	마찰음 (좁은 통로)	예사소리		ㅅ			ㅎ
		된소리		ㅆ			
울림소리 (유성음)	비음(코)		ㅁ	ㄴ		ㅇ	
	유음(혀의 양옆)			ㄹ			

TIP "바닷조개흐 / 마누라야"

정답과 해설

001 ④ 음운의 종류에 대해 묻는 문제이다. '시름/주름'의 첫째 음절은 '시'와 '주'이다. 음절 단위는 음운 단위보다 더 크기 때문에 음운의 유형으로 적절하지 않다. 음운의 유형으로는 분절 음운과 비분절 음운이 있다. 분절 음운은 글자로 표현할 수 있는 음운으로 자음과 모음이 이에 해당한다. 비분절 음운은 글자로 표현할 수 없는 음운으로 장단(길이), 고저(억양), 강약이 이에 해당한다.

002 ① '조음 기관이 좁혀진 사이로 공기가 마찰하여 나는 소리'인 마찰음은 'ㅅ, ㅆ, ㅎ'이므로 실제 발음에서 마찰음이 포함되어 있지 않은 것은 '개나리'이다. 한편 '하얗다'의 경우에는 마찰음이 두 개 들어간 것이 아니다. 음운론은 실제 발음의 양상을 살피므로 '하얗다'의 발음인 [하야타]를 기준으로 하여 마찰음을 찾아야 한다. 따라서 '하얗다'에 사용된 마찰음은 'ㅎ'으로 1개이다.

(1) 울림소리: 성대의 진동을 동반한 소리
  ① 비음(=ㄴ, ㅁ, ㅇ): 코로 기류를 내보내면서 나는 소리
  ② 유음(=ㄹ): 혀의 양옆으로 기류가 통과되는 소리
(2) 안울림소리: 성대의 진동을 동반하지 않은 소리
  ① 파열음(=ㅂ, ㅃ, ㅍ, ㄷ, ㄸ, ㅌ, ㄱ, ㄲ, ㅋ): 기류를 일단 막았다가 터뜨리며 내는 소리
  ② 파찰음(=ㅈ, ㅉ, ㅊ): 파열음과 마찰음의 성격을 함께 갖는 소리
  ③ 마찰음(=ㅅ, ㅆ, ㅎ): 좁은 통로를 지나면서 마찰하는 소리
(3) 삼지적 상관속: 예사소리(=평음) - 된소리(=경음) - 거센소리(=격음)
  → 한국어가 지닌 특질

2. 모음

성대의 진동을 동반한 장애 없이 나는 소리

(1) 단모음: 혀나 입술이 고정되어 한 번에 발음되는 모음

혀의 위치 입술 모양 혀의 높이	전설 모음		후설 모음	
	평순	원순	평순	원순
고모음	ㅣ	ㅟ	ㅡ	ㅜ
중모음	ㅔ	ㅚ	ㅓ	ㅗ
저모음	ㅐ		ㅏ	

TIP 'ㅡ, ㅓ, ㅏ'

* 현재 'ㅔ'와 'ㅐ'를 잘 구별하지 못하는데, 그 이유는 혀의 높낮이와 관련된 자질을 인식하는 게 어렵기 때문이다.

(2) 이중 모음: 혀나 입술이 움직이면서 발음되는 모음. 총 11개
반모음(=반자음)과 단모음이 결합된 것

	ㅣ	ㅟ	ㅔ	ㅚ	ㅐ	ㅡ	ㅜ	ㅓ	ㅗ	ㅏ
j/y계			ㅖ		ㅒ	ㅢ	ㅠ	ㅕ	ㅛ	ㅑ
w계			ㅞ		ㅙ			ㅝ		ㅘ

※ 모음 조화 양상에 따른 모음 분류

양성 모음	ㅏ, ㅗ, ·
중성 모음	ㅣ
음성 모음	ㅓ, ㅜ, ㅡ

완전학습

단모음 표를 정확히 파악할 수 있어야 한다.

003
2014 경찰직 2차

다음의 설명을 고려할 때, 제시된 예들 중에서 이중 모음이 아닌 것은?

> 모음은 소리를 내는 도중에 입술이나 혀가 고정되어 움직이지 않아 소리의 처음과 끝이 동일한 단모음과 입술이나 혀가 움직여서 소리의 처음과 끝이 다른 이중 모음으로 나누어진다.

① ㅕ [여]　　② ㅢ [의]
③ ㅘ [와]　　④ ㅖ [예]

004
2017 국가직 9급

설명이 옳지 않은 것은?
① 'ㄴ, ㅁ, ㅇ'은 유음이다.
② 'ㅅ, ㅆ, ㅎ'은 마찰음이다.
③ 'ㅡ, ㅓ, ㅏ'는 후설 모음이다.
④ 'ㅟ, ㅚ, ㅗ, ㅜ'는 원순 모음이다.

정답과 해설

003 ④ 단모음과 이중 모음을 구별하는 문제이다. 단모음은 'ㅏ, ㅐ, ㅓ, ㅔ, ㅗ, ㅚ, ㅜ, ㅟ, ㅡ, ㅣ'로 10개이다. 따라서 ④번은 단모음이다.

004 ① 자음과 모음의 체계를 확인하는 문제이다. 'ㄴ, ㅁ, ㅇ'은 울림소리 중에서도 코로 기류를 내보내면서 나는 소리인 비음에 속한다. 유음은 혀의 양옆으로 기류를 내보내면서 나는 소리를 뜻하며 'ㄹ'이 이에 속한다.

완전학습

음운의 개수를 정확히 셀 수 있어야 한다.

005 2015 경찰직 2차
<보기>의 문장에서 밑줄 친 부분에 쓰인 우리말 음운은 몇 개인가?

> 보기
> 총알이 창을 <u>깨고 날아갔다</u>.

① 13개　② 14개
③ 15개　④ 16개

006 2018 3월 서울시 7급
<보기> 중 음운변동으로 음운의 수에 변화가 있는 단어를 모두 고른 것은?

> 보기
> ㄱ. 발전　ㄴ. 국화
> ㄷ. 솔잎　ㄹ. 독립

① ㄱ, ㄴ　② ㄱ, ㄹ
③ ㄴ, ㄷ　④ ㄷ, ㄹ

정답과 해설

005 ① '깨고 날아갔다[깨고 나라갇따]'의 음운의 수는 'ㄲ, ㅐ, ㄱ, ㅗ, ㄴ, ㅏ, ㄹ, ㅏ, ㄱ, ㅏ, ㄷ, ㄸ, ㅏ'로 13개이다.

006 ③ '국화'는 [구콰]로 발음된다. 음운의 수가 5개(ㄱ, ㅜ, ㄱ, ㅎ, ㅘ)에서 4개(ㄱ, ㅜ, ㅋ, ㅘ)로 바뀌었다. '솔잎'은 [솔립]으로 발음된다. 음운의 수가 5개(ㅅ, ㅗ, ㄹ, ㅣ, ㅍ)에서 6개(ㅅ, ㅗ, ㄹ, ㄹ, ㅣ, ㅂ)로 바뀌었다.
오답피하기 ㄱ. '발전'은 [발쩐]으로 발음된다. 따라서 음운 변동이 일어나기 전후의 음운의 수가 6개로 동일하다.
ㄹ. '독립'은 [동닙]으로 발음된다. 따라서 음운 변동이 일어나기 전후의 음운의 수가 6개로 동일하다.

---

3 음절과 제약

1. 음절

발음의 최소 단위

2. 음절의 구조

초성, 중성, 종성으로 구성

3. 음절의 제약

(1) **초성**: 자음 1개까지, 단 'ㅇ' 제외
　예) 끝[끋], 앙[앙]

(2) **중성**: 모음, 음절의 핵
　예) 워[워], 원[원], 권[권]

(3) **종성**: 자음 최대 1개까지
　예) 닭[닥], 삶[삼]
　'ㄱ, ㄴ, ㄷ, ㄹ, ㅁ, ㅂ, ㅇ'만, 그 외는 'ㅂ, ㄷ, ㄱ' 중 하나로 바뀜
　예) 박[박], 반[반], 싣다[싣따], 일[일], 밤[밤], 밥[밥], 맛[맏], 방[방], 맞다[맏따], 숯[숟], 부엌[부억], 맡다[맏따], 갚다[갑따], 히읗[히읃], 밖[박], 있다[읻따]

4. 음운, 음절의 개수 세기

(1) 음운의 개수 세기
　① 초성의 'ㅇ'은 zero 음가
　　예) 앙→2개 음운
　② 된소리는 1개
　　예) 꿈→3개 음운
　③ 이중 모음은 1개
　　예) 원→2개 음운
　④ 축약이나 탈락에 주의
　　예) 닭→3개 음운
　⑤ 첨가에 주의
　　예) 솔잎→6개 음운

(2) 음절의 개수: 모음의 개수
　예) 미나리[미나리]→3개, 솔잎[솔립]→2개, 급행열차[그팽녈차]→4개

4 음운 변동

음운 변동이란 특정 환경에서 음운이 다른 음운으로 교체되거나, 탈락하거나, 새로운 음운이 추가되거나, 두 음운이 축약되는 현상을 뜻한다.

1. 음절 끝소리 현상

음절 끝에는 종성에 존재하는 두 가지 제약 조건 때문에 다음의 현상이 나타난다.

(1) **홑받침 규칙**: 음절 끝 자음은 [ㄱ, ㄴ, ㄷ, ㄹ, ㅁ, ㅂ, ㅇ]의 7개 자음만 발음된다는 제약 조건 때문에 생기는 현상(= 칠종성법)

그 외 자음이 올 경우 'ㄱ, ㄷ, ㅂ' 중 하나로 바뀐다.(즉, 파열음 예사소리로 바뀜)

(2) **겹받침 규칙**: 종성부에 자음이 1개만 존재할 수 있으므로 겹받침이 올 경우 하나가 탈락하는 현상 (= 자음군 단순화)

일반적으로 뒤쪽 자음이 'ㅍ, ㄱ, ㅁ'일 때 외에는 앞의 것 발음

- 예) 값[갑], 몫[목], 삶[삼], 맑다[막따]
- 예) '읊다'의 경우: 읊다 → 읖다 → 읖따 → 읍따
                        홑받침 된소리되기 겹받침

cf) '읊다'의 일반적인 음운 변동 순서
    읊다 → 읖다 → 읍다 → 읍따
           겹받침   홑받침 된소리되기

※ 음절 끝소리 규칙의 적용 조건
① 모음으로 시작하는 **형식** 형태소 앞에서는 음절 끝소리 규칙 적용 ×
② 모음으로 시작하는 **실질** 형태소 앞에서는 음절 끝소리 규칙 적용 ○
- 예) 옷+이 → [오시], 닭+이 → [달기], 겉+옷 → [거돋]
 (※연음은 자리를 이동한 것일 뿐 음운의 탈락이 일어난 것이 아니다!)

2. 된소리되기

(1) **된소리되기란?**
된소리가 아닌 것이 된소리로 바뀌는 현상

(2) **된소리되기 조건**
① 안울림소리가 연달아 나타났을 때
- 예) 작다[작:따], 덮개[덥깨]

② 어간 말 자음 'ㄴ(ㄵ)' 또는 'ㅁ(ㄻ)' 뒤
- 예) 감다[감:따], 신지[신:찌], 얹지만[언찌만]

③ 어미 'ㄹ' 뒤
- 예) 할 게 없다[할께업따], 좋을지라도[조을찌라도]

④ 한자어 'ㄹ' 받침 뒤 'ㄷ, ㅅ, ㅈ'
- 예) 갈등(葛藤)[갈뜽]　몰살(沒殺)[몰쌀]　발각(發覺)[발각]
 예외) 몰지각(沒知覺)[몰지각] → 3음절 이상 한자어에서는 수의적!
 ※ 이상의 4가지에 속하지 않으면 사잇소리 현상 예) 손등[손뜽]

※ 한자어란?

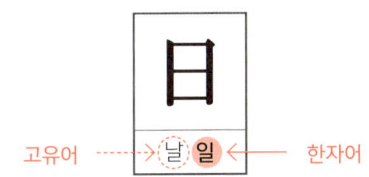

고유어 ┄┄→ 날 일 ←── 한자어

🔖 완전학습

음절 끝소리 규칙과 연음의 차이점을 알고 있어야 한다.

007   자체 문제
다음 중 음절 끝소리 규칙이 적용된 것은?
① 몫이　　② 비옷
③ 앉고　　④ 먹고

🔖 완전학습

된소리되기의 조건을 구별할 수 있어야 한다.

008   2019 국가직 7급
㉠~㉣에 해당하는 예를 바르게 연결한 것은?

> 경음화는 장애음 중 평음이 일정한 환경에서 경음으로 바뀌는 현상이다. 한국어의 대표적인 경음화 유형은 다음과 같다.
> ㉠ 'ㄱ, ㄷ, ㅂ' 뒤에 연결되는 평음은 경음으로 발음된다.
> ㉡ 비음으로 끝나는 용언 어간에 연결되는 어미의 첫소리는 경음으로 발음된다.
> ㉢ 관형사형 어미 '-(으)ㄹ' 뒤에 연결되는 평음은 경음으로 발음된다.
> ㉣ 한자어에서 'ㄹ' 뒤에 연결되는 'ㄷ, ㅅ, ㅈ'은 경음으로 발음된다.

	㉠	㉡	㉢	㉣
①	잡고	담고	갈 곳	하늘소
②	받고	앉더라	발전	물동이
③	놓습니다	삶더라	열 군데	절정
④	먹고	껴안더라	어찌할 바	결석

정답과 해설

007 ② '비옷'은 음절 끝에 'ㄱ, ㄴ, ㄷ, ㄹ, ㅁ, ㅂ, ㅇ' 이외의 자음이 오면 7개의 자음 중 하나로 바뀌는 음절 끝소리 규칙이 적용되어 [비옫]으로 발음된다.

008 ④ ㉠ 먹고: 'ㄱ, ㄷ, ㅂ' 뒤에 연결되는 평음은 경음으로 발음되므로, [먹꼬]로 발음된다. ㉡ 껴안더라: 비음으로 끝나는 용언 어간에 연결되는 어미의 첫소리는 경음으로 발음되므로, [껴안떠라]로 발음된다. ㉢ 어찌할 바: 관형사형 어미 '-(으)ㄹ' 뒤에 연결되는 평음은 경음으로 발음되므로, [어찌할빠]로 발음된다. ㉣ 결석: 한자어에서 'ㄹ' 뒤에 연결되는 'ㄷ, ㅅ, ㅈ'은 경음으로 발음되므로, [결썩]으로 발음된다.

• 신유형 문제

001
다음 글에서 추론한 내용으로 적절하지 않은 것은?

> 말소리는 음성과 음소로 구분될 수 있다. 음성은 사람의 발음 기관을 통해 나는 구체적이고 물리적인 소리이며, 음소는 더 이상 작게 나눌 수 없는 음운론상의 최소 단위이다. 우리는 우리말의 음소에 대한 지식을 바탕으로 '바지'의 '바'와 '지바'의 '바'가 동일하다고 생각한다. 그런데 '바지'의 발음을 음성학적으로 적으면 [padʑi]이고 '지바'의 발음은 [tɕiba]이다. 두 '바'의 'ㅂ'이 [p]와 [b]로 서로 달리 발음되는 것이다. 이는 두 'ㅂ'이 음소는 같지만 음성이 다름을 나타낸다. 두 '지'의 'ㅈ' 역시 [dʑ]와 [tɕ]로 달리 발음된다. 이와 같이 동일한 음소이지만 환경에 따라 달리 실현되어 음성학적으로 구별되는 발음을 변이음이라고 한다.
>
> '가곡'은 [kagok̚]에서는 'ㄱ'의 소리가 세 번 쓰였는데, 각각의 소리들은 그것이 쓰이는 음성적 환경에 따라서 [k]와 [g]와 [k̚]로 각각 다르게 실현된다. 곧 우리나라 사람들이 머릿속에서 인식하는 소리는 모두 /ㄱ/이지만, 실제로 실현되는 물리적인 소리는 [k], [g], [k̚]의 세 가지 소리인 것이다.

① 'ㅂ'과 'ㄱ'은 음성적으로 다르지만 음소적으로는 같다.
② '바지'의 'ㅈ'과 '지바'의 'ㅈ'은 물리적으로 다른 소리이다.
③ '바지'의 'ㅂ'과 '지바'의 'ㅂ'은 음성적으로 다른 소리이다.
④ 한국어 화자는 [k], [g], [k̚]를 모두 같은 소리로 인식한다.

002
다음 밑줄 친 단어 쌍 중에서 ㉠의 사례로 보기 어려운 것은?

> '음운'은 더 이상 작게 나눌 수 없는 음운론상의 최소 단위로, 단어의 뜻을 구별해 주는 기능을 한다. 따라서 어떤 소리가 같은 음운인지 그렇지 않은지 알기 위해서는 그 소리가 단어의 뜻을 구별해 주는지를 알아야 한다. 이를 위해 이용되는 것이 '최소 대립쌍'이다. 최소 대립쌍은 '뿔'과 '불'처럼 두 단어가 같은 위치에 있는 하나의 음운으로 인해 뜻이 구별되는 경우, 이러한 단어의 묶음을 가리키는 말이다. ㉠최소 대립쌍을 통해 구분되는 소리는 모두 음운이 된다.
>
> 음운은 소리의 성질에 따라서 음소와 운소로 나눈다. 여기서 음소는 자음과 모음 같은 분절적 음운이며, 운소는 장단, 고저, 강세, 억양 등의 초분절적인 음운이다. 가령 표기상의 '말'을 [말]과 [말:]로 다르게 발음할 수 있다. 전자는 '짐승'의 의미를 지니고, 후자는 '언어'의 의미를 지닌다. 이처럼 소리의 길이 역시 단어의 뜻을 구별해 주므로 음운에 속한다.

① <u>눈[눈:]</u>이 너무 하얘서 <u>눈[눈]</u>이 아파.
② 사람들은 <u>밤[밤]</u>을 틈타 <u>궁[궁]</u>에 들어가려 했다.
③ <u>강[강]</u>에 교량을 설치하려고 많은 <u>공[공]</u>을 들였다.
④ <u>가을[가을]</u>이 되자 <u>마을[마을]</u>은 한층 더 조용해졌다.

정답과 해설

001 ① 1문단에 따르면 우리는 '바지'의 '바'와 '지바'의 '바'가 동일하다고 생각하지만, 두 '바'의 'ㅂ'은 [p]와 [b]로 서로 달리 발음된다. 이는 음소는 같지만 음성이 다름을 나타낸다. 또한 2문단에 따르면 'ㄱ' 역시 머릿속에서 인식하는 소리는 모두 /ㄱ/이지만, 실제로 실현되는 물리적인 소리는 [k], [g], [k̚]의 세 가지 소리이다. 이때, 'ㅂ'과 'ㄱ'은 서로 다른 음소이다. 따라서 'ㅂ'과 'ㄱ'은 음성적으로 다르고 음소적으로도 다르다고 볼 수 있다.

오답피하기 ② 1문단에 따르면 음성은 사람의 발음 기관을 통해 나는 구체적이고 물리적인 소리이며, '바지'의 'ㅈ'과 '지바'의 'ㅈ'은 [dʑ]와 [tɕ]로 달리 발음된다. 따라서 '바지'의 'ㅈ'과 '지바'의 'ㅈ'은 물리적으로 다른 소리라는 설명은 적절하다. ③ 1문단에 따르면 음성은 사람의 발음 기관을 통해 나는 구체적이고 물리적인 소리이며, '바지'의 'ㅂ'과 '지바'의 'ㅂ'은 [p]와 [b]로 서로 달리 발음된다. 따라서 '바지'의 'ㅂ'과 '지바'의 'ㅂ'은 음성적으로 다른 소리라는 설명은 적절하다. ④ 2문단에 따르면 우리나라 사람들이 머릿속에서 인식하는 소리는 모두 /ㄱ/이지만, 실제로 실현되는 물리적인 소리는 [k], [g], [k̚]의 세 가지 소리이다. 따라서 한국어 화자는 [k], [g], [k̚]를 모두 같은 소리로 인식한다는 설명은 적절하다.

002 ② 1문단에 따르면 ㉠'최소 대립쌍'은 같은 위치에 있는 하나의 음운으로 인해 뜻이 구별되는 단어의 쌍을 말한다. 그러나 '밤[밤]'과 '궁[궁]'은 하나의 음운이 아닌 세 개의 음운에서 서로 차이가 난다. 따라서 해당 단어 쌍은 ㉠'최소 대립쌍'의 사례로 보기 어렵다.

오답피하기 ① '눈[눈:]'과 '눈[눈]'은 소리의 길이, 즉 하나의 음운으로 인해 뜻이 구별된다. 따라서 ㉠'최소 대립쌍'의 사례로 볼 수 있다. ③ '강[강]'과 '공[공]'은 모음 'ㅏ'와 'ㅗ', 즉 하나의 음운으로 인해 뜻이 구별된다. 따라서 ㉠'최소 대립쌍'의 사례로 볼 수 있다. ④ '가을[가을]'과 '마을[마을]'은 첫음절 자음 'ㄱ'과 'ㅁ', 즉 하나의 음운으로 인해 뜻이 구별된다. 따라서 ㉠'최소 대립쌍'의 사례로 볼 수 있다.

003

(가), (나)에 해당하는 음운 변동이 일어나는 단어로 모두 적절한 것은?

> 국어의 음운 변동은 교체, 탈락, 첨가, 축약으로 구분된다. 이 중에 음절의 종성과 관련된 음운 변동으로는 두 가지가 있다.
>
> [가] 첫째, 음절의 종성에 파열음 중 거센소리나 된소리나 마찰음, 파찰음이 올 경우에는 이는 모두 파열음의 예사소리로 교체된다. 종성에서 발음될 수 있는 자음의 종류가 제한되기 때문이다.
>
> [나] 둘째, 음절의 종성에 겹받침이 올 경우, 하나의 자음이 탈락한다. 종성에서 하나의 자음만이 발음되기 때문이다.

	(가)	(나)
①	꽃도	않다
②	옷을	읊다
③	부엌	값을
④	덮다	밟다

정답과 해설

003 ④ (가)는 홑받침 규칙에 대한 설명이고, (나)는 겹받침 규칙에 대한 설명이다. '덮다'의 'ㅍ'은 자음 앞에서 파열음인 [ㅂ]으로 교체되므로 (가)의 예로 적절하다. '밟다'의 'ㄼ'은 자음 앞에서 'ㄹ'이 탈락하여 [ㅂ]으로 발음되므로 (나)의 예로 적절하다.

오답피하기 ① '꽃도'의 'ㅊ'은 자음 앞에서 파열음 [ㄷ]으로 교체되므로 (가)의 예로 적절하다. '않다'의 'ㅎ'은 'ㄷ'과 축약하여 [ㅌ]으로 발음되므로 (나)의 예로 적절하지 않다. ② '옷을'의 'ㅅ'은 모음으로 시작하는 조사 앞에서 그대로 연음되므로 (가)의 예로 적절하지 않다. '읊다'의 'ㄿ'은 자음 앞에서 'ㄹ'이 탈락하여 [ㅂ]으로 발음되므로 (나)의 예로 적절하다. ③ '부엌'의 'ㅋ'은 어말에서 파열음인 [ㄱ]으로 교체되므로 (가)의 예로 적절하다. '값을'의 'ㅄ'은 모음으로 시작하는 조사 앞에서 'ㅅ'이 연음되므로 (나)의 예로 적절하지 않다.

완전학습

1. 동화와 동화가 아닌 것을 구별할 수 있어야 한다.
2. 숨어 있는 음절 끝소리 현상을 찾을 수 있어야 한다.
3. 동화의 방향을 파악할 수 있어야 한다.

009
2013 소방직 9급

다음 중 밑줄 친 단어의 음운 규칙이 다른 하나는?
① 나는 라면의 국물을 다 먹었다.
② 종로로 갈까요, 영등포로 갈까요.
③ 줄넘기를 많이 하니 살이 빠졌다.
④ 빛나는 졸업장을 가슴에 안고 졸업을 했다.

010
2015 법원직 9급

<보기>를 참고했을 때, ㉠과 ㉡이 동시에 드러난 사례를 고르면?

<보기>
㉠음절 끝소리 규칙은 받침 위치에 있는 자음이 'ㄱ, ㄴ, ㄷ, ㄹ, ㅁ, ㅂ, ㅇ'의 7개 자음으로만 발음되는 현상이다. 밖[박], 부엌[부억], 낮[낟], 숲[숩]과 같은 경우를 예로 들 수 있다.
㉡비음화는 비음이 아닌 자음이 비음의 영향을 받아 비음 'ㄴ, ㅁ, ㅇ'으로 동화되는 현상이다. 닫는다[단는다], 접는다[점는다], 먹는다[멍는다]를 예로 들 수 있다.

① 입는다[임는다]　② 돋는[돈는]
③ 낫다[낟따]　　　④ 앞만[암만]

3. 동화 현상

두 음운이 조음 방법이나 조음 위치가 서로 닮게 되는 현상(=비음화, 유음화, 구개음화)

(1) 자음 동화

① 비음화: 비음이 아닌 것이 비음으로 교체되는 현상
　예) 국민[궁민]
　　　종로[종노]
　※ 비음화와 음절 끝소리 규칙 중 음절 끝소리 규칙이 먼저 일어난다.
　　예) 앞문 → [압문] → [암문]

② 유음화: 유음이 아닌 것(=ㄴ)이 유음(=ㄹ)으로 교체되는 현상
　예) 찰나[찰라]
　　　앓는[알른]

(2) 구개음화: 구개음이 아닌 것(=ㄷ, ㅌ)이 조사, 접미사의 'ㅣ' 또는 반모음 'ㅣ'와 만나 구개음(=ㅈ, ㅊ)으로 교체되는 현상
　예) 굳이[구지]
　　　같이[가치]
　　　붙였다[부쳗따]
　※ 현재에도 이북 지방은 구개음화가 적용되지 않는다.

(3) 모음 동화: 'ㅣ' 모음 역행 동화
① 'ㅣ' 모음 역행 동화: 후설 모음(=ㅓ, ㅏ, ㅗ, ㅜ)이 'ㅣ'를 만나 전설 모음(=ㅔ, ㅐ, ㅚ, ㅟ)으로 교체되는 현상. 움라우트, 비표준 발음.
　예) 아기→애기
　　　어미→에미
　　　고기→괴기
　※ 표준어로 인정되는 것: 냄비를 내동댕이치다니 여간내기가 아닌걸

(4) 동화의 종류: 역행/순행/상호, 완전/불완전

| 종로[종노] | 순행, 불완전 | 밥물[밤물] | 역행, 완전 |
| 섭리[섬니] | 상호, 불완전 | 신라[실라] | 역행, 완전 |

(5) 표준 발음으로 인정되지 않는 동화: 조음 위치 동화
① 연구개음화
　예) 숟가락[숙까락]
　　　감기[강기]
② 양순음화
　예) 꽃바구니[꼽빠구니]

정답과 해설

009 ③ '국물[궁물]', '종로[종노]', '빛나는[빈나는]'에서는 비음이 아닌 자음이 비음인 'ㄴ, ㅁ, ㅇ'으로 바뀌는 비음화가 나타난다. 그러나 '줄넘기[줄럼끼]'에는 유음화와 된소리되기가 나타난다.

010 ④ '앞만[암만]'은 ㉠(=음절 끝소리 규칙)에 따라 받침 'ㅍ'이 'ㅂ'으로 바뀌어 [압만]이 되었다가, ㉡(=비음화)에 따라 'ㅂ'이 'ㅁ'의 영향을 받아 [ㅁ]으로 바뀌어 [암만]으로 발음되므로 ㉠과 ㉡이 동시에 드러난다.

4. 음운의 축약

2개의 음운이 1개의 음운으로 줄어드는 현상. 하나로 축약되지만 본래의 음운적 특성이 그대로 살아남게 된다.

(1) 자음 축약(=거센소리되기, 유기음화)(=음운 축약)
  ① 정의: 'ㅎ'이 'ㄱ, ㄷ, ㅂ, ㅈ'과 만나 'ㅋ, ㅌ, ㅍ, ㅊ'으로 축약되는 현상
    예) 몇 해 → [멷 해] → [며태]
         홑받침   축약

(2) 모음 축약(=음절 축약)
  ① 정의: 두 단모음이 만나 하나의 이중 모음으로 합쳐지는 현상
    예) 뜨이다→띄다   먹이어→먹여

5. 음운의 탈락

두 개의 음운 중 하나가 탈락하여 하나가 남는 현상

(1) 자음 탈락
  ① 자음군 단순화: 'ㅍ, ㄱ, ㅁ' 외에는 앞의 것을 발음한다.
  ② 'ㄹ' 탈락
    예) 겨울+-내→겨우내   열+닫이→여닫이   활+살→화살
  ③ 'ㅅ' 탈락
    예) 긋-+-아/어→그어
  ④ 'ㅎ' 탈락
    예) 낳-+-은→[나은]   많-+-아/어→[마:나]

(2) 모음 탈락
  ① 'ㅡ' 탈락: 'ㅡ'는 'ㅏ/ㅓ'로 시작하는 어미 앞에서 탈락
    예) 끄-+-아/어→꺼   쓰-+-아/어→써

※ 축약과 탈락 구별하기: 용언이 나오면 항상 기본형을 파악하고 '막먹보기'를 떠올려라!

따님	다달이	바느질	짐을 놓아
딸+님→'ㄹ' 탈락	달+달이 →'ㄹ' 탈락	바늘+질 →'ㄹ' 탈락	[노아] →'ㅎ' 탈락
맏형	여닫이	의자에 앉히고	슬피 우는 사람
[마텽]→축약	열+닫이 →'ㄹ' 탈락	[안치고]→축약	울+는 →'ㄹ' 탈락
소나무	미닫이	도서관에 들러	반성문을 써라
솔+나무 →'ㄹ' 탈락	밀+닫이 →'ㄹ' 탈락	들르+어 →'ㅡ' 탈락	쓰+어라 →'ㅡ' 탈락
리듬에 맞춰	화살	눈에 띄다	거기 둬
맞추+어→축약	활+살 →'ㄹ' 탈락	뜨+이다→축약	두+어→축약
부나비	마소	딸을 낳아	차지다
불+나비 →'ㄹ' 탈락	말+소→'ㄹ' 탈락	[나아] →'ㅎ' 탈락	찰+지다 →'ㄹ' 탈락

완전학습

축약과 탈락을 구별할 수 있어야 한다. 특히 용언의 축약, 탈락에 주의해야 한다.

011 2013 기상직 9급

밑줄 친 단어 중 다음에서 설명하는 음운 현상이 일어나지 않는 것은?

> 두 음운이 합쳐져서 하나의 음운으로 줄어 소리나는 현상

① 화가 난 지수가 미닫이를 세게 닫으면서 들어왔다.
② 영수는 미술 시간에 국화를 멋있게 그렸다.
③ 맏형인 그는 집안의 모든 일을 책임지고 있다.
④ 영희가 준비물을 책상 위에 놓고 갔다.

012 2015 경찰직 1차

다음 중 밑줄 친 단어에 적용된 음운 변동의 성격이 나머지 셋과 다른 것은?

① 책상 위에 책을 둬.
② 너는 이번 일에 대한 반성문을 써라.
③ 철수가 와서 나는 기분이 좋았다.
④ 밖을 볼 수 없도록 구멍이 막혀 있었다.

013 2012 서울시 7급

다음 중 음운의 변화가 나머지와 다른 것은?

① 국화   ② 바느질
③ 소나무 ④ 들러
⑤ 갔다

정답과 해설

011 ① '국화[구콰]', '맏형[마텽]', '놓고[노코]'에는 음운 축약 중에서도 'ㅎ'과 'ㄱ, ㄷ, ㅂ, ㅈ'이 인접할 때 나타나는 자음 축약이 적용된다. 이와 달리 '미닫이[미:다지]'에는 구개음화가 적용된다.

012 ② '둬', '와서', '막혀'에는 축약이, '써라'에는 탈락이 나타난다. '써라'의 어간 '쓰-'와 명령형 종결 어미 '-어라'가 결합한 것으로, 'ㅡ' 탈락 현상에 의해 '쓰'의 'ㅡ'가 탈락하여 '써라'가 된 것이다.

013 ① 음운 탈락과 음운 축약을 구별하는 문제이다. '바느질', '소나무', '들러', '갔다'는 음운이 결합되는 과정에서 어느 한 음운이 없어지는 음운 탈락이 나타난다. 그와 달리 '국화'는 두 음운이 합쳐져 하나의 음운으로 줄어드는 음운 축약이 나타난다. '국화[구콰]'는 음운 축약에 의해 'ㄱ'이 'ㅎ'과 합쳐져 [ㅋ]으로 줄어들어 소리난다.

완전학습
동모음 탈락을 파악할 수 있어야 한다.

014   2017 서울시 7급
밑줄 친 부분이 <보기>에 해당하지 않는 것은?

> [보기]
> 국어에는 동일한 모음이 연속될 때 하나가 탈락하는 현상이 나타난다.

① 늦었으니 어서 자.
② 여기 잠깐만 서서 기다려.
③ 조금만 천천히 가자.
④ 일단 가 보면 알 수 있겠지.

015   2016 기상직 7급
밑줄 친 부분 중 음운 변동의 성격이 다른 것은?

① 그는 떨리는 마음으로 무대 위에 섰다.
② 그녀는 가운데 과녁을 향해 활을 쐈다.
③ 명절이 되면 부모님을 따라 큰집에 갔다.
④ 우는 아이를 달래기 위해 우스꽝스러운 표정을 지었다.

완전학습
교체, 첨가, 축약, 탈락을 파악할 수 있어야 한다.

016   2014 사회복지직 9급
다음에서 설명하고 있는 음운 변동의 예로 적절하지 않은 것은?

> 음운 변동은 그 결과에 따라 한 음운이 다른 음운으로 바뀌는 교체(交替), 원래 있던 음운이 없어지는 탈락(脫落), 없던 음운이 추가되는 첨가(添加), 두 개의 음운이 합쳐져서 하나로 되는 축약(縮約) 등으로 분류할 수 있다.

① 교체 – 부엌[부억]
② 탈락 – 굳이[구지]
③ 첨가 – 솜이불[솜니불]
④ 축약 – 법학[버팍]

---

② **동모음 탈락**: **동일** 모음이 연속될 때 하나의 모음이 탈락 / 기본형의 어간+어미로 구별한 다음에 어미에 '아/어'를 결합하여 '막먹보기'에 대입시켜 보기

예 집에 가(○)   집에 가서(○)   집에 가자(×)

	-고	-아/-어	-아서/-어서	-자
막다	막고	막아	막아서	막자
먹다	먹고	먹어	먹어서	먹자
보다	보고	보아	보아서	보자
기다	기고	기어	기어서	기자
서다	서고	서어→서	서어서→서서	서자
가다	가고	가아→가	가아서→가서	가자
건너다	건너고	건너어→건너	건너어서→건너서	건너자

※기출 동모음 탈락 판단하기
1. 어간 단독 형태로 보이면 무조건 동모음 탈락
2. '어간+어미'로 분리한 후 '어미'에 '아/어'를 추가해서 '막먹보기'에 대입

- 어서 자 → 동모음 탈락○
- 잠깐만 서서 → 동모음 탈락○
- 천천히 가자 → 동모음 탈락×
- 일단 가 보자 → 동모음 탈락○
- 봄이 가고 → 동모음 탈락×
- 먼저 가도 돼? → 동모음 탈락○
- 학교에 가면 → 동모음 탈락×
- 집에 갔다 → 동모음 탈락○
- 무대에 섰다 → 동모음 탈락○
- 활을 쐈다 → 동모음 탈락×

6. 첨가

(1) 반모음 'ㅣ' 첨가
예 되어[되여]

(2) 'ㄴ' 첨가: 뒷말이 'ㅣ'나 반모음 'ㅣ'로 시작할 때 'ㄴ' 첨가(→수의적, 'ㄹ' 첨가×)
예 솜-이불[솜:니불],
휘발-유[휘발류],
콩-엿[콩녇]

7. 교체(대치)·축약·탈락·첨가 그리고 동화

(1) 교체(대치)·축약·탈락·첨가: '축약, 탈락, 첨가' 아니면 '교체(대치)'

교체(대치)	홑받침 규칙(=음절 끝소리 규칙), 비음화, 유음화, 구개음화, 된소리되기
축약	자음 축약(=거센소리되기), 모음 축약
탈락	겹받침 규칙(=자음군 단순화), 'ㄹ, ㅎ, ㅅ, ㅡ' 탈락, 동모음 탈락
첨가	사잇소리 현상

정답과 해설

014 ③ 다른 선택지와 달리 '조금만 천천히 가자'의 '가자'는 용언 '가다'의 어간 '가-'와 청유의 뜻을 지닌 종결 어미 '-자'가 결합한 형태이므로 모음의 탈락이 나타나지 않는다. '늦었으니 어서자'의 '자'는 '자-'+'-아'의 구조이고, '여기 잠깐만 서서 기다려'의 '서서'는 '서-'+'-어서'의 구조이며, '일단 가 보면 알 수 있겠지'의 '가'는 '가-'+'-아'의 구조로 동모음 탈락이 나타난다.

015 ② '쐈다'는 '쏘-'+'-았-'+'-다'의 형태로, 모음 축약에 의해 '쏘았다'에서 'ㅗ'와 'ㅏ'가 축약되었다. 나머지 '섰다'(서+었+다)는 동모음 탈락, '따라'(따르+아)는 'ㅡ' 탈락, '우는'(울+는)은 'ㄹ' 탈락이 나타난 예이다.

016 ② '굳이[구지]'는 교체 현상에 해당하는 구개음화가 나타나는 단어이다. '굳-'의 'ㄷ'이 접미사 '-이'의 영향을 받아 [ㅈ]으로 바뀌게 된다. 이는 하나의 음운이 다른 음운으로 바뀐 것이므로 교체 현상이며, 탈락 현상이 아니다.

8. 실전 문제 풀이 전략

(1) 음운 변동의 순서

예) 휘발유   훑다   읊다

① 'ㄴ 첨가'부터 먼저 찾아본다.
   예) 휘발뉴

② '홑-된-겹'의 순서를 적용한다.
   예) 훑ㄷ다→훑ㄷ따
   읊다→읍다

③ 최종 발음과 비교한다.
   예) 휘발류 (100% 적용×, '읊다'는 겹-된)

(2) 'ㅎ'의 발음

① 'ㅎ'이 보이면 축약시킬 수 있으면 축약부터

	도출 과정	
	적절○	적절×
	/꽃히다/	/꽃히다/
구개음화 ↓ 사잇소리 현상 (ㅅ, ㄴ 첨가) ↓ 음절의 끝소리 규칙(교체) ↓ 자음 축약 ↓ 된소리되기 ↓ 자음군 단순화 ↓ 장애음의 비음화 ↓ 유음화, /ㄹ/의 비음화	꼬치다	꼳히다 꼬티다 (구개음화) 꼬치다

② 주의해야 할 'ㅎ'의 발음

- 앉던[안턴]
- 닳지[달치]
- 닿소[다쏘]
- 낮 한때[나탄때]
- 놓는[논는]
- 놓아[노아]
- 않는[안는]
- 쌓다[싸타]

완전학습

표기만 보고 교체, 첨가, 축약, 탈락을 파악할 수 있어야 한다.

017 2019 국가직 9급

국어의 주요한 음운 변동을 다음과 같이 유형화할 때, '부엌일'에 일어나는 음운 변동 유형으로 옳은 것은?

변동 전		변동 후
㉠ XaY	→	XbY(교체)
㉡ XY	→	XaY(첨가)
㉢ XabY	→	XcY(축약)
㉣ XaY	→	XY(탈락)

① ㉠, ㉡   ② ㉠, ㉣
③ ㉡, ㉢   ④ ㉡, ㉣

018 2018 국가직 9급

'깎다'의 활용형에 적용된 음운 변동에 대한 설명으로 옳은 것은?

○ 교체: 한 음운이 다른 음운으로 바뀌는 현상
○ 탈락: 한 음운이 없어지는 현상
○ 첨가: 없던 음운이 생기는 현상
○ 축약: 두 음운이 합쳐져서 또 다른 음운 하나로 바뀌는 현상
○ 도치: 두 음운의 위치가 서로 바뀌는 현상

① '깎는'은 교체 현상에 의해 '깡는'으로 발음된다.
② '깎아'는 탈락 현상에 의해 '까까'로 발음된다.
③ '깎고'는 도치 현상에 의해 '깍꼬'로 발음된다.
④ '깎지'는 축약 현상과 첨가 현상에 의해 '깍찌'로 발음된다.

정답과 해설

017 ① 음운 변동의 유형에 대해 묻는 문제이다. '부엌일'은 'ㄴ'이 첨가되어 '부엌닐'이 되고, 받침 'ㅋ'은 자음 앞에서 홑받침 규칙이 적용된 후 뒤에 첨가된 'ㄴ'에 동화되어 [부엉닐]로 발음된다. 홑받침 규칙과 비음화는 ㉠ 교체에 해당하고, 'ㄴ' 첨가는 ㉡ 첨가에 해당하므로 '부엌일'에는 ㉠, ㉡이 일어난다고 볼 수 있다.

018 ① '깎는[깡는]'은 교체 현상이 나타나는 단어이다. 홑받침 규칙에 따라 음절 말 'ㄲ'이 대표음인 [ㄱ]으로 교체되어 [깍는]이 되었다가, 비음화에 의해 'ㄱ'이 'ㅇ'으로 교체되어 [깡는]으로 발음하게 된다. '깎아[까까]'는 종성 'ㄲ'이 연음되어 [까까]로 발음된다. 연음은 탈락이 아니다.

• 신유형 문제

004
다음 글에서 추론한 내용으로 적절하지 않은 것은?

> 동화란 자음이 다른 음운의 영향을 받아 그 소리와 같거나 비슷하게 바뀌는 현상이다. 비음화, 유음화, 구개음화는 대표적인 동화 현상이다. 그런데 동화는 그것이 일어나는 방향에 따라 '순행 동화'와 '역행 동화'로 나눌 수 있다. 순행 동화는 앞소리가 뒷소리에 영향을 미치는 동화이고, 역행 동화는 뒷소리가 앞소리에 영향을 미치는 동화이다. 가령 '불놀이[불로리]'의 경우, 앞의 'ㄹ'이 뒤의 'ㄴ'에 영향을 주어 'ㄹ'로 변화하게 만들었으므로 순행 동화가 된다. 반면 '손난로[손날로]'의 경우, 뒤의 'ㄹ'이 앞의 'ㄴ'에 영향을 주어 'ㄹ'로 변화하게 만들었으므로 역행 동화가 되는 것이다.
>
> 동화는 동화되는 음이 동화에 영향을 주는 음과 가까워지는 정도에 따라 완전 동화와 부분 동화로 나눌 수 있다. 완전 동화는 영향을 주는 음과 변화하는 음이 완전히 같아지는 동화 양상이고, 부분 동화는 영향을 주는 음과 변화하는 음이 완전히 같아지지는 않는 동화 양상이다. 앞서 언급한 것처럼 '불놀이[불로리]'나 '손난로[손날로]'의 경우에는 완전 동화에 속한다. 반면 '강릉[강능]'의 경우, 영향을 주는 음은 'ㅇ'인데, 영향을 받아 변화된 음은 'ㄴ'이므로 부분 동화에 속한다.

① 동화의 방향으로 볼 때 '강릉[강능]'은 순행 동화에 속한다.
② '생산량[생산냥]'은 순행 동화이면서 완전 동화에 속한다.
③ '덮밥[덥빱]'에서 일어나는 음운 변동은 동화로 보기 어렵다.
④ '손난로[손날로]'는 영향을 주는 음과 영향을 받는 음이 완전히 같다.

005
다음 글에 대한 이해로 적절하지 않은 것은?

> 구개음화는 '밭이[바치], 맏이[마지]'처럼 'ㄷ, ㅌ'이 모음 'ㅣ'나 반모음 'ㅣ'로 시작하는 형식 형태소를 만나서 'ㅈ, ㅊ'으로 바뀌는 현상을 말한다. 이러한 까닭 때문에 한 형태소 내에서나 합성어에서는 구개음화가 일어날 수 없다. '묻히다[무치다]'처럼 'ㄷ' 뒤에 접미사 '-히-'가 결합되어 'ㅌ'가 될 때에도 [치]로 발음하며, 'ㅣ'나 반모음 'ㅣ'를 제외한 모음으로 시작하는 형식 형태소 앞에서는 본음 그대로를 뒤 음절 첫소리로 옮겨 발음한다. 그래서 '느티나무'는 [느치나무]로 발음되지 않고 [느티나무]로 발음되고, '견디다' 역시 [견지다]가 아니라 [견디다]로 발음된다.

① '닫히다'에서는 'ㄷ'이 'ㅎ'과 축약된 후 구개음화가 적용되어 'ㅈ'으로 발음된다.
② '붙이다'에서는 'ㅌ'이 'ㅣ'로 시작하는 형식 형태소를 만나서 'ㅊ'으로 발음된다.
③ '버티다'는 한 형태소 내에서 'ㅌ'과 'ㅣ'가 결합하였기 때문에 구개음화가 적용되지 않는다.
④ '홑이불'은 'ㅌ'이 'ㅣ'를 만났지만 'ㅣ'로 시작하는 형식 형태소가 아니므로 구개음화가 적용되지 않는다.

정답과 해설

004 ④ '손난로[손날로]'는 영향을 주는 음은 'ㄹ', 영향을 받는 음은 'ㄴ', 영향을 받아 변화된 음은 'ㄹ'이다. 즉, 영향을 주는 음은 'ㄹ'이지만 영향을 받는 음은 'ㄴ'으로 같지 않다.
오답피하기 ① 1문단에 따르면 순행 동화는 앞소리가 뒷소리에 영향을 미치는 동화이다. '강릉[강능]'은 앞의 'ㅇ'이 뒤의 'ㄹ'에 영향을 주어 'ㄴ'으로 변화하게 만들었다. 따라서 동화의 방향으로 볼 때 '강릉[강능]'은 순행 동화에 속한다는 설명은 적절하다. ② 1문단에 따르면 순행 동화는 앞소리가 뒷소리에 영향을 미치는 동화이며, 2문단에 따르면 완전 동화는 영향을 주는 음과 변화하는 음이 완전히 같아지는 동화 양상이다. '생산량[생산냥]'은 앞의 'ㄴ'이 뒤의 'ㄹ'에 영향을 주어 'ㄴ'으로 변화하게 만들었으며, 영향을 주는 음은 'ㄴ'이고 영향을 받아 변화된 음도 'ㄴ'으로 완전히 같아졌다. 따라서 '생산량[생산냥]'은 순행 동화이면서 완전 동화에 속한다는 설명은 적절하다. ③ 1문단에 따르면 동화란 자음이 다른 음운의 영향을 받아 그 소리와 같거나 비슷하게 바뀌는 현상으로, 비음화, 유음화, 구개음화는 대표적인 동화 현상이다. '덮밥[덥빱]'은 음절 끝소리 규칙에 의해 '덥밥'이 되고, 된소리되기에 의해 [덥빱]으로 발음된다. 이때, 음절 끝소리 규칙과 된소리되기는 교체 현상에 해당한다. 따라서 '덮밥[덥빱]'에서 일어나는 음운 변동은 동화로 보기 어렵다는 설명은 적절하다.

005 ① 제시문에 따르면 구개음화에서 'ㄷ' 뒤에 접미사 '-히-'가 결합되어 'ㅌ'가 될 때에도 [치]로 발음한다. 따라서 '닫히다'에서는 'ㄷ'이 'ㅎ'과 축약되어 '다티다'가 된 후 구개음화가 적용되어 [다치다]로 발음된다.
오답피하기 ② 제시문에 따르면 구개음화는 'ㄷ, ㅌ'이 모음 'ㅣ'나 반모음 'ㅣ'로 시작하는 형식 형태소를 만나서 'ㅈ, ㅊ'으로 바뀌는 현상을 말한다. 따라서 '붙이다'에서는 'ㅌ'이 'ㅣ'로 시작하는 형식 형태소를 만나서 'ㅊ'으로 발음된다는 설명은 적절하다. ③ 제시문에 따르면 한 형태소 내에서는 구개음화가 일어날 수 없다. 따라서 '버티다'는 한 형태소 내에서 'ㅌ'과 'ㅣ'가 결합하였기 때문에 구개음화가 적용되지 않는다는 설명은 적절하다. ④ 제시문에 따르면 구개음화는 'ㄷ, ㅌ'이 모음 'ㅣ'나 반모음 'ㅣ'로 시작하는 형식 형태소를 만나서 'ㅈ, ㅊ'으로 바뀌는 현상을 말한다. 이때, '홑이불'의 '이불'은 실질 형태소이다. 따라서 '홑이불'은 'ㅌ'이 'ㅣ'를 만났지만 'ㅣ'로 시작하는 형식 형태소가 아니므로 구개음화가 적용되지 않는다는 설명은 적절하다.

006

다음 글의 ㉠의 사례가 포함되어 있지 않은 것은?

> 두 형태소가 이어질 때 두 음운이 합쳐져서 하나의 음운이 되는 것을 축약이라고 한다. 이러한 축약은 자음의 축약과 모음의 축약으로 나뉘는데, 이렇게 ㉠축약이 일어날 때에는 원래의 두 음운의 성질을 모두 가진 음운으로 줄어드는 것이 특징이다.
>
> 자음 축약의 경우 '잡히다[자피다], 닫히다[다치다]'처럼 /ㅂ, ㄷ, ㅈ, ㄱ/과 /ㅎ/이 만나면 거센소리인 /ㅍ, ㅌ, ㅊ, ㅋ/으로 축약된다. 한편 모음 축약의 경우 '가지어[가져], 오아서[와서], 두었다[뒀다]'처럼 앞 형태소의 끝모음인 /ㅗ, ㅜ, ㅣ/와 뒤 형태소의 첫 모음인 /ㅏ, ㅓ/가 축약되어 이중 모음으로 바뀐다.

① 김치는 여기에 <u>둬라</u>.
② 일기는 매일매일 <u>써라</u>.
③ 그녀가 <u>와서</u> 기분이 좋았다.
④ 굴뚝이 <u>막혀</u> 연기가 가득했다.

007

다음 글에 대한 이해로 적절하지 않은 것은?

> 국어의 음운 변동은 음운 환경에 따라 일어난다. 자음군 단순화는 종성에서 둘 이상의 자음이 발음될 수 없다는 제약에 의해 일어나는 현상이다. 따라서 자음군 단순화는 연음이 일어날 수 없을 때에만 발생한다. 예컨대 '닭이[달기]'와 같이 뒤 음절이 모음으로 시작하는 경우, 종성의 한 자음이 연음되고 남은 하나의 자음이 종성에서 소리 나므로 자음군 단순화가 일어나지 않는다.
>
> 국어의 대표적인 음운 탈락 현상으로는 이외에도 'ㅎ' 탈락과 'ㅡ' 탈락 등이 있다. 'ㅎ' 탈락은 'ㅎ'으로 끝나는 용언의 어간에 모음으로 시작하는 어미나 접사가 붙으면 어간의 'ㅎ'이 탈락하는 변동이다. 예컨대 '좋아[조:아], 쌓이다[싸이다]'를 들 수 있다. 'ㅡ' 탈락은 두 형태소의 모음과 모음이 이어질 때, 앞의 모음인 'ㅡ'가 탈락하는 현상이다. '끄- + -어라'가 [꺼라]로, '쓰- + -었- + -다'가 [썼다]로 발음되고 표기된다는 점에서 이를 확인할 수 있다.

① 용언 어간의 'ㅎ'은 두 모음 사이에서 탈락할 수 있다.
② '닭이'가 [달기]로 발음되는 것은 탈락 때문이 아니다.
③ 'ㅡ'는 모음으로 시작하는 어미와 결합할 때 탈락할 수 있다.
④ '낳아'의 'ㅎ'은 뒤에 모음으로 시작하는 접사 때문에 탈락한다.

008

다음 글에 대한 이해로 적절하지 않은 것은?

> 자음 'ㅎ'이 종성에 위치하게 되면 [ㄷ]으로 발음된다. 따라서 '놓는[논는]'은 'ㅎ'이 'ㄷ'으로 교체되었다가 뒤에 있는 'ㄴ'에 동화됨으로써 'ㄴ'으로 나타나게 되었다고 설명할 수 있다. 그런데 '히읗이[히으시]'나 '히읗을[히으슬]' 등, 'ㅎ'이 제 음가를 유지하지 못하고 'ㅅ'으로 발음되는 경우도 있다. 이는 예외적인 현상으로 'ㅎ'의 명칭에 모음으로 시작하는 형식 형태소가 결합될 경우에만 나타나는 현상이다. 원래 받침 'ㅎ'은 종성에 위치할 경우 모음으로 시작하는 형식 형태소를 만나면 연음되어야 한다. 가령 '좋아'의 경우 [조:하]라고 발음되는 것이 적절한 것처럼 보인다. 그러나 실제로는 [조:아]라고 발음되는데, 이는 'ㅎ'의 성격 때문이다. 두 모음 사이나 유성 자음과 모음 사이에서 'ㅎ'은 일반적으로 탈락한다. 또한 받침 'ㅎ'은 'ㄱ, ㄷ, ㅈ'으로 시작하는 음절과 만나면 'ㅋ, ㅌ, ㅊ'으로 축약된다.

① '히읗'에 모음으로 시작하는 형식 형태소가 결합하면 'ㅎ'은 'ㅅ'으로 교체되어 발음된다.
② '놓는'에서 'ㅎ'은 음절 끝소리 규칙이 먼저 적용된 후에 동화 현상을 거쳐서 'ㄴ'으로 발음된다.
③ '좋아'의 경우 'ㅎ'은 유성 자음과 모음 사이에 위치하기 때문에 탈락하여 [조:아]로 발음된다.
④ '좋고'의 경우 'ㅎ'은 'ㄱ'과 축약되어 'ㅋ'으로 바뀌어 발음된다.

009

다음 글의 ㉠의 사례로 가장 적절한 것은?

> 두 단어가 결합할 때, 앞말의 끝이 자음이고 뒷말의 첫음절이 '이, 야, 여, 요, 유'로 시작되면 'ㄴ' 소리를 첨가하여 [니, 냐, 녀, 뇨, 뉴]로 발음해야 한다. '밤윷'은 앞말의 끝이 자음이고 뒷말의 첫음절이 '유'인 경우이므로 'ㄴ' 소리를 첨가하여 [밤:뉻]으로 발음해야 한다. 또한 '물약'은 앞말의 끝이 자음이고 뒷말의 첫음절이 '야'인 경우이므로 'ㄴ' 소리를 첨가하여 [물냑]으로 발음해야 한다. 이러한 현상은 두 단어를 한 마디로 발음하는 경우에도 적용된다. 가령 '옷'과 '입다'를 한 마디로 발음할 때는 'ㄴ' 소리를 첨가하여 [온닙따]로 발음해야 한다. 다만, 'ㄹ' 받침 뒤에 첨가되는 'ㄴ' 소리는 'ㄹ'에 동화되어 [ㄹ]로 발음된다. '서울역'은 ㉠'ㄴ' 소리가 첨가된 후 유음화되어 [서울녁→서울력]으로 발음되는 것이다.

① 콩엿
② 나뭇잎
③ 휘발유
④ 솜이불

010
다음 글을 읽고 추론한 것으로 적절하지 않은 것은?

> 우리 국어는 모음 'ㅣ'가 다른 모음과 만날 때 다양한 음운 변동 현상이 나타난다. 예를 들어 '모음 축약', 'ㅣ 모음 순행 동화', 'ㅣ 모음 역행 동화'가 있다.
>
> [가] 모음 'ㅣ'가 다른 모음과 결합하여 이중 모음으로 바뀌는 것을 모음 축약이라고 한다. 이때 결합하기 전의 두 모음은 단모음이다.
>
> [나] 'ㅣ' 모음이 후행하는 모음 'ㅓ, ㅗ'에 영향을 주어 'ㅓ, ㅗ'를 'ㅕ, ㅛ'로 변하게 하는 경우가 있는데, 이를 'ㅣ 모음 순행 동화'라 일컫는다. 이를 반모음 첨가라고 하기도 한다.
>
> [다] 반대로 'ㅣ' 모음이 선행하는 모음 'ㅏ, ㅓ, ㅗ, ㅜ'에 영향을 주어 'ㅐ, ㅔ, ㅚ, ㅟ'로 변하게 하는 경우가 있는데, 이를 'ㅣ 모음 역행 동화'라고 한다.

① '마치- + -어 → [마쳐]'에는 (가)에 해당하는 모음 변동 현상이 반영되어 있다.
② '피- + -어 → [피여]'에는 (가)에 해당하는 모음 변동 현상이 반영되어 있다.
③ '아니- + -오 → [아니요]'에는 (나)에 해당하는 모음 변동 현상이 반영되어 있다.
④ '먹- + -이- + -다 → [멕이다]'에는 (다)에 해당하는 모음 변동 현상이 반영되어 있다.

011
<보기>의 ㉠, ㉡에 해당하는 예로 적절하지 않은 것은?

> ─ 보기 ─
> 음운 변동의 유형으로는 교체, 탈락, 축약, 첨가가 있다. 한 단어가 발음될 때에는 음운 변동 유형 중 ㉠한 가지 유형만 나타나는 경우가 있고, ㉡두 가지 이상의 유형이 나타나는 경우가 있다. 예를 들어, '홑바지[혼빠지]'는 교체라는 한 가지 음운 변동 유형만 나타나지만, '홑이불[혼니불]'은 교체와 첨가라는 두 가지 음운 변동 유형이 나타난다.

	㉠	㉡
①	국민[궁민]	앉다[안따]
②	맏형[마텽]	물약[물략]
③	맨입[맨닙]	바깥일[바깐닐]
④	깎다[깍따]	밝히다[발키다]

012
<보기>를 바탕으로 음운 변동 사례에 대해 이해한 내용으로 적절한 것은?

> ─ 보기 ─
> 교체, 탈락, 축약, 첨가의 음운 변동이 일어나는 경우 음운 개수의 변화가 나타나기도 한다. 먼저 '막일[망닐]'은 첨가 및 교체가 일어나 음운의 개수가 늘었다. 그런데 '몫만[몽만]'은 탈락 및 교체가 일어나 음운의 개수가 줄었고, '뜻하다[뜨타다]'는 교체 및 축약이 일어나 음운의 개수가 줄었다. 한편 '덮는다[덤는다]'는 교체가 두 번 일어나 음운의 개수가 변하지 않았다.

① '볶는[봉는]'은 탈락 및 교체가 일어나 음운의 개수가 한 개 줄었다.
② '넓다[널따]'는 탈락 및 교체가 일어나 음운의 개수가 한 개 줄었다.
③ '밝히다[발키다]'는 탈락 및 축약이 일어나 음운의 개수가 두 개 줄었다.
④ '꽃잎[꼰닙]'은 첨가 및 교체가 일어나 음운의 개수가 두 개 늘었다.

정답과 해설

010 ② (가)는 두 단모음이 축약되는 경우를 설명하고 있고, (나)는 반모음 'ㅣ'가 첨가되는 경우를 설명하고 있다. '피여'는 반모음 'ㅣ'가 첨가되어 [피여]로 발음될 수 있다. 따라서 '피-+-어→[피여]'에는 (가)가 아니라 (나)에 해당하는 모음 변동 현상이 반영되어 있다.
오답피하기 ① '마쳐'를 [마쳐]로 발음하는 것은 모음 'ㅣ'가 'ㅓ'와 결합하여 이중 모음 'ㅕ'로 바뀐 것이다. 따라서 '마치-+-어→[마쳐]'에는 (가)에 해당하는 모음 변동 현상이 반영되어 있다. 다만, 표준 발음법에 따르면 용언의 활용형에 나타나는 '저, 쩌, 쳐'는 [저, 쩌, 처]로 발음해야 한다. ③ '아니오'는 반모음 'ㅣ'가 첨가되어 [아니요]로 발음될 수 있다. 따라서 '아니-+-오→[아니요]'에는 (나)에 해당하는 모음 변동 현상이 반영되어 있다. ④ '먹이다'를 [멕이다]로 발음하는 것은 'ㅣ' 모음이 선행하는 모음 'ㅓ'에 영향을 주어 'ㅔ'로 변하게 하는 경우이다. 따라서 '먹-+-이-+-다→[멕이다]'에는 (다)에 해당하는 모음 변동 현상이 반영되어 있다. 다만, 표준 발음법에 따르면 'ㅣ' 모음 역행 동화'는 원칙적으로 표준 발음으로 인정하지 않는다.

011 ④ '깎다[깍따]'는 홑받침 규칙과 된소리되기가 적용되어 교체만 일어나므로, ㉠에 해당하는 예로 적절하다. '밝히다[발키다]'는 자음 축약이 적용되어 축약만 일어나므로, ㉡에 해당하는 예로 적절하지 않다.
오답피하기 ① '국민[궁민]'은 비음화가 적용되어 교체만 일어나므로, ㉠에 해당하는 예로 적절하다. '앉다[안따]'는 자음군 단순화와 된소리되기가 적용되어 탈락과 교체가 일어나므로, ㉡에 해당하는 예로 적절하다. ② '맏형[마텽]'은 자음 축약이 적용되어 축약만 일어나므로, ㉠에 해당하는 예로 적절하다. '물약[물략]'은 'ㄴ' 첨가와 유음화가 적용되어 첨가와 교체가 일어나므로, ㉡에 해당하는 예로 적절하다. ③ '맨입[맨닙]'은 'ㄴ' 첨가가 적용되어 첨가만 일어나므로, ㉠에 해당하는 예로 적절하다. '바깥일[바깐닐]'은 'ㄴ' 첨가와 홑받침 규칙, 비음화에 의해 첨가와 교체가 일어나므로, ㉡에 해당하는 예로 적절하다.

012 ② '넓다'는 된소리되기(교체)와 자음군 단순화(탈락)에 의해 [널따]로 발음되며, 음운의 개수는 6개에서 5개가 되었다. 따라서 '넓다[널따]'는 탈락 및 교체가 일어나 음운의 개수가 한 개 줄었다는 설명은 적절하다.
오답피하기 ① '볶는'은 홑받침 규칙(교체)과 비음화(교체)에 의해 [봉는]으로 발음되며, 음운의 개수는 6개에서 6개가 되었다. 따라서 '볶는[봉는]'은 교체가 두 번 일어나 음운의 개수는 변화가 없다. ③ '밝히다'는 축약에 의해 [발키다]로 발음되며, 음운의 개수는 8개에서 7개가 되었다. 따라서 '밝히다[발키다]'는 축약이 한 번 일어나 음운의 개수는 한 개 줄었다. ④ '꽃잎'은 'ㄴ' 첨가, 홑받침 규칙(교체), 비음화(교체)에 의해 [꼰닙]으로 발음되며, 음운의 개수는 5개에서 6개가 되었다. 따라서 '꽃잎[꼰닙]'은 첨가 및 교체가 일어나 음운의 개수는 한 개 늘었다.

제 2 장 • 형태론

완전학습

1. 간단한 문장의 형태소 개수를 파악할 수 있어야 한다.
2. 실질 형태소-형식 형태소, 자립 형태소-의존 형태소를 구별할 수 있어야 한다.
3. 실질 형태소이면서 의존 형태소인 것은 '어간'밖에 없음을 알고 있어야 한다.

001 2018 소방직 9급
다음 문장을 형태소 단위로 나눌 때, 적절한 것은?

> 하늘이 맑고 푸르다.

① 하늘이/ 맑고/ 푸르다
② 하늘/ 이/ 맑고/ 푸르다
③ 하늘/ 이/ 맑고/ 푸르/ 다
④ 하늘/ 이/ 맑/ 고/ 푸르/ 다

002 2017 기상직 9급
<보기>에 사용된 단어의 개수와 형태소의 개수를 모두 더하면?

> <보기>
> 이 고기는 매우 기름지다.

① 10   ② 11   ③ 12   ④ 13

003 2017 경찰직 1차
다음 문장에서 실질 형태소이면서 의존 형태소인 것은?

> 저 나뭇잎은 참 빨갛다.

① 저   ② 은
③ 참   ④ 빨갛-

정답과 해설

001 ④ 해당 문장은 '하늘/ 이/ 맑/ 고/ 푸르/ 다'로 나눌 수 있다. 형태소 단위로 나눌 때는 어간과 어미, 어근과 접사까지 나누어야 한다는 점을 주의해야 한다.

002 ③ <보기>를 단어 단위로 나누면 '이(관형사)/고기(명사)/는(보조사)/매우(부사)/기름지다(형용사)'로 분석할 수 있으므로, 단어의 개수는 5개이다. 또한 <보기>를 형태소 단위로 나누면 '이(관형사)/고기(명사)/는(보조사)/매우(부사)/기름(명사)/지-(형용사 파생 접미사)/-다(종결 어미)'로 분석할 수 있으므로, 형태소의 개수는 7개이다. 따라서 단어의 개수와 형태소의 개수를 모두 더하면 12개이다.

003 ④ 실질 형태소는 어휘적 의미를 지닌 형태소를 뜻하며, 의존 형태소는 다른 형태소와 결합해야 쓰일 수 있는 형태소를 뜻한다. 이때, 실질 형태소이면서 의존 형태소인 것은 용언의 어간이다. 따라서 해당 문장에서 실질 형태소이면서 의존 형태소인 것은 '빨갛다'의 어간인 '빨갛-'이다.

---

1 형태소와 단어

1. 형태소
뜻을 가지고 있는 최소 단위

(1) 자립 형태소와 의존 형태소
① 자립 형태소: 자립할 수 있는 형태소(=어절○)
② 의존 형태소: 다른 형태소와 결합해야 쓰일 수 있는 형태소(=어절×)

(2) 실질 형태소와 형식 형태소
① 실질 형태소: 어휘적 의미를 지닌 형태소
② 형식 형태소: 문법적 의미를 지닌 형태소

문장	내가 풋나물을 먹었다.							
형태소 분석	내	가	풋	나물	을	먹	었	다
형태소 개수	①	②	③	④	⑤	⑥	⑦	⑧
자립-의존	자립	의존	의존	자립	의존	의존	의존	의존
실질-형식	실질	형식	형식	실질	형식	실질	형식	형식

(3) 이형태: 하나의 형태소가 환경에 따라서 그 모습을 달리하는 것
① 음운론적 이형태: 음운론적으로 설명이 가능한 이형태(자모, 모음 조화)
  ㉠ '이/가'
    예) 형수가 일을 끝냈다. / 순영이 철희를 사랑했다.
  ㉡ '-아/-어'
    예) 어서 빨리 잡아. / 어서 빨리 먹어.
② 형태론적 이형태: 형태론적으로 설명이 가능한 이형태(특정 단어=하다)
  ㉠ '-았/었- vs -였-'
    예) 막았다 / 먹었다 / 하였다

(4) 형태소 개수 세기
① 문법 개념별 개수 세는 방법

	방법	예시 문장	개수
문장 성분	어절 단위로 나눈다.	우리는 / 긴 / 여름방학을 / 보냈다.	4개
단어	조사를 한 번 더 나눠 준다.	우리/는 / 긴 / 여름방학/을 / 보냈다.	6개
형태소	복합어는 형태소별로 나누고, 용언은 어간, 어미를 구별해서 나눈다.	우리/는 / 길/ㄴ / 여름/방/학/을 / 보내/었/다.	11개

2 각 품사별 특징

1. 명사

사람이나 사물의 이름을 나타내는 말

기준	종류	예시
사용 범위	보통 명사	사람, 책상, 지우개…
	고유 명사	대한민국, 철수, 한강… (인명, 지명, 상호명 등등)
자립성 여부	자립 명사	사람, 책상, 철수, 한강…
	의존 명사	수, 데, 줄, 것, 지…
감정 표현 가능 여부	유정 명사	사람, 어머니, 강아지…
	무정 명사	바다, 돌, 바위, 산…
시각적 인식 여부	구체 명사	사람, 철수, 사탕…
	추상 명사	민주주의, 모음, 사랑…

(1) 의존 명사: 형식성 의존 명사(예 수, 데, 줄, 것, 지…)
　　　　　　　단위성 의존 명사(예 개, 마리, 대…)

① 정의: 자립성이 없어 관형어의 수식을 반드시 받아야 하는 명사
　예 할 수가 없다, 새 것으로 바꿔 와라, 네가 이럴 줄 몰랐다.

② 관형어 뒤면 의존 명사, 체언이나 조사 뒤면 조사, 그 외는 일반적으로 어미
　예 이 사람이 내가 좋아하는 사람이다. ……………………………… 관형사
　　 나를 반겨줄 이 있겠소? …………………………………………… 의존 명사
　예 본 대로 말해야 한다. ……………………………………………… 의존 명사
　　 법대로 살면 된다. …………………………………………………… 조사

③ 자립 명사 중에서는 의존 명사처럼 기능하는 경우도 있음
　예 한 숟가락만 주면 안 돼? ………………………………………… 자립 명사

완전학습

1. 의존 명사와 대명사를 구별할 수 있어야 한다.
2. 의존 명사의 특징을 알고 있어야 한다.

004　　　　　　　　　　　2017 기상직 9급
문장의 밑줄 친 부분 중 품사가 다른 것은?
① 어머니는 당신께서 기른 채소를 종종 드셨어.
② 벌써 거기까지 갔을 리가 없지 않니?
③ 우리가 다니는 학교는 참 시설이 좋아.
④ 대영아, 조기 한 두름만 사오너라.

005　　　　　　　　　　　2017 경찰직 2차
다음 <보기> 중 밑줄 친 단어들에 대한 설명으로 가장 적절한 것은?

―보기―
㉠ 사람을 기르는 것이 중요해.
㉡ 그것은 그가 할 따름이죠.
㉢ 우리가 할 만큼은 했어.
㉣ 선생님 한 분이 새로 오신대요.

① 명사를 대신하여 대상을 가리키는 말이다.
② 사용 범위에 따라 고유 명사와 보통 명사로 나뉜다.
③ 사물의 수량을 가리키는 양수사와 순서를 가리키는 서수사로 나뉜다.
④ 실질적 의미가 희박한 형식성 의존 명사와 수량 등의 단위를 나타내는 단위성 의존 명사로 나뉜다.

정답과 해설

004 ① 밑줄 친 단어 중 '리, 학교, 두름'은 명사이다. 하지만 '당신'은 3인칭 재귀 대명사 '자기'의 높임말이다.

005 ④ <보기>의 밑줄 친 '것, 따름, 만큼, 분'은 자립성이 없어 반드시 다른 관형어의 수식을 받아야 하는 '의존 명사'이다. 선택지 중에서 의존 명사에 대한 설명은 '실질적 의미가 희박한 형식성 의존 명사와 수량 등의 단위를 나타내는 단위성 의존 명사로 나뉜다.'이다.
오답피하기 ③ 사물의 수량이나 순서를 나타내는 '수사'에 대한 설명이다.

완전학습

1. 대명사의 인칭을 구별할 수 있어야 한다.
2. '우리'의 용법 차이를 파악할 수 있어야 한다.
3. '이-그-저'의 의미 차이를 알고 있어야 한다.

006
2017 지방직 9급 2차

㉠~㉢에 대한 설명으로 적절하지 않은 것은?

○ 형님은 ㉠자기 자신을 애국자라고 생각했다.
○ 형님은 ㉡당신 스스로 애국자라고 생각했다.
○ 형님은 ㉢그의 선물을 나에게 주었다.

① ㉠과 ㉡은 모두 형님을 가리킨다.
② ㉠은 1인칭이고 ㉡은 2인칭이다.
③ ㉡은 ㉠보다 높임 표현이다.
④ ㉢은 ㉠과 달리 형님 이외의 다른 대상을 가리킬 수 있다.

007
2014 지방직 7급

대명사 '우리'의 용법이 나머지와 다른 하나는?

① A: 어제는 너한테 미안했어. 우리가 너무 심하게 한 것 같아.
B: 아니야, 내가 잘못했어. 너희 잘못이 아니야.
② A: 어제는 정말 좋았어. 우리가 언제 또 그런 기회를 가질 수 있겠니?
B: 그래, 나도 좋았어. 우리 다음에도 또 그런 자리 마련해 보자.
③ A: 우리는 점심에 스파게티를 자주 먹어.
B: 그래? 우리는 촌스러워서 그런지 스파게티 같은 건 잘 못 먹어.
④ A: 정말 미안하지만 우리 입장도 좀 생각해 줘.
B: 알겠어. 다음에 기회가 되면 도와주길 바랄게.

008
2022 국가직 9급

다음 대화의 ㉠~㉤에 대한 설명으로 적절하지 않은 것은?

이진: 태민아, ㉠이 책 읽어 봤니?
태민: 아니, ㉡그 책은 아직 읽어 보지 못했어.
이진: 그렇구나. 이 책은 작가의 문체가 독특해서 읽어 볼 만해.
태민: 응, 꼭 읽어 볼게. 한 권 더 추천해 줄래?
이진: 그럼 ㉢저 책은 어때? 한국 대중문화를 다양한 시각에서 다룬 재미있는 책이야.
태민: 그래, ㉣그 책도 함께 읽어 볼게.
이진: (두 책을 들고 계산대로 간다.) 읽어 보겠다고 하니, 생일 선물로 ㉤이 책 두 권 사 줄게.
태민: 고마워. 잘 읽을게.

① ㉠은 청자보다 화자에게, ㉡은 화자보다 청자에게 가까이 있는 대상을 가리킨다.
② ㉢은 화자보다 청자에게 멀리 있는 대상을 가리킨다.
③ ㉡과 ㉣은 같은 대상을 가리킨다.
④ ㉤은 ㉠과 ㉢ 모두를 가리킨다.

정답과 해설

006 ② 인칭 대명사에 대한 적절하지 않은 설명을 고르는 문제이다. 재귀 대명사는 일반적으로 3인칭 주어가 사용된 문장에서 나타난다. 따라서 ㉠, ㉡은 모두 3인칭이다.

007 ② ②번에서 '우리가 언제 또 그런 기회를 가질 수 있겠니?'와 '우리 다음에도 또 그런 자리 마련해 보자.'의 '우리'는 모두 특정한 자리에 참석한 '너(청자)'를 포함하는 뜻으로 쓰였다.

008 ② ㉢은 화자청자 모두에게 멀리 떨어져 있는 대상이다.

2. 대명사

명사를 대신 나타내는 단어

인칭 대명사	정의	용례
1인칭 대명사	화자	저, 저희, 나, 본인(本人) ; 우리
2인칭 대명사	청자	너, 너희, 당신, 그대, 여러분…
3인칭 대명사	화·청자가 아닌 인물	이자, 그자, 저자, 그, 저, 제, 저희, 이이, 그이, 저이, 이분, 그분, 저분
미지칭 대명사	이름이나 신분을 모르는 특정 인물 =의문사로 대체 가능	누구
부정칭 대명사	특정 대상을 지칭하지 않은 경우	누구, 아무
재귀 대명사	3인칭 주어의 반복을 피하기 위한 대명사	자기, 저 ; 저희 당신

※ 인칭 구별하기
- 당신 누구요? → 2인칭
  할아버지는 당신의 펜을 아끼셨다. → 3인칭
- 저희가 할게요. → 1인칭
  애들이 저희밖에 모른다. → 3인칭

➕ 보충 설명 1

'우리'는 '나와 너'일 수도 있고, '나'일 수도 있다.
① 우리 앞으로도 함께 가자. → '너와 나' 지칭
② 우리 남편은 그거 별로 안 좋아하더라. → '나'만 지칭

➕ 보충 설명 2

'이-그-저'의 의미 차이

'이'	말하는 사람(=화자)에게 가까운 것을 가리킬 때	이것, 이곳, 요것
'그'	듣는 사람(=청자)에게 가까운 것을 가리킬 때	그것, 그곳, 고것
'저'	말하는 이(=화자)와 듣는 이(=청자) 모두에게 먼 것	저것, 저곳, 조것

3. 수사

사물의 수량(=양수사)이나 순서(=서수사)를 지칭하는 말

※ 수사는 체언이기 때문에 조사와 결합한다. 반면 수 관형사는 수식언이기 때문에 조사와 결합이 안 되고, 꾸밈의 기능을 한다.

　예) 사과 하나 있다. → 수사
　　　사탕 한 개 → 관형사

4. 동사, 형용사

(1) 동사와 형용사의 개념

① **동사**: 움직임이나 작용, 변화를 나타내는 말. **현재형 어미**(-는/ㄴ-)와 결합.
  ㉠ **자동사**: 목적어를 필요로 하지 않는 동사
    예) 걷다, 자다
  ㉡ **타동사**: 목적어를 필요로 하는 동사
    예) 잡다, 읽다

② **형용사**: 성질이나 상태, 감정 등을 드러내는 말. '있다', '없다'를 제외하고는 **현재형 어미**(-는/ㄴ-)와 결합하지 못함.
  ㉠ **성상 형용사**: 성질이나 상태를 표현하는 형용사 예) 푸르다
  ㉡ **지시 형용사**: 지시성을 띠는 형용사 예) 그러하다

③ 동사와 형용사의 차이점

분류 기준 \ 품사	동사	형용사
의미	주어의 동작이나 과정	주어의 성질이나 상태
현재 시제 어말 어미 '-는다/ㄴ다'	예) 새순이 솟는다.(○) 침대에서 일어난다.(○)	예) 사과가 달는다.(×) 그녀는 아름답는다.(×)
현재 관형사형 전성 어미 '-는'	예) 세상 보는 눈(○)	<예외> '없다', '있다' 예) 진짜가 없는 세상(○) 덕이 있는 사람(○) 예) 깨알처럼 작는 글씨(×)
'-어라(명령형)'과 '-자(청유형)'	예) 일어나라.(○) 우리 일어나자.(○) <예외> 작용 동사 예) 해야 솟아라(×)	예) 너는 아름다워라.(×) 우리 아름답자.(×) <예외> '있다' 예) 여기에 있어라/있자.(○)
'-려(의도)', '-러(목적)'	예) 아기가 일어나려 한다.(○) <예외> 작용 동사 예) 솟으려 한다.(×)	예) 그가 좋으려 한다.(×)

보충 설명

'있다'의 동사적 용법: '있는다'(현재형), '있어라'(명령형)
예) 그 일은 현재 진행 중에 있다. vs 그는 내일 집에 있는다고 했다.
        형용사   동사

※ 암기해야 할 동사·형용사

동사	맞다	네 답이 맞는다(○)
	늙다	사람은 누구나 늙는다(○)
형용사	걸맞다	지위에 걸맞는(×) 사람
	알맞다	정답으로 알맞는(×) 것은?
	급급하다	시간에 급급하는(×) 사람이 되지 말자.

※ 동사/형용사로 쓰이는 단어

	동사	형용사
길다	짧게 깎았던 머리가 꽤 많이 길었다.(=자라다)	해안선이 길다. 여름에는 낮이 밤보다 길다.
밝다	조금 있으면 날이 밝는다.(=환해지다)	전등을 밝게 켜다. 밝은 갈색 머리 세상 물정에 밝다.
크다	아이는 하루가 다르게 큰다.(=자라다) 소나무가 척박한 땅에서도 잘 컸다.	가구가 크다. 나는 큰 집에서 살고 싶다. 힘든 만큼 기쁨이 크다.

완전학습

1. 동사와 형용사의 문법적 차이를 이해해야 한다.
2. 용언 중 품사를 착각할 수 있는 단어를 암기해야 한다.

009 2004 국회직 8급

국어의 동사와 형용사에 대한 설명이다. 잘못된 것은?

① 둘 다 활용 어미를 취하여 서술어를 만든다.
② 동사는 현재형 종결 어미로 '-는다'나 '-ㄴ다'를 취한다.
③ 형용사는 현재형 관형사형 어미로 '-은'이나 '-ㄴ'을 취한다.
④ 동사로는 명령형과 청유형을 만드나 형용사로는 그럴 수 없다.
⑤ 형용사는 현재형 종결 어미로 '-ㄴ다'만을 취한다.

010 자체 제작

다음 중 문법적으로 적절한 것은?

① 이번에는 철수의 답이 맞는다.
② 시간에 급급하는 사람이 많다.
③ 정답으로 알맞는 것을 골라라.
④ 지위에 걸맞는 사람이 되어야 한다.

011 2017 국회직 9급

다음 중 밑줄 친 단어의 품사가 다른 것은?

① 아무런 증세가 없어서 조기 발견이 어렵다.
② 키가 몰라보게 컸구나.
③ 앞으로 사흘만 있으면 추석이다.
④ 내일 아침이 밝으면 떠나겠다.
⑤ 사람은 늙거나 병들면 죽는다.

정답과 해설

009 ⑤ 동사와 형용사의 공통점과 차이점을 아는지 묻는 문제이다. 동사와 형용사는 문장에서 서술어의 기능을 할 수 있는 용언이지만 활용 양상에는 차이가 존재한다. 일반적으로 형용사는 현재형 종결 어미로 '-ㄴ다'를 취하지 않는다. '예쁜다, 큰다'가 어색한 것에서 이를 확인할 수 있다. 현재형 종결 어미로 '-ㄴ다'를 취할 수 있는 것은 '달린다, 생각한다'에서 알 수 있듯 동사이다. 형용사는 현재형 종결 어미 없이도 현재 상태를 나타낼 수 있다.

010 ① '맞다'는 동사이기 때문에 현재형 표현 '맞는다'가 가능하다.

011 ① 동사와 형용사를 구별하는 문제이다. 밑줄 친 '크다, 있다, 밝다, 늙다'는 동사인 반면 '없다'는 형용사이다. '어떤 일이나 현상이나 증상 따위가 생겨 나타나지 않은 상태이다.'의 뜻을 지닌다.

완전학습

1. 어간 말 'ㄹ' 다음에 '으'가 올 수 없음을 이해해야 한다.
2. 어간 말 'ㄹ'이 왔을 때 명사형 표기가 어떻게 되는지 이해해야 한다.

012 2012 지방직 9급
밑줄 친 용언의 활용형을 잘못 고친 것은?
① 아름다운 서울에서 <u>살으렵니다</u>.→살렵니다.
② 우리 부부는 둘 다 돈을 <u>벌으므로</u> 여유가 있습니다.→벌므로
③ 그는 땀에 <u>전</u> 작업복을 갈아 입었다.→절은
④ 모두 힘을 모아 차를 <u>밀읍시다</u>.→밉시다.

(2) 규칙 활용과 불규칙 활용: 기본형에서 시작하여 '-아/어' 결합시키기

① 규칙 활용
㉠ 'ㅡ' 탈락: '-아/어'로 시작하는 어미 앞에서

	-아/어	-았/었-	-오/우
잠그다	잠가(잠궈×)	잠갔다	잠그오
치르다	치러(치뤄×)	치렀다	치르오
담그다	담가(담궈×)	담갔다	담그오

㉡ 'ㄹ' 탈락: 'ㄴ, ㄹ, ㅂ, ㅅ, 오' 앞에서
- 알다→그것을 <u>아는</u> 사람
- 날다→높이 <u>난</u> 새

※ 어간 'ㄹ'+'으'→'ㄹ'과 자폭시키거나 'ㄹ'만 남겨야 함

예) 서울에서 살으렵니다. → 살렵니다
모두 힘을 모아 차를 밀읍시다. → 밉시다
그는 땀에 절은 작업복을 갈아 입었다. → 전

⊙ 보충 설명

'ㄹ' 탈락 용언의 명사형
어간 말음이 'ㄹ'인 용언은 명사형 전성 어미 '-(으)ㅁ'과 결합할 때 'ㄹ'은 모음으로 인정하여 '-ㅁ'이 결합하여 'ㄻ' 형태가 된다.

어간 말음이 'ㄹ'인 경우	얼다[氷]→얾, 날다[飛]→낢 주의: 얼음(×), 날음(×)
어간 말음이 'ㄹ'이 아닌 경우	좋다[好]→좋음, 보다[見]→봄

정답과 해설

012 ③ 규칙 활용인 'ㄹ' 탈락에 대해 묻는 문제이다. '절다'는 용언 어간이 'ㄹ'로 끝나는 'ㄹ' 탈락 용언이다. 'ㄹ' 탈락 용언은 ㄴ, ㄹ, ㅂ, ㅅ, 오로 시작하는 어미와 결합할 때 용언 어간의 말음인 'ㄹ'이 탈락하며, 이때 매개 모음 '으'가 붙지 않는다. 그러므로 어간 '절-'에 관형사형 어미 '-ㄴ'이 결합한 형태는 어간의 'ㄹ'이 탈락한 '전'이다. 따라서 매개 모음 '으'를 넣은 '절은'은 잘못 고친 형태이다.

② 불규칙 활용: '-아/어'와 결합 후 어미나 어간이 달라짐(단, '으, ㄹ 탈락'은 무조건 규칙 활용)
  ㉠ 어간이 바뀌는 불규칙: 바뀌기 전 어간의 명칭
  ㉡ 어미가 바뀌는 불규칙: 바뀐 후 어미의 명칭
  ㉢ 어간·어미가 바뀌는 불규칙: 'ㅎ' 불규칙
  예 파랗다 / 퍼렇다

명칭	내용	명칭	내용
'ㄷ' 불규칙	'ㄷ' → ㄹ • 듣-+-어 → 들어	'여' 불규칙	'하-'+-어/아 → 여 • 하-+-어/아 → 하여
'ㅂ' 불규칙	'ㅂ' → 오/우 • 돕-+-아 → 도와	'러' 불규칙	'르-'+-어 → 러 • 노르-+-어 → 노르러 • 푸르-+-어 → 푸르러
'ㅅ' 불규칙	'ㅅ' 탈락 • 짓-+-어 → 지어	'오' 불규칙	'달-/다-'의 명령형 어미가 '오'로 바뀜 • 다-+-아 → 다오
'르' 불규칙	'르' → ㄹ.ㄹ 형태 • 빠르-+-아 → 빨라 • 흐르-+-어 → 흘러	'우' 불규칙	'우' 탈락 • 푸-+-어 → 퍼(1개)
'ㅎ' 불규칙	어간 'ㅎ'+-어/아 → 어간 'ㅎ', 어미 '-어/아' 탈락, 어간에 'ㅣ' 더하기 • 하얗-+-아/어 → 하얘 • 허옇-+-아/어 → 허예 어간 'ㅎ'+-으 → 어간 'ㅎ' 탈락 • 하얗-+-은 → 하얀 • 허옇-+-은 → 허연 '-니'와 결합할 때에는 'ㅎ'이 탈락한다. • 빨갛-+-니 → 빨가니 '-네'와 결합할 때에는 'ㅎ'이 탈락하지 않아도 된다. • 빨갛-+-네 → 빨갛네, 빨가네 ※ 커다랗-+-았-+-습니다 → 커다랬습니다(O), 커다랐습니다(×)		

연습문제

※ 규칙-불규칙 활용 양상 파악하기

푸다→'우' 불규칙	좋다→규칙	싣다→'ㄷ' 불규칙
누르다[壓]→'르' 불규칙	퍼렇다→'ㅎ' 불규칙	알다→규칙
짓다→'ㅅ' 불규칙	굽다[曲]→규칙	굽다[火]→'ㅂ' 불규칙
잠그다→규칙	푸르다→'러' 불규칙	돕다→'ㅂ' 불규칙

완전학습

불규칙 활용을 이해하자.

013 2015 교육행정직 9급
<보기>의 ㉠과 ㉡에 해당하는 예로만 묶은 것은?

> 불규칙 용언은 그 활용형에 따라 ㉠어간만이 불규칙적으로 바뀌는 것, 어미만이 불규칙적으로 바뀌는 것, ㉡어간과 어미 모두가 불규칙적으로 바뀌는 것으로 나뉜다.

	㉠	㉡
①	(고기를) 굽다	(진실을) 깨닫다
②	(고기를) 굽다	(하늘이) 파랗다
③	(들판이) 푸르다	(진실을) 깨닫다
④	(들판이) 푸르다	(하늘이) 파랗다

014 2017 국가직 9급 2차
밑줄 친 단어의 불규칙 활용 유형이 같은 것은?
① 나뭇잎이 누르니 가을이 왔다.
   나무가 높아 오르기 힘들다.
② 목적지에 이르기는 아직 멀었다.
   앞으로 구르기를 잘한다.
③ 주먹을 휘두르지 마라.
   머리를 짧게 자른다.
④ 그를 불운한 천재라 부른다.
   색깔이 아주 푸르다.

015 2019 서울시 9급
불규칙 활용을 하는 용언이 아닌 것은?
① 묻다(問)   ② 덥다(暑)
③ 낫다(愈)   ④ 놀다(遊)

정답과 해설

013 ② '굽다'는 어간 '굽-'의 'ㅂ'이 '우'로 바뀐 '구워'가 된다. 이는 ㉠'어간만이 불규칙적으로 바뀌는 것'에 속한다. '파랗다'는 'ㅎ' 불규칙 용언이다. 따라서 모음으로 시작되는 어미 '-아'와 결합하였을 때 어간의 'ㅎ'이 탈락하고 어미의 형태도 변화하여 '파래'가 된다. 이는 ㉡'어간과 어미 모두 불규칙적으로 바뀌는 것'에 속한다.

014 ③ 불규칙 활용 유형을 구별하는 문제이다. '휘두르다'와 '자르다'는 모두 '르' 불규칙 용언으로, '-아/어'와 결합할 때 어간의 '르'가 'ㄹㄹ'로 바뀐다. 따라서 '휘두르다'가 '-어'와 결합한 활용형은 '휘둘러'가 되며, '자르다'가 '-아'와 결합한 활용형은 '잘라'가 된다.
이처럼 불규칙 활용 용언은 어미 '-아/어'와 결합했을 때 나오는 어간과 어미의 변화 양상을 통해 확인할 수 있다.

015 ④ '놀다(遊)'는 '놀아, 노니, 노오'처럼 활용한다. '놀다'처럼 용언 어간의 말음인 'ㄹ'이 'ㄴ, ㄹ(관형격), ㅂ, ㅅ, 오로 시작하는 어미와 결합할 때 탈락하는 것은 규칙적으로 일어나는 현상이다. 따라서 '놀다(遊)'는 불규칙 활용이 아닌 규칙 활용의 예이다.

완전학습

1. 용언의 기본형을 파악할 수 있어야 한다.
2. 용언의 활용이 잘못된 경우를 찾아내야 한다.

016 2018 서울시 7급 2차

밑줄 친 용언의 활용형 중 가장 옳지 않은 것은?
① 아주 <u>곤혹스런</u> 상황에 빠졌다.
② 할아버지께 <u>여쭤워</u> 보시면 됩니다.
③ 라면이 <u>붇기</u> 전에 빨리 먹어라.
④ 내 처지가 너무 <u>설워서</u> 눈물만 나온다.

※ 'ㅂ' 불규칙: 'ㅂ' 불규칙이 일어나면 'ㅂ'은 'ㅗ/ㅜ'로 바뀌게 된다.
∴ 사랑스럽 - + - 은 → 사랑스러운(○), 사랑스런(×)
  자랑스럽 - + - 은 → 자랑스러운(○), 자랑스런(×)
단, '여쭙 + 어 → 여쭈워', '여쭈 + 어 → 여쭤'가 된다.

※ 용언의 기본형 파악하기
- 설운 사람 → 섧다
- 그녀의 고운 음성 → 곱다
- 가게에 들렀다가 가라 → 들르다
- 땀에 전 수건 → 절다
- 무를 강판에 가니 → 갈다
- 오래되어 불은 국수 → 붇다
- 주의사항을 일러 주었다. → 이르다
- 은행이 노라니 → 노랗다

※ 용언의 올바른 활용
- 세상에 섧은 사람 → 설운
- 리어카에 실고 가다 → 싣고
- 마음이 고은 사람 → 고운
- 친척집에 들렸다가 → 들렀다가
- 라면이 불고 맛이 없다 → 붇고
- 정말 곤혹스런 상황이다 → 곤혹스러운

정답과 해설

016 ① 밑줄 친 용언의 기본형을 파악하고 풀어야 하는 문제이다. '곤혹스럽다'는 'ㅂ' 불규칙 용언이므로 모음으로 시작하는 어미와 결합할때, 어간 말 'ㅂ'이 '오/우'로 바뀌게 된다. 따라서 '곤혹스럽다'의 어간에 '-(으)ㄴ'이 결합한 형태는 '곤혹스러운'이며 '곤혹스런'은 적절하지않다.

(3) 용언의 구조: 어간 – (선어말 어미) – 어말 어미

어말 어미
- 종결 어미: 평서형, 의문형, 명령형, 청유형, 감탄형
- 연결 어미: '-고', '-(으)며', '-(으)면', '-(으)니', '-아/-어'
- 전성 어미: 명사형 전성 어미('-ㅁ/음, -기'), 관형사형 전성 어미('-ㄴ, -는, -ㄹ, -던'), 부사형 전성 어미('-게, -아서/어서')

① '-(으)ㅁ', '-기'의 용법 구별하기
  ㉠ '-(으)ㅁ', '-기'가 결합한 단어가 관형어의 수식을 받으면 **명사**가 되고, 부사어의 수식을 받으면 **용언**이 됨
    ㄱ. 약속하자! 지금부터는 앞만 보고 잘 달리기! ········· 동사
    ㄴ. 2바퀴째부터는 빠른 달리기로 전환하는 것 잊지 말고! ········· 명사
    ㄷ. 걔는 어때? / 응, 생각보다는 잘 춤. ········· 동사
    ㄹ. 당신의 주특기는? / 현란한 춤 ········· 명사
  ㉡ 관형어나 부사어의 수식이 없을 경우, 앞에 만들어 본다.
    예) 그는 죽음을 각오하였다. → 그는 **멋진** 죽음을 각오하였다.
        그가 죽음을 아무도 몰랐다. → 그가 **멋지게** 죽음을 아무도 몰랐다.

(4) 본용언과 보조 용언
① 본용언과 보조 용언의 정의
  ㉠ **본용언**: **본래**적인 의미를 지닌 용언. 단독으로 **존재 가능**.
  ㉡ **보조 용언**: **보조**적 의미를 지닌 용언. 단독으로 **존재 불가능**.
② 보조 용언 구별하기
  ㉠ **본래**적 의미가 살아있는가
    예) 외적의 침공을 막아 내다. / 일단 해 보고 생각하자.
  ㉡ **혼자서** 존재할 수 있는가
    예) 수건을 한번도 사용하지 않았다. / 정말 난 먹고 싶다.
  ㉢ '**체언+하다**'의 결합인가
    예) 집에 온 듯하다. / 그 집은 갈 만하다.

※ 본용언의 '-아/-어'는 '**-아서/-어서**'로 바꿀 수 있지만 보조 용언은 그렇지 못하다.
  예) 물고기를 쪄 먹자 → 물고기를 **쪄서** 먹자
    ※ 단, '젊어 보인다'는 본용언+본용언의 결합 구조인데, '젊어서 보인다'처럼 '-서'로 바꾸면 문장이 성립되지 않는다.

완전학습

1. '-(으)ㅁ, -기'가 결합된 단어의 품사를 구별할 수 있어야 한다.
2. '본용언+본용언'의 구성과 '본용언+보조 용언'의 구성을 구별할 수 있어야 한다.

017   2015 기상직 9급
㉠~㉣ 중 다음 밑줄 친 '먹기'와 품사가 같은 것을 모두 고른 것은?

> 나는 배가 고파 더 많이 먹기 시작했다.

- 그는 밤새 믿기지 않는 ㉠꿈을 꾸었다.
- 그는 '초상화를 잘 ㉡그림'이라고 썼다.
- 그의 ㉢바람은 내가 건강해지는 것이었다.
- 그는 빙그레 ㉣웃음으로써 마음을 전했다.

① ㉠, ㉡   ② ㉠, ㉣
③ ㉡, ㉢   ④ ㉡, ㉣

018   2015 국가직 9급
밑줄 친 부분 중 보조 용언이 결합되지 않은 것은?
① 창문 너머로 날이 밝아 온다.
② 동생이 내 과자를 먹어 버렸다.
③ 우체국에 들러 선배의 편지를 부쳐 주었다.
④ 그는 환갑이 지났지만 40대처럼 젊어 보인다.

019   2018 서울시 9급 2차
'본용언+보조 용언' 구성이 아닌 것은?
① 영수는 쓰레기를 주워서 버렸다.
② 모르는 사람이 나를 아는 척한다.
③ 요리 맛이 어떤지 일단 먹어는 본다.
④ 우리는 공부를 할수록 더 많은 것을 알아 간다.

정답과 해설

017 ④ '먹기'는 부사어 '많이'의 수식을 받고 있으므로 동사이다. '먹기'와 같이 부사어의 수식을 받고 있는 동사는 ㉡ '그림'과 ㉣ '웃음'이다. 그와 달리 ㉠ '꿈'은 관형어인 '않는'의 수식을 받고 있으므로 명사이다. 또한 ㉢ '바람'도 관형어인 '그의'의 수식을 받고 있으므로 명사이다.

018 ④ '본용언-본용언'이 사용된 문장과 '본용언-보조 용언'이 사용된 문장을 구별해야 하는 문제이다. '젊어 보인다'의 '보이다'는 본용언으로 쓰인 것으로, 해당 문장에는 '대상을 평가하다'의 의미인 '보다'의 피동사로 쓰였다.

019 ① '본용언+본용언'의 구성과 '본용언+보조 용언'의 구성을 구별하는 문제이다. 해당 문장의 '주워서 버렸다'는 '영수는 쓰레기를 주웠다.'와 '영수는 쓰레기를 버렸다.'처럼 각각의 용언을 서술어로 쓸 수 있으므로 '본용언+본용언' 구성이다.

• 신유형 문제

001
다음 글을 참고할 때 밑줄 친 부분 중 ㉠의 사례로 가장 적절한 것은?

> ㉠의존 명사란 관형어의 수식이 필수적으로 요구되는 명사를 말한다. '멋진 사람이 있다'에서 '사람'은 관형어 '멋진'의 수식이 없이 '사람이 있다'로 사용할 수 있지만 '멋진 것이 있다'에서 '것'은 '멋진'의 수식이 없이 '것이 있다'로는 존재할 수 없다. 의존 명사는 체언이기 때문에 '새로운 것'처럼 관형어의 수식을 받을 수 있고, 격 조사와 결합이 가능하다. 그러나 같은 체언인 대명사는 '새로운 이것'처럼 관형어의 수식을 받으면 문장이 어색해진다.

① <u>이</u>보다 더 잘할 수 있을까?
② 지금 여기서 말하는 <u>이</u>는 누구요?
③ <u>이</u> 사람은 사태를 가만히 두고만 보았다.
④ 마침내 위아래의 <u>이</u>가 맞물려 돌아가게 되었다.

002
빈칸에 들어갈 말로 가장 적절한 것은?

> 국어의 인칭 대명사는 지칭하는 대상이 화자, 청자, 그 외 인물인지에 따라 1, 2, 3인칭으로 나뉜다. 이 중에서 1인칭 대명사는 화자나 화자가 속한 집단을 가리키는데 '나', '저'는 화자 한 사람을, '우리', '저희'는 화자가 속한 집단을 가리킨다. 대명사가 집단을 지칭할 때에는 그 집단에 청자가 포함될 수도 있고, 그렇지 않을 수도 있다. 예컨대 '우리가 어제 함께 음식을 먹었다'의 '우리'와 '우리 남편은 그런 거 안 좋아하더라'의 '우리'는 지칭하는 대상이 서로 다르다. 이처럼 '우리'는 화·청자를 모두 지칭할 수 있고, 화자만 지칭할 수도 있다. 그런데 '저희'는 (   ). '저희'는 '우리'의 낮춤말인데 상대방을 높이기 위해서 사용한다. 따라서 '저희'가 문장의 주어에 놓일 경우 상대방을 지칭하면 상대방을 낮추게 된다. 이 때문에 '저희'는 '우리'의 용법과 구별된다.

① 화자만 지칭한다
② 청자만 지칭한다
③ 화자와 청자 모두 지칭한다
④ 3인칭으로 사용할 수 있다

정답과 해설

001 ② 해당 문장의 '이'는 관형어 '말하는'의 수식을 받고 있다. 이때, '말하는'을 생략할 경우 '이는 누구요?'라는 어색한 문장이 된다. 따라서 해당 문장의 '이'는 관형어 '말하는'의 수식이 필수적으로 요구되므로, ㉠'의존 명사'의 사례로 가장 적절하다.
오답피하기 ① 해당 문장의 '이'는 말하는 이가 생각하고 있는 대상을 가리키는 지시 대명사이므로, ㉠'의존 명사'의 사례로 적절하지 않다. ③ 해당 문장의 '이'는 말하는 이가 생각하고 있는 대상을 가리킬 때 쓰는 관형사이므로, ㉠'의존 명사'의 사례로 적절하지 않다. ④ 해당 문장의 '이'는 '톱, 톱니바퀴 따위의 뾰족뾰족 내민 부분'을 뜻하는 명사이므로, ㉠'의존 명사'의 사례로 적절하지 않다.

002 ① 제시문에 따르면 '저희'는 '우리'의 낮춤말로, 청자인 상대방을 높이기 위해서 사용한다. 따라서 '저희'가 청자를 포함하여 지칭하면 상대방까지 낮추게 되는데, 이는 본래 상대방을 높이기 위해서 '저희'를 사용하는 것에 모순된다. 이에 따라 '저희'는 의미상 화자만 지칭하게 된 것이다. 그래서 '저희가 그 일을 하겠습니다'와 같은 문장의 경우 '저희'는 화자만 지칭하며 청자를 지칭하지는 않는다. 따라서 빈칸에 들어갈 말로 가장 적절한 것은 '화자만 지칭한다'이다.

003

다음 글에 대한 이해로 적절하지 않은 것은?

> 동사는 움직임이나 작용, 변화 등을 나타내는 말이다. 반면 형용사는 성질이나 상태, 감정 등을 드러내는 말이다. 국어에서 동사와 형용사는 이러한 의미적 차이 외에 활용 양상도 차이를 보인다. 동사는 형용사와 달리 명령형 및 청유형 표현을 만들 수 있다. 또한 동사는 의도를 나타내는 '-(으)려'와 목적을 나타내는 '-(으)러' 등과 결합할 수 있지만 형용사는 그럴 수 없다. 가령 동사 '먹다'는 '밥을 먹으려 한다'나 '집에 먹으러 가다'처럼 활용할 수 있지만 형용사 '좋다'는 '*그가 좋으려 한다'나 '*집을 좋으러 간다'처럼 활용할 수는 없다. 또한 동사는 '지금 밥을 먹는다'나 '지금 집에 간다'처럼 현재형을 뜻하는 선어말 어미 '-ㄴ/는-'이 결합할 수 있지만 형용사는 그럴 수 없다.
> ※ '*' 표시는 비문임을 나타낸다.

① 동사는 현재형 종결 어미 '-는다'나 '-ㄴ다'와 결합할 수 있다.
② '짧다'나 '멀다'는 목적이나 의도를 나타내는 어미와 결합하기 어렵다.
③ '밥을 먹자', '항상 건강해라'는 가능하지만 '기분이 좋자', '다음에는 예뻐라'는 불가능하다.
④ '가다'는 움직임이나 작용, 변화를 뜻하지만 '아름답다'는 성질이나 상태, 감정 등을 뜻한다.

004

다음 글을 참고할 때 밑줄 친 단어의 활용 양상이 다른 것은?

> 용언은 활용 양상에 따라 규칙 활용을 하는 것과 불규칙 활용을 하는 것으로 나누어 볼 수 있다. 규칙 활용이란 어간과 어미의 기본 형태가 유지되는 것을 말하는데, 형태가 변하더라도 그 양상에 규칙성이 나타나면 규칙 활용으로 분류된다. 가령 '울다'의 경우 어미 '-니'가 결합하면 어간의 'ㄹ'이 예외 없이 탈락한다. 따라서 '울다'는 규칙 활용을 하는 단어로 분류된다.
> 한편 어간 말음이 'ㅂ'인 '돕다'의 경우 어미 '-아'가 결합할 때 '도와'처럼 어간의 'ㅂ'이 'ㅜ'로 바뀌지만 똑같이 어간 말음이 'ㅂ'인 '잡다'의 경우에는 어미 '-아'가 결합해도 '잡아'처럼 어간의 'ㅂ'이 다른 음운으로 교체되지는 않는다. 따라서 '돕다'는 불규칙 활용을 하는 단어로, '잡다'는 규칙 활용을 하는 단어로 분류된다.

① 고기를 <u>굽고</u> 있으면 연기가 난다.
② 누구도 그녀를 배신자로 <u>집지</u> 않았다.
③ 나이가 드니 허리가 <u>굽고</u> 근력이 떨어진다.
④ 종이를 <u>접고</u> 난 다음에는 청소를 해야 한다.

005
다음 글에서 추론한 것으로 적절하지 않은 것은?

> 어간과 어미가 모두 바뀌는 'ㅎ' 불규칙 활용은 '-아/어'와 결합할 때나, 매개 모음 '으'가 포함된 어미가 결합할 때 일어난다. 'ㅎ'이 '-아/어'와 결합하면 어간의 '앟/엏'을 떼고 '애/에'를 '-아/어' 대신 사용한다. '파랗-+-았다'의 경우는 '파랬다'로, '누렇-+-어'의 경우는 '누레'로 활용된다. 어간이 'ㅏ, ㅗ'로 끝나면 '-애'가, 그 외 모음으로 끝나면 '-에'가 결합하지만 '그렇다', '어떻다', '아무렇다'의 경우 무조건 '애'가 결합한다. 매개 모음 '-으'가 포함된 어미가 결합할 때는 'ㅎ'과 '-으' 모두가 탈락하는데, 가령 '파랗-+-으면'은 '파라면'으로 쓰인다. 그리고 어미 '-니'가 결합할 때는 어간의 'ㅎ'이 탈락하지만 어미 '-네'가 결합할 때는 어간의 'ㅎ'이 탈락해도 되고, 탈락하지 않아도 된다. 그래서 '빨갛-+-니'는 '빨가니'로 활용하지만 '빨갛-+-네'는 '빨갛네, 빨가네' 모두 쓸 수 있다.

① 어간 '그렇-'에 어미 '-어'가 결합할 경우 '그래'로 활용될 것이다.
② 어간 '퍼렇-'에 어미 '-니'가 올 경우 '퍼러니'로만 활용될 수 있다.
③ 어간 '퍼렇-'에 어미 '-었다'가 결합할 경우 '퍼렜다'로 활용될 것이다.
④ 어간 '커다랗-'에 어미 '-았습니다'가 결합할 경우 '커다랐습니다'로 활용될 것이다.

006
밑줄 친 부분이 ㉠, ㉡에 해당하지 않는 것은?

> 현대 국어에서 '-(으)ㅁ'이 결합된 단어들 중에 형태는 같으나 품사가 다른 경우가 있다. 예를 들어 명사 '걸음'과 동사의 명사형 '걸음'이 그러하다. 이는 용언에 결합하는 명사 파생 접미사 '-(으)ㅁ'과 명사형 전성 어미 '-(으)ㅁ'의 형태가 같기 때문이다. 이들의 품사를 구별하기 위해서는 각 단어의 다음과 같은 문법적 특징을 고려해야 한다. ㉠명사는 서술격 조사가 결합하는 경우를 제외하고는 서술어로 쓰일 수 없고, 관형어의 수식을 받는다. 반면 ㉡동사나 형용사는 명사형이라 하더라도 문장이나 절에서 서술어로 쓰이고, 부사어의 수식을 받는다.

① ㉠: 그의 목소리는 격한 슬픔으로 떨렸다.
② ㉠: 아이가 울음 섞인 목소리로 빨리 오라고 소리쳤다.
③ ㉡: 수술 뒤 친구가 밝게 웃음을 보니 나도 마음이 놓였다.
④ ㉡: 그는 인간다운 삶을 사는 것이 무엇인가에 대해 고민했다.

007
다음 글을 참고할 때, 밑줄 친 단어 중 ㉠의 예로 보기 어려운 것은?

> '먹어 버리다'는 용언과 용언이 결합된 것이다. 하지만 뒤의 용언 '버리다'는 무언가를 쓸모없어서 버린다는 의미를 담고 있지 않다. 앞 용언에 '완료'의 의미를 덧붙여서 도와주는 기능을 할 뿐이다. 이렇게 자립하지 못하고 본용언에 의미를 덧붙여 주는 기능을 하는 것을 ㉠보조 용언이라고 한다. 일반적으로 용언이 연달아 나올 때, 앞 용언에 '-아서/어서'을 붙여서 성립되면 '본용언+본용언'의 결합, 그렇지 않으면 '본용언+보조 용언'의 결합이라고 보면 된다. 보조 용언의 품사는 일반적으로는 앞 용언의 품사를 따라간다.

① 지성이는 공을 차 버렸다.
② 어머니가 바구니를 들고 가셨다.
③ 철수는 아파 하루 종일 침대에 누워 있었다.
④ 전성기를 구가하던 그들도 조금씩 늙어 갔다.

5. 조사

(1) **정의**: 다른 말들과의 문법적 관계를 표시하거나 뜻을 더해 주는 말

(2) **종류**

종류	특징 및 형태
격 조사	한 문장에서 선행하는 체언으로 하여금 일정한 자격을 갖도록 해 주는 조사 예) 주격, 목적격, 보격, 서술격, 관형격, 부사격, 호격
접속 조사	두 단어를 같은 자격으로 이어주는 조사 예) 와/과, 하고, (이)랑, (이)며, (이)나
보조사	특별한 뜻을 더해 주는 조사 예) 은/는, 도, 만, 요

① 격 조사
  ㉠ '에서'의 경우: 주격 조사일 수도 있고, 부사격 조사일 수도 있다. '에서'가 주격 조사로 쓰일 경우 주어는 반드시 '단체를 의미하는 무정 명사'여야 하며, '이/가'로 대체기 가능하다.
    예) 우리 학교에서 우승했다. → 주격 조사
    cf) 우리 학교에서 축구하자. → 부사격 조사
  ㉡ '이/가'는 주격 조사일 수도 있고, 보격 조사일 수도 있다.
    예) 나는 의사가 아니다. → 보격 조사
    비행기는 속도가 빠르다. → 주격 조사
  ㉢ '을/를'의 경우 체언 외에 조사, 연결 어미 뒤에 붙어 뜻을 강조하는 보조사로 쓰일 수 있다.
    예) 이번에는 꼭 만나를 봐라. → 보조사
    오늘은 꼭 집을 갈 것이다. → 보조사

② 접속 조사: 영어에서 and, or
  ㉠ 접속 조사('와/과')가 문장 내에 사용될 경우, 문장은 다시 두 개로 나눌 수 있다.
    예) 나는 고기와 과일을 좋아한다. → 나는 고기를 좋아한다. / 나는 과일을 좋아한다.
  ㉡ 대칭 용언에서 사용된 '와/과' 등은 비교 부사격 조사이다. 이 경우, 두 개의 문장으로 나눠지지 않는다.
    예) 나는 그녀와 싸웠다. / 그녀는 철수하고 결혼했다.

③ 보조사: 특별한 뜻을 더해 주는 조사로 대표적으로 '은/는, 도, 만, 요'가 있다. 이러한 보조사는 결코 격 조사가 될 수 없다.
  ㉠ 격 조사와 보조사의 차이: 격 조사는 주어와 목적어 모두에 결합할 수 없지만 보조사는 주어와 목적어 모두에 결합할 수 있다.
    예) 경수가 숙제를 했다.
    → 경수가 숙제가 했다. (×)
    → 경수를 숙제를 했다. (×)
    → 경수도 숙제를 했다. (○)
    → 경수가 숙제도 했다. (○)

✓ 연습문제

※ '까지'는 격 조사일까? 보조사일까?
보조사

㉡ 본래 조사는 체언과만 결합하고, 어미는 용언과만 결합하지만 보조사는 특이하게 체언, 용언 모두와 결합 가능하다. 그래서 보조사와 어미는 헷갈릴 수 있다. 이럴 경우 '생략 가능 여부'로 확인해 보자. 생략이 가능하면 보조사이고, 그렇지 않으면 어미이다.
  예) 아직 밥을 먹지는 않았다. → 보조사
    그건 먹는 것이 아니다. → 어미
    어서 오시오(○)   어서 오시요(×)   그러면 안 돼요(○)   그러면 안 되요(×)

🔍 완전학습

조사의 쓰임에 대해서 이해해야 한다.

020   2014 경찰직 2차

<보기>의 밑줄 친 표현들 중에서 주어를 구성하는 주격 조사가 아닌 것은?

┌ 보기 ─────────────┐
㉠ 철수는 학생이 아니다.
㉡ 정부에서 학생들에게 장학금을 주었다.
㉢ 영수가 물을 마신다.
㉣ 할아버지께서 집에 오셨다.
└───────────────┘

① ㉠의 '이'   ② ㉡의 '에서'
③ ㉢의 '가'   ④ ㉣의 '께서'

021   2018 서울시 9급

밑줄 친 부분 중에서 목적어가 아닌 것은?
① 우리는 그의 제안을 수용할지를 결정하지 못했다.
② 사공들은 바람이 불기를 기다렸다.
③ 아이들이 건강하지를 않아 걱정이다.
④ 나는 일이 어렵고 쉽고를 가리지 않는다.

022   2018 서울시 7급 2차

국어의 조사에 대한 설명으로 가장 옳지 않은 것은?
① '에서'는 '집에서 가져 왔다'의 경우에는 부사격 조사이지만 '우리 학교에서 우승을 차지했다'의 경우에는 주격 조사이다.
② '는'은 '그는 학교에 갔다'의 경우에는 주격 조사이지만 '일을 빨리는 한다'의 경우에는 보조사이다.
③ '가'는 '아이가 운동장에서 놀고 있다'의 경우에는 주격 조사이지만 '그것은 종이가 아니다'의 경우에는 보격 조사이다.
④ '과'는 '눈과 같이 하얗다'의 경우에는 부사격 조사이지만 '책과 연필이 있다'의 경우에는 접속 조사이다.

023   2011 법원직 9급

밑줄 친 부분이 <보기>의 ㉠~㉢의 성격을 모두 갖는 것은?

┌ 보기 ─────────────┐
㉠ 앞말에 특별한 뜻을 더하여 주는 조사는 보조사이다.
㉡ 상대 높임을 나타낸다.
㉢ 어절이나 문장의 끝에 결합한다.
└───────────────┘

① 조용히 해 주십시오.
② 인생은 짧고 예술은 길다.
③ 죽은 소와 돼지가 불쌍하지요.
④ 이것은 닭이요 저것은 돼지입니다.

정답과 해설

020 ① ㉠의 '이'는 '되다/아니다' 앞에 붙어서 선행 체언에 보어자격을 부여하는 보격 조사이다.

021 ③ 목적어는 일반적으로 체언에 목적격 조사 '을/를'이 결합되어 실현된다. 그런데 '를'은 조사 '에, 으로, 연결 어미 '-아, -게, -지, -고', 받침 없는 일부 부사 뒤에서 강조하는 뜻을 나타내는 보조사로도 사용된다.

022 ② '는'은 보조사로만 쓰인다. '그는 학교에 갔다'에서 '는'은 주격 조사 '가'를 대신하여 쓰이고 있지만, 다른 문장 성분(=목적어 등)과도 결합할 수 있는 보조사이다.

023 ③ 보조사 '요'를 구별하는 문제이다. 보조사(㉠) 중에서 상대 높임(청자 높임)의 뜻(㉡)을 나타내면서, 어절이나 문장의 끝에 결합할 수 있는 것(㉢)은 '요'이다. 보조사 '요'가 사용된 것은 '죽은 소와 돼지가 불쌍하지요.'이다.

완전학습

1. 용언과 수식언을 구별할 수 있어야 한다.
2. 부사가 꾸며주는 성분이 무엇인지 파악할 수 있어야 한다.

024
2019 기상직 9급

<보기>의 ㉠~㉣ 중 품사가 나머지와 다른 것은?

> ─ 보기 ─
> 관형어는 체언 앞에서 체언의 뜻을 꾸며 주는 구실을 하는 문장 성분이다. 동사나 형용사의 관형사형, 또는 관형사 등이 문장에서 관형어로 기능한다.
> ㉠ 긴 이불을 판다. ㉡ 한 이불을 덮다.
> ㉢ 저 이불을 빤다. ㉣ 새 이불을 사다.

① ㉠ ② ㉡ ③ ㉢ ④ ㉣

025
2014 서울시 9급

다음 예문의 밑줄 친 단어 가운데 품사가 다른 하나는?

> 봄·여름·가을·겨울, 두루 사시(四時)를 두고 자연이 우리에게 내리는 혜택에는 제한이 없다. 그러나 그중에도 그 혜택을 가장 풍성히 아낌없이 내리는 시절은 봄과 여름이요, 그중에도 그 혜택이 가장 아름답게 나타나는 것은 봄, 봄 가운데도 만산(萬山)에 녹엽(綠葉)이 우거진 이때일 것이다.
> — 이양하, <신록예찬> 중에서

① 두루 ② 가장 ③ 풍성히
④ 아낌없이 ⑤ 아름답게

6. 관형사

(1) 정의: 체언을 꾸며주는 말(활용×)

(2) 종류

종류	개념	예
성상 관형사	명사의 성질이나 상태를 꾸며줌	온갖, 새, 헌, 순(純), 주(主)…… 갖은, 외딴……
지시 관형사	어떤 대상을 가리킴	이, 그, 저, 요, 고, 조, 이런, 그런, 저런, 다른(他), 뭇, 무슨, 아무
수 관형사	수량을 나타냄	한, 두, 세(석, 서), 네(넉, 너), 몇몇, 여러, 모든, 첫, 첫째, 둘째, 제일(第一), 제이(第二), 한두째, 두어째, 몇째, 여남은째

※ '갖은, 허튼'은 관형사이지 용언이 아니다!

7. 부사

(1) 정의: 체언 외를 꾸며주는 말(활용×) / 문장 부사의 경우 감탄사로 착각하는 경우가 있으므로 주의해야 한다! / '-이', '-히'가 결합하면 활용하지 못하므로 용언이 될 수 없다.

(2) 종류

종류	개념	의미	예
성분 부사	한 성분을 수식	성상 부사	오직, 바로, 겨우, 단지(但只), 유독(惟獨), 무려(無慮), 약(若), 따뜻이, 잘, 즐거이, 모두, 다
		지시 부사	이리, 그리, 저리, 이리저리, 요리조리, 접때, 입때, 여태
		부정 부사	못, 안(아니)
		의성 부사	쾅쾅, 철썩철썩
		의태 부사	느릿느릿, 울긋불긋
문장 부사	문장 전체를 수식	양태 부사	과연, 분명히, 미상불, 어찌, 도리어, 설마
		접속 부사	그리고, 그런데, 그러나, 그러니까, 하지만, 즉, 또, 또한, 및, 내지

※ 부사가 꾸며주는 문장 성분 파악하기: 부사와 연결되는 말을 찾아야 한다.
예) 이 고추는 아주 많이 맵다.
: '아주 많이'는 자연스럽지만 '아주 맵다'는 부자연스럽다. 따라서 '아주'는 '많이'를 꾸밈을 알 수 있다.

8. 감탄사

(1) 정의: 화자의 놀람, 느낌, 부름, 응답, 입버릇 등을 나타내는 말

정답과 해설

024 ① 품사 구별에 대한 문제이다. ㉠의 '긴'은 형용사 '길다'의 활용형이며, 뒤에 있는 체언 '이불'을 수식하므로 관형어이다. ㉠의 '긴'만 형용사이고, ㉡~㉣의 밑줄 친 부분은 관형사이다.

025 ⑤ 부사와 부사형 전성 어미가 붙은 용언을 구별하는 문제이다. '아름답게'의 '-게'는 부사형 전성 어미이므로 '아름답게'는 형용사 '아름답다'의 활용형이다.

9. 품사 구별 심화

(1) 명사와 그 외 구별

① 관형어 뒤면 의존 명사, 체언이나 조사 뒤면 조사, 그 외는 일반적으로 어미

예) 열심히 공부할 뿐이다. vs 나에게는 너뿐이다.
　　　　　　　의명　　　　　　　　조사

예) 너만큼 할 수 있다. vs 먹을 만큼만 덜어라.
　　　조사　　　　　　　　　의명

사람인 듯했다. vs 비가 내리듯 물이 쏟아졌다.
　　의명　　　　　　　　어미

(2) 수사와 수 관형사 구별

① 수사-수 관형사: 수사는 조사와 결합하지만, 수 관형사는 조사와 결합하지 못하고 꾸밈의 기능이 있다.

예) 사과 하나만 줘. → 수사
　　사과 한 개만 줘. → 수 관형사
　　농부 한둘 눈에 띌 뿐이었다. → 수사

(3) 형용사와 관형사 구별

① 다르다-다른: '딴'으로 대체가 되면 관형사이고, 문장의 의미를 유지한 채, '다르다'의 형태로 변환할 수 있으면 형용사이다.

예) 다른 사람은 안 왔니? → 관형사
　　성질이 다른 물질이다. → 형용사

(4) 부사와 조사 구별

① '같이'
　㉠ 우리 같이 가자. → 부사
　㉡ 손이 얼음장같이 차갑다. → 조사

② '보다'
　㉠ 보다 높게 뛴다. → 부사
　㉡ 너보다 내가 낫지. → 조사

완전학습

단어의 품사를 정확히 구별할 수 있어야 한다.

026 2018 서울시 7급 2차
'의존명사-조사'의 짝이 아닌 것은?

① ┌ 할 만큼 했다.
　└ 나는 밥통째 먹으리만큼 배가 고팠다.
② ┌ 들어오는 대로 전화 좀 해 달라고 전해 주세요.
　└ 네 멋대로 일을 처리하면 안 된다.
③ ┌ 10년 만에 우리는 만났다.
　└ 너만 와라.
④ ┌ 시키는 대로 할 뿐이다.
　└ 그래야 우리는 다섯뿐이다.

027 2013 국가직 7급
밑줄 친 단어 중 품사가 다른 것은?

① 쌍둥이도 성격이 다른 경우가 많다.
② 그 사람은 허튼 말을 하고 다닐 사람이 아니다.
③ 그는 갖은 양념을 넣어 정성껏 음식을 만들었다.
④ 사람의 그림자조차 보이지 않는 외딴 집이 나타났다.

028 2017 국가직 9급 2차
밑줄 친 단어의 품사가 같은 것은?

① 모두 제 잘못입니다.
　심판은 규칙을 잘못 적용하여 비난을 받았다.
② 집에 도착하는 대로 편지를 쓰다.
　큰 것은 큰 것대로 따로 모아 두다.
③ 비교적 교통이 편리한 곳에 사무실이 있다.
　우리나라의 출산율은 비교적 낮은 편이다.
④ 이 사과가 맛있게 생겼다.
　이보다 더 좋을 수는 없다

정답과 해설

026 ① '할 만큼 했다.'에서 '만큼'은 관형어 '할'의 수식을 받는 의존 명사이다. 그러나 '나는 밥통째 먹으리만큼 배가 고팠다.'에서 '-으리만큼'은 '-을 정도로'의 뜻을 나타내는 연결 어미이다.

027 ① 해당하는 단어의 품사를 구별하는 문제이다. 해당 문장의 '다른'의 품사는 형용사로, 어간에 관형사형 전성 어미 '-ㄴ'이 결합된 형태이다. 밑줄 친 '다른'은 '딴'으로 바꿀 수 없으므로 관형사가 아니다. 나머지 '허튼, 갖은, 외딴'은 모두 관형사이다.
오답피하기 ② '허튼'은 '쓸데없이 헤프거나 막된'의 뜻을 지닌 관형사이다. ③ '갖은'은 '골고루 다 갖춘, 또는 여러 가지의'의 뜻을 지닌 관형사이다. ④ '외딴'은 '외따로 떨어져 있는'의 뜻을 지닌 관형사이다.

028 ③ '비교적'은 각 문장에서 형용사 '편리한, 낮은'을 수식하는 '부사'로 쓰였다.
오답피하기 ① '모두 제 잘못입니다.'의 '잘못'은 명사이며, '심판은 규칙을 잘못 적용하여 비난을 받았다.'의 '잘못'은 부사이다. ② '집에 도착하는 대로 편지를 쓰다'의 '대로'는 의존 명사이며, '큰 것은 큰 것대로 따로 모아 두다.'의 '대로'는 조사이다. ④ '이 사과가 맛있게 생겼다.'의 '이'는 관형사이며, '이보다 더 좋을 수는 없다.'의 '이'는 대명사이다.

029
2017 국가직 7급 1차

밑줄 친 단어가 같은 품사로 묶인 것은?

① 이것 말고 다른 물건을 보여 주세요.
　질소는 산소와 성질이 다른 원소이다.
② 나 보기가 역겨워 가실 때에는 말없이 보내 드리겠습니다.
　철수는 떡국을 떠먹어 보았다.
③ 그 사과는 크고 빨개서 먹음직스럽다.
　아이가 크면서 점점 총명해졌다.
④ 김홍도의 그림은 한국적이다.
　이 그림은 한국적 정취가 물씬 풍긴다.

030
2019 국가직 9급

밑줄 친 단어의 품사를 같은 것끼리 묶은 것은?

○ 쌍둥이도 서로 성격이 ㉠다른 법이다.
○ 날씨가 건조하면 나무가 잘 ㉡크지 못한다.
○ 남부 지방에 홍수가 ㉢나서 많은 수재민이 생겼다.
○ 그 사람이 농담은 하지만 ㉣허튼 말은 하지 않는다.
○ 상대에게 자유를 주는 것이 진정한 사랑이 ㉤아닐까?

① ㉠, ㉡　　　② ㉡, ㉢
③ ㉢, ㉣　　　④ ㉣, ㉤

(5) 의존 명사-대명사-관형사: 이, 그, 저
① 대명사: 조사와 결합할 수 있다.
② 관형사: 조사와 결합할 수 없고, 꾸밈의 기능이 있다.
③ 의존 명사 '이': 사람을 의미한다.
　예) 강단에서 열심히 말하는 이가 누구지? → 명사
　　　이보다 더 좋을 수는 없다. → 대명사
　　　이 사람을 보라. → 관형사

(6) 부사가 체언을 수식하는 경우: '바로, 오직, 다만, 단지, 겨우…'
부사가 체언을 수식하는 경우가 있다. 이 경우에도 관형사가 아닌 부사로 인정된다.
① 바로: 집에 바로 가거라. 바로 뒤에 앉았다. → 부사
② 오직: 오직 공부에만 열중했다. → 부사

(7) 접미사 '-적'
① 명사 '-적': 조사가 결합한다.
② 관형사 '-적': 체언을 꾸며준다.
③ 부사 '-적': 체언 외를 꾸며준다.
　예) 파격적인 행동, 파격적으로 인사를 단행했다. → 명사
　　　비교적 쉬운 문제, 그런 일은 가급적 하지 마라. → 부사
　　　파격적 행동, 파격적 인사, 비교적 연구 → 관형사

정답과 해설

029 ② '보기'는 목적어로 '나'를 취하고 있으므로 서술성을 유지하고 있다. 따라서 '보기'는 동사 '보다'의 어간에 명사형 전성 어미 '-기'가 결합한 동사의 명사형이다. '보았다'는 본용언 '떠먹어' 뒤에서 쓰인 보조 용언으로 '시험 삼아 함'을 뜻하므로 보조 동사로 볼 수 있다.

030 ② ㉡ '크다'는 동사나 형용사로 쓰일 수 있는 단어이다. '크지'는 '자라지'로 바꿔볼 수 있으므로 '동식물의 몸의 길이가 자라다.'를 뜻하는 동사이다.
㉢ '나다'는 '홍수, 장마 따위의 자연재해가 일어나다.'를 뜻하는 동사이다.
오답피하기 ㉠ '다른'은 관형사나 형용사의 관형사형으로 쓰일 수 있는 단어이다. '성격이 다른'은 어미를 종결 어미로 바꾸면 '성격이 다르다'로 바꿀 수 있으므로 형용사의 관형사형으로 볼 수 있다. ㉣ '허튼'은 '쓸데없이 헤프거나 막된'의 뜻을 지닌 관형사로 뒤에 오는 체언 '말'을 수식하고 있다.
㉤ '아니다'는 '(의문형으로 쓰여) 물음이나 짐작의 뜻을 나타내는 말'을 뜻하는 형용사이다.

• 신유형 문제

008
다음 중 밑줄 친 조사의 쓰임이 다른 것은?

> 격 조사 중에는 문맥에 따라서 그 기능이 달라지는 경우가 있다. '이/가'의 경우 '영희가 밥을 먹는다'에서 볼 수 있듯이 주로 주격 조사로 기능하지만, '이것은 밥이 아니다'에서처럼 보격 조사로 기능할 수도 있다. '에서' 역시 '오늘은 집에서 공부하자'에서처럼 처소를 의미하는 부사격 조사로 기능하기도 하지만, '정부에서 정책을 공표하였다'에서처럼 주격 조사로 기능하기도 한다.

① 저기에는 높은 산이 있다.
② 할아버지께서 작은형을 부르신다.
③ 늘 푸른 소나무는 낙엽수가 아니다.
④ 이번에는 충청남도에서 우승을 차지하였다.

009
㉠, ㉡에 해당하는 예로 적절하지 않은 것은?

> 조사는 문장 내에서 주로 체언에 연결되어 다른 단어에 대해 가지는 문법적 관계를 표시하거나, 특별한 의미를 첨가해 주는 기능을 지닌다. 크게 격 조사, 보조사, 접속 조사로 분류할 수 있는데, 같은 형태의 조사가 다른 역할을 할 때도 있다. 예를 들어 '나는 친구와 헤어진 후 곧장 집으로 왔다'에서처럼 ㉠'와'가 부사격 조사로 쓰일 때도 있고, '바다와 하늘이 모두 파랗게 물들어 있었다'에서처럼 ㉡'와'가 접속 조사로 쓰일 때도 있다.

① ㉠: 고등학교 친구와 함께 밥을 먹었다.
② ㉠: 이것은 내가 산 귀걸이와 비슷하게 생겼다.
③ ㉡: 시장에 가서 사과와 배를 사 오렴.
④ ㉡: 그녀는 그녀의 아버지와 매우 닮았다.

010
2015학년도 6월 A 12번
다음의 밑줄 친 부분에 해당하는 예로 적절하지 않은 것은?

> 국어의 조사 중에는 결합하는 앞말과 다른 말과의 문법적인 관계를 표시하는 격 조사와 특별한 뜻을 더해 주는 보조사가 있다. 격 조사는 특정한 문장 성분에만 쓰인다. 가령 주격 조사는 주어에, 목적격 조사는 목적어에 쓰인다. 반면 보조사는 하나의 문장 성분에만 쓰이는 것이 아니라 여러 문장 성분에 쓰일 수 있다.

① '삼촌이 밤에 만 글을 썼다.'에서의 '만'.
② '선수들이 오늘 은 간식을 먹었다.'에서의 '은'.
③ '내가 친구 한테 가방을 선물했다.'에서의 '한테'.
④ '아이들이 유치원에서 악기 도 연주한다.'에서의 '도'.
⑤ '누나가 일기를 책으로 까지 만들었다.'에서의 '까지'.

011

2020 법원직 9급

<보기 1>의 내용을 참고할 때, <보기 2>에서 관형사를 모두 골라 바르게 묶은 것은?

┌─ 보기 1 ─────────────────────────────────────┐
관형사는 체언 앞에서 그 체언의 뜻을 분명하게 제한하는 품사이다. 특히 관형사는 체언을 꾸며 주면서도 형태 변화를 하지 않는다는 특징을 가진다. 또한 관형사는 용언이 아니므로 어미를 가지지 않음은 물론 보조사를 포함한 어떤 조사와도 결합하지 않는다.
└──┘

┌─ 보기 2 ─────────────────────────────────────┐
㉠: 도대체 <u>무슨</u> 말을 하는 거야?
㉡: <u>모든</u> 사람들이 너를 보고 있어.
㉢: <u>빠른</u> 일 처리가 무척 맘에 드는군.
㉣: 눈앞에 <u>아름다운</u> 풍경이 펼쳐졌다.
└──┘

① ㉠, ㉡
② ㉠, ㉣
③ ㉡, ㉢
④ ㉢, ㉣

012

밑줄 친 부분이 ㉠과 ㉡에 해당하는 사례로 적절하지 않은 것은?

┌──┐
㉠<u>의존 명사</u>와 ㉡<u>조사</u>는 서로 형태가 같은 경우가 많아 혼동하기 쉽다. 의존 명사는 조사가 결합하여 쓰일 수 있거나 관형어의 수식을 받을 수 있지만, 조사는 항상 체언에 결합한 채로 쓰인다는 점에서 차이가 있다. '친구가 도착한 지 두 시간 만에 떠났다'의 '만'은 의존 명사로 쓰인 것이고, '한 번만이라도 원하는 바를 이루고 싶다'의 '만'은 조사로 쓰인 것이다.
└──┘

① ┌ ㉠: 먹고 싶은 <u>만큼</u> 먹어라.
　└ ㉡: 철수<u>만큼</u> 열심히 공부해라.
② ┌ ㉠: 높은 곳에 있어야 <u>보다</u> 멀리 본다.
　└ ㉡: 내가 너<u>보다는</u> 훨씬 낫다고 생각한다.
③ ┌ ㉠: 예상했던 <u>대로</u> 시험 문제가 어려웠다.
　└ ㉡: 큰 것은 큰 것<u>대로</u> 따로 모아 두어라.
④ ┌ ㉠: 그는 묵묵히 그녀를 바라볼 <u>뿐</u>이었다.
　└ ㉡: 자식을 아껴 주는 사람은 부모님<u>뿐</u>이다.

013

다음 글을 참고할 때 '다른'의 품사가 나머지와 다른 것은?

> '다른'이라는 단어의 품사를 해석할 때에는 주의해야 한다. '다른'은 그 자체로 관형사일 수도 있고, '다르다'라는 형용사의 어간에 관형사형 어미가 붙은 형태일 수도 있기 때문이다. 이때 구별 방법은 크게 두 가지로 나뉜다. 하나는 그 '다른'이 용언이 가진 특징을 지니고 있는지를 보는 것이고, 또 하나는 의미의 차이를 파악하는 것이다. 형용사 '다르다'는 '두 대상이 서로 같지 아니하다.', '보통의 것보다 두드러지다.'의 뜻을 지니는 반면, 관형사 '다른'은 '당장 문제 되거나 해당되는 것 이외의'라는 의미를 지닌다. 예컨대 '우리에게 다른 길은 용납되지 않아'의 '다른'은 관형사이고, '성격이 다른 형제가 있다'의 '다른'은 형용사이다.

① 다른 물건에는 관심 없으니 이것만 주세요.
② 너 말고 다른 사람들은 전부 어디에 갔느냐?
③ 예술가의 눈은 확실히 무언가 다른 데가 있다.
④ 곧 마감일이니 다른 생각 말고 남은 일을 열심히 해라.

014

2015 교육행정직 9급

<보기>의 밑줄 친 단어의 품사를 바르게 짝지은 것은?

> 〈보기〉
> 같은 형태가 때로 서로 다른 품사에 속하기도 한다.
> 예 ┌ 글씨가 ㉠크지 않아서 잘 안 보인다.
>   └ 가뭄 때문에 나무가 제대로 ㉡크지 못해서 걱정이다.
>   ┌ 회의 자료는 ㉢어제 다 마련해 두었다.
>   └ 민원 때문에 ㉣어제 오후에 회의가 개최되었다.

	㉠	㉡	㉢	㉣
①	동사	형용사	명사	부사
②	형용사	동사	명사	부사
③	동사	형용사	부사	명사
④	형용사	동사	부사	명사

정답과 해설

013 ③ '예술가의 눈은 확실히 무언가 다른 데가 있다.'의 '다른'은 '보통의 것보다 두드러지다'라는 의미를 지니므로 형용사이다. 나머지 선택지의 '다른'은 모두 '당장 문제 되거나 해당되는 것 이외의'라는 의미를 지니므로 관형사이다.
오답피하기 ① '다른 물건에는 관심 없으니 이것만 주세요.'의 '다른'은 '당장 문제 되거나 해당되는 것 이외의'라는 의미를 지니므로 관형사이다. ② '너 말고 다른 사람들은 전부 어디에 갔느냐?'의 '다른'은 '당장 문제 되거나 해당되는 것 이외의'라는 의미를 지니므로 관형사이다. ④ '곧 마감일이니 다른 생각 말고 남은 일을 열심히 해라.'의 '다른'은 '당장 문제 되거나 해당되는 것 이외의'라는 의미를 지니므로 관형사이다.

014 ④ '크다'는 동사나 형용사로 쓰일 수 있는 단어이며, '어제'는 명사나 부사로 쓰일 수 있는 단어이다.
㉠ 해당 문장의 '크다'는 '작다'로 고칠 수 있으므로, '사람이나 사물의 외형적 길이, 높이, 부피 따위가 보통 정도를 넘다'를 뜻하는 형용사로 쓰였다.
㉡ 해당 문장의 '크다'는 '자라다'로 고칠 수 있으므로, '동식물의 몸의 길이가 자라다'를 뜻하는 동사로 쓰였다.
㉢ 해당 문장의 '어제'는 서술어 '마련해 두었다'를 수식하므로, '오늘의 바로 하루 전에'를 뜻하는 부사로 쓰였다.
㉣ 해당 문장의 '어제'는 관형격 조사 '의'를 붙여 '어제의 오후에'로 고치더라도 문장이 자연스러우므로, '오늘의 바로 하루 전날'을 뜻하는 명사로 쓰였다.

완전학습

합성어와 파생어, 단일어를 구별할 수 있어야 한다.

031 2015 국가직 9급

( ) 안에 들어갈 말로 적절한 것은?

> '개살구', '잠', '새파랗다' 등은 어휘 형태소인 '살구', '자-', '파랑-'에 '개-', '-ㅁ', '새-'와 같은 접사가 덧붙어서 파생된 단어들이다. 이처럼 직접 구성 요소 중 접사가 확인되는 단어들을 '파생어'라고 한다. 반면, ( )은 각각 실질적 의미를 지닌 두 요소가 결합하여 한 단어가 된 경우인데, 이를 '파생어'와 구분하여 '합성어'라고 한다.

① 고추장, 놀이터, 손짓, 장군감
② 면도칼, 서릿발, 쉰둥이, 장난기
③ 깍두기, 선생님, 작은형, 핫바지
④ 김치찌개, 돌다리, 시나브로, 암탉

032 2017 국가직 9급 2차

단어에 대한 설명으로 옳지 않은 것은?

① '바다', '맑다'는 어근이 하나인 단일어이다.
② '회덮밥'은 파생어 '덮밥'에 새로운 어근 '회'가 결합된 합성어이다.
③ '곁눈질'은 합성어 '곁눈'에 접미사 '-질'이 결합된 파생어이다.
④ '웃음'은 어근 '웃-'에 접미사 '-음'이 붙어 명사가 된 파생어이다.

3 단어의 형성

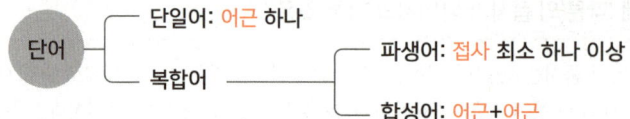

1. 단어의 구조

(1) 어근과 접사의 개념

① 어근: 실질적 의미를 나타내는 부분 / 어절 구성 ○
② 접사: 형식적 의미를 나타내는 부분, 어근에 덧붙어 새로운 의미나 문법적 기능을 나타내는 형태소 / 어절 구성 ×

(2) 단어의 구조를 분석할 때의 주의 사항

① 어미는 없는 것(=zero)으로 보고, 단어를 2토막으로 분절한 후
   예) 하늘: 형태소 1개의 단순한 구조
   풋사과 → 풋-+사과: 형태소 2개의 복잡한 구조
② 어근은 실질 형태소, 접사는 형식 형태소로 봐야 한다.

보-	-다
어근	×

슬기	-롭-	다
어근	접사	×

돌-	-아	가-	-다
어근	×	어근	×

나들이	옷
어근	어근

2순위
③ 한자어의 경우 각각이 독립된 의미를 지닌다 하여 '등교' 같은 경우 합성어로 본다. 그러나 몇몇 한자어들은 접사로 인정되는 것들이 있다. '신여성. 신학문…', '내배엽, 내출혈…' 등의 '신(新)-', '내(內)-'는 접사로 처리되기도 한다.

2. 단어의 종류

(1) 단일어: 하나의 어근으로 이루어진 단어

(2) 복합어: 둘 이상의 어근이나 접사가 결합해 이루어진 단어

① 파생어: (최종 결합에서) 접사가 최소 하나 이상 존재하는 단어
② 합성어: (최종 결합에서) 어근끼리 결합한 단어

주의해야 하는 어근	① '짓'(몸을 놀려 움직이는 동작) - 손짓, 발짓 **CF.** 짓밟다 ② '장'(간장, 된장, 고추장을 통틀어 이르는 말) - 간장, 된장, 고추장 ③ '감'(옷을 만드는 재료, 자격을 갖춘 사람) - 장군감, 한복감
구조를 파악하기 쉽지 않은 복합어	① '지붕'(집의 맨 꼭대기 부분을 씌우는 덮개) - '집+웅' ② '마무리'(일의 끝맺음) - '마무르+이' ③ '무덤'(송장이나 유골을 땅에 묻어 놓은 곳) - '묻+엄' ④ '마중'(사람을 맞이함) - '맞+웅' ⑤ '마개'(병의 아가리나 구멍 따위에 끼워서 막는 물건) - '막+애' ⑥ '바가지'(나무나 플라스틱으로 그와 비슷하게 만들어 물을 푸거나 물건을 담는 데 쓰는 그릇) - '박+아지'

정답과 해설

031 ① 해당 문제는 합성어인 단어들을 구별하는 문제이다. '고추장', '놀이터', '손짓', '장군감'은 모두 합성어이다. '고추장'은 명사 어근 '고추'와 명사 어근 '장'이 결합하여 만들어진 합성어이다. '놀이터'는 명사 어근 '놀이'와 명사 어근 '터'가 결합하여 만들어진 합성어이다. '손짓'도 명사 어근 '손'과 명사 어근 '짓'이 결합하여 만들어진 합성어이다. '장군감'은 명사 어근 '장군'과 명사 어근 '감'이 결합하여 만들어진 합성어이다.

032 ② '덮밥'은 파생어가 아니라 어근 '덮-'과 '밥'이 결합된 합성어이다. 따라서 '회덮밥'은 합성어 '덮밥'에 새로운 어근 '회'가 결합된 합성어로 볼 수 있다.

※ 기출된 단어

개고기	개살구	개떡	개죽음
합성어	파생어	파생어	파생어
굶주리다	얽매다	바가지	놀이
합성어	합성어	파생어	파생어
마무리	지붕	풋고추	엿보다
파생어	파생어	파생어	파생어
손바닥	돌다리	부슬비	지우개
합성어	합성어	합성어	파생어
군말	얕보다	덧가지	강마르다
파생어	합성어	파생어	파생어
논밭	눈치	밤낮	짙푸르다
합성어	파생어	합성어	합성어
한겨울	볶음밥	이것	잡히다
파생어	합성어	합성어	파생어
접칼	작은아버지	치솟다	헛고생
합성어	합성어	파생어	파생어
돌보다	날뛰다	새해	구경꾼
합성어	합성어	합성어	파생어
굳세다	맑다	곁눈질	웃음
합성어	단일어	파생어	파생어

(3) 직접 성분 분석

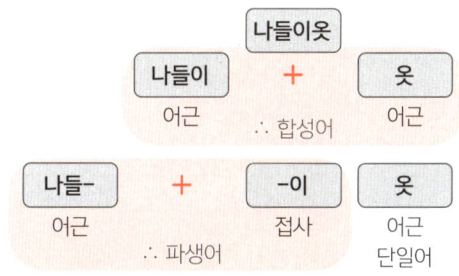

033 2018 서울시 9급
단어 형성 원리에 대한 설명으로 가장 옳은 것은?
① 형용사 '기쁘다'에 동사 파생접미사 '-하다'가 붙으면 동사 '기뻐하다'가 생성된다.
② '시누이'와 '선생님'은 접미파생명사들이다.
③ '빗나가다'와 '공부하다'는 합성동사들이다.
④ '한여름'은 단일명사이다.

034 2016 서울시 9급
다음 중 단어의 짜임이 <보기>와 같은 것은?

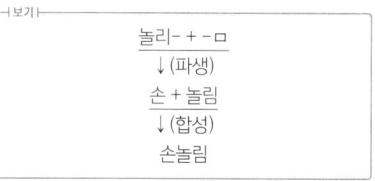

① 책꽂이 ② 헛소리
③ 가리개 ④ 흔들림

정답과 해설

033 ① 형용사 '기쁘다'에 동사 파생접미사 '-하다'가 결합하면 동사 '기뻐하다'가 생성된다.
오답피하기 ② '시누이'는 접두사 '시-'에 어근 '누이'가 결합한 접두파생명사이고, '선생님'은 어근 '선생'에 접미사 '-님'이 결합한 접미파생명사이다. ③ '빗나가다'는 접두사 '빗-'과 어근 '나가다'가 결합한 파생어이고, '공부하다'는 명사 어근 '공부'에 동사 파생접미사 '-하다'가 결합된 파생어이다. ④ '한여름'은 접두사 '한-'과 어근 '여름'이 결합한 파생어이다.

034 ① <보기>의 '손놀림'은 명사 어근 '손'과 동사 '놀리다'의 어간에 명사화 접미사 '-ㅁ'이 결합한 '놀림'이 결합한 합성 명사이다. 단어의 짜임이 이와 비슷한 것은 '책꽂이'이다. 이는 명사 어근 '책'이 동사 '꽂다'의 어간에 명사화 접미사 '-이'가 결합한 '꽂이'와 결합한 합성 명사이다. 나머지 '헛소리, 가리개, 흔들림'은 모두 파생어이다.

완전학습

1. 품사를 바꿔주는 접사, 문장 구조를 바꿔주는 접사를 구별할 수 있어야 한다.
2. 접두사의 의미 차이를 구별할 수 있어야 한다.

035
2015 서울시 9급

다음 중 <보기>의 설명에 해당되지 않는 단어는?

┌ 보기 ┐
접미사는 품사를 바꾸거나 자동사를 타동사로 바꾸는 기능을 한다.
└─────┘

① 보기 ② 낯섦
③ 낮추다 ④ 꽃답다

036
2016 지방직 7급

밑줄 친 단어 가운데 품사를 바꾸어 주는 접사가 포함된 것은?

① 그 남자가 미간을 좁혔다.
② 청년이 여자의 어깨를 밀쳤다.
③ 이 말에 그만 아버지의 울화가 치솟았다.
④ 나는 문틈 사이에 눈을 대고 바깥을 엿보았다.

037
2017 국가직 9급 1차

밑줄 친 접두사가 한자에서 온 말이 아닌 것은?

① 강염기 ② 강타자
③ 강기침 ④ 강행군

3. 파생어

(1) 한정적 접사 - 지배적 접사

① 한정적 접사: 어근의 뜻만 한정하는 접사
   예) 덧신, 드높다, 장난꾸러기
② 지배적 접사: 어근의 **품사**를 바꾸는 접사 또는 **문장**의 구조(=**피사동**)를 바꾸는 접사(=이/히/리/기/우/구/추)
   예) 믿음(동사→명사), 길이(형용사→명사), 공부하다(명사→동사)
   먹히다(능동문→피동문), 먹이다(주동문→사동문)

(2) 접두사와 접미사

① 접두사의 특징
   ㉠ 어근의 앞에 위치하여 어근의 뜻을 제한한다.
   ㉡ 어근의 품사를 바꾸지는 못한다.(한정적 접사)
② 접미사의 특징
   ㉠ 어근의 뒤에 위치한다.
   ㉡ 어근의 품사를 바꾸거나 문장 구조를 바꿀 수 있다.(지배적 접사)

(3) 다의적 접두사

	의미	예
강-	① 다른 것이 섞이지 않고 그것만으로 이루어진	강굴, 강된장, 강소주, 강밥
	② 마른, 물기가 없는	강기침, 강모, 강서리
	③ 억지스러운	강다짐, 강울음, 강호령
막-¹	① 거친, 품질이 낮은	막고무신, 막과자, 막국수, 막그릇, 막담배
	② 닥치는 대로 하는	막노동, 막말, 막벌이, 막일
	③ 주저 없이, 함부로	막가다, 막거르다, 막벌다, 막살다
막-²	마지막	막잔, 막차, 막판

정답과 해설

035 ② 해당 문제는 접미사와 타 성분을 구별하는 문제이다. 접미사는 어근의 뒤에 위치하여 어근의 품사를 바꾸거나 문장 구조를 바꾸는 기능을 한다.
'낯섦'은 형용사 '낯설다'의 어간 '낯설-'에 명사형 전성 어미 '-ㅁ'이 결합된 것으로 '낯섦'의 품사는 '낯설다'와 마찬가지로 형용사이기 때문에 <보기>의 설명에 나온 접미사가 사용되었다고 볼 수 없다.

036 ① 해당 문제는 접사의 종류를 구별하는 문제이다. 보통 품사를 바꾸어주는 지배적 접사는 접미사이므로, 접미사가 쓰인 단어 중에서 정답을 골라야 한다. '좁다'라는 형용사가 사동 접미사 '-히-'가 붙으면서 '좁히다'라는 동사로 바뀌었으므로 '-히-'를 품사를 바꾸어주는 접사로 볼 수 있다.

037 ③ '강기침'은 마른기침을 뜻하는 단어로, 이 뜻을 고려할 때 '강-'은 '마른' 또는 '물기가 없는'의 뜻을 더하는 접두사임을 알 수 있다. 다른 단어들의 '강(强)-'은 '매우 센' 또는 '호된'을 뜻하는 접두사이다.

4. 합성어

어근끼리 결합한 복합어를 합성어라 한다.

(1) 합성어의 의미 관계

① **대등** 합성어: 어근의 의미 관계가 대등한 것, 수식하는 관계 ×
  - 예) 앞뒤, 똥오줌, 논밭, 마소
② **종속** 합성어: 한 어근이 다른 어근의 의미에 종속되어 있는 것, 수식하는 관계 ○
  - 예) 도시락밥, 돌다리, 국밥
③ **융합** 합성어: 기존의 의미 외에 새로운 의미가 더해지는 것
  - 예) 연세(年歲), 산수(山水), 춘추(春秋), 광음(光陰), 돌아가다

✓ 연습문제

'책가방'의 의미 관계는?
종속 합성어

(2) 통사적 합성어 - 비통사적 합성어

① **통사적** 합성어: 합성어의 배열 관계가 우리말 통사적 구성과 일치하는 합성어
  - 예) 집안, 마소, 새마을, 첫사랑, 늙은이, 잘나다, **열쇠, 얼룩소**
② **비통사적** 합성어: 합성어의 배열 관계가 우리말 통사적 구성과 일치하지 않는 합성어
  ㉠ **관형사형 전성** 어미가 생략된 경우
    - 예) 검버섯, 접칼, 꺾쇠, 덮밥
  ㉡ **용언의 연결** 어미가 생략된 경우
    - 예) 굳세다, 날뛰다, 오르내리다, 굶주리다
  ㉢ **부사**와 체언이 직접 연결된 경우
    - 예) 부슬비, 산들바람, 오랫동안, 척척박사, 촐랑새, **살짝곰보**

(3) 합성어와 구(句), 절(節)

어근끼리의 결합으로 새로운 **의미**가 추가되거나 오랫동안 그렇게 써온 **관습**이 인정되는 단어는 합성어로 처리한다. 단, 후자의 경우에는 암기가 필요하다.

① 문이 작은 집 → **구**
② 이번 명절에는 작은집에서 모이기로 했다. → **합성어**
③ 그는 안절부절못했다. → **합성어**

완전학습

1. 대등, 종속, 융합 합성어를 구별할 수 있어야 한다.
2. 통사적 합성어와 비통사적 합성어를 구별할 수 있어야 한다.

038
2013 기상직 9급 변형

다음 중 비통사적 합성어에 해당하는 것은?
① 작은형
② 철들다
③ 부슬비
④ 힘쓰다

039
2016 지방직 9급

비통사적 합성어로만 묶인 것은?
① 열쇠, 새빨갛다
② 덮밥, 짙푸르다
③ 감발, 돌아가다
④ 젊은이, 가로막다

040
2013 국가직 9급 변형

다음 중 종속 합성어에 해당하는 것은?
① 손발
② 논밭
③ 책가방
④ 연세

정답과 해설

038 ③ 해당 문제는 통사적 합성어와 비통사적 합성어를 구별하는 문제이다. '부슬비'는 부사 어근 '부슬'과 명사 '비'가 결합된 비통사적 합성어이다.
오답피하기 ① '작은형'은 형용사 '작다'의 관형사형 '작은'과 명사 어근 '형'이 결합된 통사적 합성어이다. ② '철들다'는 주어 '철'과 서술어 '들다'가 결합된 통사적 합성어이다. ④ '힘쓰다'는 명사 목적어 '힘'과 서술어 '쓰다'가 결합된 통사적 합성어이다.

039 ② 해당 문제는 비통사적 합성어를 구별하는 문제이다. '덮밥'은 동사 '덮다'의 어간 '덮-'과 명사 어근 '밥'이 관형사형 전성 어미 없이 결합한 것이므로 비통사적 합성어이고, '짙푸르다'도 형용사 '짙다'와 '푸르다'가 연결 어미 없이 결합되었으므로 비통사적 합성어이다.
오답피하기 ① '열쇠'는 동사 '열다'의 관형사형 '열'과 명사 어근 '쇠'가 결합한 통사적 합성어이며, '새빨갛다'는 '매우 짙고 선명하게'의 뜻을 더하는 접두사 '새-'와 형용사 '빨갛다'가 결합한 파생어이다. ③ '감발'은 동사 '감다'의 어간 '감-'과 명사 어근 '발'이 결합한 비통사적 합성어이나, '돌아가다'는 동사 '돌다'와 '가다'가 연결 어미 '-아'로 결합되어 있는 통사적 합성어이다. ④ '젊은이'는 형용사 '젊다'의 관형사형 '젊은'과 의존명사 어근 '이'가 결합한 통사적 합성어이며, '가로막다'는 '왼쪽에서 오른쪽의 방향으로, 또는 옆으로 길게'의 뜻을 지닌 부사 어근 '가로'와 동사 '막다'가 결합한 통사적 합성어이다.

040 ③ 해당 문제는 대등 합성어, 종속 합성어, 융합 합성어를 구별하는 문제이다. '책가방'은 어근 '책'과 '가방'의 결합으로, 어근 '책'이 '가방'의 의미에 종속되어 있으며, '가방'이 중심 의미가 되므로 종속 합성어로 볼 수 있다.

• 신유형 문제

015
다음 중 ㉠의 예로 가장 적절한 것은?

> 단어란 자립할 수 있는 최소의 단위를 뜻한다. 자립 형태소 중에서 용언의 어근을 제외한 나머지는 모두 단어가 된다. 한편 의존 형태소이지만 조사의 경우에는 앞 단어와 분리성이 상당하여 예외적으로 단어로 인정받는다. 하나의 형태소가 단어가 되기도 하지만 두 개 이상의 형태소가 결합하여 단어가 되기도 한다. 가령 '낚시꾼' 같은 경우에는 '낚시'라는 실질 형태소와 '꾼'이라는 형식 형태소가 결합하여 하나의 단어가 된 경우이다. '밤낮'처럼 ㉠실질 형태소끼리 결합하여 단어가 된 경우도 있지만 '풋내기'처럼 형식 형태소끼리 결합하여 단어가 된 경우도 있다.

① 개살구
② 검푸르다
③ 춤
④ 새빨갛다

016
다음 글의 ㉠에 해당하는 예로 보기 어려운 것은?

> 단어는 단일어와 복합어로 나뉜다. 단일어는 '하늘, 바다'처럼 하나의 실질 형태소로 이루어진 단어이고, 복합어는 '풋내기, 고추장'처럼 두 개 이상의 형태소로 이루어진 단어이다. 복합어는 다시 이를 구성하고 있는 형태소의 성격에 따라 ㉠파생어와 합성어로 구분된다. 파생어는 최소 1개 이상의 접사가 결합하여 만들어진 단어이고, 합성어는 둘 이상의 어근이 결합하여 형성된 단어이다. '풋내기'의 경우, '풋-'이라는 접사가 '-내기'라는 접사와 결합하여 만들어진 파생어이다. 반면 '먹거리'는 '먹다'의 어근과 의존 명사 '거리'라는 어근이 결합하여 만들어진 합성어이다.

① 지붕
② 얕보다
③ 바가지
④ 마무리

017
다음 중 단어의 구조를 분석한 것으로 적절하지 않은 것은?

> 어근은 단어 형성 시에 실질적 의미를 드러내는 부분, 어간은 용언이 활용할 때 형태가 고정된 부분을 의미한다. 가령 '치솟다'의 경우, '솟다'에 접두사 '치-'가 결합된 단어로 의미의 중심 부분은 '솟-'이므로 이것이 어근이다. 반면 어간을 따질 때는 '치솟다'의 활용 형태를 보아야 한다. '치솟다'는 '치솟고', '치솟으니', '치솟으며' 등으로 활용하는데, 이때 형태가 변하지 않는 부분인 '치솟-'이 어간이다.

① '의롭다'의 어근은 '의'이고, 어간은 '의롭-'이다.
② '되찾다'의 어근은 '찾-'이고, 어간은 '되찾-'이다.
③ '짓이기다'의 어근은 '짓-'이고, 어간은 '짓이기-'이다.
④ '새까맣다'의 어근은 '까맣-'이고, 어간은 '새까맣-'이다.

018

㉠, ㉡에 대응하는 어휘의 예로 적절한 것은?

> 하나의 어근이 접사나 다른 어근과 결합하여 새로운 단어를 만들어 내기도 하는데, 이때 '나무꾼'처럼 어근이 접사와 결합하면 파생어라고 하고, '새해'처럼 어근이 다른 어근과 결합하면 합성어라고 한다. 또한 '집집이'처럼 ㉠합성어가 접사와 결합하여 파생어가 되는 경우도 있고, '눈웃음'처럼 ㉡파생어가 다른 어근과 결합하여 합성어가 되는 경우도 있다.

	㉠	㉡
①	풋고추	놀이터
②	메마르다	회덮밥
③	여닫이	코웃음
④	애호박	큰아버지

019

밑줄 친 단어가 ㉮와 ㉯에 해당하는 사례로 적절하지 않은 것은?

> 파생어는 어근에 접사가 붙어 이루어진 말이다. ㉮파생어 형성의 결과 품사가 달라지는 경우가 있고, 문장에 사용된 어떤 단어가 파생어로 바뀌면 그 ㉯파생어로 인해 문장 구조가 달라지는 경우도 있다. 예를 들어, 형용사 '밝다'는 동사 '밝히다'로 파생된다. 또한 '등불이 밝다.'의 '밝다'를 '밝히다'로 바꾸면 '등불을 밝히다.'와 같이 문장 구조가 달라진다.

① ㉮: 문제를 해결하는 모습이 지혜롭다.
② ㉮: 버스 안에서 구두에 발이 밟혔다.
③ ㉯: 아버지가 나에게 어린아이를 안겼다.
④ ㉯: 사람들이 장마를 대비하여 둑을 높였다.

020

ⓐ~ⓒ에 해당하는 사례로 적절하지 않은 것은?

> 합성어는 그것을 이루는 어근들 간의 논리적 관계에 따라 다음과 같이 분류할 수 있다.
>
> ⓐ대등 합성어: 어근들 간의 논리 관계가 대등한 합성어
> ⓑ종속 합성어: 어근들 간의 논리 관계가 종속적인 합성어
> ⓒ융합 합성어: 어근들이 결합하면서 본래 의미가 아닌 새로운 의미를 갖는 합성어

	ⓐ	ⓑ	ⓒ
①	논밭	밤낮	열쇠
②	손발	쇠못	돌아가시다
③	앞뒤	밭일	입방아
④	여닫다	가죽신	가시방석

021

다음 글에서 추론한 내용으로 적절하지 않은 것은?

'밤하늘'은 '밤'과 '하늘'이 결합하여 한 단어를 이루고 있는데, 이처럼 어휘 의미를 띤 요소끼리 결합한 단어를 합성어라고 한다. 합성어는 분류 기준에 따라 여러 방식으로 나눌 수 있다. 합성어의 품사에 따라 합성명사, 합성형용사, 합성부사 등으로 나누기도 하고, 합성의 절차가 국어의 정상적인 단어 배열법을 따르는지의 여부에 따라 통사적 합성어와 비통사적 합성어로 나누기도 하고, 구성 요소 간의 의미 관계에 따라 대등합성어와 종속합성어로 나누기도 한다.

합성명사의 예를 보자. '강산'은 명사(강) + 명사(산)로, '젊은이'는 용언의 관형사형(젊은) + 명사(이)로, '덮밥'은 용언 어간(덮) + 명사(밥)로 구성되어 있다. 명사끼리의 결합, 용언의 관형사형과 명사의 결합은 국어 문장 구성에서 흔히 나타나는 단어 배열법으로, 이들을 통사적 합성어라고 한다. 반면 용언 어간과 명사의 결합은 국어 문장 구성에 없는 단어 배열법인데 이런 유형은 비통사적 합성어에 속한다. '강산'은 두 성분 관계가 대등한 관계를 이루는 대등합성어인데, '젊은이'나 '덮밥'은 앞 성분이 뒤 성분을 수식하는 종속합성어이다.

① 아버지의 형을 이르는 '큰아버지'는 종속합성어이다.
② '흰머리'는 용언 어간과 명사가 결합한 합성명사이다.
③ '늙은이'는 어휘 의미를 지닌 두 요소가 결합해 이루어진 단어이다.
④ 동사 '먹다'의 어간인 '먹'과 명사 '거리'가 결합한 '먹거리'는 비통사적 합성어이다.

022

<보기>의 ㉠의 방식에 따라 형성된 단어로 적절한 것은?

⊣ 보기 ⊢

국어의 단어 형성 방식을 알아보기 위해 한 단어가 아닌 '오고 가다'를, 한 단어인 '뛰어가다', '오가다'와 비교해 보자.

○ 많은 사람들이 오고 가다.
○ 사람들이 바쁘게 뛰어가다.
○ 오가는 사람이 많다.

'오고 가다'라는 구(句)는 단어 '오다'의 어간 '오-'에 연결 어미 '-고'가 결합하여 '가다'와 이어진 것이다. 이러한 방식은 단어 형성에서도 찾아볼 수 있다. 예를 들어, '뛰어가다'는 '뛰다'와 '가다'의 ㉠어간이 연결 어미로 연결되어 형성된 한 단어이다. 한편 '오가다'는 어간과 어간이 직접 결합해서 한 단어가 되었다는 점에서 '뛰어가다'와 차이가 있다.

① 꿈꾸다
② 돌아서다
③ 뒤섞다
④ 빛나다
⑤ 오르내리다

제 3 장 • 문장론

1 문장론의 문법 단위

1. 문장 성분

(1) 문장 성분의 정의와 특징

① 문장 성분: 어절의 종류

(2) 문장 성분의 종류

① 주성분: 문장을 이루는 데 필수적으로 필요한 문장 성분

㉠ 주어: 문장의 주체를 나타내는 문장 성분

※ '서', '에서'와 결합한 주어

예) 셋이서 길을 나섰다. 이번에는 우리 학교에서 우승을 했다. cf) 이번에는 학교에서 축구하자.
→ '이/가'로 대체 가능 ∴ 주어   → 부사어

㉡ 서술어: 주어를 서술하는 말

※ '본용언+보조 용언'은 하나의 서술어로 본다.

예) 밥을 다 먹어 버렸다. → 서술어 1개
   본용언 보조 용언

㉢ 목적어: 동작의 대상이 되는 문장 성분, '을/를'로 대체가 가능

예) 철수가 영희를 사랑한다. 아기가 우유는 마신다.

㉣ 보어: 보충해 주기 위한 문장 성분, '되다, 아니다' 앞에 '이/가'가 결합한 것만 인정

예) 물이 얼음이 되었다. → 보어
   물이 얼음으로 되었다. → 부사어

② 부속 성분: 주성분을 수식하는 문장 성분

㉠ 관형어: 체언을 수식하는 문장 성분

예) 멋진 집

㉡ 부사어: 체언 이외를 수식하는 문장 성분

예) 우리가 이 대회에서 우승을 한 것은 우연이 아니다.

③ 독립 성분: 문장 구성과 직접적인 관련 없는 문장 성분

㉠ 독립어: 다른 성분과 긴밀한 관계없이 독립적으로 쓰이는 문장 성분

예) 오, 이제 왔니? / 영희야, 어디에 있었느냐?

(3) 주의해야 할 문장 성분 파악

① 격 조사 생략: 문장 흐름에 적절한 격 조사로 대체해 보자.

예) 콜라나 마시자! / 시원한 곳으로는 학교도 있다.
   목적어   주어
   이 책은 아직까지 내가 읽은 적이 없다. → 목적어

② 주어와 보어 구별: 주어와 보어는 구별이 쉽지 않다. 이를 항상 주의하자.

예) 동네에 있는 것은 산이 아니다. / 바위가 많은 산이 동네에 있다.
                    보어   주어

③ '에서'와 문장 성분 구별: 주격 조사 '이/가'로 대체될 수 있으면 주어, 그렇지 못하면 부사어가 된다.

예) 어느 학교의 동창회에서 있었던 일이다. → 부사어
   정부에서 실시한 조사 결과가 여기 있다. → 주어

④ 명사로만 이루어진 관형어

'집 안'에서 '집'과 같이 명사 그 자체만으로 관형어가 될 수 있음에 유의한다.

※ 필수적으로 구별해야 하는 문장 성분

- 그는 나에게 맹물만 주었다. → 목적어
- 그 사람 말은 사실도 아니었다. → 보어
- 정부에서 실시한 조사 결과가 여기 있다. → 주어
- 우리가 사고를 미연에 방지하지 못했다. → 부사어
- 그런 춤은 아무도 못 춘다. → 목적어
- 이번 대회는 우리 학교에서 열린다. → 부사어
- 고향의 사투리까지 싫어할 이유는 없었다. → 목적어

완전학습

1. '에서', '이/가'가 결합한 성분의 종류를 구별하자.
2. 격조사가 없는 성분의 종류를 구별하자.

001 2015 국가직 7급

밑줄 친 부분의 문장 성분이 다른 것은?

① 어느 학교의 동창회에서 있었던 일이다.
② 손에 익은 연장이라서 일이 빨리 끝나겠다.
③ 정부에서 실시한 조사 결과가 드디어 발표되었다.
④ 그 고마운 마음에 보답하고자 편지를 드리려고 합니다.

002 2012 국가직 7급

다음 예문에서 밑줄 친 문장 성분을 잘못 파악한 것은?

○ 그녀는 ㉠아름다운 꽃을 품에 ㉡가득 안고 왔다.
○ 하루 종일 ㉢비가 왔다. ㉣다행히도 마음만은 즐거웠다.

① ㉠: 관형어 ② ㉡: 부사어
③ ㉢: 주어   ④ ㉣: 독립어

003 2013 서울시 기술직

다음 밑줄 친 단어 중 문장 성분이 다른 하나는?

① 동네에 있는 것은 산이 아니다.
② 바위가 많은 산이 동네에 있다.
③ 철수가 사는 고장에는 산도 많이 있구나.
④ 산조차 아름답다니, 이 동네는 정말 좋다.
⑤ 산이 있는 곳에 살고 싶다.

정답과 해설

001 ③ '정부에서'는 주어이다. 이는 '에서'를 '이/가'로 고치더라도 문장의 흐름이 자연스럽다는 점에서 알 수 있다. 다른 선택지의 밑줄 친 말은 부사어이다.

002 ④ ㉣은 '마음만은 즐거웠다'라는 문장 전체를 수식하는 부사어의 역할을 한다.

003 ① 다른 선택지는 모두 주어이나, '동네에 있는 것은 산이 아니다.'의 '산이'는 보격 조사 '이'가 사용된 보어이다. 서술어 '되다, 아니다'가 사용된 문장에는 보격 조사 '이/가'가 사용된 보어가 존재하므로 주의해야 한다.

완전학습

1. 서술어 자릿수를 세는 법을 터득하자.
2. 필수적 부사어와 수의적 부사어의 차이를 이해하자.

004
2016 서울시 7급

다음 중 서술어의 자릿수를 잘못 제시한 것은?

① 우정은 마치 보석과도 같단다. → 두 자리 서술어
② 나 엊저녁에 시험 공부로 녹초가 됐어. → 두 자리 서술어
③ 철수의 생각은 나와는 아주 달라. → 세 자리 서술어
④ 원영이가 길가 우체통에 편지를 넣었어. → 세 자리 서술어

005
2018 서울시 7급 2차

밑줄 친 부사어의 문장 내에서의 역할이 나머지 셋과 가장 다른 것은?

① 고기가 <u>까맣게</u> 탔다.
② <u>비겁하게</u> 굴지 마라.
③ 두 사람은 <u>격렬하게</u> 싸웠다.
④ 이 술은 <u>시원하게</u> 마셔야 맛있다.

---

(4) 서술어 자릿수

① 정의: 온전한 문장이 되기 위해서 서술어가 필요로 하는 필수적 문장 성분의 개수
  ㉠ 새가 날아간다. → 한 자리
  ㉡ 그는 연극을 보았다. → 두 자리
  ㉢ 할아버지께서는 우리들에게 세뱃돈을 주셨다. → 세 자리

② 서술어 자릿수를 세는 법
  ㉠ 서술어를 제외한 필수적인 문장 성분(주어, 목적어, 보어, 필수적 부사어)의 개수를 센다.
  ㉡ 일반적인 관형어나 부사어는 서술어 자릿수에 포함되지 않는다.
    ※ 일반적으로 수여 행위와 관련된 동사의 서술어 자릿수는 세 자리이다.

③ 필수적 부사어: 서술어 자릿수에 포함시킨다.(처소×, 원인×, 방향성○, 생략 불가능○)
  ㉠ 우정은 보석과 같다. → 두 자리
  ㉡ 할아버지께서는 우리들에게 세뱃돈을 주셨다. → 세 자리
  ㉢ 어제 시험 공부로 녹초가 됐어. → 두 자리
  ㉣ 그는 편지를 우체통에 넣었다. → 세 자리

④ 의미에 따른 서술어 자릿수의 변화: 다의어의 경우, 문맥적 의미에 따라 서술어 자릿수가 달라질 수 있다.
  예) 그는 수학적 지식을 잘 안다(→ 두 자리)
      그는 그녀를 이모로 알았다(→ 세 자리)
      날이 밝다(→ 한 자리), 그는 세상 물정에 밝았다(→ 두 자리)

2. 구(句)와 절

(1) 구(句): 둘 이상의 단어가 모인 것. 일반적으로 중심이 되는 말의 품사를 따름.

예)
고작 다섯	사람만
관형사구	
명사구	

예쁜 꽃이	많이 피었다.
명사구	동사구

(2) 절(節): 주어, 서술어를 갖추었으나 독립하여 쓰이지 못하고 문장의 한 성분처럼 쓰이는 것을 말한다. 일반적으로 절은 형용사, 동사, 서술격 조사 '이다'처럼 활용할 수 있는 단어와 밀접한 관련이 있음.

예) 많은 학생이 등교한다. / 그림 그리기가 쉽지 않다.
    관형절   명사절

3. 문장

(1) 정의: 생각이나 감정 등 완결된 내용을 나타내는 최소의 단위

(2) 문장 종결 표지: ? ! .

(3) 문장의 구성: 주어부 + 서술부

예) 나는 + 학생이다. / 많은 사람이 + 집으로 향한다.
    주어부   서술부   주어부   서술부

정답과 해설

004 ③ '철수의 생각은 나와는 아주 달라.'의 '다르다'는 '나는 너와 다르다.'에서처럼 주어와 필수적 부사어를 요구하는 두 자리 서술어이다. 해당 문장도 '철수의(관형어) 생각은(주어) 나와는(필수적 부사어) 아주(부사어) 달라(서술어).'의 구조이므로, '다르다'가 두 자리 서술어로 쓰였다.

005 ② 해당 문장의 '비겁하게'는 생략할 경우 문장의 의미가 온전해지지 않아 생략할 수 없는 '필수적 부사어'이다. 반면, 다른 문장들의 밑줄 친 부사어는 생략해도 온전한 문장이 성립되는 수의적 부사어이다.

2 문장의 종류

1. 문장의 종류

(1) 홑문장과 겹문장

① 홑문장: 1개의 절로 이루어진 문장
   예) 나는 집으로 갔다. / 철수는 영수와 닮았다.
② 겹문장: 2개 이상의 절로 이루어진 문장, 두 개 이상의 문장으로 분리해 낼 수 있음
   예) 그림 그리기가 어렵다.

   예쁜 꽃이 피었다.

   비행기가 빠르게 날아간다.

   영희는 "네가 잘못했다"라고 철수에게 말했다.

   코끼리는 코가 길다.

   하늘은 맑고, 땅은 넓다.

   비가 와서, 땅이 질다.

📘 내용 정리

- 문장의 종류를 찾을 때 주의 사항
  : 일반적으로 서술성이 있는 것(=활용 가능+'-이'가 결합한 부사)의 개수만큼 절 존재
  예) 그녀는 소리도 없이 떠났다. → 서술성이 있는 부사절, 품사는 부사로 활용하지는 못함

  ① 서술절 vs 보어가 있는 문장
     예) 그는 학생이 아니다. → 홑문장 vs 그는 시간이 많다. → 겹문장
  ② 대칭 용언과 접속 조사
     ㉠ '와/과' 등 접속 조사가 사용된 문장은 두 개의 문장으로 분리가 가능하다. 따라서 접속 조사가 쓰인 문장은 겹문장으로 처리된다.
        예) 내가 수박과 사과를 샀다. → 내가 수박을 샀다.(○) / 내가 사과를 샀다.(○)
     ㉡ 대칭 용언: 대칭 용언의 '와/과'의 경우 홑문장으로 처리한다.
        예) 영희는 철수와 닮았다. → 영희는 닮았다.(×) / 철수는 닮았다.(×)
           선화와 은주가 함께 만났다. → 선화가 함께 만났다.(×) / 은주가 함께 만났다.(×)
  ③ 본-보조 용언과 홑문장
     본-보조 용언은 하나의 서술어로 인정된다. 본-본용언이 나타난 문장은 겹문장이 된다.
     예) 밥을 다 먹어 버렸다. → 홑문장
        본용언+보조 용언
        생선을 쪄 먹었다. → 겹문장
        본용언+본용언

✅ 연습문제

'철수는 불어와 영어와 독어를 할 줄 안다'는 홑문장일까 겹문장일까?
겹문장

🎯 완전학습

1. 절은 곧 서술성을 지닌 것임을 이해하자.
2. 서술절이 안긴 문장을 구별하자.
3. '와/과'가 있는 문장의 종류를 구별하자.
4. 본-보조 용언이 있는 문장을 구별하자.

006 2006 경북 소방직

다음 중 겹문장이 아닌 것은?
① 철수와 영희 둘이서 오늘 약혼했다.
② 코끼리는 코가 길다.
③ 철수는 밥을 먹었고, 순이는 차를 마셨다.
④ 엄마에게 기분이 좋은 일이 생겼다.

007 2015 경찰직 1차 변형

다음 중 문장의 유형이 나머지 셋과 다른 것은?
① 그는 큰 차를 샀다.
② 나는 그 책을 읽고 싶다.
③ 토끼는 앞발이 짧다.
④ 나는 기차가 떠났음을 알았다.

🎯 완전학습

안은-안긴문장과 종속적으로 이어진문장을 구별하자.

008 2014 서울시 9급

다음 예문 중 문장 구조가 다른 하나는?
① 철수는 그 예쁜 소녀가 자꾸 생각났다.
② 농부들은 비가 오기를 고대했다.
③ 봄이 되니까 온 강산에 꽃이 가득 피었다.
④ 돌이는 지금이 중요한 때임을 직감했다.
⑤ 철수는 김 선생님이 돌아가셨다고 말했다.

정답과 해설

006 ① '철수'와 '영희' 중 하나라도 빠지게 되면 문장이 어색해지므로 '와'는 부사격 조사이다. 따라서 '철수와 영희 둘이서 오늘 약혼했다.'는 여러 문장으로 쪼갤 수 없는 홑문장이다.

007 ② '읽고 싶다'는 '본용언-보조 용언'의 관계이다. 이러한 '본용언-보조 용언'의 서술어는 하나의 서술어로 본다. 따라서 ②번은 홑문장이다.

008 ③ 겹문장은 이어진문장과 안은문장으로도 나뉜다. ③번은 종속적으로 이어진문장으로, '봄이 되다.'와 '온 강산에 꽃이 피다.'라는 두 문장이 종속적 연결 어미 '-니까'를 사용하여 연결되었다. 나머지 선택지는 안은문장이다.

완전학습
동격 관형절과 관계 관형절을 구별하자.

009 2017 서울시 사회복지직 9급
다음 예문 중에서 관형절의 성격이 다른 하나는?
① 비가 오는 소리가 들린다.
② 철수는 새로 맞춘 양복을 입었다.
③ 나는 길에서 주운 지갑을 역 앞 우체통에 넣었다.
④ 윤규가 지하철에서 만났던 사람은 의사이다.

010 2016 경찰직 1차
다음 중 문장의 구성이 다른 것은?
① 꽃이 피는 봄이 되었다.
② 재물을 보기를 돌같이 하라.
③ 누나가 시험에 합격했음을 알렸다.
④ 운동을 매일 하는데도 건강이 안 좋다.

완전학습
대등하게 이어진문장과 종속적으로 이어진문장을 구별하자.

011 2016 교육행정직 7급
대등하게 이어진 문장은?
① 동주는 그 글을 읽고서 생각이 달라졌다.
② 밤이 새도록 학생들은 토론을 계속하였다.
③ 날씨가 풀리면서 여기저기 물웅덩이가 생겨났다.
④ 소금은 물에 잘 녹지만 휘발유에는 잘 녹지 않는다.

2. 안긴문장-안은문장

(1) 안긴문장의 종류

① **명사절로 안긴문장**: 명사처럼 기능하는 절
   예) 그가 천재임이 드러났다. / 밥을 빨리 먹기가 어렵다.

② **관형절로 안긴문장**: 관형어처럼 기능하는 절
   ※ 피수식어가 관형절 내에서 어떤 문장 성분인지 묻는 문제가 출제될 수 있다.
   예) 이건 내가 어제 읽은 책이다.
      → 관형절 내에서 목적어
   많은 사람들이 거리에 있다.
      → 관형절 내에서 주어
   우리가 만난 공원에서 축제가 열렸다.
      → 관형절 내에서 부사어

   2순위
   ㉠ **동격 관형절**: 관형절 내 생략된 문장 성분이 없는 경우. 관형절을 '~다' 형태로 바꾸어도 문장이 성립한다.
   ㉡ **관계 관형절**: 관형절 내 생략된 문장 성분이 있는 경우. 피수식어가 관형절의 적절한 문장 성분이 된다.
   예) 이건 내가 어제 읽은 책이다. / 그가 학생인 사실이 밝혀졌다.
       관계   동격

③ **부사절로 안긴문장**: 부사어처럼 기능하는 절
   예) 비행기가 빠르게 날아간다.
   ※ 부사 파생 접사 '-이'가 결합된 부사절
   예) 비가 소리도 없이 내린다.

④ **서술절로 안긴문장**: '주어+주어+서술어' 구성으로 되어 있다면 뒤의 '주어+서술어'는 서술절이다.
   예) 비행기가 속도가 빠르다.   cf) 철수는 학생이 아니다.

⑤ **인용절로 안긴문장**: 조사 '고'-'는', '라고'-'라는'이 결합한 절. 직접 인용에는 '라고', 간접 인용에는 '고'가 결합한다.
   예) 우리는 그가 죄를 지었다고 판단했다.
       영희가 나에게 "이렇게 멋질 수가 없다!"라고 말했다.

3. 이어진문장

(1) 이어진문장의 종류

① **대등하게 이어진문장**: 등위 접속 관계(교호성 ○)
② **종속적으로 이어진문장**: 앞뒤 절이 등위 접속 관계가 아니게 연결된 문장(교호성 ×)
   예) 철수는 밥을 먹고, 영희는 간식을 먹는다. 대등
      집에 가려고 책가방을 쌌다. 종속
      내가 일찍 일어나서 아버지께 칭찬받았다. 종속
      철수는 밥을 먹으나, 영희는 밥을 굶는다. 대등
      철수는 노래를 부르며 춤을 춘다. 대등
      배를 먹든지, 사과를 먹든지 내키는 대로 먹어라. 대등
      착하게 살면 인생이 충만해진다. 종속
   ※ 교호성이란? 앞뒤 절의 위치를 바꾸었을 때 의미가 유지되는 성격

⊂ 보충 설명

학교 문법에서는 부사절을 안은문장과 종속적으로 이어진문장이 절의 위치에 따라서 구분된다고 본다.
예) 비가 소리도 없이 내린다. → 부사절을 안은문장
   소리도 없이 비가 내린다. → 종속적으로 이어진문장

정답과 해설

009 ① 관형절의 종류를 구별하는 문제이다. 다른 선택지의 관형절은 생략된 문장 성분으로 관형절의 피수식어를 사용할 수 있는 관계 관형절이다. 하지만 '비가 오는 소리가 들린다.'의 '비가 오는'은 생략된 문장 성분이 없고, 그 자체로 '비가 오다'라는 완결된 문장을 만들 수 있으므로 동격 관형절이다.

010 ④ '운동을 매일 하는데도 건강이 안 좋다.'는 이어진 문장이다. '운동을 매일 한다.'와 '건강이 안 좋다.'라는 두 문장이 연결 어미 '-는데'와 보조사 '도'로 연결된 이어진문장이다. 또한 선후절의 순서를 바꾼 '건강이 안 좋은데도 운동을 매일 한다.'는 원래 문장과 의미가 다르므로 이 문장은 종속적으로 이어진문장이다. 나머지 선택지의 문장은 모두 안은문장이다.

011 ④ '소금은 물에 잘 녹지만 휘발유에는 잘 녹지 않는다.'는 '소금은 물에 잘 녹는다.'와 '소금은 휘발유에는 잘 녹지 않는다.'라는 상반된 내용의 두 문장이 연결 어미 '-지만'으로 연결된 이어진문장이다. 이는 '소금은 휘발유에는 잘 녹지 않지만 물에는 잘 녹는다.'로 선후절의 순서를 바꾸어도 문장의 뜻이 달라지지 않는 대등하게 이어진문장이다.

• 신유형 문제

001
다음 글에 대한 이해로 적절하지 않은 것은?

> 주성분은 문장을 구성하는 데 골격이 되는 필수적인 성분을 의미하고, 부속 성분은 주성분의 내용을 수식하는 수의적인 성분을 의미한다. 주성분에는 주어, 서술어, 목적어, 보어가 있고, 부속 성분에는 관형어, 부사어가 있다. 다른 문장 성분과 문법적 관계를 맺지 않는 문장 성분을 독립 성분이라 한다. 독립 성분에는 독립어가 있다. '아, 그들은 모두 멋진 투사가 되었구나!'라는 문장에서 '아'는 독립어, '그들은'은 주어, '모두'는 부사어, '멋진'은 관형어, '투사가'는 보어, '되었구나'는 서술어가 된다. 이 중 '모두'나 '멋진'은 생략되더라도 의미와 달리 문장의 성립 여부에는 영향을 미치지 않는다.

① '되었구나'는 서술어로서 부속 성분이 될 수 없다.
② '아'는 문장의 다른 성분과 특정 관계를 맺지 않는다.
③ '투사가'는 문장의 골격이 되는 성분으로 생략해서는 안 된다.
④ '멋진'과 '모두'가 빠지더라도 문장의 의미에 영향을 주진 않는다.

002
다음 글에 대한 이해로 적절한 것은?

> 주성분에는 주어, 목적어, 보어, 서술어가 있다. 서술어의 주체를 의미하는 주어에 반해, 보어는 주어와 서술어만으로는 뜻이 완전하게 나타나지 못하는 문장에서 결핍된 부분을 보충하여 뜻을 온전하게 하는 문장 성분이다. 국어에서 보어는 '되다'와 '아니다' 앞에서만 한정적으로 나타날 수 있다. 그러나 '되다', '아니다' 앞에 오는 문장 성분이 모두 보어가 되는 것은 아니다. 일반적으로는 '그는 의사가 아니다', '그는 소방관이 아니다'처럼 보격 조사 '이/가'가 결합한 경우에만 보어가 될 수 있다. 만약 '물이 얼음으로 되었다'처럼 부사격 조사가 쓰인다면 이는 보어가 아닌 부사어가 된다. 다만 '그는 의사 아니다'나 '그는 의사도 아니다'처럼 보격 조사가 생략되거나 이를 대신하여 보조사가 쓰인 경우에는 보어로 인정받는다.

① '얼음은 물이 되었다'에서 '얼음은'은 보어이다.
② '돈이 없는 사람도 행복하다'에서 '돈이'는 보어이다.
③ '아무것도 아닌 채로 끝낼 수 없었다'에서 '아무것도'는 보어이다.
④ '코끼리는 코가 있다'에서 '코가'는 문장을 보충하는 문장 성분이다.

003
㉠~㉣에 대한 이해로 적절하지 않은 것은?

> 문장 성분은 문장을 이루는 데 필수적인 주성분과 문장을 이루는 데 필수적이지 않은 부속 성분, 그리고 어느 문장 성분과도 직접적으로 관련을 맺지 않는 독립 성분으로 나뉜다. 주성분에는 주어, 목적어, 보어, 서술어가 있고, 부속 성분에는 관형어, 부사어가 있고, 독립 성분에는 독립어가 있다. 어떤 문장에서 부속 성분과 독립 성분이 없는 경우는 있어도 주성분은 반드시 있어야 한다. 가령 ㉠'꽃이 아름답게 피었다'에서 '꽃이'는 주어로 주성분, '아름답게'는 부사어로 부속 성분, '피었다'는 서술어로 주성분이 된다.
> 그런데 문장 중에는 문맥상으로 부족한 성분을 보충하기도 한다. 그래서 ㉡'올해는 너의 일이 잘되기 바랄게'나 ㉢'어제 종일 집에서 잠만 잤어'처럼 주성분이 생략되기도 한다. 또한 부속 성분에 속하는 부사어 중에는 생략될 경우 문장이 성립되지 않는 경우도 있다. 가령 ㉣'비겁하게 굴지 마라'를 들 수 있다.

① ㉠에서 '아름답게'는 생략해도 되는 문장 성분이다.
② ㉡을 통해 목적어를 생략해도 문장이 성립됨을 알 수 있다.
③ ㉢에서는 주어를 생략했지만 생략된 주어가 '내가'임을 짐작할 수 있다.
④ ㉣처럼 '그는 적들과 싸웠다'도 부사어가 생략되면 문장이 성립되지 않는다.

정답과 해설

001 ④ 제시문에 따르면 '모두'나 '멋진'은 생략되더라도 의미와 달리 문장의 성립 여부에는 영향을 미치지 않는다. 즉, '모두'나 '멋진'이 생략되면 의미에는 영향을 미친다. 따라서 '멋진'과 '모두'가 빠지더라도 문장의 의미에 영향을 주진 않는다는 설명은 적절하지 않다.
오답피하기 ① 제시문에 따르면 서술어는 주성분에 해당하며, '되었구나'는 서술어가 된다. 즉, 서술어 '되었구나'는 주성분에 해당한다. 따라서 '되었구나'는 서술어로서 부속 성분이 될 수 없다는 설명은 적절하다. ② 제시문에 따르면 다른 문장 성분과 문법적 관계를 맺지 않는 문장 성분을 독립 성분이라 하며, '아'는 독립 성분인 독립어가 된다. 따라서 '아'는 문장의 다른 성분과 특정 관계를 맺지 않는다는 설명은 적절하다. ③ 제시문에 따르면 보어는 문장을 구성하는 데 골격이 되는 필수적인 성분을 의미하는 주성분에 해당하며, '투사가'는 보어가 된다. 따라서 '투사가'는 문장의 골격이 되는 성분으로 생략해서는 안 된다는 설명은 적절하다.

002 ③ 제시문에 따르면 보어는 '되다'와 '아니다' 앞에서만 한정적으로 나타날 수 있으며, 보격 조사가 생략되거나 이를 대신하여 보조사가 쓰인 경우에는 보어로 인정받는다. 해당 문장에서 '아무것도'는 '아니다' 앞에서 보조사 '도'가 쓰인 경우이므로 보어이다.
오답피하기 ① 제시문에 따르면 보어는 '되다'와 '아니다' 앞에서만 한정적으로 나타날 수 있으며, 보격 조사 '이/가'가 결합한 경우 보어가 될 수 있다. 따라서 해당 문장에서 '얼음은'은 보어가 아닌 주어이며, '물이'가 보어이다. ② 제시문에 따르면 보어는 '되다'와 '아니다' 앞에서만 한정적으로 나타날 수 있다. 따라서 해당 문장에서 '돈이'는 보어가 아닌 주어이다. ④ 제시문에 따르면 보어는 주어와 서술어만으로는 뜻이 완전하게 나타나지 못하는 문장에서 결핍된 부분을 보충하여 뜻을 온전하게 하는 문장 성분이며, '되다'와 '아니다' 앞에서만 한정적으로 나타날 수 있다. 따라서 해당 문장에서 '코가'는 문장을 보충하는 문장 성분인 보어가 아니다.

003 ② ㉡의 문장은 '올해는 내가 너의 일이 잘되기를 바랄게'이다. 이를 통해 목적어 '잘되기'가 목적격 조사 없이 문장 내에 존재함을 알 수 있다. 따라서 ㉡을 통해 목적어를 생략해도 문장이 성립됨을 알 수 있다는 설명은 적절하지 않다.
오답피하기 ① 1문단에 따르면 부속 성분은 문장을 이루는 데 필수적이지 않으며, '아름답게'는 부사어로 부속 성분이 된다. 따라서 ㉠에서 '아름답게'는 생략해도 되는 문장 성분이라는 설명은 적절하다. ③ ㉢의 문장은 문맥상 '내가 어제 종일 집에서 잠만 잤어'처럼 생략된 주어 '내가'를 넣어도 자연스럽다. 따라서 ㉢에서는 주어를 생략했지만 생략된 주어가 '내가'임을 짐작할 수 있다는 설명은 적절하다. ④ ㉣의 문장은 부사어 '비겁하게'가 생략될 경우 문장이 성립되지 않는다. '그는 적들과 싸웠다'도 부사어 '적들과'가 생략되면 의미가 불완전하다. 따라서 ㉣처럼 '그는 적들과 싸웠다'도 부사어가 생략되면 문장이 성립되지 않는다는 설명은 적절하다.

004

<보기>의 ㉠의 예로만 짝지은 것은?

〈보기〉
　부사어는 다른 말을 꾸며 주는 성분의 하나이므로 대개 문장을 구성하는 데에 꼭 필요하지는 않다. 그러나 어떤 서술어는 부사어를 반드시 요구하기도 하는데, 이처럼 문장의 성립에 반드시 필요한 부사어를 ㉠'필수적 부사어'라 한다. 해당 문장의 서술어가 무엇이냐에 따라 동일한 '체언+격 조사' 구성의 부사어라도 필수적 부사어일 수도 있고 아닐 수도 있다.

① ┌ 나는 삼촌과 영화를 보았다.
　 └ 어제 본 것은 이것과 꽤 비슷하다.
② ┌ 인공위성이 궤도에서 이탈하였습니다.
　 └ 우리는 공원에서 선생님을 만났습니다.
③ ┌ 그들은 몽둥이로 멧돼지를 잡았다.
　 └ 왕은 그 용감한 기사를 사위로 삼았다.
④ ┌ 이 지역의 기후는 벼농사에 적합하다.
　 └ 나는 오후에 할머니 댁을 방문했습니다.
⑤ ┌ 선생님께서 지혜에게 선행상을 주셨다.
　 └ 홍길동 씨는 친구에게 5만 원을 빌렸다.

005

㉠과 ㉡에 대한 이해로 적절하지 않은 것은?

　한 문장이 하나의 성분처럼 기능하는 다른 문장을 안고 있을 때 그것을 안은문장이라 하고, 이때 하나의 성분처럼 기능하는 문장을 안긴문장이라 한다. 안긴문장에는 명사절, 관형절, 부사절, 서술절, 인용절이 있다. 명사절은 '나는 먹기가 어렵다'나 '그가 돈이 많음은 분명했다'처럼 '-(으)ㅁ', '-기'가 붙어 만들어지며 문장 안에서 조사와 결합하여 주어, 목적어, 부사어와 같은 다양한 기능을 한다. '많은 사람들이 무너질 집에 있었다'처럼 관형절은 '-(으)ㄴ', '-는', '-(으)ㄹ' 등이 붙어 뒤의 체언을 꾸민다. '비행기가 빠르게 날아간다'처럼 용언을 수식하는 기능을 하는 부사절은 '-이', '-게', '-도록' 등이 결합하여 이루어진다. 그리고 '토끼는 귀가 길다'처럼 절 전체가 서술어의 기능을 하는 서술절은 다른 절들과 달리 특별한 표지(標識)가 붙지 않는다. 끝으로 다른 사람의 말이나 자신의 생각 등을 인용한 것을 인용절이라고 하는데, 문장을 그대로 인용하는 직접 인용절에는 '라고'나 '하고'와 같은 조사가, 말하는 사람의 표현으로 바꾸어 인용하는 간접 인용절에는 '고'와 같은 조사가 쓰인다.
　하나의 문장에 여러 개의 안긴문장이 올 수도 있다. 예컨대 ㉠'잘 다져진 음식은 아이가 먹기에 알맞다'나 ㉡'나는 그가 소리도 없이 사라졌음을 알았다' 등이 있다.

① ㉠은 관형절이 '-(으)ㄴ'과 결합하여 실현된다.
② ㉠은 명사절에 조사가 붙어 주어로 기능하고 있다.
③ ㉡은 부사절이 사용되어 용언을 수식하고 있다.
④ ㉡은 명사절에 조사가 결합해 목적어로 기능하고 있다.

006

2014학년도 수능 A 13번

<보기>의 ㉠~㉤에 대한 설명으로 적절하지 않은 것은?

보기

명사절은 명사와 마찬가지로 문장에서 다양한 문장 성분으로 쓰인다. 다음의 밑줄 친 명사절이 어떤 문장 성분으로 쓰이는지 알아보자.

㉠ <u>색깔이 희기</u>가 눈과 같다.
㉡ 농부들은 <u>비가 오기</u>를 기다린다.
㉢ 부모는 언제나 <u>자식이 행복하기</u> 바란다.
㉣ 제비는 <u>겨울이 오기</u> 전에 남쪽으로 떠났다.
㉤ 지금은 <u>우리가 학교에 가기</u>에 아직 이르다.

① ㉠: 명사절이 조사와 결합하여 주어로 쓰였다.
② ㉡: 명사절이 조사와 결합하여 목적어로 쓰였다.
③ ㉢: 명사절이 조사와 결합하지 않고 목적어로 쓰였다.
④ ㉣: 명사절이 조사와 결합하지 않고 부사어로 쓰였다.
⑤ ㉤: 명사절이 조사와 결합하여 부사어로 쓰였다.

007

다음 글의 ㉠의 사례로 가장 적절한 것은?

하나의 문장이 관형절로 다른 문장에 안길 때, 원래 있었던 문장 성분이 생략되는 경우가 있다.

(가) 예지가 열심히 공부한다.
(나) 언니가 예지에게 음료수를 주었다.
(다) 언니가 <u>열심히 공부하는</u> 예지에게 음료수를 주었다.

(가)가 (나)에 관형절로 안겨 (다)가 만들어질 때 (가)의 '예지'와 (나)의 '예지'가 중복된다. 이 경우 (가)의 주어 '예지가'가 (다)의 밑줄 친 관형절에서는 나타나지 않는다. 이처럼 ㉠<u>하나의 문장이 관형절로 안기게 될 때에는 주어가 생략되는 경우</u>가 나타날 수 있다.

① 언니는 <u>그 작가가 쓴</u> 소설을 읽었다.
② 동생은 <u>대학생이 된</u> 형과 축구를 했다.
③ 나는 <u>현수가 민희와 결혼한</u> 사실을 몰랐다.
④ 동생이 <u>누나가 공부하는</u> 도서관에 따라왔다.

정답과 해설

006 ④ ㉣: 명사절 '겨울이 오기'는 조사와 결합하지 않은 것은 맞으나, 명사 '전'을 수식하고 있으므로 안은문장에서 부사어가 아닌 관형어로 쓰였다.
오답피하기 ① ㉠: 명사절 '색깔이 희기'는 주격 조사 '가'와 결합하여 안은문장에서 주어로 쓰였다. ② ㉡: 명사절 '비가 오기'는 목적격 조사 '를'과 결합하여 안은문장에서 목적어로 쓰였다. ③ ㉢: 명사절 '자식이 행복하기'는 목적격 조사 '를'과 결합하지 않고 안은문장에서 목적어로 쓰였다. ⑤ ㉤: 명사절 '우리가 학교에 가기'는 부사격 조사 '에'와 결합하여 안은문장에서 부사어로 쓰였다.

007 ② '형이 대학생이 되다'라는 문장이 '동생은 형과 축구를 했다'라는 문장에 관형절로 안긴 것이다. 이때, '형'이 중복되므로 관형절의 주어에 해당하는 '형이'가 생략된 것이다.
오답피하기 ① '그 작가가 소설을 썼다'라는 문장이 '언니는 소설을 읽었다'라는 문장에 관형절로 안긴 것이다. 이때, '소설'이 중복되므로 관형절의 목적어에 해당하는 '소설을'이 생략된 것이다. ③ '현수와 민희가 결혼했다'라는 문장이 '나는 사실을 몰랐다'라는 문장에 관형절로 안긴 것이다. 이 문장은 동격 관형절로 생략된 성분이 존재하지 않는다. ④ '누나가 도서관에서 공부하다'라는 문장이 '동생이 도서관에 따라왔다'라는 문장에 관형절로 안긴 것이다. 이때, '도서관'이 중복되므로 관형절의 부사어에 해당하는 '도서관에서'가 생략된 것이다.

완전학습

1. 청유문의 특성을 이해하자.
2. 직접 발화와 간접 발화를 구별하자.

012
2014 사회복지직 9급
밑줄 친 부분에 해당하는 표현으로 옳은 것은?

> 청유문은 화자가 청자에게 같이 행동할 것을 요청하는 문장이다. 즉, 청유문은 청유형 어미 '-자', '-(으)ㅂ시다' 등이 붙는 서술어의 행동을 화자와 청자가 공동으로 하도록 유발하는 것이다. 그러나 간혹 청자만 행하기를 바라거나 화자만 행하기를 바랄 때에도 쓰인다.

① (반장이 떠드는 친구에게) 조용히 좀 하자.
② (식사를 먼저 마친 사람들이 귀찮게 말을 걸 때) 밥 좀 먹읍시다.
③ (회의에서 논의가 길어질 때) 이 문제는 나중에 다시 다루도록 합시다.
④ (같은 반 친구에게) 영화표가 두 장 생겼어. 오늘 나와 같이 보러 가자.

013
2018 교육행정직 9급
청유형 종결 어미가 포함된 것은?
① 이따가 가세.
② 자리에 앉아라.
③ 자네 이것 좀 먹게.
④ 옷이 무척 예쁘구려.

014
2018 지방직 9급 변형
다음 중 간접 발화로 보기 어려운 것은?
① (친한 사이에서 돈을 빌릴 때) 돈 가진 것 좀 있니?
② (창문을 열고 싶을 때) 얘야, 방이 너무 더운 것 같구나.
③ (갈림길에서 방향을 물을 때) 김포공항은 어느 쪽으로 가야 합니까?
④ (선생님이 과제를 내주고 독려할 때) 우리 반 학생들은 선생님 말씀을 아주 잘 듣습니다.

3 문법 요소

1. 문장 종결 표현

(1) 평서문
① 정의: 화자의 생각을 평범하게 서술하는 문장 종결 표현

(2) 의문문
① 정의: 화자가 청자에게 질문을 하는 문장 종결 표현
② 종류: 화자가 원하는 청자의 대답 유형에 따라서 판정 의문문, 설명 의문문, 수사 의문문으로 나누어진다.
  ㉠ 판정 의문문: '네, 아니요'로 대답할 수 있는 의문문
  ㉡ 설명 의문문: '네, 아니요'로 대답할 수 없고, 청자의 설명을 요구하는 의문문
  ㉢ 수사 의문문: 대답을 요구하지 않고, 자신의 느낌이나 생각, 의도를 강조하기 위한 의문문
    예) 그는 어떤 색깔의 옷을 입었니? → 설명
    어제 일찍 잤니? → 판정
    우리 여행 가서 정말 재미있었지? → 수사
    어서 빨리 대답하지 못해? → 수사

♂ 보충 설명

> "너 밥 먹었니?" / "나는 아침을 굶진 않지."
> 위의 대화에서 나타난 의문문은 판정 의문문이다.

(3) 명령문
① 정의: 청자에게 무엇을 시키거나 어떤 행동을 요구하는 종결 표현
② 특징
  ㉠ 간접 인용절로 쓰일 때에는 종결 어미가 '-(으)라'로 바뀐다.
    예) 빨리 밥을 먹어라. → 빨리 밥을 먹으라고 한다.
  ㉡ 부탁이나 요청 등도 어떤 행동을 요구하는 것이므로 명령문에 해당한다.
    예) 이것 좀 옮겨 주세요. / 이것 좀 드십시오.
  ㉢ 형용사에는 쓸 수 없다.
    예) 너는 느려라!(×)

(4) 청유문
① 정의: 청자에게 같이 행동할 것을 요청하는 문장
    예) 모두 같이 가세. → 청유형 종결 어미
② 특징: 상황에 따라 함께 행동하지 않는 경우도 있다.
    예) 우리 아리 약 좀 먹자. → 청자만 행동하는 의미로 쓰였다.
    좀 조용히 합시다. → 청자만 행동하는 의미로 쓰였다.
    밥 좀 먹읍시다. → 화자만 행동하는 의미로 쓰였다.

(5) 감탄문
① 정의: 화자가 자신의 느낌을 표현한 종결 표현
    ※직접 발화-간접 발화: 표현과 의도가 일치할 경우 직접 발화, 그렇지 않을 경우 간접 발화라고 한다.
      예) 더운데 창문 좀 열어라. → 직접 발화
      (늦게 온 아들에게) 너 지금 시간이 몇 신 줄 알아? → 간접 발화

정답과 해설

012 ② ②번 문장은 이미 식사를 마친 사람들에게 말하는 것이므로, 화자인 '나'가 밥을 먹겠다는 내용을 전달하는 문장이다.

013 ① '-세'는 하게체의 어떤 행동을 함께 하자는 뜻을 나타내는 청유형 종결 어미이다.

014 ③ ③번의 질문은 김포공항의 방향에 대한 답을 요구하는 의문문이라는 문장의 유형과 '방향'을 묻는 발화의 의도가 일치하기 때문에 '직접 발화'의 예에 해당한다.

2. 높임 표현

- 높임법
  - 주체 높임법: 주체(≒주어)를 높이는 높임법
  - 객체 높임법: 객체(=목적어 또는 부사어)를 높이는 높임법
  - 상대 높임법: 상대(=청자)를 높이는 높임법

✓ 연습문제

※ 주체·객체·상대 높임법 표지 찾기
01 '할아버지<u>께서</u> 댁으로 가<u>셨</u>어<u>요</u>.'
　　 주체 주체　　　주체　상대
02 '제가 선생님을 모시고 병원으로 갔습니다.'
　　상대　　　　　객체　　　　　　상대
03 '할머니, 할머니<u>께서는</u> 할아버지<u>께</u> 언제 편지를 부치<u>셨</u>나<u>요</u>?'
　　　　　　　　주체　　　　 객체　　　　　　　 주체 상대

(1) 주체 높임법

① 정의: 문장의 주체를 높이는 높임법. 일반적으로 문장의 주체는 주어.
② 종류
　㉠ 직접 높임법: 주체인 주어를 직접 높이는 높임법
　㉡ 간접 높임법: 주체와 관련된 언행, 소유물, 신체, 친분 관계의 사람을 '-(으)시-'를 통해 높임으로써 주체를 간접적으로 높여주는 높임법

↻ 내용 정리

간접 높임법의 제약

① 간접 높임법에서는 특수 어휘를 사용해서는 안 된다.
　예) 교장 선생님의 말씀이 계시겠습니다.(×)→ 있으시겠습니다.
② 상품이나 금원 등은 간접 높임의 대상으로 삼을 수 없다.
　예) 주문하신 아메리카노 나오셨습니다. → 나왔습니다.
　　　거스름돈 300원 여기 있으십니다. → 있습니다.

③ 압존법: 친족 등 사적 관계에서 주체가 비록 화자보다는 높지만 청자보다 낮을 경우, 청자를 우선시 하여 주체 높임을 사용하지 않는 것.(=청자 높임)
　예) 할아버지, 아버지<u>께서</u> 퇴근하<u>셨</u>어요. → 할아버지, 아버지<u>가</u> <u>퇴근했어요</u>.

(2) 객체 높임법

① 정의: 문장의 대상, 즉 객체를 높이는 높임법. 객체는 문장의 목적어 또는 부사어.

✓ 연습문제

'잡수시다, 편찮으시다, 드리다, 뵙다, 주무시다, 여쭈다, 돌아가시다, 계시다, 여쭙다'에서 객체 높임 특수 어휘는?
드리다, 뵙다, 여쭈다, 여쭙다

(3) 상대 높임법

① 정의: 청자(=상대방)를 높이는 높임법. 총 6종류로 격식체와 비격식체로 나뉨.

	높임 표현		낮춤 표현	
격식체	하십시오체(아주 높임) 예) 가십시오	하오체(예사 높임) 예) 가오, 가구려	하게체(예사 낮춤) 예) 가네, 가세, 가게	해라체(아주 낮춤) 예) 가라
비격식체	해요체(두루 높임) 예) 가요		해체(두루 낮춤) 예) 가	

🔍 완전학습

1. 높임법의 종류를 구별하자.
2. 잘못된 간접 높임법을 구별하자.

015   2017 지방직 9급

"숙희야, 내가 선생님께 꽃다발을 드렸다."의 문장을 다음 규칙에 따라 옳게 표시한 것은?

> 우리말에는 주체 높임, 객체 높임, 상대 높임 등이 있다. 주체 높임과 객체 높임의 경우 높임은 +로, 높임이 아닌 것은 -로 표시하고 상대 높임의 경우 반말체를 -로, 해요체를 +로 표시한다.

① [주체-], [객체+], [상대-]
② [주체+], [객체-], [상대+]
③ [주체-], [객체+], [상대+]
④ [주체+], [객체-], [상대-]

016   2009 서울시 7급

다음 존대법의 사례 중 객체 높임법에 해당하지 않는 것은?

① 말하다 → 여쭈다
② 보다 → 뵙다
③ 주다 → 드리다
④ 자다 → 주무시다
⑤ 데려가다 → 모시고 가다

017   2018 서울시 7급 1차

높임법이 가장 옳지 않은 것은?

① 부장님의 따님은 집에 계신가요?
② 담임 선생님은 키가 굉장히 크시다.
③ 할아버지, 지팡이가 아주 멋지세요.
④ 선생님, 비가 오는데 우산 있으세요?

018   2019 경찰직 1차

높임법(존대법) 표현으로 가장 적절하지 않은 것은?

① 할머니께서는 항상 북녘을 바라보며 여기에 앉아 계셨습니다.
② 이제는 꽃가마에 누워 저 멀리 가십니다.
③ "할머니! 아버지도 그 뜻을 압니다!"
④ 할머니의 유지가 이곳에 머물러 계십니다.

정답과 해설

015 ① '숙희야, 내가 선생님께 꽃다발을 드렸다.'에서는 문장의 부사어인 '선생님께'에서 '께'와 '드리다'를 통해서 객체인 '선생님'을 높이는 표현이 나타났다. 그러나 주체와 상대 높임 표현은 보이지 않는다.

016 ④ '주무시다'는 주체 높임법 어휘이다.

017 ① 부장님의 따님은 집에 있으신가요?(○): 해당 문장에는 주체인 '부장님'과 관련된 대상인 '따님'을 높이는 간접 높임법이 나타난다. 따라서 특수 어휘인 '계시다'를 '-(으)시-'가 사용된 '있으시다'로 고쳐야 한다.

018 ④ 계십니다(×) → 있으십니다(○): 간접 높임법은 특수 어휘가 아니라 선어말 어미 '-(으)시-'를 통해서 실현된다. 따라서 특수 어휘인 '계시다'를 '-(으)시-'가 사용된 '있으시다'로 고쳐야 한다.

• 신유형 문제

008
다음 글을 참고하여 <보기>의 ㉠~㉥을 (가), (나), (다)에 알맞게 분류한 것은?

> 우리말의 의문문은 크게 '판정 의문문'과 '설명 의문문'의 두 가지로 나눌 수 있다. (가)'판정 의문문'은 어떤 명제에 대한 '예', '아니요' 등의 대답을 요구하는 것이다. (나)'설명 의문문'은 상대방에게 구체적인 설명을 요구하는 것으로, '언제, 어디, 누구, 무엇, 어떻게, 왜' 등의 의문사를 포함하고 있다. 한편, 문장의 형식은 물음을 나타냄으로써 판정 의문문이나 설명 의문문으로 착각할 수 있지만, 사실은 답변을 요구하는 것이 아니라 강한 정서나 상대방에 대한 청유를 담는 목적으로 쓰이는 의문문도 있다. 그러한 의문문을 (다)'수사 의문문'이라고 한다.

─ 보기 ─

진우: 주미야, 안녕.
주미: 진우야, 오랜만이야. ㉠이번 방학에 어떻게 지냈어?
진우: 나는 강원도로 여행을 다녀왔어. ㉡너는 방학 동안 여행 간 적 있니?
주미: 아니, 할 일이 많아서 집에 있었어. ㉢나도 여행을 갔다면 얼마나 좋았을까?
진우: 다음 방학 때 여행을 가 보렴. 그런데 너 이번에 토론 대회에서 입상했다고 들었는데, ㉣맞니?
주미: 맞아. 생각도 못 했는데 말이야.
진우: ㉤네가 그렇게 노력했는데 성과가 없을 리가 있니?
주미: 그렇게 말해줘서 고마워.
진우: ㉥누구와 토론 대회에 나간 거야?
주미: 연재와 토론 대회에 참여했어. 연재가 큰 도움이 되었어.
진우: 그렇구나. 너희들이 너무 자랑스러워.

	(가)	(나)	(다)
①	㉠, ㉥	㉡, ㉢	㉣, ㉤
②	㉠, ㉥	㉡, ㉣	㉢, ㉤
③	㉡, ㉣	㉠, ㉥	㉢, ㉤
④	㉡, ㉣	㉠, ㉢	㉤, ㉥

009
다음 글의 ㉠의 사례가 포함되어 있지 않은 것은?

> 문장은 종결 표현에 따라 평서문, 의문문, 명령문, 청유문, 감탄문으로 나누어진다. 이 중에서 명령문과 청유문은 감화 및 설득의 기능을 지니고 있어, 청자의 행동 변화를 요구한다. ㉠명령문은 화자가 청자에게 자기의 의도대로 행동해 줄 것을 요구하는 문장 유형인데 주로 '-아라/어라'와 같은 명령형으로 성립된다. "마음에 드는 것을 하나 골라라."처럼 신분이 아주 낮은 사람에게 화자가 물건을 고를 것을 청자에게 직접 요구하고 있는 것이다. 한편 청유문은 화자가 청자에게 같이 행동할 것을 요청·제안하는 문장 유형인데 '-자'와 같은 청유형으로 성립된다. 가령 "어서 가자. 시간이 얼마 남지 않았다."처럼 청자에게 함께 이동할 것을 요구하고 있는 것이다.

① 이것 좀 드십시오.
② 이것 좀 옮겨 주세요.
③ 거참 밥 좀 먹읍시다.
④ 체할라 천천히 먹거라.

정답과 해설

008 ③ ㉡의 '너는 방학동안 여행 간 적 있니?'와 ㉣의 '맞니?'는 의문사가 없으며 어떤 명제에 대해 '예', '아니요' 등의 대답을 요구하므로 (가)'판정 의문문'에 속한다. ㉠의 '이번 방학에 어떻게 지냈어?'와 ㉥의 '누구와 토론 대회에 나간 거야?'는 각각 '어떻게', '누구와'와 같은 의문사가 있고 상대방에게 구체적인 설명을 요구하므로 (나)'설명 의문문'에 속한다. ㉢의 '나도 여행을 갔다면 얼마나 좋았을까?'와 ㉤의 '네가 그렇게 노력했는데 성과가 없을 리가 있니?'는 사실은 답변을 요구하는 것이 아니므로 (다)'수사 의문문'에 속한다고 볼 수 있다.

009 ③ '거참 밥 좀 먹읍시다.'는 문맥적으로 화자가 밥을 먹는 가운데 누군가의 방해를 받아, 자신이 밥 먹는 것을 방해하지 말라는 명령의 뜻으로 말하고 있다. 그러나 '-읍시다'는 청유형 종결 어미이므로, '거참 밥 좀 먹읍시다.'는 명령의 의도를 지니고 있는 청유문에 해당한다. 따라서 해당 문장은 ㉠'명령문'의 예로 보기 어렵다.
오답피하기 ① '이것 좀 드십시오.'는 명령형 종결 어미 '-ㅂ시오'가 쓰여, 화자가 청자에게 자기의 의도대로 행동해 줄 것을 요구하므로 ㉠'명령문'의 예로 볼 수 있다. ② '이것 좀 옮겨 주세요.'는 명령형 종결 어미 '-세요'가 쓰여, 화자가 청자에게 자기의 의도대로 행동해 줄 것을 요구하므로 ㉠'명령문'의 예로 볼 수 있다. ④ '체할라 천천히 먹거라.'는 명령형 종결 어미 '-거라'가 쓰여, 화자가 청자에게 자기의 의도대로 행동해 줄 것을 요구하므로 ㉠'명령문'의 예로 볼 수 있다.

010
2014 사회복지직 9급

밑줄 친 부분에 해당하는 표현으로 옳은 것은?

> 청유문은 화자가 청자에게 같이 행동할 것을 요청하는 문장이다. 즉, 청유문은 청유형 어미 '-자, -(으)ㅂ시다' 등이 붙는 서술어의 행동을 화자와 청자가 공동으로 하도록 유발하는 것이다. 그러나 간혹 청자만 행하기를 바라거나 화자만 행하기를 바랄 때에도 쓰인다.

① (반장이 떠드는 친구에게) 조용히 좀 하자.
② (식사를 먼저 마친 사람들이 귀찮게 말을 걸 때) 밥 좀 먹읍시다.
③ (회의에서 논의가 길어질 때) 이 문제는 나중에 다시 다루도록 합시다.
④ (같은 반 친구에게) 영화표가 두 장 생겼어. 오늘 나와 같이 보러 가자.

011
2018 지방직 9급

화자의 진정한 발화 의도를 파악할 때, 밑줄 친 부분을 고려하지 않아도 되는 것은?

> 일상 대화에서는 직접 발화보다는 간접 발화가 더 많이 사용되지만, 그 의미는 맥락에 의해 파악될 수 있다. 화자는 상대방이 충분히 그 의미를 파악할 수 있다고 판단될 때 간접 발화를 전략적으로 사용함으로써 의사소통을 원활하게 하기도 한다.

① (친한 사이에서 돈을 빌릴 때) 돈 가진 것 좀 있니?
② (창문을 열고 싶을 때) 애야, 방이 너무 더운 것 같구나.
③ (갈림길에서 방향을 물을 때) 김포공항은 어느 쪽으로 가야 합니까?
④ (선생님이 과제를 내주고 독려할 때) 우리 반 학생들은 선생님 말씀을 아주 잘 듣습니다.

012
2025 예시문제

다음 글의 ㉠의 사례가 포함되어 있지 않은 것은?

> 존경 표현에는 주어 명사구를 직접 존경하는 '직접존경'이 있고, 존경의 대상과 긴밀한 관련을 가지는 인물이나 사물 등을 높이는 ㉠'간접존경'도 있다. 전자의 예로 "할머니는 직접 용돈을 마련하신다."를 들 수 있고, 후자의 예로는 "할머니는 용돈이 없으시다."를 들 수 있다. 전자에서 용돈을 마련하는 행위를 하는 주어는 할머니이므로 '마련한다'가 아닌 '마련하신다'로 존경 표현을 한 것이다. 후자에서는 용돈이 주어이지만 할머니와 긴밀한 관련을 가진 사물이라서 '없다'가 아니라 '없으시다'로 존경 표현을 한 것이다.

① 고모는 자식이 다섯이나 있으시다.
② 할머니는 다리가 아프셔서 병원에 다니신다.
③ 언니는 아버지가 너무 건강을 염려하신다고 말했다.
④ 할아버지는 젊었을 때부터 수염이 많으셨다고 들었다.

정답과 해설

010 ② 제시문에 따르면 청유문은 화자가 청자에게 같이 행동할 것을 요청하는 문장이다. 그러나 간혹 화자만 행하기를 바랄 때에도 쓰인다. 해당 문장의 화자인 '나'는 청자인 식사를 먼저 마친 '사람들'에게 밥을 먹겠다는 내용을 전달하고 있으므로 화자만 행하기를 바라는 표현으로 볼 수 있다.

오답피하기 ① 화자인 '반장'이 조용히 하기를 바라는 대상은 청자인 '친구'이다. 따라서 이는 청자만 행하기를 바라는 청유문이다. ③ 화자는 공개적으로 해당 문제를 나중에 다시 다루자고 제안했다. 즉, 화자가 제안을 전하려는 대상은 화자와 청자를 포함한 모든 회의 참여자이다. 따라서 이는 화자가 청자에게 같이 행동할 것을 요청하는 청유문이다. ④ 화자는 청자인 '친구'에게 영화를 같이 보러 가자고 제안했다. 즉, 영화를 보러 가는 대상은 화자와 청자를 포함한다. 따라서 이는 화자가 청자에게 같이 행동할 것을 요청하는 청유문이다.

011 ③ 제시문에 따르면 간접 발화의 경우 그 의미는 '맥락'에 의해 파악될 수 있다. 즉, '맥락'을 고려하지 않아도 되는 것은 직접 발화이다. 해당 발화는 의문문이라는 문장의 유형과 방향을 묻는 발화 의도가 일치하므로 직접 발화에 해당한다.

오답피하기 ① 해당 발화는 의문문이라는 문장의 유형과 돈을 빌려달라는 발화 의도가 일치하지 않으므로 간접 발화에 해당한다. ② 해당 발화는 감탄문이라는 문장의 유형과 창문을 열어 달라는 발화 의도가 일치하지 않으므로 간접 발화에 해당한다. ④ 해당 발화는 평서문이라는 문장의 유형과 학생들에게 과제를 내주고 독려하는 발화 의도가 일치하지 않으므로 간접 발화에 해당한다.

012 ③ 해당 문장에서 건강을 염려하는 행위를 하는 주어는 아버지이므로, '염려한다고'가 아닌 '염려하신다고'로 존경 표현을 한 것이다. 이는 주어를 직접 존경하는 '직접 존경'에 해당한다.

오답피하기 ① 해당 문장에서는 자식이 주어이지만 고모와 긴밀한 관련을 가졌으므로, '있다'가 아니라 '있으시다'로 존경 표현을 한 것이다. ② 해당 문장에서는 다리가 주어이지만 할머니와 긴밀한 관련을 가졌으므로, '아파서'가 아니라 '아프셔서'로 존경 표현을 한 것이다. ④ 해당 문장에서는 수염이 주어이지만 할아버지와 긴밀한 관련을 가졌으므로, '많았다고'가 아니라 '많으셨다고'로 존경 표현을 한 것이다.

013

다음 글의 ㉠의 사례에 해당하지 않는 것은?

> 객체 높임법은 서술의 객체를 높이는 높임법이다. 객체는 문장에서 목적어나 부사어로 나타난다. 객체 높임법을 실현하기 위해서는 조사 '에게'를 '께'로 바꾸거나 ㉠객체 높임을 위한 특수한 어휘를 사용할 수 있다. 가령 '할아버지께 편지를 드렸다'를 들 수 있다. 여기서는 '께'와 '드리다'라는 특수한 어휘를 통해 객체인 '할아버지'를 높이고 있다.

① 뵙다
② 여쭈다
③ 모시다
④ 잡수시다

014

2014학년도 수능 A/B 15번

<보기>의 ㉠, ㉡이 모두 사용된 문장은?

> 〈보기〉
> 우리말에서는 일반적으로 선어말 어미나 종결 어미, 조사 등을 통해 높임을 표현하지만, 어휘를 통해 높임을 표현하는 경우도 있다. 높임 표현에 쓰이는 어휘들은 다음과 같이 분류할 수 있다.
>
> • 주체를 높이는 용언 (예 계시다) ········· ㉠
> • 객체를 높이는 용언 (예 드리다)
> • 높여야 할 인물을 직접 높이는 명사 (예 선생님)
> • 높여야 할 인물과 관련된 것을 높이는 명사 (예 진지) ········· ㉡

① 나는 아직 그분의 성함을 기억하고 있다.
② 누나는 여쭐 것이 있다며 할머니 댁에 갔다.
③ 연세가 많으신 할머니께서는 홍시를 잘 잡수신다.
④ 우리는 부모님을 모시고 바닷가로 여행을 떠났다.
⑤ 어머니께서는 몹시 피곤하셨는지 거실에서 주무신다.

3. 시간 표현(시제와 상)

✚ 내용 정리

동사와 형용사의 관형사형 전성 어미

① 동사

	관형사형 전성 어미	예시
과거	-(으)ㄴ	가ㄴ 곳, 먹은 것
현재	-는	가는 곳, 먹는 것
미래	-(으)ㄹ	가ㄹ 곳, 먹을 것

② 형용사

	관형사형 전성 어미	예시
과거	-던	예쁘던, 어리석던
현재	-(으)ㄴ	예쁘ㄴ, 어리석은

(1) 절대 시제와 상대 시제

① 절대 시제: 발화시를 기준으로 결정되는 시제
  ㉠ 과거 시제: 사건시>발화시
    예) 나는 어제 집에 있었다.
  ㉡ 현재 시제: 사건시=발화시
    예) 나는 지금 밥을 먹는다.
  ㉢ 미래 시제: 사건시<발화시
    예) 이제 곧 시험을 치겠다.

② 상대 시제: 사건시를 기준으로 결정되는 시제
  상대 시제는 주절의 사건시를 기준으로 과거, 현재, 미래를 따지는 것을 말한다. 일반적으로 관형사형 전성 어미의 시간 표현으로 나타난다.
  ㉠ 과거 시제: 해당 절의 사건시>주절의 사건시
    예) 나는 간식을 먹은 철수와 눈이 마주쳤다.
  ㉡ 현재 시제: 해당 절의 사건시=주절의 사건시
    예) 나는 간식을 먹는 철수와 눈이 마주쳤다.
  ㉢ 미래 시제: 해당 절의 사건시<주절의 사건시
    예) 나는 간식을 먹을 철수와 눈이 마주쳤다.

(2) 동작상

① 완료상: 동작이 끝난 상태. 동작의 결과가 지속되고 있는 상태.
  ㉠ '-아 있다'
    예) 나는 지금 앉아 있다.
  ㉡ '버렸다'
    예) 다 먹어 버렸다.
  ㉢ '-고서'
    예) 그는 나에게 얼른 눈짓을 하고서 나가 버렸다.

② 진행상: 동작이 끝나지 않고, 지속되고 있는 상태.
  ㉠ '-고 있다'
    예) 나는 지금 밥을 먹고 있다.
  ㉡ '-(으)면서'
    예) 나는 영화를 보면서 밥을 먹는다.

③ 주의해야 할 동작상 표현
  ㉠ 도착하다: '도착하다'는 완료의 의미를 내포하기 때문에 진행상으로 표현해서는 안 된다.
    예) 그때 나는 도착하고 있었다.(×) → 그때 나는 도착했다.(○)
  ㉡ '-고 있다'의 중의성: 때때로 '-고 있다'는 진행상, 완료상 모두를 뜻하는 중의성을 띠게 된다.
    예) 나는 지금 넥타이를 매고 있다. → 넥타이를 매는 동작을 하고 있다는 진행상의 의미로 받아들일 수도 있고, 넥타이를 이미 다 맨 상태로 있다는 완료상의 의미로 받아들일 수도 있다.

※ '-겠-'의 의미 파악
  ① 미래의 일이나 추측을 나타내는 어미. 예) 지금 떠나면 새벽에 도착하겠구나.
  ② 주체의 의지를 나타내는 어미. 예) 나는 시인이 되겠다.
  ③ 가능성이나 능력을 나타내는 어미. 예) 그런 것은 삼척동자도 알겠다.

🏠 완전학습
1. 관형사형 전성 어미의 시제를 구별하자.
2. 완료상과 진행상을 구별하자.

019 2016 기상직 9급
밑줄 친 부분의 시제가 다른 것은?
① 친구가 도서관에서 책을 <u>빌렸다</u>.
② 그녀의 <u>아름다운</u> 마음씨가 예쁘다.
③ 잘 <u>익은</u> 사과를 보니 기분이 좋다.
④ 나는 그에게 <u>받은</u> 것이 전혀 없다.

020 2004 국가직 7급
다음 중 밑줄 친 부분과 같은 의미의 동작 상황을 나타내는 문장은?

> 영수는 의자에 <u>앉아 있다</u>.

① 영수는 부산에 <u>가고 있다</u>.
② 영수는 수업이 시작되었지만 여전히 <u>모자를 쓰고 있다</u>.
③ 영수는 문을 <u>두드리고 있다</u>.
④ 영수가 <u>도착하고 있다</u>.

021 2018 국가직 지역인재 9급
밑줄 친 부분과 문맥적 의미가 가장 가까운 것은?

> 그는 낚시하러 <u>가겠다</u>고 한사코 우겼다.

① 참 특이한 사람 다 <u>보겠</u>군.
② 지금 떠나면 내일 새벽에 <u>도착하겠</u>지.
③ 이번 달까지 꼭 목표량을 <u>달성하겠</u>다.
④ 대통령 내외분이 식장으로 <u>입장하시겠</u>습니다.

정답과 해설

019 ② 밑줄 친 어휘 중 '빌리다, 익다, 받다'는 모두 동사이다. 따라서 '빌렸다'에 사용된 선어말 어미 '-었-'과 '익은, 받은'에 사용된 관형사형 전성 어미 '-(으)ㄴ'을 통해 과거 시제를 나타낼 수 있다. 하지만 '아름답다'는 형용사이며, '아름다운'에 사용된 관형사형 전성 어미 '-(으)ㄴ'은 현재 시제를 나타낸다. 형용사에 과거 시제를 부여하는 관형사형 어미는 '-던'이다.

020 ② 제시된 '앉아 있다'는 앉는 동작이 완료된 상황을 뜻하므로 완료상 표현에 해당한다. 선택지 중에서 '-고 있다'가 완료상으로 쓰인 것은 모자를 계속해서 착용하고 있음을 나타내는 '모자를 쓰고 있다'이다.

021 ③ 제시된 문장의 선어말 어미 '-겠-'은 주체의 의지를 나타낸다. '-겠-'이 이와 같은 의미로 쓰인 것은 '이번 달까지 꼭 목표량을 달성하겠다.'이다. 이 문장에서도 '-겠-'은 목표량 달성에 대한 주체의 의지를 나타내고 있다.

완전학습

피·사동 표현을 이해하자.

022   2007 대구 지방직 9급
다음에 제시된 피동문을 능동문으로 바꾸려 할 때, 능동문으로 바꿀 수 없는 문장은?
① 철수가 감기에 걸렸다.
② 토끼가 사냥꾼에 잡혔다.
③ 그 책은 많은 사람들에게 읽혔다.
④ 그 문제는 어떤 수학자에 의해 풀렸다.

023   2015 국가직 7급
밑줄 친 말이 가장 자연스러운 것은?
① 닫혀진 마음을 열 길이 없구나.
② 저쪽 복도에 놓여진 화분은 엄청 예쁘구나.
③ 그 토의에서 궁극적으로 받아들여진 것이 결국 뭐지?
④ 장마로 인해 끊겨진 통신 선로가 드디어 복구되었군요.

024   2018 지방직 9급
사동법의 특징을 고려할 때 밑줄 친 단어의 쓰임이 옳은 것은?
① 그는 김 교수에게 박 군을 소개시켰다.
② 돌아오는 길에 병원에 들러 아이를 입원시켰다.
③ 생각이 다른 타인을 설득시킨다는 건 참 힘든 일이다.
④ 우리는 토론을 거쳐 다양한 사회적 갈등을 해소시킨다.

정답과 해설

022 ① ①번의 피동문 '철수가 감기에 걸렸다.'를 능동문으로 바꾸면 '감기가 철수를 걸었다.'라는 비문이 된다. 따라서 해당 문장은 능동문으로 바꿀 수 없다.

023 ③ 이중 피동이 아닌 표현을 찾는 문제이다. 밑줄 친 '받아들여지다'는 사동사인 '받아들이다'의 어간에 통사적 피동을 만드는 표현인 '-어지다'가 결합한 것이므로 이중 피동이 아니다.

024 ② '입원'은 사동의 뜻이 없는 단어이다. 그런데 해당 문장은 대상인 '아이'를 입원하게 만드는 사동문이므로, '-시키다'와 결합한 '입원시키다'가 사용되어야 한다.

4. 피동 표현

(1) 정의

① 정의: 주어가 행위를 당하는 것. 주어가 행동을 직접 하는 **능동**의 반대적 개념.

② 이해: 능동 문장의 **목적어**가 주어로 바뀌면서 나타나는 문장. 이때 능동 문장의 주어는 피동 문장에서는 일반적으로 **부사어**가 된다.

<능동 표현> 사냥꾼이 토끼를 잡았다.
                  (목적어)

<피동 표현> 토끼가 사냥꾼에게 잡**히**었다.(=잡혔다) → 단형 피동('-이, 히, 리, 기-')
      (주어)   ('-히-'라는 접사가 추가됨)
           토끼가 사냥꾼에게 잡**아지**었다.(=잡아졌다) → 장형 피동
      (주어)   ('-어/아지다'라는 보조 용언이 결합됨)

순서	유형	피동법	용례	비고
ㄱ	단형 피동 (파생적)	**타동사** 어근 + -이-, -히-, -리-, -기- → 피동사	보이다, 먹히다, 들리다, 안기다	
ㄴ	장형 피동 (통사적)	**용언 어간** + -아/어지다 → 피동문	보아지다, 먹어지다, 들어지다, 안아지다, 예뻐지다, 높아지다	
		단형 피동 + -아/어지다 → 피동문	보여지다, 먹혀지다, 들려지다, 안겨지다	이중 피동
		체언, **용언 어간** + -되어지다, -지게 되다	생각되어지다, 해결되어지다, 잡아지게 되다	이중 피동

용언	단형 피동	장형 피동	이중 피동
보다	보이다	보아지다	보여지다
끊다	끊기다	끊어지다	끊겨지다
잡다	잡히다	잡아지다	잡혀지다
듣다	들리다	들어지다	들려지다
얻다	×	얻어지다	×
만나다	×	만나지다	×
요청하다	요청되다	×	요청되어지다

(2) 주의해야 할 이중 피동

예) 공무원 시험에 합격했다는 사실이 믿겨지지 않는다.
                               (믿+기+어+지+지)

그는 교내에서 천재로 불리어졌다.
                       (부르+이+어+지+었+다)

※ '여겨지다', '받아들여지다'는 이중 피동이 아니다.

5. 사동 표현

(1) 정의

① 정의: 주어가 타인에게 행동을 **시키는** 표현. 행위를 **전가**하는 표현. 주어가 직접 행동을 하는 **주동**의 반대적 개념.

② 이해: **주어**가 아닌 타인(=**대상**)이 그 행동을 해야 한다.

예) 선생님께서 학생들을 자습시키신다.(O)→자습하신다.(×)
    선생님께서 학생들을 교육시키신다.(×)→교육하신다.(O)

<주동 표현> 아이가 옷을 입는다.
<사동 표현> 엄마가 아이에게 옷을 입**힌**다. → 단형 사동('-이, 히, 리, 기, 우, 구, 추-')
      (새로운 **주어**)   ('-히-'가 추가됨)
       엄마가 아이에게 옷을 입게 한다. → 장형 사동
      (새로운 **주어**)   ('-**게 하다**'라는 연결 어미와 보조 용언이 결합함)

순서	유형	사동법	용례
ㄱ	단형 사동 (파생적)	용언 어근 + -이-, -히-, -리-, -기-, -우-, -구-, -추- → 사동사	속이다, 묻히다, 들리다, 맡기다, 지우다, 달구다, 낮추다
		서술성 있는 일부 명사 + -시키다	공부시키다, 이해시키다
ㄴ	장형 사동 (통사적)	용언 어간 + -게 하다 → 사동문	속게 하다, 묻게 하다, 들게 하다, 맡게 하다, 지게 하다, 낮게 하다

어근	단형 사동	장형 사동	이중 사동
속다	속이다	속게 하다	속이게 하다
익다	익히다	익게 하다	익히게 하다
알다	알리다	알게 하다	알리게 하다
맡다	맡기다	맡게 하다	맡기게 하다
서다	세우다	서게 하다	세우게 하다
낮다	낮추다	낮게 하다	낮추게 하다
공부	공부시키다		

(2) 본래 사동의 의미가 있는 단어: '소개, 분리, 개선, 가동, -화'

단어	예문
소개	그는 철수를 사람들에게 소개시켰다. → 소개했다.
분리	과학자는 성분을 분리시켰다. → 분리했다.
개선	박 과장은 사무실 환경을 개선시켰다. → 개선했다.
가동	작업자가 곧장 기계를 가동시켰다. → 가동했다.
-화	영업부의 예산을 최소화시켰다. → 최소화했다.

(3) 피동문과 사동문의 구별

① 구별법: 접사가 '-어/아지다'로 대체 가능하면 피동문, '-게 하다'으로 대체 가능하면 사동문이 된다.

ㄱ. 사냥꾼이 토끼를 잡게 하다. → 사동
ㄴ. 토끼가 사냥꾼에게 잡혔다. → 피동
ㄷ. 사자에게 먹이를 먹이다 → 사동
ㄹ. 토끼가 사자에게 먹히다 → 피동
ㅁ. 요리로 입맛을 돋우다 → 사동
ㅂ. 그는 그녀를 웃기다 → 사동
ㅅ. 물을 팔팔 끓이다 → 사동
ㅇ. 사람들에게 소식을 알리다 → 사동
ㅈ. 아기가 엄마에게 안기다 → 피·사동
ㅊ. 뿌리가 뽑히다 → 피동

(4) 이중 사동 표현: '재우다, 채우다, 세우다, 씌우다' vs '깨우다'

주동	사동
자다	자+ㅣ+우+다→재우다
차다	차+ㅣ+우+다→채우다
서다	서+ㅣ+우+다→세우다
쓰다	쓰+ㅣ+우+다→씌우다
깨다	깨+우+다→깨우다

---

025 2016 서울시 9급

다음 중 <보기>에 대한 이해로 적절하지 않은 것은?

<보기>

주동문	㉠ 아이가 밥을 먹었다.
	↓
사동문	㉡ 어머니가 아이에게 밥을 먹게 하였다.
주동문	㉢ 마당이 넓다.
	↓
사동문	㉣ 인부들이 마당을 넓혔다.

① ㉡, ㉣을 보니, 사동문에는 두 가지 유형이 있군.
② ㉡, ㉣을 보니, 주동문의 주어는 사동문에서 다른 문장성분으로 나타날 수 있군.
③ <보기>를 보니, 동사만 사동화될 수 있군.
④ <보기>를 보니, 주동문을 사동문으로 바꾸면 서술어의 자릿수가 변화할 수 있군.

026 2018 지방직 7급

사동 표현이 없는 것은?

① 목동이 양들에게 풀부터 뜯겼다.
② 아이들은 종이비행기만 하늘로 날렸다.
③ 태희는 반지마저 유진에게 보여 주었다.
④ 소영의 양손에 무거운 보따리가 들려 있다.

027 2007 인천 지방직

다음 중 밑줄 친 부분이 이중 사동 접미사가 쓰인 것이 아닌 것은?

① 아이의 잠을 재우다.
② 빈 잔에 물을 채우다.
③ 잠자는 동생을 깨우다.
④ 새로운 나라를 세우다.
⑤ 무대에 붉은 천을 씌우다.

정답과 해설

025 ③ <보기>를 보면 형용사인 '넓다'가 사용된 문장도 사동문을 만들 수 있다. 따라서 동사만 사동화될 수 있다는 것은 잘못된 말이다.

026 ④ '들려'는 피동 표현인 '-어지다'와 결합하여 '들어져'로 바꾸어 볼 수 있으므로 '들다'의 피동사로 볼 수 있다.

027 ③ 이중 사동이 아닌 단어를 고르는 문제이다. 일부 사동사는 사동 접미사 '-이-'와 '-우-'가 모두 결합된 이중 사동 형태지만 표준어로 인정받는다. 이와 달리 '깨우다'는 용언 '깨다'의 어근 '깨-'에 사동 접미사 '-우-'만 결합한 형태이다. 따라서 '깨우다'는 이중 사동 접미사가 쓰인 것이 아니다.

028
2015 국회직 8급

다음은 국어의 부정(否定) 표현에 대한 설명이다. ㉠~㉤의 예시로 적절하지 않은 것은?

> 부정의 의미를 나타내기 위하여 가장 많이 사용하는 방법은 이른바 부정소라고 불리는 ㉠부정 부사나 부정 서술어를 사용하는 경우이다. 그러나 이 밖에도 ㉡부정의 의미를 가지는 접두사를 이용하기도 하고 ㉢부정의 뜻을 가지는 어휘를 이용하여 부정의 의미를 나타내기도 한다. 더욱이 우리말에는 ㉣부정소를 사용하지 않아도 부정의 의미를 내포하는 경우도 있고 반대로 ㉤부정소를 사용하였더라도 의미상으로는 긍정인 경우도 있다.

① ㉠: 너무 시끄럽게 떠들지 마라.
② ㉡: 이번 계획은 너무나 비교육적이다.
③ ㉢: 나는 그녀의 마음을 잘 모른다.
④ ㉣: 제가 어찌 그 일을 하지 않을 수 있겠습니까?
⑤ ㉤: 그가 이번 일을 그렇게 못 하지는 않았다.

029
2018 서울시 7급 2차

밑줄 친 단어 중 그 의미가 나머지 셋과 가장 다른 것은?

① 그는 음식이 너무 매워 거의 먹지 <u>못했다</u>.
② 장군은 흐르는 눈물 때문에 말을 잇지 <u>못했다</u>.
③ 그 아이는 부모의 바람만큼 똑똑하지 <u>못했다</u>.
④ 오늘은 너무 바빠서 동창회에 가지 <u>못했다</u>.

6. 부정 표현

(1) 정의와 종류

① **정의**: 부정의 의미를 나타내는 부정소인 부사 '안, 못' 또는 용언 '아니다, 아니하다, 못하다, 말다'를 통해 문장의 의미를 부정하는 표현

② **종류**

의미 \ 형태	단형 부정	장형 부정	장형 부정 (청유문, 명령문)
능력 부정	못	-지 못하다	말아, 마, 마라, 말아라, 말자
의지 부정 단순 부정	안, 아니	-지 아니하다, 않다	

㉠ **능력 부정**(='못' 부정문): 하고자 하는 의지는 있지만 능력이 없는 경우
  예 <단형 부정> 나는 수영을 못 한다.
     <장형 부정> 나는 수영을 하지 못한다.

㉡ **의지 부정**(='안' 부정문): 할 수 있는 능력은 있지만 의지가 없는 경우
  예 <단형 부정> 나는 수영을 안 한다.
     <장형 부정> 나는 수영을 하지 않는다.

㉢ **단순 부정**: 능력 또는 의지를 부정하는 것이 아니라 단순히 사실이 아님을 부정하는 경우
  예 그는 그녀의 동생이 아니다.
     철수는 크지 않다.

(2) '안' 부정문의 중의성

① '**안' 부정문의 중의성**
  '안' 부정문은 문장 성분의 개수만큼 중의적으로 해석된다.
  예 영희가 어제 택시를 타지 않았다.
    → ㉠ 주어 '영희'를 부정하는 경우: 어제 택시를 탄 것은 영희가 아니었다는 의미
      ㉡ 부사어 '어제'를 부정하는 경우: 영희가 택시를 탄 것은 어제가 아니었다는 의미
      ㉢ 목적어 '택시를'을 부정하는 경우: 영희가 어제 탄 것은 택시가 아니었다는 의미
      ㉣ 서술어 '타다'를 부정하는 경우: 영희가 어제 택시를 타지는 않고, 불렀다거나 부수었다거나 등등의 행위를 했다는 의미

② '**안' 부정문의 중의성 해소**
  '안' 부정문의 중의성을 해소하기 위해서는 부정하고자 하는 문장 성분에 보조사 '는'을 결합시킨다.

정답과 해설

028 ④ 부정 표현에 대한 예시로 적절하지 않은 것을 고르는 문제이다. '하지 않을 수'의 '않다(아니하다)'에는 '아니'라는 부정소가 존재한다. 따라서 해당 문장은 ㉣'부정소를 사용하지 않아도 부정의 의미를 내포하는 경우'로 볼 수 없다.

029 ③ 보조 동사이자 형용사인 '못하다'를 구별하는 문제이다. '똑똑하지 못했다'의 '못하다'는 형용사 '똑똑하지'의 뒤에서 앞말이 뜻하는 상태를 부정하는 보조 형용사이다. 나머지 선택지의 '못하다'는 앞말이 뜻하는 행동을 부정하는 보조 동사이다. 보통 '-지 못하다' 구성인 경우에 본용언이 형용사이면 '못하다'도 보조 형용사이며, 본용언이 동사이면 '못하다'도 보조 동사이다.

• **신유형 문제**

015
밑줄 친 부분의 시제가 다른 것은?

> 시제는 대표적으로 선어말 어미에 의해 실현된다. 과거 시제와 미래 시제는 동사, 형용사, 서술격 조사의 구분 없이 선어말 어미 '-았-/-었-/-였-'과 '-겠-'에 의해 실현된다. 반면, 현재 시제는 다른 시제와 실현 양상이 다르다. 동사의 경우 선어말 어미 '-는-/-ㄴ-'에 의해, 형용사와 서술격 조사는 선어말 어미 없이 현재 시제가 실현된다. 가령, '냇물이 흐른다'처럼 동사는 선어말 어미 '-ㄴ-'과 결합하여 현재 시제를 나타내지만, '꽃이 예쁘다', '형은 학생이다'처럼 형용사나 서술격 조사는 선어말 어미와의 결합 없이 현재 시제를 나타낸다. 이처럼 영(∅) 형태로 현재 시제를 표현하는 것을 무표적 시제 표현이라고 한다.
>
> 선어말 어미와 함께 관형사형 어미도 시제를 실현하는 문법 요소이다. 동사의 경우 '-(으)ㄴ'이, 형용사와 서술격 조사의 경우 '-던'이 결합하여 과거 시제가 실현된다. 또 동사의 경우 '-는'이, 형용사와 서술격 조사의 경우 '-(으)ㄴ'이 결합하여 현재 시제가 실현된다. 그리고 동사와 형용사 그리고 서술격 조사의 구분 없이 '-(으)ㄹ'이 결합하여 미래 시제가 실현된다. 관형사형 어미는 선어말 어미와 달리 무표적으로 실현되는 경우가 없다.

① 친구가 도서관에서 책을 빌렸다.
② 그녀의 아름다운 마음씨가 예쁘다.
③ 잘 익은 사과를 보니 기분이 좋다.
④ 나는 그에게 받은 것이 전혀 없다.

016
다음 글의 ⊙의 사례로 가장 적절한 것은?

> 시제를 나타내는 선어말 어미의 쓰임에는 예외적인 현상이 있어 주의가 필요하다. 선어말 어미 '-았-/-었-/-였-'이 과거 시제를 나타내지 않는 경우가 있다. '누나가 어머니를 닮았다.', '수박이 잘 익었다'와 같은 문장은 과거의 사건을 가리킨다고 보기 어렵다. 이러한 문장들은 '완결 지속'의 의미를 나타내며, 과거 시제가 아니라 현재 시제를 나타낸다고 보는 것이 타당하다. 그리고 '-았-/-었-/-였-'이 미래 상황을 표현하기도 한다. '숙제를 하나도 안 했으니 너 내일 학교에 가면 혼났다'와 같은 문장은 어떠한 사건이 미래에 실현될 것으로 확신하는 ⊙'실현 인식'을 의미하는 것으로 볼 수 있다.

① 텅 빈 가을 들판이 아주 고요했다.
② 회의가 밤늦게까지 이어졌다.
③ 커피를 마셨으니 잠은 다 잤다.
④ 설악산에는 단풍이 많이 졌겠지.

017

<보기>의 ㉠~㉢에 해당하는 예로 적절하지 않은 것은?

〈보기〉

　동작상이란 발화시를 기준으로 동작이 일어나는 모습을 나타낸 것을 말한다. 동작상은 '-고 있다', '-아/어 있다' 등과 같은 보조 용언 구성으로 나타내는데, '지금 듣고 있다'처럼 ㉠진행상을 나타내는 경우와 '수박이 아주 잘 익어 있네'처럼 ㉡완료상을 나타내는 경우로 구분할 수 있다. 진행상은 동작이 현재 일어나고 있음을 나타내고, 완료상은 동작이 끝나서 그 결과가 남아 있음을 나타낸다.
　한편 '엄마가 아이를 안고 있다'와 같은 경우는 다르다. 이는 '엄마가 아이를 안고 있는 동작을 하는 중'이라는 진행상의 의미로 받아들일 수도 있고, '엄마가 아이를 안은 상태로 유지되고 있다'는 완료상의 의미로 받아들일 수도 있다. 이처럼 한 문장이 ㉢진행상으로 해석되기도 하고 완료상으로 해석되기도 하는 경우가 있어 중의성을 띠기도 한다.

① ㉠ ⎡ A : 무척 바빠 보이는데 뭐해?
　　　⎣ B : 나는 국어 숙제를 하고 있어.

② ㉠ ⎡ A : 눈이 와서 길이 미끄럽겠어.
　　　⎣ B : 그러게, 길에 눈이 쌓이어 있네.

③ ㉡ ⎡ A : 민수는 어디 갔니?
　　　⎣ B : 아니, 저기에 앉아 있어.

④ ㉢ ⎡ A : 저분들 중 네 선생님은 누구시니?
　　　⎣ B : 버스에 타고 있는 사람이 제 선생님입니다.

018

다음 글의 ㉠의 사례로 가장 적절한 것은?

　능동문에 대응하는 문장을 피동문이라 한다. 그러나 실제로는 능동문에 대응하는 피동문이 없는 경우가 있다. 가령 '철수가 밥을 먹었다'를 피동문으로 바꾸어 보면 '밥이 철수에게 먹혔다'처럼 실생활에서 사용하지 않는 비문이 나온다. 이를 피동문의 공백이라고 한다. 또한 피동문에 대응하는 능동문이 없는 경우도 있다. '그는 항상 죄의식에 쫓긴다'라는 피동문에 대응하는 능동문을 억지로 만들어 보면 '죄의식이 그를 항상 쫓는다'라는 비문이 나온다. 이처럼 피동문에 대응되는 능동문이 없는 경우를 ㉠능동문의 공백이라 한다.
　이러한 공백이 생기는 이유는 피동문에서 능동문으로 바뀔 때, 혹은 능동문에서 피동문으로 바뀔 때, 문장의 주어가 되는 성분이 무정 명사일 경우, 서술어가 의미하는 행동을 무정물인 주어가 하지 못하기 때문이다. 또한 피동문의 의미가 자연적인 작용이나 상황 의존성이 강할 때, 주어인 피동주가 의도치 않은 상황에 처한 경우의 피동문은 능동문으로 전환되기 어렵다.

① 영희가 책을 읽었다.
② 더위가 한풀 꺾였다.
③ 철수가 칭찬을 들었다.
④ 예쁜 꽃이 현수에게 꺾였다.

019
다음 글에 대한 이해로 적절하지 않은 것은?

문장은 동작이나 행위를 누가 하느냐에 따라 능동문과 피동문으로 나누어진다. '눈이 온 세상을 덮었다'처럼 주어가 동작을 제힘으로 하는 문장을 능동문이라고 하고, '온 세상이 눈에 덮였다'처럼 다른 주체에 의해 동작이 이루어지거나 영향을 받는 문장을 피동문이라고 한다. 피동문의 주어는 동작을 행하는 당사자가 아니므로 주어의 동작성이 잘 드러나지 않게 된다.

능동문을 동일한 의미의 피동문으로 변형할 때 문장 성분의 변화가 나타난다. '두 학생이 참새 네 마리를 잡았다'가 '참새 네 마리가 두 학생에게 잡혔다'로 바뀌면서 능동문의 주어는 피동문에서 부사어로 바뀌게 된다. 그리고 능동문에서 피동문으로 바뀌면서 능동문에 없던 접사 '-히-'와 결합한 새로운 단어가 나타나면서 피동문을 성립시키기도 한다.

그런데 모든 능동문이 피동문으로 바뀌는 것은 아니다. 또한 모든 피동문이 능동문으로 바뀌는 것도 아니다. 예컨대 '철수가 감기에 걸렸다'와 같은 경우가 있다. 이 문장을 억지로 능동문으로 바꾸면 '감기가 철수를 걸었다'라는 비문이 된다.

① '잡았다'와 '잡혔다'는 같은 단어로 보기 어렵다.
② 피동문 '문이 바람에 닫혔다'를 능동문으로 바꾸기 어렵다.
③ '참새 네 마리가 잡혔다'에서는 주어의 동작성이 부각되지 않는다.
④ 피동문의 주어가 동일한 의미의 능동문에서는 부사어가 될 수 있다.

020
다음 글에서 ㉠의 예로 적절하지 않은 것은?

남으로 하여금 어떤 동작을 하게 하는 동작을 사동이라고 하고, 이러한 사동의 표현법을 사동법이라고 한다. 이에 대해 어떤 동작이나 행위를 남이 시켜서가 아니라 자기 스스로 행하는 것을 주동이라고 한다. 가령 '경찰이 그 차를 정지시켰다'와 같은 경우, 사동문의 주어인 '경찰'은 '정지'를 하지 않는다. 대상인 '그 차'로 하여금 '정지'를 명령하며 '정지'란 동작을 수행하게끔 유도한다. 반면 '경찰이 음주 단속을 한다'와 같은 경우 주동문의 주어인 '경찰'은 '음주 단속'을 직접 '하고' 있다. 이처럼 사동문의 주어와 주동문의 주어는 의미상 명확한 차이를 보인다.

그런데 실생활에서는 이러한 차이를 무시하고 ㉠잘못된 사동 표현을 사용하기도 한다. 예를 들어 '선생님은 학생들을 교육시켰다'라는 표현이 있다. 이 문장에서 '선생님'은 '교육'을 직접 행하고 있는 주동주이다. 그런데 서술어를 '교육시키다'라고 하여 '선생님'을 사동주로 표현하고 있다. 따라서 이 문장은 '선생님은 학생들을 교육했다'라고 표현하는 것이 올바르다. 또한 '그는 기계를 가동시켰다'라는 표현도 잘못이다. '가동하다'는 '움직이게 하다'는 의미로 이미 사동의 의미가 부여돼 있다. 여기서 '-시키다'라는 접미사를 결합하여 '움직이게 하게 시키다'의 의미로 만드는 것은 잘못이다. 이 문장은 '그는 기계를 가동했다'라고 고쳐야 한다.

① 그들은 아무런 죄책감 없이 환경을 오염시켰다.
② 박 과장은 열악한 환경을 개선시키기 위해 노력했다.
③ 그는 자신을 모르는 사람에게 자기가 누군지 소개시켰다.
④ 김 박사는 두 가지 성분을 분리시킨 후 다음 단계로 돌입했다.

021

다음 글을 바탕으로 <탐구 자료>를 분류한 것으로 가장 적절한 것은?

> 피동은 주어가 남에 의해 동작을 당하는 것이다. 피동 표현은 용언의 어근에 피동 접미사 '-이-, -히-, -리-, -기-'가 결합되거나 '-게 되다', '-어지다'가 붙어서 만들어진다. 가령 '동생이 모기에 심하게 물렸다'는 '물-'이라는 용언 어간에 피동 접사 '-리-'가 결합하여 실현된다. 반면 사동은 어떠한 행위를 남에게 '하도록 만드는 것'을 의미한다. 사동 표현은 용언 어근에 사동 접미사 '-이-, -히-, -리-, -기-, -우-, -구-, -추-'가 결합되거나 '-시키다', '-게 하다'가 결합되어 만들어진다. 가령 '그는 주전자의 물을 끓였다'는 '끓-'이라는 용언 어간에 사동 접사 '-이-'가 결합하여 실현된다.

<탐구 자료>
ㄱ. 어머니는 철수에게 아기를 업혔다.
ㄴ. 이 잉크는 물에 잘 지워지지 않는다.
ㄷ. 형이 동생에게 밥을 많이 먹게 했다.
ㄹ. 순희는 오빠의 소식을 아버지에게 알렸다.

	사동 표현	피동 표현
①	ㄱ, ㄷ	ㄴ, ㄹ
②	ㄱ, ㄷ, ㄹ	ㄴ
③	ㄴ, ㄹ	ㄱ, ㄷ
④	ㄴ, ㄷ, ㄹ	ㄱ

022

2015학년도 6월 A 13번

<보기>의 ㉠, ㉡에 해당하는 것은?

> ─ 보기 ─
> 우리말의 용언 중에는 피동사와 사동사의 형태가 동일한 것이 있다. 예를 들어, '보다'는 사동사와 피동사가 모두 '보이다'로 그 형태가 같다. 이때 ㉠사동사로 쓰인 경우와 ㉡피동사로 쓰인 경우는 다음과 같이 문장에서의 쓰임을 통해 구별된다.
>
> ┌ 동생이 새 시계를 내게 보였다. (사동사로 쓰인 경우)
> └ 구름 사이로 희미하게 해가 보였다. (피동사로 쓰인 경우)

① ┌ ㉠ : 운동화 끈이 풀렸다.
　└ ㉡ : 아빠의 칭찬에 피로가 금세 풀렸다.
② ┌ ㉠ : 우는 아이가 엄마 등에 업혔다.
　└ ㉡ : 누나가 이모에게 아기를 업혔다.
③ ┌ ㉠ : 나는 젖은 옷을 햇볕에 말렸다.
　└ ㉡ : 동생은 집에 가겠다는 친구를 말렸다.
④ ┌ ㉠ : 새들이 따뜻한 곳에서 몸을 녹였다.
　└ ㉡ : 햇살이 고드름을 천천히 녹였다.
⑤ ┌ ㉠ : 형이 친구에게 꽃다발을 안겼다.
　└ ㉡ : 아기 곰이 어미 품에 포근히 안겼다.

정답과 해설

021 ②
ㄱ. '업히다'는 어근 '업-'에 사동 접사 '-히-'가 결합한 '사동 표현'이다.
ㄴ. '지워지다'는 어근 '지우-'에 '-어지다'가 결합한 '피동 표현'이다.
ㄷ. '먹게 하다'는 어근 '먹-'에 '-게 하다'가 결합한 '사동 표현'이다.
ㄹ. '알리다'는 어근 '알-'에 사동 접사 '-리-'가 결합한 '사동 표현'이다.

022 ⑤ ㉠의 '안겼다'는 '안다'에 사동 접사 '-기-'가 결합한 사동사이며, ㉡의 '안겼다'는 '안다'에 피동 접사 '-기-'가 결합한 피동사이다.
오답피하기 ① ㉠과 ㉡의 '풀렸다'는 모두 '풀다'에 피동 접사 '-리-'가 결합한 피동사이다. ② ㉠의 '업혔다'는 '업다'에 피동 접사 '-히-'가 결합한 피동사이며, ㉡의 '업혔다'는 '업다'에 사동 접사 '-히-'가 결합한 사동사이다. ③ ㉠의 '말렸다'는 '마르다'에 사동 접사 '-리-'가 결합한 사동사이다. 그러나 ㉡의 '말렸다'는 '다른 사람이 하고자 하는 어떤 행동을 못하게 방해하다'를 뜻하는 '말리다'에 선어말 어미 '-었-'이 결합한 것이므로 피동 접사나 사동 접사가 결합한 단어가 아니다. ④ ㉠과 ㉡의 '녹였다'는 모두 '녹다'에 사동 접사 '-이-'가 결합한 사동사이다.

제 4 장 • 의미론

1 단어 간의 의미 관계

1. 유의 관계

(1) 유의 관계: 서로 비슷한 뜻을 가진 단어들의 관계. 이들 단어를 유의어라고 함.

(2) 유의어를 파악하는 방법: 계열 관계(수직 관계)를 따진다. 즉 유의어끼리 서로 대치 가능한지 알아본다.

　예) 철수가 죽었다.
　　　= 숨졌다.
　　　= 사망했다.

(3) 유의 관계는 고유어 대 고유어, 한자어, 외래어, 전문어냐에 따라서 그 종류를 세분화할 수 있다.

(4) 상하위 관계는 유의 관계가 아니다.

연습문제

01 어휘의 의미 관계가 ㉠:㉡과 다른 것은? 　　　2011 지방직 9급

> 아침에 볕에 시달려서 마당이 부스럭거리면 그 소리에 잠을 깨웁니다. 하루라는 '짐'이 마당에 가득한 가운데 새빨간 잠자리가 병균처럼 활동합니다. 끄지 않고 잔 석유 등잔에 불이 그저 켜진 채 소실된 밤의 흔적이 낡은 조끼 단추처럼 남아 있습니다. ㉠작야(昨夜)를 방문할 수 있는 '요비링'입니다. ㉡지난밤의 체온을 방 안에 내어던진 채 마당에 나서면 마당 한 모퉁이에는 화단이 있습니다.
> 　　　　　　　　　　　　　　　　　　 - 이상, '산촌 여정' 중에서 -

① 항용 : 늘
② 미소 : 웃음
③ 간혹 : 이따금
④ 백부 : 큰아버지

정답 | ②
유의 관계가 아닌 단어를 찾는 문제이다. 유의 관계는 비슷한 뜻을 지닌 단어들의 관계이다. 제시문의 ㉠'작야(昨夜)'와 ㉡'지난밤'은 모두 '어젯밤'을 뜻하는 단어이므로 유의 관계로 묶을 수 있다. '항용 : 늘', '간혹 : 이따금', '백부 : 큰아버지'도 마찬가지로 유의 관계에 속한다.
그러나 '미소'와 '웃음'은 상하 관계이다. 상하 관계는 한 단어가 의미적으로 다른 단어에 포함되는 경우를 뜻한다. '미소'의 의미가 '소리 없이 빙긋이 웃음'이므로, '웃음'의 범위 안에 '미소'가 포함된다. 이때 포함하는 단어를 상의어, 포함되는 단어를 하의어로 구분한다. 따라서 '웃음'이 상의어, '미소'가 하의어이다.

2. 반의 관계

(1) 반의 관계: 서로 반대되는 의미를 가진 단어들의 관계. 이들 단어를 반의어라고 함.

(2) 반의어의 특징

① 반의어는 공통된 의미 자질을 지니고 있으며, 단지 한 가지 의미 자질만 다르다.

예)
아주머니	[-남성](=[+여성])	[+성인]	[+기혼]
아저씨	[+남성](=[-여성])	[+성인]	[+기혼]

② 하나의 일정 기준 하에 성립되므로 기준에 따라 여러 가지 반의어가 나타날 수 있다.

예)
	기준	반의어
뛰다	<속도>	걷다
	<위아래>	내리다

완전학습

1. 유의 관계와 상하 관계를 구별하자.
2. 반의 관계의 종류를 구별하자.

001 　　　2014 경찰직 2차

다음의 설명을 고려할 때, 유의문의 관계에 있는 문장끼리 연결되지 않은 것은?

> 유의문의 형태는 다르지만 의미가 같거나 비슷한 문장들을 이른다.

① 철수는 책방에 갔다. - 철수는 서점에 갔다.
② 경찰이 도둑을 잡았다. - 도둑이 경찰에게 잡혔다.
③ 나는 영수를 만나지 못했다. - 나는 영수를 못 만났다.
④ 철수가 영수에게 책을 주었다. - 영수에게 철수가 책을 받았다.

002 　　　2019 지방직 9급

다음에 해당하는 사례로 적절하지 않은 것은?

> 대립쌍을 이루는 단어들이 일정한 방향성을 이루고 있다.

① 성공(成功) : 실패(失敗)
② 시상(施賞) : 수상(受賞)
③ 판매(販賣) : 구매(購買)
④ 공격(攻擊) : 방어(防禦)

정답과 해설

001 ④ '철수가 영수에게 책을 주었다.'의 올바른 유의문은 '영수가 철수에게 책을 받았다.'가 되어야 한다.

002 ① '대립쌍을 이루는 단어들이 일정한 방향성을 이루고 있다.'라는 설명은 '방향 반의어'를 뜻한다. '성공(成功)'과 '실패(失敗)'는 서로 일정한 방향성을 이루고 있다고 보기 어렵기 때문에 '방향 반의어'의 사례로 적절하지 않다.

완전학습

다의어의 문맥적 의미를 파악하자.

003 2018 서울시 7급 1차
<보기>의 내용 중 밑줄 친 '쓰다'의 쓰임이 다의 관계를 보이는 것은?

보기
ㄱ. 연습장에 붓글씨를 쓰다.
ㄴ. 그는 억울하게 누명을 썼다.
ㄷ. 공원묘지에 묘를 쓰다.
ㄹ. 그는 아무에게나 반말을 쓴다.
ㅁ. 입맛이 써서 맛있는 게 없다.
ㅂ. 아르바이트를 하는 데 시간을 많이 썼다.

① ㄱ - ㄷ ② ㄴ - ㅁ
③ ㄷ - ㄹ ④ ㄹ - ㅂ

004 2014 지방직 9급
밑줄 친 부분의 의미와 가장 가까운 것은?

농악에는 우리 민족의 정서가 배어 있다.

① 욕이 입에 배어 큰일이다.
② 그는 속이 너무 배어 큰 인물은 못 된다.
③ 갓난아이 몸에는 항상 젖내가 배어 있다.
④ 이 책에는 아이에 대한 부모의 고민과 애정이 배어 있다.

005 2015 국가직 7급
밑줄 친 부분의 의미와 가장 가까운 것은?

회초리 맞은 자리에 멍이 들었다.

① 높은 자리에 있는 사람을 만났다.
② 금 간 자리를 흙으로 말끔히 메웠다.
③ 그는 적성에 맞는 자리를 구하고 있다.
④ 방이 좁아서 책상을 들여놓을 자리가 없다.

정답과 해설
003 ④ ㄱ은 '붓, 펜, 연필로 쓰다'라는 뜻이고, ㄴ은 '누명 따위를 가지거나 입게 되다.'라는 뜻, ㄷ은 '시체를 묻고 무덤을 만들다.'라는 뜻이며, ㄹ은 '어떤 말이나 언어를 사용하다.'라는 뜻이다. ㅁ은 '몸이 좋지 않아서 입맛이 없다.'라는 뜻이고, ㅂ은 '일을 하는 데 시간이나 돈을 들이다.'라는 뜻이다.

004 ④ 제시된 문장의 '배다'는 '느낌, 생각 따위가 깊이 느껴지거나 오래 남아 있다.'의 뜻으로 쓰였다. 이 경우 '배다'의 주어는 '느낌, 생각'과 연관이 있는 단어여야 한다. 따라서 ④번이 정답이다.

005 ② 밑줄 친 '자리'는 '사람의 몸이나 물건이 어떤 변화를 겪고 난 후 남은 흔적'을 뜻한다. 이와 유사한 뜻으로 쓰인 것은 '금 간 자리를 흙으로 말끔히 메웠다.'에서이다.

---

(3) 반의 관계의 종류-1
① **모순** 관계: **중간항**이 없는 반의 관계. 한쪽을 부정하면 반대쪽이 되는 것.
  예) 남자 - 여자
    → 이 같은 경우 '그는 많이 남자이다.(×)'와 같이 **정도 부사**의 수식을 받을 수 없고 '철수가 영민이보다 더 남자이다.(×)'처럼 **비교** 표현도 불가능하다.
    ※ 단, 모순 관계 중에는 비교 표현이 가능한 경우도 있다. 이를 '정도 상보어'라고 지칭한다.
       예) 정직하다 - 부정직하다, 익다 - 설다, 편하다 - 편찮다, 확실하다 - 불확실하다
② **반대** 관계: **중간항**이 있는 반의 관계
  예) 이기다 - 지다(중간항: 비기다), 검정 - 하양(중간항: 노랑, 빨강, 초록)
  ※ 구별법: 한쪽을 부정하면 반대쪽을 의미하는지를 본다.
  예) 남자가 아니다 → 반드시 여자다.(O)
      익지 않았다 → 반드시 설익었다.(O)
      이기지 않았다 → 반드시 졌다.(×)
      길지 않다 → 반드시 짧다.(×)

(4) 반의 관계의 종류-2
① 정도 반의어: 정도의 차이를 표현하는 반의어
  예) 길다 - 짧다, 빠르다 - 느리다
② 상보 반의어: 모순 관계
  예) 남자 - 여자
③ 방향 반의어: 마주 선 방향이나 이동의 측면 또는 인간관계적 측면의 반대 관계
  예) 동쪽 - 서쪽(a는 b의 동쪽이다/b는 a의 서쪽이다), 앞 - 뒤(a는 b의 앞이다/b는 a의 뒤이다), 부모 - 자식(a는 b의 부모이다/b는 a의 자식이다), 가다 - 오다(a 입장에서는 가는 게, b 입장에서는 오는 것이다), 사다 - 팔다(a가 b에게 사다/b가 a에게 팔다)

3. 동음이의 관계와 다의 관계

(1) **동음이의** 관계: 소리는 같으나 의미가 다른 단어들의 관계. 이들 단어를 동음이의어라고 한다.
  예) 배1[舟] 배2[腹] 배3[梨]

(2) **다의** 관계: **중심**적 의미와 **주변**적 의미 사이의 관계.
  예) 발을 딛다(신체 부위) - 발이 빠르다(걸음)

(3) 다의 관계와 동음이의 관계: 앞서 언급한 것처럼 **의미**적, **어원**적으로 연결되면 다의 관계이고, 연결되지 못하면 동음이의 관계가 된다.

(4) 다의어의 의미를 구별할 때에는 동의어나 반의어를 찾아서 대응해 본다.
  예) 먹다: 밥을 먹다(= 배 속으로 보내다. ↔ 뱉다) vs 욕을 먹다(= 듣다 ↔ 하다)

4. 상하 관계

(1) **상하** 관계: 한 단어가 의미적으로 다른 단어에 포함될 때의 관계. 의미 범위가 적은 단어(= 포함되는 단어)를 하의어, 의미 범위가 넓은 단어(= 포함하는 단어)를 상의어라고 한다.
  예) 생물⊃동물⊃척추동물⊃포유류⊃영장류⊃인류

(2) 상의어일수록 **추상**적이고, 하의어일수록 **구체**적이다.

(3) 하의어는 상의어의 예시가 된다. 가령 '생물의 예로 동물을 들 수 있다'가 성립한다.

2 의미 변화

1. 의미 변화의 원인

(1) 언어적 원인: 단어와 단어 간의 결합이 긴밀할 때 일어나는 의미 변화

통사적 전염	전혀, 별로	'전혀, 별로' 등은 부정 의미가 없었으나 '~하지 않다, ~아니다' 등의 단어와 결합하여서 후에 부정의 의미를 지니게 되었다.
생략	나름대로	본래 '제 나름대로, 자기 나름대로'로 써야 하나 계속 '제, 자기'와 결합하다 보니 '제, 자기'가 생략된 채로 쓰더라도 문제가 없게 되었다.

(2) 역사적 원인: 단어가 지시하는 내용이 바뀌게 된 의미 변화

바가지	본래는 박 속을 비워 만든 용기를 뜻했으나 현대에는 플라스틱으로 만든 것도 포함하게 되었다.
배	본래는 나무로 만든 것만을 뜻했으나 현대에는 쇠로 만든 배도 포함하게 되었다.

(3) 사회적 원인: 사회 구조나 계층의 변화로 인해 나타나는 의미 변화

영감	본래는 '당상관 이상의 벼슬'을 일컫다가 현대에는 '판·검사'를 일컬음
공양	본래 불교 용어였으나 지금은 부모님을 잘 살핀다는 의미를 지니게 됨
컴퓨터	'computer'가 유입되면서 이를 지칭할 명칭이 필요해서 생겨남

(4) 심리적 원인: 비유법이나 완곡어법으로 인한 의미 변화

곰	'둔한 사람'을 빗댄 표현으로 자주 쓰다 보니 그러한 의미를 지니게 됨
돌아가시다	'죽다'는 표현을 피하려고 쓰던 표현이 '죽다'의 의미까지 지니게 됨

2. 의미 변화의 유형

(1) 의미의 **확대**: 단어의 의미 영역이 넓어지는 일반화 현상
(2) 의미의 **축소**: 단어의 의미 영역이 좁아지는 현상
(3) 의미의 **전이**: 단어의 의미 영역이 넓어지거나 좁아지는 일 없이 단어의 의미가 변화하는 현상

✓ 연습문제

01 영감: 정2품, 정3품 벼슬아치의 호칭 → 남성 노인 **확대**
02 세수: 손을 씻다. → 손과 얼굴을 씻다. **확대**
03 도련님: '도령'의 높임말 → 결혼하지 않은 시동생 **축소**
04 겨집>계집: 일반 여성을 가리키는 말 → 여성을 비하하는 말 **축소**
05 아자비(앚+아비)>아저씨: 숙부 → 성인 남성 **확대**
06 놈: 일반적인 사람 → 남자나 사람을 낮잡아 이르는 말 **축소**
07 감토>감투: 벼슬아치가 머리에 쓰는 모자 → 벼슬 **전이**
08 마누라: 상전, 마님을 일컫는 말 → 중년 여인을 속되게 이르는 말 **축소**
09 미인: 아름다운 사람(남녀) → 아름다운 여인 **축소**
10 방송(放送): 석방 → 음성이나 영상을 전파로 내보내는 일 **전이**
11 두꺼비집: 두꺼비의 집 → 전기 개폐기 **전이**
12 어리다: 어리석다. 현명하지 못하다. → 나이가 적다. **전이**
13 즁싱>즘싱>즘승>짐승(생물 전체 → 동물 → 짐승: 사람이 아닌 동물 / 중생: 사람) **축소**
14 다리: 사람이나 짐승의 다리 → 사람, 짐승의 다리를 포함해서 물건을 지탱하는 하체 부분 **확대**
15 어엿브다>어여쁘다: 불쌍하다 → 예쁘다 **전이**
16 겨레: 종친(宗親) → 동포, 민족 **확대**
17 인정(人情): 뇌물 → 사람 사이의 정 **전이**

완전학습

의미 변화 유형을 구별하자.

006 2014 서울시 9급
국어의 어휘 의미 변화에 대한 다음의 진술 중 올바르지 못한 것은?
① '다리(脚)'가 사람이나 짐승의 다리만 가리켰으나 현대에는 책상에도 쓰인다.
② '짐승'은 衆生에서 온 말로 생물 전체를 가리켰으나 지금은 사람을 제외한 동물을 가리킨다.
③ '사랑하다'는 '생각하다'라는 의미가 있었으나 지금은 이 의미가 없다.
④ '어여쁘다'는 '조그맣다'라는 뜻이었으나 지금은 '아름답다'의 의미이다.
⑤ '어리다'는 '어리석다'의 뜻이었다가 지금은 '나이가 적다'의 의미로 쓰인다.

007 2012 서울시 7급
밑줄 친 부분에 해당하는 용례로 가장 적절하지 않은 것은?

> 언어도 생명처럼 시간이 흐름에 따라 생멸의 과정을 겪는다. 특히 의미는 음운이나 문법구조보다 변화가 많은데 그 결과는 두 가지 측면에서 주로 논의된다. 의미 영역의 변화와 의미에 대한 평가의 변화가 그것이다. 의미 영역 변화에는 변화 전에 비해 의미가 축소되는 경우와 의미가 확대되는 경우가 있다. 전자의 경우를 의미의 특수화, 후자의 경우를 의미의 일반화라고 부르기도 한다. 그리고 어떤 단어의 의미 영역이 확대 또는 축소되는 일이 없이 그 단어의 의미가 전혀 다른 의미로 변화된 것이 있다.

① 미인　　② 짐승
③ 어리다　　④ 도련님
⑤ 얼굴

정답과 해설

006 ④ '어여쁘다'는 과거에는 '불쌍하다'라는 뜻으로 쓰였으나, 현대에는 '예쁘다'라는 뜻으로 쓰인다.

007 ③ 밑줄 친 부분은 의미의 특수화를 뜻한다. 의미의 특수화는 의미가 변화하면서 단어의 의미 영역이 축소되는 현상을 뜻한다.
'어리다'는 '어리석다. 현명하지 못하다.'의 뜻을 지닌 단어에서 오늘날의 '나이가 적다.'의 뜻을 지닌 단어가 되었다. 이는 단어의 의미 영역이 넓어지거나 좁아지는 일 없이 단어의 의미가 변화하는 의미 전이 현상에 해당된다.

• 신유형 문제

001
다음 글에 대한 이해로 적절하지 않은 것은?

> '유의 관계(類義關係)'는 비슷한 둘 이상의 단어가 맺는 의미 관계를 말하며, 그 짝이 되는 말들을 '유의어'라고 한다. 그런데 실제로 의미가 같고 모든 문맥에서 치환이 가능한 '동의어'의 수는 매우 제한되어 있다. 왜냐하면 발화된 단어의 총체적인 의미는 구체적인 맥락 속에서 조금씩 달라지므로, 단어들이 동일한 의미로 쓰이는 경우가 적은 것이다. 예컨대 '몸'의 유의어는 '신체'이다. 그래서 '몸이 크다'를 '신체가 크다'로 바꿀 수 있다. 그러나 '이분은 귀하신 몸이다'를 '이분은 귀한 신체이다'로 바꿀 수는 없다.
>
> 우리말의 유의 관계는 다양한 유형으로 구분할 수 있는데, 그중 고유어, 한자어, 외래어가 유의 관계를 맺는 경우와 다양하게 분화된 감각어가 유의 관계를 맺는 경우가 가장 많은 비중을 차지한다. 먼저 고유어, 한자어, 외래어가 유의 관계를 맺는 경우의 예로 '잔치-연희-파티'를 들 수 있다. 반드시 고유어, 한자어, 외래어 세 단어가 짝을 이루는 것은 아니고 '나-저', '이-치아', '탁자-테이블'처럼 고유어, 한자어, 외래어가 다양하게 유의 관계를 맺는다. 다음으로 다양하게 분화된 감각어가 유의 관계를 맺는 경우의 예로 '노랗다-노르스름하다-노리끼리하다-노릇노릇하다'를 들 수 있다. 우리말에서 감각어는 다양하게 분화되어 비슷한 의미를 지니면서도 미묘한 의미 차이를 보인다. 이는 한국어의 표현성을 풍부히 하는 효과를 낸다.

① '오늘-일상'은 고유어와 한자어 간의 유의 관계이다.
② 유의 관계에 있는 단어들이 반드시 동의어인 것은 아니다.
③ '푸르다'와 '푸르스름하다' 사이에는 의미 차이가 존재한다.
④ 유의 관계에 속하는 단어들이 한국어의 표현을 풍부하게 한다.

002
2018 국가직 지역인재 9급

다음을 참고할 때 밑줄 친 단어의 반의어로 적절하지 않은 것은?

> 단어는 문맥에 따라 여러 가지 뜻을 가질 수 있으므로 반의어도 여럿이 될 수 있다. 예를 들어, '벗다'의 반의어가 '옷을 벗었다.'의 경우에 '입다'이지만 '모자를 벗었다.'의 경우에는 '쓰다'이다.

① 산 그림자가 깊다. - 옅다
② 그녀는 생각이 깊다. - 가볍다
③ 선생님의 병환이 깊다. - 가깝다
④ 우리나라는 역사가 깊다. - 짧다

003
2020 법원직 9급

<보기>의 내용을 참고할 때, 밑줄 친 ⓐ에 해당하는 것이 아닌 것은?

> ─ 보기 ─
> 상보 반의어는 양분적 대립 관계에 있기 때문에 두 단어가 상호 배타적인 영역을 갖는다. 즉, 상보 반의어는 한 단어의 긍정이 다른 단어의 부정을 함의하는 관계에 있다. 등급 반의어는 두 단어 사이에 등급성이 있다. 다시 말하면 두 단어 사이에 중간 상태가 있을 수 있으며 그렇기 때문에 한쪽을 부정하는 것이 바로 다른 쪽을 의미하는 것이 아니다. ⓐ관계 반의어는 두 단어가 상대적 관계에 있으면서 의미상 대칭을 이루고 있다. '남편'과 '아내'를 예로 들면 두 단어 사이에서 x가 y의 남편이면 y가 x의 아내가 되는 상대적 관계가 있으며, 두 단어는 어떤 기준을 사이에 두고 대칭 관계를 이루고 있으므로 관계 반의어라고 할 수 있는 것이다.

① 사다 - 팔다　　　② 부모 - 자식
③ 동쪽 - 서쪽　　　④ 있다 - 없다

004

⊙~ⓒ에 대한 이해로 적절하지 않은 것은?

> ⊙동음이의어는 소리는 같으나 뜻이 서로 다른 두 단어를 말한다. 반면 다의어란 하나의 단어가 둘 이상의 의미를 가지는 것을 뜻한다. 동음이의어는 둘 이상의 서로 다른 단어가 의미가 무관하게 동일한 형태를 지닌 것이고, 다의어는 한 형태의 단어가 둘 이상의 관련된 의미를 지니는 것을 말한다. 예컨대 '글씨를 쓰다/모자를 쓰다'에서 '쓰다'는 동음이의어지만, '모자를 쓰다/우산을 쓰다/누명을 쓰다'에서 '쓰다'는 다의어이다.
>
> 다의어의 의미는 다시 중심적 의미와 주변적 의미로 나뉜다. ⓒ중심적 의미는 한 단어가 여러 가지의 의미로 쓰일 때, 가장 기본적이고 핵심적인 의미다. 반면 ⓒ주변적 의미는 중심적 의미가 문맥이나 상황에 따라 그 범위가 확장되어 다르게 쓰이는 의미를 뜻한다. 가령 '고개'에서 '산이나 언덕을 넘어 다니도록 길이 나 있는 비탈진 곳'은 중심적 의미이고, '일의 중요한 고비나 절정을 비유적으로 이르는 말'은 주변적 의미이다.

① '그가 옷을 다리다'의 '다리다'와 '그녀가 약을 달이다'의 '달이다'는 ⊙에 해당하겠군.
② '그가 입을 벌리다'의 '입'과 '그녀를 입으로는 못 이긴다'의 '입'은 ⊙에 해당하겠군.
③ '손으로 잡다'의 '손'은 ⓒ에, '성패는 네 손에 달리다'의 '손'은 ⓒ에 해당하겠군.
④ '국이 맵다'에서 '맵다'는 ⓒ에, '겨울바람이 맵다'에서 '맵다'는 ⓒ에 해당하겠군.

005

2019 국가직 9급

글의 내용을 구체적으로 설명하기 위한 예로 적절하지 않은 것은?

> 하나의 개념에 두 개 이상의 단어가 필요한 것은 아니다. 따라서 동의어는 서로 경쟁을 통해 하나가 없어지거나 각기 다른 의미 영역을 확보하는 등의 다양한 양상을 보인다. 현실 언어에서 동의어로 공존하면서 경쟁을 계속하는 경우가 있으며, 한쪽은 살아남고 다른 쪽은 소멸하는 경우가 있다. 동의 충돌의 결과 의미 영역이 바뀌는 경우도 있다. 이는 의미 축소, 의미 확대, 의미 교체 등으로 구분된다.

① '가을걷이'와 '추수'는 공존하며 경쟁하고 있다.
② '말미'는 쓰지 않고 '휴가'라는 말을 사용하고 있다.
③ '얼굴'은 '형체'의 뜻에서 '안면'의 뜻으로 의미가 축소되었다.
④ '겨레'는 '친척'의 뜻에서 '민족'의 뜻으로 의미가 확대되었다.

006

다음 글에 대한 이해로 적절하지 않은 것은?

> 단어의 의미 변화는 크게 의미 축소, 의미 확대, 의미 이동으로 분류할 수 있다. 의미 축소는 본래 단어가 지시하고 있던 의미 영역이 좁아지는 것을 뜻하며, 의미 확대는 본래 단어가 지시하고 있던 의미 영역이 넓어지는 것을 뜻한다. 한편 의미 이동은 본래 단어가 지시하던 의미 영역을 더 이상 지시하지 않고 새로운 의미 영역을 지시하는 것을 뜻한다.

① '어엿브다'는 본래 '불쌍한'을 의미했는데 오늘날 '예쁘다'를 의미하므로 의미 확대의 예이다.
② '계집'은 본래 '여자'를 의미했는데 오늘날 '여자를 낮잡아 이르는 말'을 의미하므로 의미 축소의 예이다.
③ '어리다'는 본래 '어리석은'을 의미했는데 오늘날 '나이가 적은'을 의미하므로 의미 이동의 예이다.
④ '싸다'는 본래 '그만한 가치가 있는'을 의미했는데 오늘날 '값이 저렴한'을 의미하므로 의미 이동의 예이다.

정답과 해설

004 ② '그가 입을 벌리다'의 '입'은 신체 부위를 가리키는 ⓒ'중심적 의미'로 쓰였고, '그녀를 입으로는 못 이긴다'의 '입'은 '사람이 하는 말'을 뜻하는 ⓒ'주변적 의미'로 쓰였다. 따라서 '그가 입을 벌리다'의 '입'과 '그녀를 입으로는 못 이긴다'의 '입'은 ⊙'동음이의어'가 아닌 다의어에 해당한다.
오답피하기 ① '그가 옷을 다리다'의 '다리다'와 '그녀가 약을 달이다'의 '달이다'는 발음이 [다리다]로 동일하다. 그러나 전자는 '옷이나 천 따위의 주름이나 구김을 펴기 위하여 다리미 등으로 문지르다'를 뜻하고, 후자는 '약재 따위에 물을 부어 우러나도록 끓이다'를 뜻한다. 따라서 소리는 같으나 뜻이 서로 다른 두 단어이므로 ⊙'동음이의어'에 해당한다. ③ '손으로 잡다'의 '손'은 신체 부위를 가리키는 ⓒ'중심적 의미'로 쓰였고, '성패는 네 손에 달리다'의 '손'은 '어떤 일을 하는 데 드는 사람의 힘이나 노력, 기술'을 뜻하는 ⓒ'주변적 의미'로 쓰였다. ④ '국이 맵다'의 '맵다'는 '맛이 알알하다'를 뜻하는 ⓒ'중심적 의미'로 쓰였고, '겨울바람이 맵다'의 '맵다'는 '날씨가 몹시 춥다'를 뜻하는 ⓒ'주변적 의미'로 쓰였다.

005 ② 제시문에 따르면 동의어는 서로 경쟁을 통해 하나가 없어지거나 각기 다른 의미 영역을 확보하는 등의 다양한 양상을 보인다. '말미'는 현대 국어에서 '휴가'와 유사하게 '일정한 직업이나 일 따위에 매인 사람이 다른 일로 말미암아 얻는 겨를'을 뜻하는 단어로 쓰인다. 따라서 '말미'는 쓰지 않는다는 설명은 적절하지 않다.
오답피하기 ① '가을걷이'와 '추수'는 현대 국어에서 모두 '가을에 익은 곡식을 거두어들임'을 뜻하는 단어로 쓰이므로, 공존하며 경쟁하고 있는 예로 적절하다. ③ '얼굴'은 과거에는 '몸 전체의 형체'를 뜻하는 단어로 쓰였지만, 현대 국어에서는 '안면(顔面)'을 뜻하는 단어로 쓰이므로 의미가 축소된 예로 적절하다. ④ '겨레'는 과거에는 '친척'을 뜻하는 단어로 쓰였지만, 현대 국어에서는 '동포, 민족'을 뜻하는 단어로 쓰이므로 의미가 확대된 예로 적절하다.

006 ① '어엿브다'는 본래 '불쌍하다'의 의미를 나타냈으나 오늘날 해당 의미를 나타내지 않고 '예쁘다'의 의미를 나타내므로 의미 이동의 예에 해당한다.
오답피하기 ② '계집'은 본래 '여자'의 의미를 나타냈으나 오늘날 해당 의미 중에서도 '여자를 낮잡아 이르는 말'의 의미를 나타내므로 의미 축소의 예에 해당한다. ③ '어리다'는 본래 '어리석은'의 의미를 나타냈으나 오늘날 해당 의미를 나타내지 않고 '나이가 적은'의 의미를 나타내므로 의미 이동의 예에 해당한다. ④ '싸다'는 본래 '그만한 가치가 있는'의 의미를 나타냈으나 오늘날 해당 의미를 나타내지 않고 '값이 저렴한'의 의미를 나타내므로 의미 이동의 예에 해당한다.

제 5장 • 표준 발음법

완전학습

1. 'ㅖ'의 발음을 암기하자.
2. 'ㅢ'의 발음을 구별하자.
3. '져, 쪄, 쳐'는 [저, 쩌, 처]로 발음됨을 암기하자.

001
2018 국가직 7급

밑줄 친 발음이 표준 발음이 아닌 것은?
① 연계[연게] 교육
② 차례[차레] 지내기
③ 충의의[충이의] 자세
④ 논의[노늬]에 따른 방안

002
2011 국가직 9급

다음을 '표준 발음법'에 따라 발음하지 않은 것은?

> 민주주의의 의의

① [민주주의에 으:이]
② [민주주의의 의:의]
③ [민주주이에 의:의]
④ [민주주이에 의:이]

003
2014 경찰직 1차 변형

다음 중 <표준 발음법> 규정에 비추어 이중 모음의 발음이 바르지 않은 것은?
① 우리의[우리에]   ② 계시다[게:시다]
③ 귀띔[귀뜸]   ④ 차례[차례]

정답과 해설

001 ② 표준 발음법 제5항(다만2)에 따라 '례'의 'ㅖ'는 [ㅖ]로만 발음한다. 따라서 '차례'는 [차례]로만 발음한다. 참고로 '예, 례' 이외의 'ㅖ'는 [ㅖ]로도 발음할 수 있다.

002 ① 단어의 첫음절 '의'를 [으]로는 발음할 수 없으므로 [민주주의 으:이]는 잘못된 발음이다.

003 ③ 자음을 첫소리로 가지고 있는 음절의 'ㅢ'는 [ㅣ]로 발음한다. 따라서 '띔'은 [띰]으로 발음해야 한다. 즉 '귀띔'의 올바른 발음은 [귀띰]이다.

제1장 총칙

제1항 표준 발음법은 표준어의 실제 발음을 따르되, 국어의 전통성과 합리성을 고려하여 정함을 원칙으로 한다.

제2장 자음과 모음

제2항 표준어의 자음은 다음 19개로 한다.

ㄱ ㄲ ㄴ ㄷ ㄸ ㄹ ㅁ ㅂ ㅃ ㅅ ㅆ ㅇ ㅈ ㅉ ㅊ ㅋ ㅌ ㅍ ㅎ

제3항 표준어의 모음은 다음 21개로 한다.

ㅏ ㅐ ㅑ ㅒ ㅓ ㅔ ㅕ ㅖ ㅗ ㅘ ㅙ ㅚ ㅛ ㅜ ㅝ ㅞ ㅟ ㅠ ㅡ ㅢ ㅣ

제4항 'ㅏ ㅐ ㅓ ㅔ ㅗ ㅚ ㅜ ㅟ ㅡ ㅣ'는 단모음(單母音)으로 발음한다.
    [붙임] 'ㅚ, ㅟ'는 이중 모음으로 발음할 수 있다.

제5항 'ㅑ ㅒ ㅕ ㅖ ㅘ ㅙ ㅛ ㅝ ㅞ ㅠ ㅢ'는 이중 모음으로 발음한다.
    다만 1. 용언의 활용형에 나타나는 '져, 쪄, 쳐'는 [저, 쩌, 처]로 발음한다.
        가지어 → 가져[가저]   찌어 → 쪄[쩌]   다치어 → 다쳐[다처]
    다만 2. '예, 례' 이외의 'ㅖ'는 [ㅔ]로도 발음한다.
        계시다[계:시다/게:시다]   개폐[개폐/개페](開閉)
        혜택[혜:택/헤:택](惠澤)   차례[차례]   예의[예의/예이]
    다만 3. 자음을 첫소리로 가지고 있는 음절의 'ㅢ'는 [ㅣ]로 발음한다.
        늴리리[닐리리]   닁큼[닝큼]   씌어[씨어/씨여]
    다만 4. 단어의 첫음절 이외의 '의'는 [ㅣ]로, 조사 '의'는 [ㅔ]로 발음함도 허용한다.
        주의[주의/주이]   우리의[우리의/우리에]   협의[혀븨/혀비]

내용 정리

※ 모음의 발음
① 'ㅚ'는 [ㅚ/ㅞ]로 발음한다.   예 최근[최:근/췌:근]
② '져, 쪄, 쳐'는 [저, 쩌, 처]로 발음한다.   예 가져[가저], 쪄[쩌], 다쳐[다처]
③ '예, 례' 이외의 'ㅖ'는 [ㅖ/ㅔ]로 발음한다.   예 계시다[계:시다/게:시다], 개폐[개폐/개페], 차례[차례]

※ '의'의 발음
① 자음을 표기로 가지고 있으면 무조건 'ㅣ'로만   예 늴리리[닐리리], 귀띔[귀띰]
② 자음을 표기로 가지고 있지 않고 첫음절이면 무조건 'ㅢ'   예 의자[의자]
③ 자음을 표기로 가지고 있지 않고 조사면 'ㅢ/ㅔ'로, 두 번째 음절 이하면 'ㅢ/ㅣ'로 발음 가능
    예 협의[혀븨/혀비], 우리의[우리의/우리에]

	민	주	주	의	의	의	의
원칙	민	주	주	의	의	의	의
허용	민	주	주	이	에	의	이

제3장 음의 길이

제6항 모음의 장단을 구별하여 발음하되, 단어의 첫음절에서만 긴소리가 나타나는 것을 원칙으로 한다.
    (1) 많다[만:타]   말하다[말:하다]   눈보라[눈:보라]
    (2) 수많이[수:마니]   참말[참말]   첫눈[천눈]
다만, 합성어의 경우에는 둘째 음절 이하에서도 분명한 긴소리를 인정한다.
    반신반의[반:신바:늬/반:신바:니]
[붙임] 용언의 단음절 어간에 어미 '-아/-어'가 결합되어 한 음절로 축약되는 경우에도 긴소리로 발음한다.
    보아 → 봐[봐:]   기어 → 겨[겨:]   되어 → 돼[돼:]   하여 → 해[해:]
다만, '오아 → 와, 지어 → 져, 찌어 → 쪄, 치어 → 쳐' 등은 긴소리로 발음하지 않는다.

제7항 긴소리를 가진 음절이라도, 다음과 같은 경우에는 짧게 발음한다.
　　1. 단음절인 용언 어간에 모음으로 시작된 어미가 결합되는 경우
　　　　감다[감ː따] - 감으니[가므니]　　밟다[밥ː따] - 밟으면[발브면]
　　 다만, 다음과 같은 경우에는 예외적이다.(끌벌많 없썰 떫다!)
　　　　끌다[끌ː다] - 끌어[끄ː러]　　　떫다[떨ː따] - 떫은[떨ː븐]
　　　　벌다[벌ː다] - 벌어[버ː러]　　　썰다[썰ː다] - 썰어[써ː러]
　　　　없다[업ː따] - 없으니[업ː쓰니]　 많다[만ː타] - 많아[마ː나]
　　2. 용언 어간에 피동, 사동의 접미사가 결합되는 경우
　　　　감다[감ː따] - 감기다[감기다]　　밟다[밥ː따] - 밟히다[발피다]
　　 다만, 다음과 같은 경우에는 예외적: 끌리다[끌ː리다]　벌리다[벌ː리다]　없애다[업ː쌔다]
　　　[붙임] 다음과 같은 합성어에서는 본디의 길이에 관계없이 짧게 발음한다.
　　　　밀-물　　썰-물　　쏜-살-같이　　작은-아버지

내용 정리

※ 발음의 장단
① 긴소리는 첫음절 모음에서만 나타난다. 단 '반신반의'처럼 합성된 경우는 예외!
　예) 눈보라[눈ː보라]-첫눈[천눈], 반신반의[반ː신바늬/반ː신바ː니]
② 모음으로 시작하는 어미가 결합하거나 피·사동 접사가 결합하는 경우에는 무조건 짧게 발음한다.
　예) 감다[감ː따]-감으니[가므니]-감기다[감기다]
③ 단 '끌벌많 없썰 떫'다는 모음으로 시작하는 어미가 결합하든, 피사동 접사가 결합하든 무조건 길게 발음한다.
　예) 끌다[끌ː다]-끌어[끄ː러]-끌리다[끌ː리다]　없다[업ː따]-없으니[업ː쓰니]-없애다[업ː쌔다]

제4장 받침의 발음

제8항 받침소리로는 'ㄱ, ㄴ, ㄷ, ㄹ, ㅁ, ㅂ, ㅇ'의 7개 자음만 발음한다.

제9항 받침 'ㄲ, ㅋ', 'ㅅ, ㅆ, ㅈ, ㅊ, ㅌ', 'ㅍ'은 어말 또는 자음 앞에서 각각 대표음 [ㄱ, ㄷ, ㅂ]으로 발음한다.

제10항 겹받침 'ㄳ', 'ㄵ', 'ㄼ, ㄽ, ㄾ', 'ㅄ'은 어말 또는 자음 앞에서 각각 [ㄱ, ㄴ, ㄹ, ㅂ]으로 발음한다.
　다만, 'ㄼ-'은 자음 앞에서 [ㅂ]으로 발음하고, '넓-'은 다음과 같은 경우에 [넙]으로 발음한다.
　　(1) 밟다[밥ː따]　밟소[밥ː쏘]　밟는[밥ː는→밤ː는]　밟아[발바]
　　(2) 넓-죽하다[넙쭈카다]　넓-둥글다[넙뚱글다]　넓-적하다[넙쩌카다]

제11항 겹받침 'ㄺ, ㄻ, ㄿ'은 어말 또는 자음 앞에서 각각 [ㄱ, ㅁ, ㅂ]으로 발음한다.
　다만, 용언의 어간 말음 'ㄺ'은 'ㄱ' 앞에서 [ㄹ]로 발음한다.
　　맑게[말께]　　묽고[물꼬]　　(cf. 흙과[흑꽈])

제12항 받침 'ㅎ'의 발음은 다음과 같다.
　1. 'ㅎ(ㄶ, ㅀ)' 뒤에 'ㄱ, ㄷ, ㅈ'이 결합되는 경우에는, 뒤 음절 첫소리와 합쳐서 [ㅋ, ㅌ, ㅊ]으로 발음한다.
　　놓고[노코]　좋던[조ː턴]　많고[만ː코]　닳지[달치]
　　[붙임1] 받침 'ㄱ(ㄺ), ㄷ, ㅂ(ㄼ), ㅈ(ㄵ)'이 뒤 음절 첫소리 'ㅎ'과 결합되는 경우에도, 역시 두 음을 합쳐서 [ㅋ, ㅌ, ㅍ, ㅊ]으로 발음한다.
　　밝히다[발키다]　　만형[마텽]　　넓죽해요[넙쭈캐요]
　　[붙임2] 규정에 따라 [ㄷ]으로 발음되는 'ㅅ, ㅈ, ㅊ, ㅌ'의 경우에도 이에 준한다.
　　옷 한 벌[오탄벌]　낮 한때[나탄때]　숱하다[수타다]
　2. 'ㅎ(ㄶ, ㅀ)' 뒤에 'ㅅ'이 결합되는 경우에는, 'ㅅ'을 [ㅆ]으로 발음한다.
　　많소[만ː쏘]　　싫소[실쏘]
　3. 'ㅎ' 뒤에 'ㄴ'이 결합되는 경우에는, [ㄴ]으로 발음한다.
　　놓는[논는]　　쌓네[싼네]
　　[붙임] 'ㄶ, ㅀ' 뒤에 'ㄴ'이 결합되는 경우에는, 'ㅎ'을 발음하지 않는다.
　　않는[안는]　　뚫는[뚤는→뚤른]
　4. 'ㅎ(ㄶ, ㅀ)' 뒤에 모음으로 시작된 어미나 접미사가 결합되는 경우에는, 'ㅎ'을 발음하지 않는다.
　　낳은[나은]　　놓아[노아]
　　※ 단, 한자어나 복합어에서 'ㅎ'은 본음대로 발음한다. 가령 '경제학[경제학], 광어회[광어회/광어훼], 신학[신학], 전화[전화]'

완전학습

1. 긴소리로 발음할 수 없는 경우를 숙지하자.
2. 반드시 긴소리로 발음해야 하는 경우를 숙지하자.

004　　　2007 경기도 지방직 9급
다음 중 긴소리로 발음해야 하는 것으로 옳은 것은?
① 감으니[가ː므니]
② 반신반의[반ː신바ː니]
③ 첫눈[천눈ː]
④ 참말[참ː말]

완전학습

1. 겹받침의 발음을 암기하자.
2. 겹받침 'ㄼ'의 발음을 암기하자.
3. 겹받침 'ㄺ'의 발음을 암기하자.
4. '않은, 않는, 뚫는, 낳은'의 발음을 암기하자.

005　　　2008 국가직 7급
다음 중 발음이 옳지 않은 것은?
① 잔디를 밟지[밥찌] 마시오.
② 오늘은 하늘이 맑게[말께] 갰네요.
③ 시간이 나면 책을 읽지[일찌] 그러니.
④ 넓고[널꼬] 넓은 바다가 온통 기름으로 얼룩졌습니다.

006　　　2010 경찰 정보통신
다음 중 단어의 발음이 옳은 것은 모두 몇 개인가?

| 밝고[박꼬] | 흙과[흘꽈] | 넓다[넙따] |
| 여덟[여덥] | 핥다[할따] | 있다[잇따] |

① 없음　② 1개　③ 2개　④ 3개

정답과 해설

004 ② 합성어 '반신반의'는 [반ː신바늬/반ː신바ː니]로 발음할 수 있다.

005 ③ 읽지[일찌](×) → 읽지[익찌](○): 겹받침 'ㄺ'은 자음 앞에서 [ㄱ]으로 발음한다.

006 ② '핥다'의 겹받침 'ㄾ'은 어말 또는 자음 앞에서 [ㄹ]로 발음하기 때문에 '핥다'는 [할따]로 발음한다.

완전학습

1. 모음으로 시작하는 형식 형태소, 실질 형태소가 왔을 때의 받침 발음을 구별하자.
2. '맛있다, 멋있다'의 발음을 암기하자.
3. 한글 자모의 명칭 다음에 모음으로 시작하는 형식 형태소가 왔을 때의 발음을 암기하자.

007 2010 국회직 9급

밑줄 친 단어 중에서 발음 표기가 옳지 않은 것은? (단, 발음 표기에서 음의 장단은 무시한다.)

① 과수원에서 바로 따 먹는 제철 과일은 언제나 맛있다[마싣따].
② 가시는 걸음걸음 놓인 그 꽃을 사뿐히 즈려 밟고[발꼬] 가시옵소서.
③ 최고 권력을 거머쥔 황제의 다음 소망은 늙지[늑찌] 않고, 죽지 않는 것이었다.
④ 우리 강산 푸르고 맑게[말께] 가꾸어 후손에 부끄럽지 않은 세대가 되어야 한다.
⑤ 조금만 기다려라. 내가 곧 갈게[갈께].

008 2013 서울시 7급

다음의 밑줄 친 부분에 대한 표준 발음으로 옳은 것은?

① 그녀의 얼굴에는 더 이상 애써 짓는 헛웃음[허수슴]은 보이지 않았다.
② 그 소년의 미소가 밝고[발꼬] 귀여웠다.
③ 밭을[바츨] 가는 황소의 몸이 무거워 보였다.
④ 30분 동안 앉아 있었더니 무릎이[무르비] 저리다.
⑤ 연변에 살던 분들은 한글 자모 '지읒을'[지으즐] 서울사람과는 달리 발음한다.

내용 정리

※ 받침의 발음

① 겹받침의 경우 일반적으로 뒤의 것이 'ㅍ, ㅁ, ㄱ'일 때 외에는 앞의 것을 발음한다.
  예) 읊고[읍꼬], 핥다[할따]
② '밟다, 넓죽하다, 넓적하다, 넓둥글다'의 겹받침 'ㄼ'의 경우 [ㅂ]으로 발음한다.
  예) 밟다[밥따], 넓죽하다[넙쭉카다], 넓둥글다[넙뚱글다], 넓적하다[넙쩍카다]
③ 겹받침 'ㄺ' 다음에 'ㄱ'이 올 경우에는 [ㄹ]로 발음한다.(단 용언일 경우)
  예) 맑게[말께], 묽고[물꼬] (cf. 흙과[흑꽈])
④ '않은, 않는, 뚫는, 낳은'의 발음을 암기해야 한다.
  예) 않은[아는], 않는[안는], 뚫는[뚤는→뚤른], 낳은[나은]

제13항 홑받침이나 쌍받침이 모음으로 시작된 조사나 어미, 접미사와 결합되는 경우에는, 제 음가대로 뒤 음절 첫소리로 옮겨 발음한다.

제14항 겹받침이 모음으로 시작된 조사나 어미, 접미사와 결합되는 경우에는, 뒤엣것만을 뒤 음절 첫소리로 옮겨 발음한다.(이 경우, 'ㅅ'은 된소리로 발음함.)

제15항 받침 뒤에 모음 'ㅏ, ㅓ, ㅗ, ㅜ, ㅟ'들로 시작되는 실질 형태소가 연결되는 경우에는, 대표음으로 바꾸어서 뒤 음절 첫소리로 옮겨 발음한다.
  다만, '맛있다, 멋있다'는 [마싣따], [머싣따]로도 발음할 수 있다.
  [붙임] 겹받침의 경우에는, 그중 하나만을 옮겨 발음한다.

제16항 한글 자모의 이름은 그 받침소리를 연음하되, 'ㄷ, ㅈ, ㅊ, ㅋ, ㅌ, ㅍ, ㅎ'의 경우에는 특별히 다음과 같이 발음한다.
  ※ 원칙: 한글 자모의 명칭에 한해서 모음으로 시작하는 조사 앞에서 받침이 연음되는 것이 아니라, 'ㄷ, ㅌ, ㅈ, ㅊ, ㅎ'은 'ㅅ'이 연음되고, 'ㅋ'은 'ㄱ'이, 'ㅍ'은 'ㅂ'이 연음된다. 가령 'ㅌ은'의 표기는 '티읕은'이고, 발음은 [티으슨]이다.

내용 정리

※ 받침 다음에 모음으로 시작하는 형태소가 오는 경우

① 모음으로 시작하는 실질 형태소가 오는 경우에는 음절 끝소리 규칙을 적용한 후 연음한다.
  예) 헛웃음[허두슴], 닭 앞에[다가페]
② 모음으로 시작하는 형식 형태소가 오는 경우에는 그대로 연음한다.(단 한글 자모의 명칭 제외)
  예) 닭을[달글], 밭을[바틀]
③ '맛있다, 멋있다'는 예외적으로 [마딛따/마싣따], [머딛따/머싣따]로 발음한다.
④ 한글 자모의 명칭은 모음으로 시작하는 형식 형태소가 오더라도 대표음으로 바꾸어 연음하되, 'ㄷ, ㅌ, ㅈ, ㅊ, ㅎ'의 경우 대표음은 'ㅅ'이다.
  예) 기역이[기여기]-키읔이[키으기], 비읍을[비으블]-피읖을[피으블], 디귿이[디그시]-티읕이[티으시]-지읒이[지으시]

정답과 해설

007 ② '밟고'는 [밥꼬]로 발음한다. 겹받침 'ㄼ'은 일반적으로 자음 앞에서 [ㄹ]로 발음한다. 하지만 예외적으로 '밟-'은 자음 앞에서 [ㅂ]으로 발음한다.

008 ② '밝고'의 발음은 [발꼬]가 맞다. 표준 발음법 제11항(다만)에 따라 용언의 어간 말음 'ㄺ'은 'ㄱ'으로 시작하는 어미 앞에서 [ㄹ]로 발음한다.

• 신유형 문제

001
다음 글에 대한 이해로 적절하지 않은 것은?

> 국어의 모음을 발음하는 법은 표준 발음법 제4~5항에 잘 나타난다. 이에 따르면 국어의 단모음 10개 중 'ㅚ, ㅟ'는 이중 모음으로 발음하는 것도 허용하는데, 특히 'ㅚ'를 이중 모음으로 발음하면 [ㅞ]로 발음할 수 있다.
> 한편 이중 모음 중 '져, 쪄, 쳐'는 [저, 쩌, 처]로만 발음할 수 있다. 이는 실제 한국인이 '져, 쪄, 쳐'를 이중 모음으로 발음할 수 없기 때문에 생겨난 규정이다. 이중 모음 중 'ㅖ'는 [ㅖ]뿐만 아니라 [ㅔ]로도 발음할 수 있다. 그러나 '예, 례'의 'ㅖ'는 [ㅖ]로만 발음해야 한다. 따라서 '폐품, 혜택'은 [폐ː품/페ː품], [혜ː택/헤ː택]으로 발음할 수 있지만 '예의, 차례'는 [예의/예이], [차례]로 발음해야 한다.

① '관계'를 [관계]로 발음하는 것은 표준 발음에 해당한다.
② '이루어져'를 [이루어져]로 발음하는 것은 표준 발음에 해당한다.
③ '실례'를 [실레]로 발음하는 것은 표준 발음에 해당하지 않는다.
④ '지혜'를 [지혜]와 [지헤]로 발음하는 것 모두 표준 발음에 해당한다.

002
다음 글에서 추론한 것으로 적절하지 않은 것은?

> 표준 발음법 제5항은 '의'의 발음을 다루고 있다. 이에 따르면 '의'는 이중 모음으로 발음하되, '닁리'처럼 자음을 첫소리를 가지고 있는 '의'는 [ㅣ]로 발음해야 한다. 그리고 '의자'처럼 단어의 첫머리에 오는 '의'는 [ㅢ]로만 발음하되, 그 외의 음절의 '의'는 [ㅢ]뿐만 아니라 [ㅣ]로 발음하는 것을 허용한다. 그렇기 때문에 '협의'는 [혀븨] 또는 [혀비]로 발음할 수 있다. 다만 조사 '의'의 경우에는 [ㅢ] 또는 [ㅔ]로 발음할 수 있다.

① '강의의 핵심'에서 '강의의'는 [강ː이에]로만 발음해야 하는군.
② '무늬'의 '의'는 자음을 첫소리로 가진 음절이므로 [무니]로만 발음해야 하는군.
③ '우리의'의 '의'는 조사이기 때문에 [우리의]뿐만 아니라 [우리에]로 발음해도 되는군.
④ '민주주의'의 '의'는 조사가 아니고 단어의 첫음절도 아니기 때문에 [민주주이]로 발음해도 되는군.

003
다음 글을 참고할 때 밑줄 친 단어 중 짧게 발음할 수 없는 것은?

> 표준 발음법 제3장은 모음의 장단 구별에 대한 규정이다. 표준 발음으로 나타내는 장단의 대립은 단어의 제1음절에서만 인정하고, 제2음절 이하에서는 모두 짧게 발음하기로 한 것이다. 그래서 길게 발음하는 '하얀 눈[눈ː]'도 '첫눈[천눈]'처럼 2음절에 위치하게 되면 짧게 발음해야 한다.
> 그러나 장단의 문제에서도 일관된 규정을 적용하기는 매우 어렵다. '반신반의[반ː신바ː늬/반ː신바ː니]'처럼 합성어 같은 경우에는 3음절에서도 장음을 허용한다. 물론 이와 같은 경우는 독립적으로 존재할 수 있는 '반신'과 '반의'로 나누어서 규정을 적용한다고 본다면 합리적으로 설명할 수 있는 사례이다.
> 제7항에서는 장음으로 발음되는 음절이라도 단음절 용언 어간에 모음으로 시작된 어미가 결합된 경우나 용언 어간에 피·사동 접사가 결합되는 경우에는 짧게 발음해야 함을 밝히고 있다. 이에 따라 '감다[감ː따]'는 '감으니', '감기다' 등에서는 짧게 발음해야 한다. 그러나 '끌다, 떫다, 벌리다, 썰다, 없다' 등에는 이러한 규정이 적용되지 않는다.

① 함박눈이 내리면 온 세상이 하얘진다.
② 신발을 신으니 끈이 저절로 풀려 버렸다.
③ 칼에 썰어진 재료들을 접시에 담아냈다.
④ 소식을 알리는 사람이 해마다 줄어들었다.

완전학습

1. 'ㄴㄴ'으로 발음되는 경우를 암기하자.
2. 반모음 'ㅣ'가 첨가되는 경우를 암기하자.
3. '짧네요'의 발음을 이해하자.

009 | 2005 국가직 7급

다음 <보기>의 영희의 생각에 따라 발음한다면, 이에 해당하는 예로 옳은 것은?

보기
철수: 서울 지하철 2호선에 '선릉'역이 있는데 이 역에 대한 정확한 발음을 아니?
영희: 내 생각으로는 [설릉]이 맞는 거 같아.
철수: 나는 [선릉]이 맞는 거 같은데……

① 이원론   ② 공권력
③ 의견란   ④ 광한루

010 | 2013 국회직 9급

다음 중 그 발음이 틀린 것은?
① 되어 → 원칙[되어], 허용[되여]
② 피어 → 원칙[피어], 허용[피여]
③ 맛없다 → 원칙[마덥따], 허용[마섭따]
④ 아니오 → 원칙[아니오], 허용[아니요]
⑤ 멋있다 → 원칙[머딛따], 허용[머싣따]

011 | 2017 국회직 9급

다음 문장의 밑줄 친 부분을 표준발음법에 맞게 발음한 것은?

"이 바지는 길이가 너무 <u>짧네요</u>."

① [짬네요]   ② [짤브네요]
③ [짭네요]   ④ [짤레요]
⑤ [짤네요]

제5장 음의 동화

제17항 받침 'ㄷ, ㅌ(ㄾ)'이 조사나 접미사의 모음 'ㅣ'와 결합되는 경우에는, [ㅈ, ㅊ]으로 바꾸어서 뒤 음절 첫소리로 옮겨 발음한다.

[붙임] 'ㄷ' 뒤에 접미사 '히'가 결합되어 '티'를 이루는 것은 [치]로 발음한다.
  굳히다[구치다]   닫히다[다치다]

제18항 받침 'ㄱ(ㄲ, ㅋ, ㄳ, ㄺ), ㄷ(ㅅ, ㅆ, ㅈ, ㅊ, ㅌ, ㅎ), ㅂ(ㅍ, ㄼ, ㄿ, ㅄ)'은 'ㄴ, ㅁ' 앞에서 [ㅇ, ㄴ, ㅁ]으로 발음한다.

[붙임] 두 단어를 이어서 한 마디로 발음하는 경우에도 이와 같다.
  책 넣는다[챙넌는다]   밥 먹는다[밤멍는다]

제19항 받침 'ㅁ, ㅇ' 뒤에 연결되는 'ㄹ'은 [ㄴ]으로 발음한다.
  침략[침:냑]   강릉[강능]

[붙임] 받침 'ㄱ, ㅂ' 뒤에 연결되는 'ㄹ'도 [ㄴ]으로 발음한다.
  막론[막논→망논]   협력[협녁→혐녁]

제20항 'ㄴ'은 'ㄹ'의 앞이나 뒤에서 [ㄹ]로 발음한다.
(1) 광한루[광:할루]   대관령[대:괄령]
(2) 줄넘기[줄럼끼]

[붙임] 첫소리 'ㄴ'이 'ㄶ', 'ㄾ' 뒤에 연결되는 경우에도 이에 준한다.
  닳는[달른]   뚫는[뚤른]   핥네[할레]

다만, 다음과 같은 단어들은 'ㄹ'을 [ㄴ]으로 발음한다.
  의견란[의:견난]   입원료[이붠뇨]   생산량[생산냥]   결단력[결딴녁]
  횡단로[횡단노]   동원령[동:원녕]   상견례[상견녜]   공권력[공꿘녁]
  이원론[이:원논]   임진란[임:진난]   구근류[구근뉴]

제21항 위에서 지적한 이외의 자음동화는 인정하지 않는다.
  감기[감:기](×[강:기])   옷감[옫깜](×[옥깜])   있고[읻꼬](×[익꼬])
  꽃길[꼳낄](×[꼭낄])   젖먹이[전머기](×[점머기])   꽃밭[꼳빧](×[꼽빧])

제22항 다음과 같은 용언의 어미는 [어]로 발음함을 원칙으로 하되, [여]로 발음함도 허용한다.
  되어[되어/되여]   피어[피어/피여]

[붙임] '이오, 아니오'도 이에 준하여 [이요, 아니요]로 발음함을 허용한다.

내용 정리

※ 음의 동화
① 'ㄴㄹ'이나 'ㄹㄴ'이 'ㄴㄴ'으로 발음되는 다음의 경우에 주의해야 한다.
  예) 동원령[동:원녕], 상견례[상견녜], 공권력[공꿘녁], 이원론[이:원논]   cf) 선릉[설릉]
② 반모음 'ㅣ'가 첨가되는 다음의 경우에 주의해야 한다.
  예) 되어[되어/되여], 피어[피어/피여], 이오[이오/이요], 아니오[아니오/아니요]
③ '짧네요'의 발음은 [짤레요]이다.

정답과 해설

009 ④ '선릉'은 [설릉]으로 발음한다. 이와 같은 유음화 현상이 일어난 단어는 '광한루[광:할루]'이다.

010 ③ '맛없다'는 [마덥따]로만 발음하며 [마섭따]로 발음하지 않는다. '맛있다, 멋있다'는 각각 [마딛따/마싣따], [머딛따/머싣따]로 발음할 수 있다.

011 ④ 짧네요[짤레요](○): 겹받침 'ㄼ'은 자음 앞에서 [ㄹ]로 발음한다. 따라서 [짤네요]가 된 후 'ㄹ'로 인해 'ㄴ'이 유음화되어 최종적으로 [짤레요]로 발음한다.

제6장 경음화

제23항 받침 'ㄱ(ㄲ, ㅋ, ㄳ, ㄺ), ㄷ(ㅅ, ㅆ, ㅈ, ㅊ, ㅌ), ㅂ(ㅍ, ㄼ, ㄿ, ㅄ)' 뒤에 연결되는 'ㄱ, ㄷ, ㅂ, ㅅ, ㅈ'은 된소리로 발음한다.

제24항 어간 받침 'ㄴ(ㄵ), ㅁ(ㄻ)' 뒤에 결합되는 어미의 첫소리 'ㄱ, ㄷ, ㅅ, ㅈ'은 된소리로 발음한다.
다만, 피동, 사동의 접미사 '-기-'는 된소리로 발음하지 않는다.

제25항 어간 받침 'ㄼ, ㄾ' 뒤에 결합되는 어미의 첫소리 'ㄱ, ㄷ, ㅅ, ㅈ'은 된소리로 발음한다.

제26항 한자어에서, 'ㄹ' 받침 뒤에 연결되는 'ㄷ, ㅅ, ㅈ'은 된소리로 발음한다.
다만, 같은 한자가 겹쳐진 단어의 경우에는 된소리로 발음하지 않는다.
　　　허허실실[허허실실](虛虛實實)　　　절절-하다[절절하다](切切-)

제27항 관형사형 '-(으)ㄹ' 뒤에 연결되는 'ㄱ, ㄷ, ㅂ, ㅅ, ㅈ'은 된소리로 발음한다.
다만, 끊어서 말할 적에는 예사소리로 발음한다.
　　　[붙임] '-(으)ㄹ'로 시작되는 어미의 경우에도 이에 준한다.

제28항 표기상으로는 사이시옷이 없더라도, 관형격 기능을 지니는 사이시옷이 있어야 할(휴지가 성립되는) 합성어의 경우에는, 뒤 단어의 첫소리 'ㄱ, ㄷ, ㅂ, ㅅ, ㅈ'을 된소리로 발음한다.

내용 정리

※ 경음화
① 경음화의 조건을 숙지하고, 다음의 발음에 주의한다.
　예) 안기다[안기다], 할밖에[할빠께]
② 사이시옷이 결합되어 뒷말이 된소리로 발음되는 경우에는 사이시옷을 발음하지 않는 것을 원칙으로 하되, 사이시옷을 [ㄷ]으로 발음하는 것을 허용한다.
　예) 냇가[내:까/낻:까]　　콧등[코뜽/콛뜽]
③ 다음의 경우에 주의한다.

'ㅅ' 첨가가 나타나지 않는 것	농사일을 하다 고래기름을 얻어, 유리잔과 모래집에 담아 고가도로에서 팔아서 동아줄을 샀더니 치수가 매우 길었다. 편지글에 머리글로 머리말을 썼는데, 먼저 인사말로 예사말과 반대말을 썼다.
'ㅅ' 첨가가 나타나는 것	타짜: 불세출의 날짐승이 손사래를 치며 속임수를 시도했다.
이중 발음이 가능해진 것	이제 똥 누는 데 안간힘을 줄 때 김밥을 먹으며 인기척을 내면 불법이 되었다. 그러나 관건은 그 효과이다.
'ㄴ' 첨가가 일어나지 않는 것	월요일부터 금요일까지 촬영 송별연을 했더니 간염에 걸려서 등용문 담임 함유진을 보았다.

제7장 음의 첨가

제29항 합성어 및 파생어에서, 앞 단어나 접두사의 끝이 자음이고 뒤 단어나 접미사의 첫음절이 '이, 야, 여, 요, 유'인 경우에는, 'ㄴ' 음을 첨가하여 [니, 냐, 녀, 뇨, 뉴]로 발음한다.
　　색-연필[생년필]　　　직행-열차[지캥녈차]　　　늑막-염[능망념]
　　식용-유[시공뉴]　　　국민-윤리[궁민뉼리]　　　밤-윷[밤:뉻]
다만, 다음과 같은 말들은 'ㄴ' 음을 첨가하여 발음하되, 표기대로 발음할 수 있다.
　　이죽-이죽[이중니죽/이주기죽]　　　야금-야금[야금냐금/야그먀금]
　　검열[검:녈/거:멸]　　　　　　　　율랑-율랑[율랑뇰랑/율랑율랑]
　　금융[금늉/그뮹]　　　　　　　　　이글이글[이그리글/이글리글]
　　[붙임1] 'ㄹ' 받침 뒤에 첨가되는 'ㄴ' 음은 [ㄹ]로 발음한다.
　　설-익다[설릭따]　　물-약[물략]　　휘발-유[휘발류]　　유들-유들[유들류들]
　　[붙임2] 두 단어를 이어서 한 마디로 발음하는 경우에도 이에 준한다.
　　서른여섯[서른녀섣]　　　3 연대[삼년대]　　　1 연대[일련대]
다만, 다음과 같은 단어에서는 'ㄴ(ㄹ)' 음을 첨가하여 발음하지 않는다.
　　6·25[유기오]　　　3·1절[사밀쩔]　　　송별-연[송:벼련]　　　등-용문[등용문]

완전학습

1. 경음화의 조건을 숙지하며 표준 발음을 파악하자.
2. 사잇소리와 관련된 내용을 암기하자.

012 　　　　　　　　　　2012 지방직 7급
밑줄 친 단어의 발음이 옳지 않은 것은?
① 집 안은 따뜻하니 겉옷[거돋]은 벗어두려무나.
② 요즘 사람들은 예전보다 참 늙지[늑찌] 않는다.
③ 그 액체는 묽고[물꼬] 짙은 정도에 따라 농도를 따진다.
④ 나야 그 사람이 그렇게 하라니 그렇게 할밖에[할바께].

013 　　　　　　　　　　2009 서울시 9급
다음 중 발음이 옳은 것은?
① 아이를 안고[앙꼬] 힘겹게 계단을 올라갔다.
② 그는 이웃을 웃기기도[우:끼기도]하고 울리기도 했다.
③ 무엇이 홀렸는지 넋이[넉씨] 다 나간 모습이었지.
④ 무릎과[무릎과] 무릎을 맞대고 협상을 계속한다.
⑤ 차례[차례]대로 주사를 맞아야 한다.

014 　　　　　　　　　　2013 지방직 9급
표준 발음으로 바르지 않은 것은?
① 난치병[난치뼝]　　② 면허증[면:허쯩]
③ 사기죄[사기쬐]　　④ 유리잔[유리짠]

015 　　　　　　　　　　2011 기상직 9급
다음 중 표준 발음으로 인정되는 것은?
① 촛불[초뿔]　　② 밥맛[밤맛]
③ 한국[항:국]　　④ 꽃받침[꼽빧침]

정답과 해설

012 ④ 표준 발음법 제27항에 따라 '-(으)ㄹ'로 시작되는 어미에서 'ㄹ' 뒤의 'ㅂ'은 된소리로 발음한다. 따라서 '할밖에'는 [할빠께]로 발음한다.

013 ③ '넋이'는 겹받침 'ㄳ'이 모음으로 시작된 조사 '이'와 결합한 것이다. 이 경우 제14항에 따라 뒤엣것만을 뒤 음절의 첫소리로 옮겨 발음한다. 제 음가대로 뒤 음절의 첫소리로 옮겨 발음하여 [넉시]가 되었다가 받침 'ㄱ' 뒤에 'ㅅ'이 연결되는 경우이므로 경음화에 의해 'ㅅ'을 된소리로 발음한다. 따라서 '넋이'의 발음은 [넉씨]가 된다.

014 ④ '유리잔'은 사잇소리 현상이 일어나지 않는 단어이므로 [유리잔]으로 발음한다.

015 ① '촛불'은 '초+불'이 결합하고 그 사이에 사이시옷이 들어간 단어이므로 '촛불'은 [초뿔/촏뿔]으로 발음한다.

완전학습

'ㄴ' 첨가와 관련된 내용을 암기하자.

016
2012 국회직 9급

다음 중 <표준 발음법>에 맞게 발음하지 않은 것은?

① 되어[되여]   ② 송별연[송별련]
③ 읊다[읍따]   ④ 맛있다[마싣따]
⑤ 협의[혀비]

017
2010 국가직 7급

밑줄 친 부분의 발음 중 <표준 발음법>에 맞지 않는 것은?

① 그는 작년에 늑막염[능마겸]을 앓았다.
② 신병들은 3연대[삼년대]에 배속되었다.
③ 그녀의 나이는 서른여섯[서른녀섣]이다.
④ 우리는 서울역[서울력]에서 만났다.

제30항 사이시옷이 붙은 단어는 다음과 같이 발음한다.

1. 'ㄱ, ㄷ, ㅂ, ㅅ, ㅈ'으로 시작하는 단어 앞에 사이시옷이 올 때는 이들 자음만을 된소리로 발음하는 것을 원칙으로 하되, 사이시옷을 [ㄷ]으로 발음하는 것도 허용한다.
   냇가[내ː까/낻ː까]   콧등[코뜽/콛뜽]

2. 사이시옷 뒤에 'ㄴ, ㅁ'이 결합되는 경우에는 [ㄴ]으로 발음한다.
   콧날[콛날→콘날]   툇마루[퇸ː마루→퇸ː마루]

3. 사이시옷 뒤에 '이' 음이 결합되는 경우에는 [ㄴㄴ]으로 발음한다.
   베갯잇[베갣닏→베갠닏]   깻잎[깯닙→깬닙]

♂ 내용 정리

※ 'ㄴ' 첨가

① 'ㄴ' 첨가는 수의적인 현상이므로 다음의 경우에는 'ㄴ' 첨가가 일어나지 않음을 숙지한다.

'ㄴ' 첨가가 일어나지 않는 것	월요일부터 금요일까지 촬영 송별연을 했더니 간염에 걸려서 등용문 담임 함유진을 보았다.

② 위의 경우 외에는 뒷말이 'ㅣ'나 반모음 'ㅣ'로 시작할 경우 'ㄴ'을 첨가한다.(기출문제 내에서만 적용되는 규칙임!)
   예 휘발유[휘발류], 결막염[결망념], 늑막염[능망념], 3 연대[삼년대]

정답과 해설

016 ② 'ㄴ'이 첨가되지 않는 예를 알고 있는지 묻는 문제이다. '송별연'은 'ㄴ' 첨가 현상의 예외에 해당하므로 [송벼련]으로 발음한다.

017 ① 'ㄴ'이 첨가되는 예를 알고 있는지 묻는 문제이다. 표준 발음법 제29항에 따라 '늑막염'은 합성어의 앞 단어(늑막)의 끝이 자음이고, 뒤 단어(염)의 첫 음절이 'ㅕ'로 시작하므로 'ㄴ'을 첨가한 [능망념]으로 발음한다.

• 신유형 문제

004
다음 글에 대한 이해로 적절하지 않은 것은?

> 표준 발음법 제6장은 경음화와 관련된다. 제23항은 'ㄱ, ㄷ, ㅂ' 받침에 연결되는 'ㄱ, ㄷ, ㅂ, ㅅ, ㅈ'이 예외 없이 된소리로 발음된다는 규정이고 제24, 25항은 용언의 어간 말 받침 'ㄴ' 또는 'ㅁ' 뒤에서 어미의 첫소리가 된소리로 발음되는 예를 보여주고 있다. 그래서 '안다, 감다'는 각각 [안ː따], [감ː따]로 발음되지만 피사동형인 '안기다, 감기다'는 [안기다], [감기다]로 발음된다고 설명한다.
>
> 제26항은 한자어의 경우로 'ㄹ' 받침 뒤에 연결되는 'ㄷ, ㅅ, ㅈ'이 된소리로 발음되는 것을 규정한 것이다. 다만 현실적으로 '절절하다'처럼 한자가 겹쳐서 된 단어는 된소리로 발음되지 않음을 반영하여 예외를 설명한다.
>
> 제27항은 관형사형 '-(으)ㄹ' 뒤에서 된소리로 발음되는 경우를 규정하여 놓은 것이다. 같은 관형사형이라고 하더라도 '-(으)ㄴ' 뒤에서는 된소리로 발음되지 않는다는 점에서 비교가 되지만 '할 게 없다[할께업따]'처럼 '-(으)ㄹ' 뒤에서는 예외 없이 된소리로 발음된다는 점에서 일률적인 적용이 가능한 규정이라고 할 수 있다.

① 한자어 'ㄹ' 다음에 된소리로 발음되지 않는 경우도 있다.
② '시키시는 대로 할밖에'에서 '할밖에'는 [할바께]로 발음해야 한다.
③ '안기다'는 어간 말 받침이 'ㄴ'이 아니기 때문에 [안기다]로 발음하는 것이다.
④ '국밥도 줘'에서 '국밥도'는 제23항에 따라 [국빱또]라고 발음해야 한다.

005
다음 글에서 추론한 것으로 적절하지 않은 것은?

> 표준 발음법 제29항은 합성어와 파생어에서 'ㄴ' 소리가 첨가되어 발음되는 경우를 규정해 놓았다. 이 항에서는 합성어와 파생어에서 앞 형태의 끝이 자음이고, 뒤 형태의 첫소리에 'ㄴ'이 첨가되어 발음되는 현상을 규정하였다. 가령 '콩엿'은 [콩녇]으로 발음해야 하고, '공염불'은 [공념불]로 발음해야 한다. 그러나 'ㄴ'이 첨가되는 음운 변동은 수의적인 것이기에 '간염[가ː념]'처럼 제29항이 적용되지 않는 사례도 존재한다.
>
> 한편 이 규정에 따라 뒷말의 첫소리에 'ㄴ'이 첨가된 후에는 유음화에 따라 'ㄴ'이 'ㄹ'로 발음될 수도 있는데, 이러한 음운 변동의 흐름도 붙임을 통해서 정리해 두었다. 붙임을 통해 '서울역'을 [서울력]으로 발음할 수 있음을 설명하고 있다. 그리고 또 다른 붙임을 통해 합성어나 파생어가 아니라고 하더라도 두 단어가 한 단어처럼 한 마디로 발음될 때에는 역시 이 규정이 적용될 수 있음을 명시하고 있다.

① '옷 입다'를 한 마디로 발음할 때는 'ㄴ' 소리를 첨가하여 [온닙따]로 발음해야 해.
② '송별회'는 앞 단어의 끝과 뒤 단어의 첫음절이 모두 자음이므로 'ㄴ' 소리를 첨가하지 않고 [송ː별회]로 발음해야 해.
③ '밤윷'은 앞 단어의 끝이 자음이고, 뒤 단어의 첫음절이 '유'인 경우이므로 'ㄴ' 소리를 첨가하여 [밤ː뉻]으로 발음해야 해.
④ '물약'은 앞 단어의 끝이 자음이고, 뒤 단어의 첫음절이 '야'인 경우이므로 'ㄴ' 소리를 첨가하여 [물냑]으로 발음해야 해.

정답과 해설

004 ② 3문단에 따르면 제27항은 관형사형 '-(으)ㄹ' 뒤에서 된소리로 발음되는 경우를 규정하여 놓은 것으로, '-(으)ㄹ' 뒤에서는 예외 없이 된소리로 발음된다. 이때, '-(으)ㄹ'로 시작되는 어미의 경우에도 역사적으로는 관형사형 어미 '-(으)ㄹ' 뒤에 명사가 결합된 구조이므로 이에 준한다. 따라서 '시키시는 대로 할밖에'에서 '할밖에'는 [할바께]가 아닌 [할빠께]로 발음해야 한다.

오답피하기 ① 2문단에 따르면 제26항은 '절절하다'처럼 한자가 겹쳐서 된 단어는 된소리로 발음되지 않음을 반영하여 예외를 설명한다. 따라서 한자어 'ㄹ' 다음에 된소리로 발음되지 않는 경우도 있다는 설명은 적절하다. ③ 1문단에 따르면 제24, 25항은 용언의 어간 말 받침 'ㄴ' 또는 'ㅁ' 뒤에서 어미의 첫소리가 된소리로 발음되는 예를 보여주고 있다. '안기다'는 어간이 '안기-'이므로 이러한 예에 해당하지 않는다. 따라서 '안기다'는 어간 말 받침이 'ㄴ'이 아니기 때문에 [안기다]로 발음하는 것이라는 설명은 적절하다. ④ 1문단에 따르면 제23항은 'ㄱ, ㄷ, ㅂ' 받침에 연결되는 'ㄱ, ㄷ, ㅂ, ㅅ, ㅈ'이 예외 없이 된소리로 발음된다는 규정이다. 따라서 '국밥도 줘'에서 '국밥도'는 제23항에 따라 [국빱또]라고 발음해야 한다는 설명은 적절하다.

005 ② 2문단에 따르면 뒷말의 첫소리에 'ㄴ'이 첨가된 후에는 유음화에 따라 'ㄴ'이 'ㄹ'로 발음된다. 따라서 '물약'은 [물냑]이 아닌 [물략]으로 발음해야 한다.

오답피하기 ① 2문단에 따르면 합성어나 파생어가 아니라고 하더라도 두 단어가 한 단어처럼 한 마디로 발음될 때에는 역시 'ㄴ' 첨가가 적용된다. 따라서 '옷 입다'는 'ㄴ' 첨가에 의해 '옷닙다'가 되고, 음절 끝소리 규칙에 의해 '온닙다'가 되며, 비음화에 의해 '온닙다'가 된 후, 된소리되기에 의해 [온닙따]로 발음된다. ② 1문단에 따르면 제29항은 뒤 형태의 첫소리에 'ㄴ'이 첨가되어 발음되는 현상을 규정하였다. 즉, 뒤 형태의 첫소리는 '이, 야, 여, 요, 유'와 같은 모음이어야 한다. 따라서 '송별-회'는 뒤 접사의 첫음절이 모음이 아니므로, 제29항이 적용되지 않아 [송ː별회]로 발음된다. ③ 1문단에 따르면 제29항은 합성어와 파생어에서 앞 형태의 끝이 자음이고, 뒤 형태의 첫소리에 'ㄴ'이 첨가되어 발음되는 현상을 규정하였다. 따라서 '밤윷'은 'ㄴ' 첨가에 의해 '밤늋'이 되고, 음절 끝소리 규칙에 의해 [밤ː뉻]으로 발음된다.

006

<보기>에 따라 표준 발음에 대하여 학습하였다. 각 단어의 발음에 적용된 규정과 그 발음이 적절하지 않은 것은?

> **보기**
>
> ○ 받침 뒤에서 모음 'ㅏ, ㅓ, ㅗ, ㅜ, ㅟ' 들로 시작되는 실질 형태소가 연결되는 경우에는, 대표음으로 바꾸어서 뒤 음절 첫소리로 옮겨 발음한다. ········ ㉠
> **예** 헛웃음[허두슴], 겉옷[거돋]
>
> 합성어 및 파생어에서, 앞 단어나 접두사의 끝이 자음이고 뒤 단어나 접미사의 첫음절이 '이, 야, 여, 요, 유'인 경우에는, 'ㄴ' 음을 첨가하여 [니, 냐, 녀, 뇨, 뉴]로 발음한다. 단, 'ㄹ' 받침 뒤에 첨가되는 'ㄴ'은 [ㄹ]로 발음한다. ········ ㉡
> **예** 홑이불[혼니불], 물약[물략]

	단어	발음	적용 규정
①	웃어른	[우더른]	㉠
②	솜이불	[솜ː니불]	㉡
③	불여우	[불려우]	㉡
④	궂은일	[구즌닐]	㉠, ㉡

정답과 해설

006 ④ '궂은일'은 합성어에서 앞 단어의 끝이 자음이고 뒤 단어의 첫음절이 '이'인 경우로, 'ㄴ' 음을 첨가하여 '궂은닐'이 되고 연음에 의해 [구즌닐]로 발음된다. 즉, ㉠은 적용되지 않고 연음이 일어난다. 따라서 적용 규정은 ㉡이다.
오답피하기 ① '웃어른'은 받침 뒤에서 'ㅓ'로 시작되는 실질 형태소가 연결되는 경우로, '웃'을 [운]으로 바꾸어서 뒤 음절 첫소리로 옮겨 [우더른]으로 발음된다. 따라서 적용 규정은 ㉠이다. ② '솜이불'은 합성어에서 앞 단어의 끝이 자음이고 뒤 단어의 첫음절이 '이'인 경우로, 'ㄴ' 음을 첨가하여 [솜ː니불]로 발음된다. 따라서 적용 규정은 ㉡이다. ③ '불여우'는 합성어에서 앞 단어의 끝이 자음이고 뒤 단어의 첫음절이 '여'인 경우로, 'ㄴ' 음을 첨가하여 '불녀우'가 되고 유음화에 의해 [불려우]로 발음된다. 따라서 적용 규정은 ㉡이다.

제 6 장 • 한글 맞춤법

제1장 총칙

제1항 한글 맞춤법은 표준어를 소리대로 적되[표음주의], 어법[표의주의]에 맞도록 함을 원칙으로 한다.
> 예) '구름, 나무' → 소리대로 쓴 것
> '늙다, 늙지, 늙고' → 어법에 맞도록 쓴 것

1. 표음주의 vs 표의주의

끄나풀	소리대로(끈+아풀)	널따랗다	소리대로
일찍이	어법에 맞도록	오세요	소리대로(오+시+어+요)
타향살이	어법에 맞도록	의논	소리대로(의+론)
살코기	소리대로(살+고기)	논의	소리대로(론+의)
얽히고설키다		어법에 맞게+소리대로	

제2항 문장의 각 단어는 띄어 씀을 원칙으로 한다.
(단, 조사는 예외적으로 붙여 쓴다.)
제3항 외래어는 '외래어 표기법'에 따라 적는다.

제2장 자모

1. 자모의 순서와 명칭

(1) 한글 자모는 총 스물넉 자로, 자음의 명칭은 일반적으로 '자음+ㅣ, 으+자음'이고, 예외는 ㄱ(기역), ㄷ(디귿), ㅅ(시옷)이다.

(2) 모음으로 시작하는 조사 앞에서 받침이 연음되는 것이 아니라, 'ㄷ, ㅌ, ㅈ, ㅊ, ㅎ'은 'ㅅ'이 연음되고, 'ㅋ'은 'ㄱ'이, 'ㅍ'은 'ㅂ'이 연음된다. 가령 'ㅌ은'의 표기는 '티읕은'이고, 발음은 [티으슨]이다.

2. 자음의 명칭

특이한 명칭(구두쇠)	일반 명칭(자음+ㅣ, 으+자음)
ㄱ(기역), ㄷ(디귿), ㅅ(시옷) ㄲ(쌍기역), ㄸ(쌍디귿), ㅆ(쌍시옷)	ㄴ(니은), ㄹ(리을), ㅁ(미음), ㅂ(비읍), ㅇ(이응), ㅈ(지읒), ㅊ(치읓), ㅋ(키읔), ㅌ(티읕), ㅍ(피읖), ㅎ(히읗)

3. 사전 등재 순서

(1) 자음은 ㄱ, ㄴ, ㄷ 순으로 하되, 예사소리가 끝나면 관련된 된소리를 써 주고 넘어간다. 거센소리는 그대로 따라간다.

ㄱ	ㄲ	ㄴ	ㄷ	ㄸ	ㄹ
ㅁ	ㅂ	ㅃ	ㅅ	ㅆ	ㅇ
ㅈ	ㅉ	ㅊ	ㅋ	ㅌ	ㅍ
ㅎ					

(2) 모음은 'ㅏ, ㅑ, ㅓ, ㅕ, ㅗ, ㅛ, ㅜ, ㅠ, ㅡ, ㅣ'의 순으로 따르되, 사이에 획을 추가하여 더해진 말은 획을 추가한다.

ㅏ	ㅐ	ㅑ	ㅒ	ㅓ	ㅔ	ㅕ	ㅖ
ㅗ	ㅘ	ㅙ	ㅚ	ㅛ			
ㅜ	ㅝ	ㅞ	ㅟ	ㅠ			
ㅡ	ㅢ	ㅣ					

완전학습

1. 표음주의와 표의주의 원칙을 이해한다.
2. 사전 등재 순서를 암기한다.

001
2017 지방직 7급

㉠과 ㉡의 예로 적절하지 않은 것은?

<한글 맞춤법>
총칙 제1항 한글 맞춤법은 표준어를 ㉠소리대로 적되, ㉡어법에 맞도록 함을 원칙으로 한다.

표준어를 소리대로 적는다는 것은 표음주의를 취한다는 것이다. 그런데 표준어를 소리대로 적는다는 원칙만을 적용하기 어려운 경우도 있다. 예를 들어 한 단어의 발음이 여러 가지로 실현되는 경우 소리대로 적는다면 뜻을 파악하기 어렵다. 어법이란 언어 조직의 법칙, 또는 언어 운용의 법칙이라고 풀이할 수 있다. 어법에 맞도록 한다는 것은 뜻을 파악하기 쉽도록 각 형태소의 본 모양을 밝히어 적는다는 것이다.

① ㉠: '살고기'로 적지 않고 '살코기'로 적음
② ㉠: '론의(論議)'로 적지 않고 '논의'로 적음
③ ㉡: '그피'로 적지 않고 '급히'로 적음
④ ㉡: '달달이'로 적지 않고 '다달이'로 적음

002
2020 국가직 9급

㉠~㉣을 사전에 올릴 때 '한글 맞춤법 규정'에 따른 순서로 적절한 것은?

㉠ 곬	㉡ 규탄
㉢ 곳간	㉣ 광명

① ㉠ → ㉢ → ㉡ → ㉣
② ㉠ → ㉢ → ㉣ → ㉡
③ ㉢ → ㉠ → ㉡ → ㉣
④ ㉢ → ㉠ → ㉣ → ㉡

정답과 해설

001 ④ 단어가 소리대로 적은 예인지, 어법에 맞게 적은 예인지를 구분하는 문제이다. '달달이'를 '다달이'로 적는 것은 표준어를 소리대로 적은 예이다. '다달이'는 '달+달+이'가 결합한 것으로 끝소리가 'ㄹ'인 말과 다른 말이 어울릴 적에 'ㄹ' 소리가 나지 않는 것을 반영하여 표기한 것이다. 따라서 '다달이'는 ㉠의 예이다.

002 ② ㉠~㉣의 단어는 모두 'ㄱ'으로 시작하므로 모음과 종성 자음의 배열 순서를 확인해야 한다. 먼저 모음은 'ㅗ-ㅘ-ㅠ'의 순서로 사전에 실려 있다. 그리고 종성 'ㄳ-ㅅ'의 순서로 실려 있다. 따라서 '곬 - 곳간 - 광명 - 규탄'의 순서로 배열되어야 한다.
참고로 자음은 'ㄱ-ㄲ-ㄳ-ㄴ-ㄵ-ㄶ-ㄷ-ㄸ-ㄹ-ㄺ-ㄻ-ㄼ-ㄽ-ㄾ-ㄿ-ㅀ-ㅁ-ㅂ-ㅃ-ㅄ-ㅅ-ㅆ-ㅇ-ㅈ-ㅉ-ㅊ-ㅋ-ㅌ-ㅍ-ㅎ'의 순서로 사전에 등재되어 있다. 또한 모음은 'ㅏ-ㅐ-ㅑ-ㅒ-ㅓ-ㅔ-ㅕ-ㅖ-ㅗ-ㅘ-ㅙ-ㅚ-ㅛ-ㅜ-ㅝ-ㅞ-ㅟ-ㅠ-ㅡ-ㅢ-ㅣ'의 순서로 사전에 등재되어 있다.

완전학습

1. 된소리 표기 원리를 이해한다.
2. 두음 법칙을 암기한다.

003 2008 선관위 7급

밑줄 친 부분의 맞춤법이 옳은 것은?
① 여름이라 더워서 머리를 싹뚝 잘랐다.
② 어머니께서는 깍둑썰기를 참 잘하셨다.
③ 거리에는 사람들이 북쩍거렸다.
④ 잔치라 그곳은 왁짜지껄하였다.

004 2014 경찰직 2차

<보기>에 제시된 <한글 맞춤법>의 규정이 바르게 적용되지 않은 것은?

┌─ 보기 ─────────────────────┐
│ 제12항 한자음 '랴, 래, 로, 뢰, 루, 르'가 단어의 첫 │
│   머리에 올 적에는 두음 법칙에 따라 '나, 내, │
│   노, 뇌, 누, 느'로 적는다.   │
│ [붙임 1] 단어의 첫머리 이외의 경우에는 본   │
│   음대로 적는다.   │
│ [붙임 2] 접두사처럼 쓰이는 한자가 붙어서   │
│   된 단어는 뒷말을 두음 법칙에 따라 적는다. │
└──────────────────────────┘

① 낙원(樂園), 실락원(失樂園)
② 내일(來日), 왕래(往來)
③ 노인(老人), 상노인(上老人)
④ 누각(樓閣), 광한루(廣寒樓)

정답과 해설

003 ② 된소리의 올바른 표기에 대해 묻는 문제이다. '깍둑썰기'는 바른 표기이다. 표준 발음법 제5항(다만)에 따라 'ㄱ, ㅂ'받침 뒤에서 나는 된소리는 같은 음절이나 비슷한 음절이 겹쳐 나는 경우가 아니면 된소리로 적지 않는다. 다만 두 단어가 결합된 경우에는 본래 단어의 어형을 살려 적는다.

004 ① 낙원(○) / 실락원→실낙원(○): '낙원'은 바른 표기이지만, '실락원'은 '실낙원'이 바른 표기이다. 한자음 '라'가 단어의 첫머리에 올 때에는 두음 법칙에 따라 '나'로 적으므로 '낙원(樂園)'은 바른 표기이다. '실→락원'의 '실-'은 접두사처럼 쓰이는 한자이기 때문에 뒷말을 '낙원'처럼 두음 법칙을 적용하여 표기한다.

제3장 소리에 관한 것

1. 된소리 표기

안울림소리가 연달아 나타나는 경우에는 된소리로 표기하지 아니한다. 단, 비슷한 음절(=초성, 중성, 종성 중 2개 이상의 소리가 같은 경우)의 경우에는 된소리로 표기한다.

2. 된소리 표기 vs 예사소리 표기

(1) ㄱ, ㅂ 다음에는 예사소리 표기 예 뚝배기, 법석, 왁자지껄
(2) ㄱ, ㅂ 다음인데도 된소리 표기 예 딱따구리 맛이 짭짤하고 씁쓸하다.
(3) 나머지는 된소리로 표기 예 몽땅
(4) 된소리로 발음 안 되는 것 또는 예외 예 자투리, 눈곱(곱창)

➕ 내용 정리

※ 'ㄱ, ㅂ' 다음에는 예사소리로 표기하되, '딱따구리 맛이 짭짤하고 씁쓸하다.'만 예외적으로 된소리로 표기한다.
'ㄱ, ㅂ'이 아니면 된소리로 표기하되, '눈곱'은 예외적으로 예사소리로 표기한다.

3. 'ㄷ' 받침 vs 'ㅅ' 받침

(1) 'ㄷ' 받침으로 적어야 할 것: 맏(이)상제[마지상제], 낟(알)가리[나달가리], 걷잡다(거두어잡다)
(2) 'ㅅ' 받침으로 적어야 할 것: 돗(스)자리

제7항 'ㄷ' 소리로 나는 받침 중에서 'ㄷ'으로 적을 근거가 없는 것은 'ㅅ'으로 적는다.
   예 덧저고리, 돗자리, 엇셈, 핫옷

➕ 내용 정리

※ 맏(이)상제, 낟(알)가리, 걷잡다(←거두어잡다), 돗(스)자리

4. 'ㅖ' vs 'ㅔ' 표기

(1) 'ㅖ'로 표기: 휴게실 게시판에는 게송이 게재되어 게양되었다.
(2) 'ㅔ'로 표기: 나머지
   예 차례, 계수나무, 폐품

5. '의' 표기

(1) '의'로 표기해야 하는 것: 늴리리(닐리리×), 닁큼(닝큼×) – 냉큼, 귀띔(귀띰×)

6. 두음 법칙

'ㄹ'이 어두에 오면 'ㄴ'으로 바뀜, 'ㄴ'이 어두에 왔을 때 'ㅣ' 또는 반모음 'ㅣ'가 오면→∅
   예 량심→냥심→양심   류행→뉴행→유행

(1) 단독 단어로 존재하면 그 표기를 그대로 쓴다.
   예 낙원-실낙원(실락원×)   노인-상노인(상로인×)
      염불-공염불(공념불×)   누각-사상누각(사상루각×)
      연도-회계연도(회계년도×)
   ※ 예외: 소립자와 미립자로 수류탄(cf. 총유탄)을 만드는 파렴치는 고랭지로 보내야 한다.

(2) 헷갈리는 단어: 태릉 왕릉, 장롱에 있는 쌍룡, 지방뇨

(3) '양–량': 고유어에는 '양', 한자어에는 '량'
   예 강수량–허파숨양

(4) '난–란': 고유어, 외래어에는 '난', 한자어에는 '란'
   예 어린이난–가정란, 독자란, 칼럼난

(5) '열, 율' 모(음)니(은)!
   예 백분율, 합격률, 실패율

(6) 외자 이름의 두음 법칙: '하륜–하윤' 둘 다 가능

제4장 형태에 관한 것

1. '오' vs '요' 표기

연결형은 무조건 '요', 생략 가능하면 '요', 불가능하면 '오'. 단, 대답의 경우에는 '응-아니'의 높임말로서 '네-아니요'가 된다. 예외적으로 발화 상황에서 "여기 냉면이요.", "여기 거스름돈이요."와 같은 경우 보조사 '이요'가 쓰일 수 있다.

✓ 연습문제

01 그는 학생이 아니(오, 요).
02 나는 지금 집에 있어(오, 요).
03 그는 교사가 아니(오, 요), 학생이(오, 요).
04 다음 물음에 네, 아니(오, 요)로 대답하시오.

2. 파생어의 겹받침 표기

(1) 겹받침 어근에 접미사가 결합했을 때!
  ① 받침 중 앞의 것이 발음되면 소리대로
      예) 넓다랗다 - 널따랗다   넓직하다 - 널찍하다   얇다랗다 - 얄따랗다
  ② 받침 중에서 뒤의 것(=ㅍ, ㅁ, ㄱ)이 발음되면 원형대로
      예) 굵직하다 - 굴찍하다   굵다랗다 - 굴따랗다   늙수그레하다 - 늑수그레하다

3. 널리 쓰이는 접미사의 표기

(1) 제19항: 용언
  ① 원형을 표기: 어간의 본뜻 유지+널리 쓰이는 접미사('-이', '-(으)ㅁ') 결합
      예) 굽이, 넓이, 귀걸이, 목걸이(장신구)
  ② 소리대로 표기:
    ㄱ. 널리 쓰이는 접미사 결합×
        예) 마중(맞-+-웅), 너머(넘-+-어), 무덤(묻-+-엄)
    ㄴ. 어간의 본뜻 유지×
        예) 목거리(목이 붓는 병)

(2) 제20항: 체언
  ① 원형을 표기: 널리 쓰이는 접미사('-이') 결합
      예) 곳곳이, 바둑이, 절뚝발이
  ② 소리대로 표기: 널리 쓰이는 접미사 결합×
      예) 바가지(박+-아지), 바깥(밖+-앝), 지붕(집+-웅)

4. 호전 현상

예) 숟가락 ← 술가락   삼짇날 ← 삼질날   사흗날 ← 사흘날
    이튿날 ← 이틀날   며칟날 ← 며칠날   푿소 ← 풀소
    잗주름 ← 잘주름   섣부르다 ← 설부르다

🔔 완전학습

1. '오-요'의 차이를 인지한다.
2. 호전 현상을 암기한다.

005 2013 지방직 7급
밑줄 친 부분이 문법에 맞지 않는 것은?

① 이미 늦은 것 아니오?
② 아니요, 제가 안 그랬어요.
③ 다음 물음에 '예', '아니오'로 답하시오.
④ 어렸을 때부터 한집에서 살아온 우리는 친구가 아니요, 형제랍니다.

006 2018 경찰직 2차
<보기>의 규정이 적용된 단어가 아닌 것은?

┌─ 보기 ─────────────────────────┐
│ 제29항 끝소리가 'ㄹ'인 말과 딴 말이 어울릴 적 │
│   에 'ㄹ' 소리가 'ㄷ' 소리로 나는 것은 'ㄷ'으 │
│   로 적는다.   │
│   예) 삼짇날[삼질+날], 숟가락[술+가락]   │
└──────────────────────────────┘

① 푿소   ② 여닫다
③ 잗주름   ④ 섣부르다

정답과 해설

005 ③ 아니오(×)→아니요(○): 묻는 말에 대해 부정할 때는 감탄사 '아니'에 보조사 '요'가 붙은 '아니요'를 사용하는 것이 적절하다.
오답피하기 ① 문장을 종결하는 경우에는 '아니다'의 어간 '아니-'에 종결 어미 '-오'가 붙은 '아니오'를 사용하는 것이 적절하다. ② 묻는 말에 대해 부정할 때는 '아니요'가 적절하다. ④ 연결형에서는 '아니다'의 어간 '아니-'에 연결 어미 '-요'가 붙은 '아니요'를 사용하는 것이 적절하다.

006 ② '여닫다'는 '열다'와 '닫다'가 합쳐진 합성어로 '닫다'의 받침 'ㄷ'은 원래 'ㄹ'이 아니고 'ㄷ'이다.
오답피하기 ① '푿소'는 '풀+소'가 합쳐진 단어이다. ③ '잗주름'은 '잘+주름'이 합쳐진 단어이다. ④ '섣부르다'는 '설-+부르다'가 합쳐진 단어이다.

• 신유형 문제

001

2016학년도 수능 B 12번

<보기>는 한글 맞춤법 제1항이 파생어와 합성어에 적용된 예를 찾아본 것이다. ㉠~㉤에 들어갈 예로 적절한 것은?

┌─ 보기 ───┐

제1항 한글 맞춤법은 표준어를 ⓐ소리대로 적되 ⓑ어법에 맞도록 함을 원칙으로 한다.

	파생어	합성어
ⓐ만 충족한 경우	㉠	㉡
ⓑ만 충족한 경우	㉢	㉣
ⓐ, ⓑ 모두 충족한 경우	㉤	줄자(줄+자), 눈물(눈+물)

└──┘

① ㉠: 이파리(잎+아리), 얼음(얼+음)
② ㉡: 마소(말+소), 낮잠(낮+잠)
③ ㉢: 웃음(웃+음), 바가지(박+아지)
④ ㉣: 옷소매(옷+소매), 밥알(밥+알)
⑤ ㉤: 꿈(꾸+ㅁ), 사랑니(사랑+이)

002

다음 글에서 추론한 내용으로 적절한 것은?

> 맞춤법 규정에 따르면 우리말 중에 한 단어 안에서 뚜렷한 까닭 없이 나는 된소리를 된소리로 표기한다. 이때, 뚜렷한 까닭이란 'ㄱ, ㄷ, ㅂ' 뒤에 연결되는 예사소리가 된소리로 발음되는 경우를 말한다. '먹고'는 'ㄱ' 다음에 예사소리 'ㄱ'이 왔으므로 된소리로 발음된다. 이와 같은 경우에는 발음을 반영하여 '먹꼬'라고 표기하지 않고 '먹고'라고 표기한다. 다만, 맞춤법 규정에서는 'ㄱ, ㅂ' 받침 뒤에 같은 음절이나 비슷한 음절이 겹쳐 나는 경우에 한해 된소리로 표기한다.
>
> (가) 어깨, 기쁘다, 부썩, 어찌
> (나) 딱딱, 쌕쌕, 쓱싹쓱싹, 씁쓸하다
>
> (가)의 단어들은 된소리로 발음되지만 뚜렷한 이유를 설명할 수 없으므로 된소리로 표기한다. 그리고 (나)의 단어들은 '딱닥, 쌕색, 쓱삭쓱삭, 씁슬하다'처럼 표기하더라도 된소리로 발음되지만, 같은 음절이나 비슷한 음절이 겹쳐 나는 경우이므로 된소리로 표기하는 것이다.

① '깍두기'는 'ㄱ' 뒤에 예사소리가 연결되므로, '깍뚜기'로 표기해야 한다.
② '해슥하다'는 뚜렷한 까닭 없이 된소리가 나므로, '해슥하다'로 표기해야 한다.
③ '짭잘하다'는 'ㅂ' 뒤에 예사소리가 연결되므로, '짭잘하다'로 표기해야 한다.
④ '똑딱똑딱'은 'ㄱ' 뒤에서 된소리가 나지만 비슷한 음절이 겹쳐 나는 경우이므로, '똑딱똑딱'으로 표기해야 한다.

003

다음 빈칸에 들어갈 말로 가장 적절한 것은?

두음 법칙이란 한자어 어두가 'ㄴ'이나 'ㄹ'로 시작하는 단어에 적용되는 규칙이다. 두음 법칙은 크게 두 가지 원칙으로 이루어져 있다. 먼저 한자어 어두 'ㄴ'이 'ㅣ'나 반모음 'ㅣ'와 결합하게 되면 'ㄴ'이 사라지게 된다. 예컨대 '녀자(女子)'의 경우 두음 법칙이 적용되어 '여자'가 된다. 그다음으로 한자어 어두 'ㄹ'은 'ㄴ'으로 바뀌게 된다. 가령 '로동(勞動)'은 두음 법칙이 적용되어 '노동'이 된다. 경우에 따라서는 이 두 가지 원칙이 함께 적용되는 것도 있다. '류행(流行)'의 경우 (　　　　).

① 어두의 'ㄹ'이 'ㄴ'으로 변화한 다음 'ㄴ'이 사라지게 된다
② 어두의 'ㄹ'이 'ㅇ'으로 변화한 다음 'ㄴ'과 함께 사라지게 된다
③ 어두의 'ㄴ'이 'ㄹ'로 변화한 다음 'ㄹ'이 사라지게 된다
④ 어두의 'ㄴ'이 'ㄹ'로 변화한 다음 'ㄹ'과 함께 사라지게 된다

004

<보기 1>을 바탕으로 할 때, <보기 2>의 ㉠~㉣에 들어갈 말로 적절한 것은?

┌─ 보기 1 ─

학　생: 선생님, '어서 오십시오'가 올바른 표기인지, '어서 오십시요'가 올바른 표기인지 헷갈려요. '-오'와 '-요'를 어떻게 구분하죠?
선생님: '-요'는 어떤 사물이나 사실 따위를 열거할 때에 사용하는 연결어미랍니다. 또한 '요'는 어미 뒤, 즉 말이 끝난 다음에 덧붙여 존대의 뜻을 더해 주는 보조사로도 사용됩니다.
학　생: 네, 그렇다면 '-오'는요?
선생님: '-오'는 설명, 의문, 명령의 뜻을 하오체로써 드러낼 때 사용하는 종결어미입니다.
학　생: 선생님 말씀대로라면 '아니오'와 '아니요' 둘 모두 가능하겠네요?
선생님: 네, 맞아요. 윗사람이 묻는 말에 부정하여 대답할 때에는 '아니요'를, '이것은 책이 아니오.'와 같이 설명하는 문장의 서술어로 쓰일 때에는 '아니오'를 사용하겠지요. 또한 '예'에 상대되는 말로 부정 감탄사 '아니요'를 사용하기도 한답니다.

┌─ 보기 2 ─

- 이것은 ㉠ , 저것은 물이다.
- 선생님, 우리 반이 달리기 ㉡ .
- 나는 홍길동이 ㉢ .
- 당신은 중학생입니까? (예/ ㉣)

	㉠	㉡	㉢	㉣
①	산이요	우승했어오	아니오	아니오
②	산이오	우승했어요	아니요	아니오
③	산이요	우승했어요	아니오	아니요
④	산이오	우승했어요	아니오	아니요
⑤	산이요	우승했어오	아니요	아니오

정답과 해설

003 ① 제시문에 따르면 한자어 어두 'ㄴ'이 'ㅣ'나 반모음 'ㅣ'와 결합하게 되면 'ㄴ'이 사라지게 되며, 한자어 어두 'ㄹ'은 'ㄴ'으로 바뀌게 된다. 빈칸에는 이 두 가지 원칙이 함께 적용되는 '류행(流行)'의 경우에 대한 설명이 들어가야 한다. '류행'은 한자어 어두 'ㄹ'은 'ㄴ'으로 바뀌게 되므로 '뉴행'이 되고, 한자어 어두 'ㄴ'이 반모음 'ㅣ'와 결합하게 되면 'ㄴ'이 사라지게 되므로 '유행'이 된다. 따라서 빈칸에 들어갈 말로 가장 적절한 것은 어두의 'ㄹ'이 'ㄴ'으로 변화한 다음 'ㄴ'이 사라지게 된다는 것이다.

004 ③ ㉠ '산'과 '물'을 열거하고 있으므로, 사물이나 사실을 열거할 때에 사용하는 연결어미 '-요'를 사용하는 것이 적절하다. 따라서 '산이요'가 적절하다.
㉡ 청자는 '선생님'으로 높임의 대상이다. 그렇기에 '우승했어'라는 말이 끝난 다음에 덧붙여 존대의 뜻을 더해 주는 보조사인 '요'를 쓰는 것이 적절하다. 따라서 '우승했어요'가 적절하다.
㉢ 문장의 서술어로 부정의 의미를 드러내고 있다. 그렇기에 설명의 뜻을 하오체로써 드러낼 때 사용하는 종결어미인 '-오'를 사용하는 것이 적절하다. 따라서 '아니오'가 적절하다.
㉣ '예'에 상대되는 말로 사용되고 있으므로, 부정 감탄사 '아니요'를 사용하는 것이 적절하다.

005

2008학년도 수능

<보기>의 자료를 읽고 탐구한 것으로 적절하지 않은 것은?

─〈 보기 〉──────────────────

【맞춤법 규정】

제19항 어간에 '-이'나 '-음'이 붙어서 명사로 된 것과 '-이'나 '-히'가 붙어서 부사로 된 것은 그 어간의 원형을 밝혀 적는다. 예 먹이, 믿음 등.

다만, 어간에 '-이'나 '-음'이 붙어서 명사로 바뀐 것이라도 그 어간의 뜻과 멀어진 것은 원형을 밝혀 적지 않는다. 예 목거리(목이 아픈 병), 노름 등.

[붙임] 어간에 '-이'나 '-음' 이외의 모음으로 시작된 접미사가 붙어서 다른 품사로 바뀐 것은 그 어간의 원형을 밝혀 적지 않는다. 예 마중, 무덤 등.

【맞춤법 규정 제19항 해설】

○ 널리 쓰이는 접미사가 어간에 붙어서 만들어진 단어는 어간의 원형을 밝혀 적는 것이 원칙이나, 그 어간의 뜻과 멀어진 단어는 밝혀 적지 않는다.

○ 널리 쓰이지 않는 접미사가 어간에 붙어서 만들어진 단어는 그 어간의 원형을 밝혀 적지 않는다.

① '먹이'를 '머기'로 적지 않는 것을 보니 '-이'가 널리 쓰이는 접미사겠군.
② '목거리'와 달리 '목걸이(장신구)'는 어간의 뜻과 멀어지지 않은 예로군.
③ '마중'을 '맞웅'으로 적지 않는 것을 보니 '-웅'이 널리 쓰이지 않는 접미사겠군.
④ 널리 쓰이는 접미사가 붙어 어간의 원형을 밝혀 적은 예로 '같이'를 추가할 수 있겠군.
⑤ 널리 쓰이는 접미사가 붙었지만 어간의 뜻과 멀어져 어간의 원형을 밝혀 적지 않은 예로 '마개'를 추가할 수 있겠군.

006

<보기>는 한글 맞춤법의 일부이다. 이에 대한 이해로 적절하지 않은 것은?

─〈 보기 〉──────────────────

제28항 끝소리가 'ㄹ'인 말과 딴 말이 어울릴 적에 'ㄹ' 소리가 나지 아니하는 것은 아니 나는 대로 적는다.

다달이(달-달-이) 따님(딸-님) 마되(말-되) 마소(말-소)

<해설>

합성어나 (접미사가 붙은) 파생어에서 앞 단어의 'ㄹ' 받침이 발음되지 않는 것은 발음되지 않는 형태로 적는다. 이것은 합성어나, 자음으로 시작된 접미사가 결합하여 된 파생어의 경우는 실질 형태소의 본 모양을 밝히어 적는다는 원칙에 벗어나는 규정이지만, 역사적인 현상으로서 'ㄹ'이 떨어져 있기 때문에 어원적인 형태를 밝혀 적지 않는 것이다. 'ㄹ'은 대체로 'ㄴ, ㄷ, ㅅ, ㅈ' 앞에서 탈락하였다.

① '바늘'+'-질'이기 때문에 '바늘질'이 아니라 '바느질'로 적어야 해.
② '다달이'를 '달달이'라고 적지 않는 까닭은 어원을 반영했기 때문이지.
③ '날날이'는 'ㄴ' 앞에 'ㄹ'이 왔기에 'ㄹ'이 탈락해 '나날이'가 된 걸 거야.
④ 한글 맞춤법의 원칙끼리 상충될 경우에는 한 가지 원칙만 적용할 수도 있어.

5. 사이시옷 표기

(1) 사이시옷 표기 조건
① 합성어 ∴파생어 안 됨
   예) 햇님×
② 둘 중 하나가 우리말이어야 함 ∴한자어끼리 결합 안 됨, 외래어 결합 안 됨
   예) 마구간(馬廐間)○-마굿간×, 초점(焦點)○-촛점×, 전세방(傳貰房)○-전셋방×(cf. 전셋집○),
   화병(花柄)○-홧병×, 페트병○-페튯병×
③ 발음상 된소리되기, ㄴ덧남, ㄴㄴ덧남 중 한 가지 만족
   예) 귓밥[귀빱/귇빱], 냇물[낸물], 예삿일[예산닐]
   ∴뒷말이 거센소리, 된소리로 시작되는 경우 안 됨 예) 갯펄×, 뒷뜰×
   ('윗옷'의 'ㅅ'은 발음상의 조건을 만족시키지 못하므로 사이시옷×)

(2) 필수 암기
① 다음의 단어들은 발음상의 조건을 만족시키지 못하는 것으로 사이시옷이 결합하면 안 됨
   (농사일을 하다 고래기름을 얻어 모래집과 유리잔에 담아 고가도로에서 팔아서 동아줄을 샀더니 치수가 매우 길었다.)
   (편지글에 머리글로 머리말을 썼는데, 먼저 인사말로 예사말과 반대말을 썼다.)
② 한자어끼리 결합했지만 예외적으로 사이시옷을 표기하는 단어들

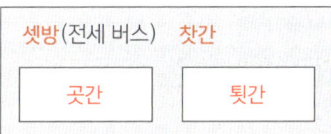

숫자(번호)   셋방(전세 버스)   찻간
횟수(운행)   곳간   툇간

6. 'ㅎ' 종성 체언과 어두 자음군

(1) 어두 자음군으로 ㅂ을 붙여야 할 것 – 씨, 쌀, 때, 싸리
   예) 볍씨-벼씨   햇쌀-햅쌀   대싸리-댑싸리   이때-입때 안 왔어?

(2) 'ㅎ' 종성 체언
   예) 머리카락(머리ㅎ가락)   살코기(살ㅎ고기)

내용 정리

※ '수-, 암-'이 결합하였을 때
① 거센소리로 나는 것(9개)
개, 강아지, 닭, 병아리, 돼지, 당나귀, 것, 기와, 돌쩌귀
(수캐, 수캉아지, 수탉, 수평아리, 수퇘지, 수탕나귀, 수컷, 수키와, 수톨쩌귀 / 암캐, 암캉아지, 암탉, 암평아리, 암퇘지, 암탕나귀, 암컷, 암키와, 암톨쩌귀)
② '숫-'으로 나는 것(3개)
양, 염소, 쥐
(숫양, 숫염소, 숫쥐)

완전학습

1. 사이시옷의 원칙을 암기한다.

007 2012 국회직 8급
다음 사이시옷을 넣은 단어 중 잘못된 것이 들어있는 것은?
① 귓밥, 나룻배, 냇가, 뱃길, 혓바늘
② 멧나물, 아랫니, 냇물, 뒷일, 최댓값
③ 귓병, 샛강, 자릿세, 텃세, 햇수
④ 곗날, 셋집, 예삿일, 헛소리, 가욋일
⑤ 곳간, 나룻터, 셋방, 횟수, 깻잎

008 2019 지방직 9급
밑줄 친 부분이 어법에 맞는 것은?
① 이 가곡의 노래말은 아름답다.
② 그 집의 순대국은 아주 맛있다.
③ 하교길은 늘 아이들로 북적인다.
④ 선생님은 간단한 인사말을 건넸다.

정답과 해설

007 ⑤ '곳간(庫間), 셋방(貰房), 횟수(回數)'는 예외적으로 사이시옷이 붙는 두 음절 한자어이므로 사이시옷이 붙으며, '깻잎[깬닙]'도 뒷말의 첫소리가 모음이며 그 앞에서 'ㄴㄴ' 소리가 덧나는 예이므로 사이시옷이 붙는다. 그러나 '나루터'는 뒷말의 첫소리가 거센소리인 'ㅌ'이므로 사이시옷이 붙지 않는 단어이다.

008 ④ 사이시옷 표기와 관련된 문제이다. '인사말'은 사이시옷이 첨가되는 단어가 아니기 때문에 '인사말'로 표기한다.

완전학습

1. 본말과 준말을 암기한다.

009
2016 국회직 9급
다음 중 밑줄 친 부분의 표기가 옳지 않은 것은?
① 나사는 <u>좨야</u> 하나?
② 봄 신상품을 <u>선뵈어야</u> 매출이 오를 거야.
③ 자네 덕에 생일을 잘 <u>쇠서</u> 고맙네.
④ 그는 오랜만에 고향 땅에 발을 <u>딛는</u> 감회가 새로웠다.
⑤ 장마 후 날씨가 <u>개어서</u> 가족과 함께 가까운 곳으로 소풍을 갔다.

010
2019 서울시 9급 2차
<보기>의 설명에 따라 올바르게 표기된 경우가 아닌 것은?

보기
- 어간의 끝음절 '하'의 'ㅏ'가 줄고 'ㅎ'이 다음 음절의 첫소리와 어울려 거센소리로 될 적에는 거센소리로 적는다.
- 어간의 끝음절 '하'가 아주 줄 적에는 준 대로 적는다.

① 섭섭지   ② 흔타
③ 익숙치   ④ 정결타

7. 본말과 준말

(1) 준말은 본말로 풀어서 문제를 해결한다.

개어	개	날이 개어(→개오) 기분이 좋았다.
파이어	파여, 패어	비 때문에 웅덩이가 파이어(→파여O, 패어O, 패여×) 있다.
하여	해	일단 일을 하여(→해O) 보았다.
되어	돼	그는 의사가 되었다(→됬다×, 됐다O). 의사가 되어서(→되서×, 돼서O) 많은 사람들을 도왔다.
뵈어	봬	선생님을 뵈었다(→뵜다×, 뵀다O).
쇠어	쇄	명절을 잘 쇠어서(→쇠서×, 쇄서O) 좋다.
외우다	외다	아이가 한시를 줄줄 외워서(→외어서O, 왜서O) 깜짝 놀랐다.
조이어	조여, 죄어, 좨	나사를 조이다(→죄다O, 좨다×). 나사를 조이어(→죄어O, 조여O, 좨어×) 보다.
쪼이어	쪼여, 쬐어, 쫴	여기 와서 불 좀 쪼이어(→쪼여O, 쬐어O, 쫴O, 쫴어×) 보렴.
쓰이어	쓰여, 씌어	글자가 종이에 쓰이어(→쓰여O, 씌어O, 쓰이여×) 있다.
뜨이어	뜨여, 띄어	그 사람은 눈에 잘 뜨이어(→뜨여O, 띄어O) 찾기가 쉽다.

외우+어/외+어	외워, 외어, 왜
여쭙+어/여쭈+어	여쭤워, 여쭤

(2) '하, 잖, 찮'

제39항 어미 '-지' 뒤에 '않-'이 어울려 '-잖-'이 될 적과 '-하지' 뒤에 '않-'이 어울려 '-찮-'이 될 적에는 준 대로 적는다.

본말	준말	본말	준말
그렇지 않은	그렇잖은	만만하지 않다	만만찮다
적지 않은	적잖은	변변하지 않다	변변찮다

제40항 어간의 끝음절 '하'의 'ㅏ'가 줄고 'ㅎ'이 다음 음절의 첫소리와 어울려 거센소리로 될 적에는 거센소리로 적는다. ('거울')

본말	준말	본말	준말
간편하게	간편케	다정하다	다정타
연구하도록	연구토록	넉넉하지 않다	넉넉지 않다
생각하건대	생각건대	섭섭하지 않다	섭섭지 않다
생각하다 못해	생각다 못해	익숙하지 않다	익숙지 않다
깨끗하지 않다	깨끗지 않다	심심하지 않게	심심찮게

※ '서슴지? 서슴치?' 서슴지

붙임3 다음과 같은 부사는 소리대로 적는다.
아무튼 – 아뭏든   하마터면 – 하마트면

정답과 해설

009 ③ 쇠서(×)→쇄서(O): 'ㅚ' 뒤에 '-어, -었-'이 어울려 'ㅙ,ㅙㅆ'으로 될 적에는 준 대로 적는다.

010 ③ 익숙치(×)→익숙지(O): '무성음+하'의 경우에는 어간의 끝음절의 '하'가 탈락된다.
오답피하기 ① 섭섭지(O): '무성음+하'의 경우에는 어간의 끝음절의 '하'가 탈락한다. ② 흔타(O): '유성음+하'의 경우에는 어간의 끝음절의 'ㅏ'만 탈락하므로, '흔하다'의 준말은 '흔타'가 된다. ④ 정결타(O): '유성음+하'의 경우에는 어간의 끝음절의 'ㅏ'만 탈락하므로, '정결하다'의 준말은 '정결타'가 된다.

제6장 그 밖의 것

제51항 부사의 끝음절이 분명히 '이'로만 나는 것은 '-이'로 적고, '히'로만 나거나 '이'나 '히'로 나는 것은 '-히'로 적는다.
① 어근이 '-하다'와 결합하지 않을 경우에는 '-이'
② 어근이 '-하다'와 결합할 경우: 'ㅅ' 받침이면 '-이', 그 외에는 '-히'
　이때, '가만하다, 도저하다, 무단하다'가 되므로 '가만히, 도저히, 무단히'로 써야 함.
③ 반드시 기억해야 할 예외: 나지막이, 나직이, 내게 귓속말을 하니 끔찍이 싫다.
④ '간간이–간간히', '면면이–면면히', '푼푼이–푼푼히', '번번이–번번히'는 모두 된다.
　※ '극-, 작-, 특-'은 '-하다'와 결합하지 못하지만 '극이, 작이, 특이'로 쓸 사람은 없으므로 굳이 외우지 않아도 되겠다.

✓ 연습문제

※ 알맞은 표기를 고르시오.
01 번번(**이**, 히)
02 의젓(**이**, 히)
03 곰곰(**이**, 히)
04 딱(이, **히**)

제52항 한자어에서 본음으로도 나고 속음으로도 나는 것은 각각 그 소리에 따라 적는다.

✓ 연습문제

※ 알맞은 표기를 고르시오.
01 (**승낙**, 승락)
02 (희노애락, **희로애락**)
03 (오륙월, **오뉴월**, 오유월)

제53항 다음과 같은 어미는 예사소리로 적는다.

✓ 연습문제

※ '쏘, 꼬, 까' 주의!
01 내가 (**할게**, 할께).
02 이것은 (**고려청자일시**, 고려청자일씨)
03 (**질지라도**, 질찌라도)
04 너에게 (질소냐?, **질쏘냐?**)
05 누가 (할고?, **할꼬?**)
06 (**이 생원이올시다**, 이 생원이올씨다)

제54항 다음과 같은 접미사는 된소리로 적는다.
① '-꾼, -깔, -때기, -꿈치'
　예 지게꾼(지겟꾼×), 때깔, 귀때기(단, **상판**대기), 팔꿈치
② '배기–빼기'
　언덕배기에서 **뚝배기**를 먹었는데, 그 안에는 **다섯 살배기**의 **학배기**가 있었다.
　그 외, '빼기' – 코빼기, 이마빼기, 대갈빼기, 곱빼기
③ '적다–쩍다'
　예 맛적다 vs 멋쩍다, 겸연쩍다

제55항 두 가지로 구별하여 적던 다음 말들은 한 가지로 적는다.

ㄱ	ㄴ
맞추다(입을 맞춘다. 양복을 맞춘다.)	마추다
뻗치다(다리를 뻗친다. 멀리 뻗친다.)	뻐치다

🔎 완전학습

1. 접사 '이-히'의 쓰임을 암기한다.

011
2013 지방직 7급

밑줄 친 부분이 한글 맞춤법에 맞는 것은?
① 약속을 <u>번번히</u> 어긴다.
② 그는 <u>의젓이</u> 행동한다.
③ <u>곰곰히</u> 생각에 잠기었다.
④ <u>딱이</u> 갈 만한 곳도 없다.

정답과 해설

011 ② 부사의 끝음절을 '이'로 표기하느냐, '히'로 표기하느냐를 묻는 문제이다. '말이나 행동 따위가 점잖고 무게 있게'의 뜻을 지닌 부사는 '의젓이'로 표기한다. '-하다'가 붙는 어근 중 'ㅅ'으로 끝나는 어근 다음에는 부사 파생 접미사 '-이'를 붙이는 규칙을 따른 표기이다.

제56항 '-더라, -던'과 '-든지'는 다음과 같이 적는다.
① 과거 시제인지 먼저 조사한다. 과거면 '-던지'이다.
② 현재인 경우, 선택이면 '-든지'이다.

✓ 연습문제

01 그렇게 (좋든가, **좋던가**)?
02 (배든지, **배던지**) (**사과든지**, 사과던지) 마음대로 먹어라.
03 (**가든지**, 가던지) (**오든지**, 오던지) 마음대로 해라.
04 얼마나 (놀랐든지, **놀랐던지**) 몰라.
05 그때 갔(든지, **던지**) 접때 갔(든지, **던지**) 기억이 안 나.
06 가(**든지**, 던지) 말(**든지**, 던지).
07 그가 집에 (있었든지, **있었던지**) (없었든지, **없었던지**) 알 수 없다.

• 신유형 문제

007
2019학년도 6월 13번

<보기>의 1가지 조건 으로 적절하지 않은 것은?

─┤보기├─

'한글 맞춤법'에 따르면, 사이시옷은 아래의 조건 ⓐ~ⓓ가 모두 만족되어야 표기된다. 단, '곳간, 셋방, 숫자, 찻간, 툇간, 횟수'는 예외이다.

◦ **사이시옷 표기에 고려되는 조건**
ⓐ 단어 분류상 '합성 명사'일 것.
ⓑ 결합하는 두 말의 어종이 다음 중 하나일 것.
  • 고유어+고유어 • 고유어+한자어 • 한자어+고유어
ⓒ 결합하는 두 말 중 앞말이 모음으로 끝날 것.
ⓓ 두 말이 결합하며 발생하는 음운 현상이 다음 중 하나일 것.
  • 앞말 끝소리에 'ㄴ' 소리가 덧남.
  • 앞말 끝소리와 뒷말 첫소리에 각각 'ㄴ' 소리가 덧남.
  • 뒷말 첫소리가 된소리로 바뀜.

㉠~㉢ 각각의 쌍은 위 조건 ⓐ~ⓓ 중 1가지 조건 만 차이가 나서 사이시옷 표기 여부가 갈린 예이다.

	사이시옷이 없는 단어	사이시옷이 있는 단어
㉠	도매가격[도매까격]	도맷값[도매깝]
㉡	전세방[전세빵]	아랫방[아래빵]
㉢	버섯국[버섣꾹]	조갯국[조개꾹]
㉣	인사말[인사말]	존댓말[존댄말]
㉤	나무껍질[나무껍찔]	나뭇가지[나무까지]

① ㉠ : ⓐ
② ㉡ : ⓑ
③ ㉢ : ⓒ
④ ㉣ : ⓓ
⑤ ㉤ : ⓓ

008

문맥상 ㉠과 ㉡에 들어갈 말로 가장 적절한 것은?

> 한글 맞춤법 제32항은 준말과 관련된 규정이다. 이는 준말로 적을 때에는 어근이나 어간의 끝음절 모음이 줄어들고 자음만 남는 경우 자음을 앞 음절의 받침으로 적는다는 규정이다. 가령 '어제저녁'에서 '어제'의 'ㅔ'가 줄어들고 남은 'ㅈ'은 첫 번째 음절의 받침으로 가서 '엊저녁'이 된다. '가지가지'의 준말인 '갖가지'도 마찬가지이다. 단, 이렇게 줄어든 말의 경우 뒤에 모음으로 시작하는 어미가 결합할 수 없다. 따라서 '헛디디다'의 경우 본말에 '-었다'가 결합한 '헛디디었다'로 쓸 수는 있으나, 이것의 준말인 (㉠)에다 '-었다'가 결합하여 (㉡)처럼 쓰면 안 된다.

	㉠	㉡
①	헛딛다	헛딛었다
②	헛디다	헛디뎠다
③	헛딛다	헛디뎠다
④	헛디다	헛딛었다

009

다음 글에 대한 이해로 적절하지 않은 것은?

> 한글 맞춤법 제51항에 따르면 부사의 끝음절이 분명히 '이'로만 나는 것은 '-이'로 적고, '히'로만 나거나 '이'나 '히'로 나는 것은 '-히'로 적어야 한다. 그러나 이 기준이 모호할 수 있기 때문에 일반적으로 다음과 같은 해설에 따라 표기한다.
>
> - '이'로 적는 것
>   - ㉠ (첩어 또는 준첩어인) 명사 뒤
>   - 예 겹겹이, 나날이 등
>   - ㉡ 'ㅂ' 불규칙 용언의 어간 뒤
>   - 예 가벼이, 쉬이 등
>   - ㉢ '-하다'가 붙지 않는 용언 어간 뒤
>   - 예 같이, 실없이 등
>
> - '히'로 적는 것
>   - ㉣ '-하다'가 붙는 어근 뒤 (단, 'ㅅ' 받침 제외.)
>   - 예 급히, 딱히 등

① ㉠에 따라 '다달히'가 아닌 '다달이'로 표기한다.
② ㉡에 따라 '새로히'가 아닌 '새로이'로 표기한다.
③ ㉢에 따라 '꼿꼿히'가 아닌 '꼿꼿이'로 표기한다.
④ ㉣에 따라 '엄격이'가 아닌 '엄격히'로 표기한다.

완전학습

1. 조사의 띄어쓰기를 암기한다.
2. 의존 명사의 띄어쓰기를 암기한다.

012 2011 서울시 9급

띄어쓰기가 올바로 표기된 것은?
① "뭐라고?"라고∨물었다.
② 그∨뿐만∨아니라∨그녀도∨그래.
③ 차가∨끊겨∨걸어∨갈∨수∨밖에∨없었다.
④ 사과는∨커녕∨오히려∨화를∨내다니.
⑤ 말로만∨큰∨소리∨친다.

013 2016 국가직 9급

띄어쓰기가 옳은 것은?
① 그는 우리 시대의 스승이라기 보다는 자상한 어버이이다.
② 그는 황소 같이 일을 했다.
③ 하루 종일 밥은 커녕 물 한 모금도 마시지 못했다.
④ 내 모자는 그것하고 다르다.

014 2011 지방직 9급

띄어쓰기가 옳은 것은?
① 우리∨민족의∨염원은∨통일뿐이다.
② 무엇이∨틀렸는∨지∨답을∨맞추어보자.
③ 우리는∨생사∨고락을∨함께∨한∨친구이다.
④ 이번∨시험에서∨우리∨중∨안∨되어도∨세∨명은∨합격할∨것같다.

정답과 해설

012 ① "뭐라고?" 뒤의 '라고'는 인용격 조사이므로 앞말과 붙여 쓴다.

013 ④ '그것'은 지시 대명사이므로 붙여 써야 한다.

014 ① '뿐'은 '그것만이고 더는 없음'을 뜻하는 보조사이므로 앞말과 붙여 쓴다.

제5장 띄어쓰기

제41항 조사는 그 앞말에 붙여 쓴다.

① 라고, 하고: 접속 조사 cf) '내가 왜?' 하고 그는 마음속으로 되뇌었다.
  예 **"뭐라고?"라고** 물었다.
  예 내 모자는 **그것하고** 다르다.
② 커녕
  예 **사과는커녕** 오히려 화를 내다니.
③ 깨나 cf) 공부 깨나 했나 보다.
  예 아는 체하는 걸 보니 **공부깨나** 했나 보다.
④ 그려
  예 이제 봄이 **옵니다그려**.
⑤ 이다: '제법이다'처럼 부사 뒤나 어미 '-아서/어서' 뒤에도 붙여 쓴다.
  예 이번 출장은 현지 시장 조사를 **위해서입니다**.
⑥ 보다 cf) 보다 높이 날 수 있어야 한다.
  예 그는 우리 시대의 **스승이라기보다는** 자상한 어버이이다.
⑦ 같이 cf) 우리 같이 갈까?
  예 그는 **황소같이** 일을 했다.
⑧ 마저 cf) 일을 마저 끝내고 가자.
  예 **막내마저** 출가를 시키니 허전하다.

제42항 의존 명사는 띄어 쓴다.

(1) 의존 명사의 띄어쓰기 원칙

관형어 뒤	의존 명사	띄어 쓴다

예 나에게 네가 본 대로 말해줄 수 있느냐?
예 배는 먹은 만큼 부르게 되어 있다.

체언 or 조사 뒤	조사	붙여 쓴다

예 큰 것은 큰 것대로 따로 모아 둬라.
예 집에서만이라도 제발 편히 쉬어라.

'기간' 의미	의존 명사	띄어 쓴다

예 조국을 떠난 지 삼 년이나 되었다.
예 2달 만에 비가 왔다.
예 우리가 학교를 졸업한 지 10년 만에 만났구나.

① 대로
  예 나에게 네가 **본 대로** 말해줄 수 있느냐?
  예 큰 것은 큰 **것대로** 따로 모아 둬라.
② 만큼
  예 나도 나이를 **먹을 만큼** 먹었어.
  예 저 **도서관만큼** 크게 지으시오.
  예 **부모님에게만큼은** 잘해 드리고 싶었는데….
③ 수
  예 개탄스럽지 **않을 수** 없다.
  예 우리는 언제든 **성장할 수** 있어요.
④ 뿐
  예 **그뿐만** 아니라 그녀도 그래.
  예 눈만 **말똥거릴 뿐** 대뜸 반응은 없다.
  예 **학교에서뿐만** 아니라 집에서도 말썽꾸러기였다.
⑤ 만
  예 우리가 학교를 졸업한 지 **십 년 만에** 만났구나.
  예 모임에 온 지 **두 시간 만에** 돌아가 버렸다.
  예 **집에서만이라도** 제발 편히 쉬어라.
  예 **두 달 만에** 비가 왔다.
  예 이게 얼마 **만인가**?
  예 사과가 **수박만** 하다면 믿겠어요?

(2) 원칙을 지키지만 어려운 경우

① 데: '기간'을 의미하거나 격 조사 '에, (에)서'가 결합 가능할 때 의존 명사(단, 보조사는 빼고 파악할 것!)
- 예 이 일을 **하는 데에** 사흘이 걸렸다.
- 예 영수는 제 나름대로 열심히 **노력하는 데서** 보람을 찾는다.
- 예 날씨가 **추운데** 외투를 입고 나가거라.

② 것: 의존 명사 / '~걸'의 형태인데 추측이면 어미로 붙여 씀
- 예 그는 **뜻한 것이** 있어 고향을 떠나
- 예 그렇게 **아름다운 걸** 보지 못하다니.
- 예 이처럼 **좋은 걸** 어떡해.
- 예 글쎄요, 아마 그 친구가 먼저 **갔을걸요**.

③ 밖에: 체언 다음에 올 때
- ㉠ '오직'의 의미에 대응될 때에는 조사(이때 뒤의 서술어는 부정 형태로 나타남)
- ㉡ '바깥 or 이외'의 의미로 쓰일 때에는 명사
- 예 사실상 여자 대 남자의 **대리전으로밖에는** 보이지 않아.
- 예 **대문 밖에** 누가 왔더라.
- 예 **그 밖에** 더 논의할 사항은

(3) 원칙에서 벗어나는 경우

① 지: '기간'을 의미할 때에는 의존 명사, 그 외에는 어미
- 예 그녀가 **떠난 지** 벌써 5년이 지났다.
- 예 무엇이 **틀렸는지** 답을 맞추어보자.

② 대신, 따위, 김: 무조건 의존 명사
- 예 **너 대신에** 다른 사람이라도 구해야겠다.
- 예 동해로 **가는 김에** 평창에도 들렀다 가자.
- 예 볼펜, 연필, **지우개 따위를** 문구류라 한다.

③ 바: 뒤에 조사가 붙어 '것'으로 대체되면 의존 명사, 그렇지 않은 '-ㄴ바' 형태면 어미
- 예 서류를 **검토한바** 몇 가지 미비한 사항이 발견되었다.
- 예 난점은 앞서 **말한 바와** 같다.

(4) 예외적 원칙

① 듯: 관형어 뒤에는 의존 명사, 그 외에는 어미
- 예 합격했다는 말에 **뛸 듯이** 기뻐하였다.
- 예 철수의 이마에는 땀이 비 **오듯** 흘러내렸다.

② '-뿐더러, -ㄹ수록, -ㄹ망정, -ㄹ밖에'
- 예 차라리 얼어서 **죽을망정** 겻불은 아니 쬐겠다.
- 예 그는 일도 **잘할뿐더러** 성격도 좋다.
- 예 이 책은 **읽을수록** 감동을 준다.
- 예 어른들이 다 떠나시니 나도 **떠날밖에**.

---

015 2017 기상직 9급

다음 문장 중 띄어쓰기가 바르지 않은 것은?
① 공부를ˇ조금ˇ더ˇ열심히ˇ할걸.
② 선생님이ˇ떠난ˇ지도ˇ오래되었다.
③ 키가ˇ클수록ˇ농구를ˇ잘한다는ˇ말은ˇ거짓이다.
④ 나는ˇ오늘ˇ저녁에ˇ엄마를ˇ도와ˇ요리를ˇ할거야.

016 2019 경찰직 2차

다음 중 띄어쓰기가 가장 적절한 것은?
① 가지ˇ말라는ˇ데는ˇ가지ˇ말아야지ˇ왜ˇ그런ˇ곳에ˇ간ˇ거야?
② 너ˇ만큼ˇ나도ˇ그ˇ사람을ˇ보고ˇ싶어.
③ 그ˇ일을ˇ왜ˇ해야ˇ하는ˇ지를ˇ잘ˇ모르겠어.
④ 나도ˇ그곳에서ˇ보다ˇ이곳에서의ˇ생활이ˇ더ˇ좋아.

정답과 해설

015 ④ 할거야(×)→할 거야(○): '할거야'는 '할 것이야'의 구어적 표현으로 '것'은 의존 명사이므로 앞말과 띄어 쓴다.

016 ① '말라는ˇ데는'의 '데'는 '곳'으로 대체가 가능하므로 의존 명사이며 앞말과 띄어 쓴다. '간ˇ거야'는 '간 것이야'의 구어적 표현이며, '것'은 의존 명사이므로 앞말과 띄어 쓴다.

완전학습

1. 단위성 의존 명사의 띄어쓰기를 암기한다.
2. 수를 적을 때의 띄어쓰기를 암기한다.
3. 두 말을 이어 주거나 열거할 적에 쓰는 말의 띄어쓰기를 암기한다.

017 2018 국가직 9급 1차
밑줄 친 부분의 띄어쓰기가 옳지 않은 것은?

① 이처럼 좋은 걸 어떡해.
② 제 3장의 내용을 요약해 주세요.
③ 공사를 진행한 지 꽤 오래되었다.
④ 결혼 10년 차에 내 집을 장만했다.

018 2018 해경직 2차
다음 숫자를 가장 적절하게 띄어 쓴 것은?

> 5,054,782,800

① 오 십억 오천사백칠 십팔만 이천팔 백
② 오십 억 오천사 백 칠십팔 만 이천팔 백
③ 오십억 오천사백칠십팔만 이천팔백
④ 오십 억 오천사 백칠십팔만 이천 팔백

019 2012 경북 교행 9급
다음 <보기>의 맞춤법 규정을 참고할 때, 띄어쓰기가 잘못된 것은?

> **보기**
> 제45항 두 말을 이어 주거나 열거할 적에 쓰이는 말들은 띄어 쓴다.
> 제46항 단음절로 된 단어가 연이어 나타날 적에는 붙여 쓸 수 있다.

① 부장 겸 차장
② 한잎 두잎
③ 이말 저말
④ 하루 내지 이틀
⑤ 이사장및 이사들

제43항 단위를 나타내는 명사는 띄어 쓴다.
- 예) 옷 한벌 살 돈이 없다.(×)
  옷 한 벌 살 돈이 없다.(○)

(1) '아라비아 숫자'나 '순서'를 나타낼 때에는 붙여 쓸 수 있다.
- 예) 옷 1 벌 살 돈이 없다.(○)
  옷 1벌 살 돈이 없다.(○)
- 예) 일 차 세계대전이 발발했다.(○)
  일차 세계대전이 발발했다.(○)

(2) '제-'는 접사이므로 무조건 뒷말과 붙여 쓴다.
- 예) 제일 차 세계대전이 발발했다.(○)
  제 일차 세계대전이 발발했다.(×)
  제일차 세계대전이 발발했다.(○)
- 예) 제1 차 세계대전이 발발했다.(○)
  제 1차 세계대전이 발발했다.(×)
  제1차 세계대전이 발발했다.(○)

제44항 수를 적을 적에는 '만(萬)' 단위로 띄어 쓴다.
- 예) 십이억 삼천사백오십육만 칠천팔백구십팔
  12억 3456만 7898

제45항 두 말을 이어 주거나 열거할 적에 쓰이는 다음의 말들은 띄어 쓴다.
- 예) 국장 겸 과장   열 내지 스물   청군 대 백군
  이사장 및 이사들   사과, 배, 귤 등등   사과, 배 등속
  부산, 광주 등지   책상, 걸상 등이 있다

※ '들': 열거한 사물 모두를 가리키거나, 그 밖에 같은 종류의 사물이 더 있음을 나타내는 말
- 예) 공책, 신문, 지갑 들이 놓여 있다.

제46항 단음절로 된 단어가 연이어 나타날 적에는 붙여 쓸 수 있다.
- 예) 좀더 큰것   이말 저말   한잎 두잎   물 한병

정답과 해설

017 ② 제 3장의(×)→제3장의(○): '제-'는 뒤에 숫자를 뜻하는 말이 따라 왔으므로 차례를 나타내는 접사이며 뒷말에 붙여 쓴다.

018 ③ 한글 맞춤법 제44항에 따라 수를 적을 적에는 '만(萬)' 단위로 띄어 쓴다.

019 ⑤ 이사장및 이사들(×)→이사장 및 이사들(○): 두 말을 이어 주는 말인 '및'은 한글 맞춤법 제45항에 따라 앞말과 띄어 쓴다.

제47항 보조 용언은 띄어 씀을 원칙으로 하되, 경우에 따라 붙여 씀도 허용한다.

(1) '실질적 의미'가 없을 경우
- 예) 늙어 간다○ – 늙어간다○
  알아 가지고 간다○ – 알아가지고 간다○

(2) '의존 명사+하다, 싶다'의 경우
- 예) 학자인 양하다○ – 학자인양하다○ – 학자인양 하다×
  올 듯싶다○ – 올듯싶다○
  잘난 체하다○ – 잘난체하다○
  (단, '괄목할 만하다'는 '괄목할만하다'로 붙여 쓰면 안 된다!)

※ (2)의 경우 조사가 결합하면 무조건 띄어 써야 한다.
- 예) 음식이 먹을 만하다○
  음식이 먹을만하다○
  음식이 먹을 만도 하다○
  음식이 먹을 만도하다×
  음식이 먹을만도 하다×

(3) 주의해야 할 띄어쓰기
① '만'
  ㉠ '만하다'면 보조 용언
  ㉡ 체언이나 조사 뒤에서는 조사
  ㉢ 관형어 뒤나 '기간'을 의미하면 의존 명사
  - 예) 이제 좀 살 만하다○ – 이제 좀 살만하다○
    집채만한 파도가 밀려와 짐을 실은 뗏목을 덮쳤다.
    → 집채만 한
② 연결 어미 '-아/어'가 올 경우에만 붙여 쓸 수도 있다.
  - 예) 막지 못한다○ – 막지못한다×

제48항 성과 이름, 성과 호 등은 붙여 쓰고, 이에 덧붙는 호칭어, 관직명 등은 띄어 쓴다.
- 예) 김양수(金良洙)   이율곡(율곡 이이)   충무공 이순신(cf. 이충무공)
  최치원 선생(최 선생)   박동식 부장(박 부장)   권규호 씨(cf. 안동 권씨)

제49항 성명 이외의 고유 명사는 단어별로 띄어 씀을 원칙으로 하되, 단위별로 띄어 쓸 수 있다.
- 예) 대한 중학교○ – 대한중학교○
  한국 대학교 사범 대학○ – 한국대학교 사범대학○

제50항 전문 용어는 단어별로 띄어 씀을 원칙으로 하되, 붙여 쓸 수 있다.
- 예) 만성 골수성 백혈병○ – 만성골수성백혈병○
  중거리 탄도 유도탄○ – 중거리탄도유도탄○

완전학습

1. 보조 용언의 띄어쓰기를 암기한다.

020 2011 국회직 8급

띄어쓰기가 바르지 않은 것은?
① 날씨가 흐리니 비가 올 성 싶다.
② 너의 단점은 남이 말할 때 끼어드는 데 있다.
③ 사과가 수박만 하다면 믿겠어요?
④ 다음 학기부터는 열심히 공부할 거야.
⑤ 그 사람과는 아예 아는 체를 하지 마라.

021 2018 지방직 7급

띄어쓰기가 옳은 것은?
① 부모와 자식간에도 예의는 지켜야 한다.
② 김 양의 할머니는 안동 권씨라고 합니다.
③ 내일이 이 충무공 탄신 500돌이라고 합니다.
④ 이번 여름에는 카리브 해로 휴가를 가기로 했어.

정답과 해설

020 ① 올 성싶다(×)→올 성싶다/올성싶다(○): '성싶다'는 보조 용언이므로 '올 성싶다'에서처럼 앞말과 띄어 쓰는 것을 원칙으로 하되, '올성싶다'처럼 앞말과 붙여 쓰는 것도 허용한다.

021 ② 권씨(○): '-씨'가 성씨를 나타낼 때는 '접미사'이므로 성과 붙여 쓴다.
오답피하기 ① 자식간에도(×)→자식 간에도(○): '사이'를 나타내는 '간'은 의존 명사이므로 앞말과 띄어 쓴다. ③ 이 충무공(×)→이충무공(○): 성과 호는 붙여 쓰므로, 성인 '이'와 호인 '충무공'도 붙여 쓴다. ④ 카리브 해(×)→카리브해(○): '산, 해, 강, 호, 섬, 산맥, 고원' 등은 고유어와 외래어 모두 붙여 쓰는 것이 원칙이므로 '카리브해'처럼 붙여 쓴다.

• 신유형 문제

010
다음 글에 대한 이해로 적절하지 않은 것은?

한글 맞춤법 제2항은 띄어쓰기에 관한 것이다. 이에 따르면 각 단어는 띄어 씀을 원칙으로 한다고 규정하고 있다. 단어는 최소 자립 형식으로 제2항에 따르면 단어별로 띄어 써야 한다. 가령 형용사 '작은'과 명사 '집'은 각각 단어이므로 띄어 써서 '작은 집'이라고 써야 한다. 그런데 '백부'를 의미하는 '큰아버지'의 경우 최소 자립 형식은 '큰'과 '아버지'이지만 '큰아버지'로 붙여 써야 한다. 다시 말해 '큰'과 '아버지' 각각은 단어이지만 단어가 결합하여 '큰아버지'라는 하나의 단어가 된 것이므로 이 둘을 띄어 써서는 안 된다는 것이다.

이런 현상은 분리 불가능성 때문에 나타난다. 분리 불가능성이란 어떤 언어 형식이 단어라고 할 때, 그 내부는 더 이상 분리가 불가능하다는 것을 의미한다. 가령 '큰아버지'를 분리하여 '큰 우리 아버지'라고 써 버리면 기존의 의미를 유지하지 못한다. 사전은 기본적으로 단어 단위로 등재가 된다. 그렇기 때문에 '큰 아버지'는 등재될 수 없지만 '큰아버지'는 등재된다.

한편 앞말과 따로 떨어져 쓸 수 없는 조사도 단어로 인정된다. 사실 조사는 자립성이 없다. 그렇기 때문에 단어로 보지 말아야 한다는 관점도 있다. 그러나 조사는 앞말과 분리 가능하다. 예컨대 '철수가 집에 갔다'에서 만약 '철수가'가 하나의 단어라면 단어끼리는 긴밀하게 연관되어 있으므로 어떤 성분이 생략되어서는 안 된다. 그러나 앞 문장에서 '가, 에' 등을 생략하고 '철수 집 갔다'처럼 쓸 수 있다. 이런 연유로 조사는 단어로 인정된다.

① '큰아버지'는 분리 불가능성 때문에 하나의 단어로 인정된다.
② '큰아버지'는 '큰'이라는 단어와 '아버지'라는 단어로 이루어진다.
③ '큰 우리 아버지'에서 '큰 아버지'는 '백부'를 의미하는 것이 아니다.
④ 조사가 자립성이 없지만 단어로 인정되는 까닭은 분리 불가능성 때문이다.

정답과 해설

010 ④ 3문단에 따르면 조사는 자립성이 없으나, 앞말과 분리 가능하므로 단어로 인정된다. 따라서 조사가 단어로 인정되는 까닭은 분리 불가능성 때문이라는 설명은 적절하지 않다.
오답피하기 ① 2문단에 따르면 '큰아버지'를 분리하여 '큰 우리 아버지'라고 써 버리면 기존의 의미를 유지하지 못한다. 즉, 분리 불가능성 때문에 '큰아버지'라는 하나의 단어가 된 것이다. 따라서 '큰아버지'는 분리 불가능성 때문에 하나의 단어로 인정된다는 설명은 적절하다. ② 1문단에 따르면 '큰'과 '아버지' 각각은 단어이지만 단어가 결합하여 '큰아버지'라는 하나의 단어가 된 것이다. 따라서 '큰아버지'는 '큰'이라는 단어와 '아버지'라는 단어로 이루어진다는 설명은 적절하다. ③ 1문단에 따르면 '백부'를 의미하는 '큰아버지'의 경우 최소 자립 형식은 '큰'과 '아버지'이지만 '큰아버지'로 붙여 써야 한다. 따라서 '큰 우리 아버지'에서 '큰 아버지'는 '백부'를 의미하는 것이 아니라는 설명은 적절하다.

제 7 장 • 로마자 표기법

제1장 표기의 기본 원칙

1. 전사법-전자법
① 전사법이란 언어를 표기할 때 소리의 변화를 표기에 반영하는 방식
② 전자법이란 소리의 변화에 관계없이 문자와 문자를 일대일로 대응시키는 방식
∴ 〈로마자 표기법〉은 전사법을 따른 것이다.
예) 종로 → 전사법: [종노] – jongno
　　　　　전자법: 종로 – jongro

2. 〈로마자 표기법〉 vs 영문자 표기법
영문자란 영어를 표기하는 데 쓰이는 문자이다. 반면 로마자는 그리스 문자에서 유래한 음소 문자로 라틴어를 표기하는 데 쓰이는 문자이다. 〈로마자 표기법〉은 로마자를 활용하여 우리말을 외국인에게 표기로 전달하기 위해서 만든 방식이다. 따라서 영문자 표기법과 〈로마자 표기법〉은 근본적으로 다르다.

제2장 표기 일람

1. 모음
① 단모음

ㅏ	ㅓ	ㅗ	ㅜ	ㅡ	ㅣ	ㅐ	ㅔ	ㅚ[ㅞ]	ㅟ
a	eo	o	u	eu	i	ae	e	oe	wi

② 이중 모음

ㅑ	ㅕ	ㅛ	ㅠ	ㅒ	ㅖ	ㅘ	ㅙ	ㅝ	ㅞ	ㅢ
ya	yeo	yo	yu	yae	ye	wa	wae	wo	we	ui

: 우리나라 이중 모음은 'y, w, u'계 세 가지가 있다.
※ 'ㅜ'를 'w'로 적지 않고 'u'로 적는 까닭은 'we'를 '우에'로 인식할 수 있기 때문이고, 'ㅚ'를 'we'로 적지 않는 이유는 'ㅞ' 때문이다.
※ 주의해야 할 표기 일람 : 'ㅡ'는 'eu'로, 'ㅚ'는 'oe'로, 'ㅝ'는 'wo'로 적는다.

2. 자음
① 파열음

ㄱ	ㄲ	ㅋ	ㄷ	ㄸ	ㅌ	ㅂ	ㅃ	ㅍ
g, k	kk	k	d, t	tt	t	b, p	pp	p

② 파찰음

ㅈ	ㅉ	ㅊ
j	jj	ch

③ 마찰음

ㅅ	ㅆ	ㅎ
s	ss	h

④ 비음

ㄴ	ㅁ	ㅇ
n	m	ng

⑤ 유음

ㄹ
r, l

제3장 〈로마자 표기법〉에 따라 쓰기

1. 한글화 작업(ㅢ, 된, 거)
① 표준 발음법을 적용하는데, 'ㅢ'는 무조건 살린다.
　예) 광희문 → [광히문]×, [광희문]○ ∴ Gwanghuimun
② 된소리되기는 뺀다. 이때 본래 된소리는 된소리로 표기해야 한다!
　예) 압구정 → [압꾸정]×, [압구정]○ ∴ Apgujeong
　　벚꽃 → [벋꼳]○, [벋곧]× ∴ beotkkot
③ 체언이면 거센소리되기를 뺀다.
　예) 놓다 → [노타]○, [놓다]× ∴ nota
　　집현전 → [지편전]×, [집현전]○ ∴ Jiphyeonjeon

2. 로마자 표기 작업(ㄹ)
① 'ㄹㄹ'을 'll'로 바꾸었나 점검한다.
　예) 선릉: Seonleung → Seolleung
② 모음 앞-'g, d, b, r', 그 외-'k, t, p, l'인지 점검한다.
　예) 구미: Kumi → Gumi　　백암: Paekam → Baegam
　　구리: Guli → Guri　　합덕: Haptteog → Hapdeok
　　울릉: Ulreung → Ulleung
③ 고유 명사는 대문자로 적고, 성과 이름은 띄어 쓴 건지 점검한다.
　예) 부산: pusan → Busan
④ 표기 일람에 맞게 표기한다. 특히 'ㅍ(p), ㅝ(wo), ㅓ(eo)'.

✓ 연습문제

※주의해야 할 표기
01 왕십리 – Wangsimri → Wangsimni
02 여의도 – Yeoido → Yeouido
03 압록강 Amrokgang → Amnokgang
04 독립문 – Dongnipmun → Dongnimmun
05 종로[종노] – Jongro → Jongno
06 합덕 – Haptteok → Hapdeok
07 묵호 – Muko → Mukho
08 오죽헌 – Ojukeon → Ojukheon
09 선릉 – Seonneung → Seolleung
10 신륵사(神勒寺) – Sinreuksa → Silleuksa
11 월곶 – Weolgot → Wolgot
12 북악 – Bukak → Bugak
13 극락전 – Geuknakjeon → Geungnakjeon
14 영등포 – Yeongdeungpo → Yeongdeungpo
15 대관령 – Daegwalryeong → Daegwallyeong
16 설악 – Seolak → Seorak
17 안압지(雁鴨池) – Anabjji → Anapji
18 볶음밥 – Bokkeumbap → bokkeumbap
19 식혜 – Shikhye → sikhye

3. 붙임표 확인하기

① 이름에 나타나는 음운 변동은 일절 인정하지 않는다. 성과 이름은 띄어 써야 하고, 이름 사이에는 붙임표를 붙일 수 있다.
   - 예) 한복남: Han Bongnam → Han Boknam or Han Bok-nam
     홍빛나: Hong Binna → Hong Bitna or Hong Bit-na

② 행정 구역에만 붙임표를 넣고 붙임표 앞뒤의 음운 변동을 인정하지 않는다. 단, '답십리'의 '리'는 행정 구역이 아니다.
   - 예) 인왕리: inwang-ni → Inwang-ri
     답십리: Dapsip-li → Dapsimni

③ 자연물·문화재명·인공 축조물에는 붙임표를 빼야 한다.
   - 예) 남산: Nam-san → Namsan

④ 발음상 혼동을 주는 것은 붙임표를 붙인다.
   - 예) 반구대: Bangudae → Ban-gudae

4. 인명, 회사명, 단체명 등은 그동안 써 온 표기를 쓸 수 있고(예: 삼성-Samsung), 학술 연구 논문 등 특수 분야에서 한글 복원을 전제로 표기할 경우에는 한글 표기를 대상으로 적는다.(예: 먹는-meogneun)

✓ 연습문제

※주의해야 할 표기
01 삼죽면(三竹面) - Samjung-myeon → Samjuk-myeon
02 홍길동 - Hong Gil-Dong → Hong Gil-dong
03 인왕리 - Inwang-li → Inwang-ri

신유형 문제

001
2015학년도 6월 B 13번

(가)에 들어갈 내용으로 적절하지 않은 것은?

> **선생님**: 로마자 표기법은 국제화 시대에 그 중요성이 더 커지고 있습니다. 로마자 표기법을 구체적으로 배우기 전에, 다음 자료로 탐구한 내용을 발표해 봅시다.
>
> | 표기 | 표준 발음 | 올바른 로마자 표기 | |
> |------|----------|------------------|---|
> | 가락 | [가락] | garak | ㉠ |
> | 앞집 | [압찝] | apjip | ㉡ |
> | 장롱 | [장ː농] | jangnong | ㉢ |
>
> **학생**: (가)

① ㉠에서 '가'의 'ㄱ'은 'g'로, '락'의 'ㄱ'은 'k'로 표기한 것을 보니, '가락'의 두 'ㄱ'은 같은 자음이지만 다른 로마자로 적었어요.

② ㉡에서 '앞'의 'ㅍ'과 '집'의 'ㅂ'을 모두 'p'로 표기한 것을 보니, '앞집'의 'ㅍ'과 'ㅂ'은 다른 자음이지만 동일한 로마자로 적었어요.

③ ㉢에서 장음을 표시하는 기호인 'ː'가 로마자 표기에 없는 것을 보니, 장단의 구별은 로마자 표기에 반영하지 않았어요.

④ ㉠에서 '락'의 'ㄹ'은 'r'로, ㉢에서 '롱'의 'ㄹ'은 'n'으로 표기한 것을 보니, ㉢ '장롱'의 로마자 표기는 자음 동화를 반영하여 적었어요.

⑤ ㉡에서 '집'의 'ㅈ'과 ㉢에서 '장'의 'ㅈ'을 같은 로마자로 표기한 것을 보니, ㉡ '앞집'의 로마자 표기는 된소리되기를 반영하여 적었어요.

정답과 해설

001 ⑤ 이 문항에서는 개별 사례를 통해 로마자 표기 원칙을 탐구할 수 있는지 묻고 있는 문제이다. '앞집'은 [압찝]으로 발음되지만, '장롱[장ː농]'에서의 표기와 마찬가지로 'ㅈ'은 'j'로 표기하고 있다. 즉 '앞집[압찝]'에서 일어나는 된소리되기는 로마자 표기에 반영되지 않음을 확인할 수 있다.

오답피하기 ① [가락]은 로마자로 표기하면 'garak'이 된다. 즉 같은 'ㄱ'이지만 로마자 표기 규정에 따라 모음 앞의 'ㄱ'은 'g'로, 어말의 'ㄱ'은 'k'로 적는다는 것을 확인할 수 있다. ② '앞'은 'ap'으로 표기하고, 집은 'jip'으로 표기하여 'ㅍ'과 'ㅂ' 모두 'p'로 적었다. 로마자 표기는 국어의 표준 발음에 따라 적는 것이 원칙이기 때문이다. 즉 '앞'의 발음은 [압]이므로 종성을 'p'로 표기해야 한다. ③ 로마자의 표기에서 장음을 표시하는 별도의 기호는 반영되지 않았다. ④ '장롱'은 자음 동화(비음화)가 일어나 [장ː농]으로 발음되고 이를 로마자로 표기하면 'jangnong'이 된다. 로마자 표기법은 '음운 변화가 일어날 때에는 변화의 결과에 따라 적는다.'고 규정하고 있기 때문이다.

제8장 • 고전 문법

완전학습

1. 초성 17자의 제자 원리를 암기하자.
2. 중성 11자의 제자 원리를 암기하자.
3. 병서와 연서자는 창제 글자가 아님을 암기하자.

001 2011 기상직 9급
한글의 기본자가 무엇의 형상을 본떠 만든 것인지에 대한 다음 설명 가운데 틀린 것은?
① 모음 가운데 'ㅡ'는 평평한 땅을 본떠 만들었다.
② 모음 가운데 'ㅣ'는 서 있는 인간의 모습을 본떠 만들었다.
③ 자음 가운데 'ㄱ'은 발음할 때 혀의 모양을 본떠 만들었다.
④ 자음 가운데 'ㅇ'은 입 모양을 본떠 만들었다.

002 2011 국가직 9급
휴대 전화의 문자 입력 방식 중, 훈민정음 창제에 나타난 '가획(加劃)의 원리'에 해당하는 것은?
① 'ㄱ'을 두 번 누르면 'ㄲ'이 되고, 'ㄷ'을 두 번 누르면 'ㄸ'이 된다.
② 'ㄱ' 다음에 '*'를 누르면 'ㅋ'이 되고, 'ㄴ' 다음에 '*'를 누르면 'ㄷ'이 된다.
③ 'ㅣ' 다음에 '·'를 누르면 'ㅏ'가 되고, '·' 다음에 'ㅡ'를 누르면 'ㅗ'가 된다.
④ 'ㅏ' 다음에 'ㅣ'를 누르면 'ㅐ'가 되고, 'ㅗ' 다음에 'ㅏ'를 누르면 'ㅘ'가 된다.

003 2015 경찰직 2차
'훈민정음'에 대한 설명으로 가장 바르지 못한 것은?
① 'ㄱ, ㄴ, ㅁ, ㅅ, ㅇ'은 각각 발음 기관을 상형하여 만들었다.
② 'ㄴ'에 가획(加劃)의 원리를 적용하여 'ㄷ, ㅌ, ㄸ'을 만들었다.
③ 모음 자모 '·, ㅡ, ㅣ'는 각각 하늘, 땅, 사람을 상형하여 만들었다.
④ 'ㄹ, ㅿ'을 살펴보면 다른 한글 자모에 쓰인 가획의 원리와 차이가 있다.

004 2017 국가직 9급
훈민정음의 28 자모(字母) 체계에 들지 않는 것은?
① ㆆ ② ㅿ ③ ㆁ ④ ㅸ

정답과 해설

001 ④ 'ㅇ'은 후음(喉音)의 기본자로 목구멍의 모양을 본떠 만든 글자이다. 입의 모양을 본떠 만든 글자는 순음(脣音)의 기본자인 'ㅁ'이다.

002 ② 'ㅋ'은 'ㄱ'의 가획자이며, 'ㄷ'은 'ㄴ'의 가획자이므로 모두 가획의 원리와 관련이 있다.

003 ② 'ㄸ'은 가획이 아닌 옆으로 나란히 쓰는 '병서(竝書)의 원리'에 따라 만든 글자이다.

004 ④ 연서자나 병서자는 28자모에 속하지 않는다. 'ㅸ'은 연서자이므로 제자 글자가 아니다.

---

1 훈민정음(訓民正音)

- '훈민정음'이란 '백성을 가르치는 바른 소리'
- 창제 연도: 1443년, 반포 연도: 1446년
- 구성: 한문본 – '해례본(解例本)' ('예의, 해례, 서문'으로 구성)
  한글본 – '언해본(諺解本)' ('예의'편만 국문 수록)

1. 제자 원리

(1) 초성(17자): 안 보고 쓸 수 있어야 한다!

五音	기본자 (상형의 원리)	해례 제자해 (解例 制字解)	가획자 (소리의 세기○)	이체자 (소리의 세기×)
아음 (牙音)	ㄱ	牙音ㄱ 象舌根閉喉之形 (어금닛소리 ㄱ은 혀뿌리가 목구멍을 막은 모양)	ㅋ	ㆁ
설음 (舌音)	ㄴ	舌音ㄴ 象舌附上齶之形 (설음 ㄴ은 혀가 윗잇몸에 닿은 모양)	ㄷ ㅌ	ㄹ
순음 (脣音)	ㅁ	脣音ㅁ 象口形 (순음 ㅁ은 입의 모양)	ㅂ ㅍ	
치음 (齒音)	ㅅ	齒音ㅅ 象齒形 (치음 ㅅ은 이의 모양)	ㅈ ㅊ	ㅿ
후음 (喉音)	ㅇ	喉音ㅇ 象喉形 (후음 ㅇ은 목구멍의 모양)	ㆆ ㅎ	

※ 다음 자음은 창제 글자가 아니다!
- 병서: ㄲ, ㄸ, ㅃ, ㅆ, ㅉ, ㆅ
- 연서: ㅸ, ㆄ, ㅹ, ㅱ

(2) 중성(11자)

상형 원리	기본자	합성 원리	초출자	합성 원리	재출자
하늘	·	· + ㅡ	ㅗ	· + · + ㅡ	ㅛ
땅	ㅡ	ㅣ + ·	ㅏ	ㅣ + · + ·	ㅑ
사람	ㅣ	ㅡ + ·	ㅜ	ㅡ + · + ·	ㅠ
		· + ㅣ	ㅓ	· + · + ㅣ	ㅕ

(3) 종성
- '종성부용초성(終聲復用初聲)': 모든 초성자를 종성으로 다시 쓸 수 있다는 의미. 단, 이는 세종 때의 『용비어천가』, 『월인천강지곡』에서만 적용됨.(乃냉終즁ㄱ 소리는 다시 첫소리를 쓰느니라)

2. 문자의 운용

(1) 연서(連書)-니어쓰기(이어쓰기)

① 본문 내용: ㅇ를 입시울쏘리 아래 니어 쓰면 입시울 가비야ᄫᆞᆯ 소리 ᄃᆞ외ᄂᆞ니라
  (ㅇ을 입술소리 아래 이어 쓰면 입술 가벼운 소리가 된다)

② 특징
  ㉠ 연서는 세로로 글자를 나란히 쓰는 것을 말한다. '순음'과 'ㅇ'을 세로로 써 가벼운입술소리(순경음)를 표현하였다.
  ㉡ 연서로 쓰여진 'ㅸ, ㆄ, ㅹ, ㅱ' 중에서 'ㅸ'만이 국어에서 쓰였고, 나머지는 한자음 표기에 사용되었다.
  ㉢ 세종과 세조 당시에만 사용되고 현대 국어에서는 이와 같은 자음은 소실되었다.

(2) 병서(竝書)-골바쓰기(나란히쓰기)
  ① 본문 내용: 첫소리를 어울워 뚫디면 골바 쓰라 내종 소리도 호가지라
              (초성을 어울려 쓰려면 나란히 써야 하니 종성도 같다)
  ② 종류
    ㉠ 각자병서: 서로 같은 자음을 옆으로 나란히 쓰는 법 (ㄲ, ㄸ, ㅃ, ㅆ, ㅉ, ㆅ)
    ㉡ 합용병서: 서로 다른 자음을 옆으로 나란히 쓰는 법 (ㅳ, ㅄ, ㆁ, ㄹ, ㅄ…)
  ③ 특징
    합용병서는 흔히 어두 자음군이라고도 한다. 초성 합용병서자에는 ㅅ계에 'ㅺ, ㅼ, ㅽ' 등이 있고, ㅂ계에 'ㅳ, ㅄ, ㅴ, ㅵ' 등이 있으며, ㅄ계에 'ㅴ, ㅵ' 등이 있다.

(3) 부서(附書)-브텨쓰기(붙여쓰기)
  ① 본문 내용: ᆞ와 ㅡ와 ㅗ와 ㅜ와 ㅛ와 ㅠ와란 첫소리 아래 브텨 쓰고
              ㅣ와 ㅏ와 ㅓ와 ㅑ와 ㅕ와란 올흔녀긔 브텨 쓰라
              (ᆞ와 ㅡ와 ㅗ와 ㅜ와 ㅛ와 ㅠ는 첫소리 아래 붙여 쓰고, ㅣ와 ㅏ와 ㅓ와 ㅑ와 ㅕ는 첫소리 오른쪽에 붙여 쓰라)
  ② 특징: 부서법이란 초성과 중성을 어떻게 표기할 것인지를 나타내고 있다. 크게 모음을 자음의 오른쪽에 붙여 쓰는 방법(=우서법)과 모음을 자음 아래로 붙여 쓰는 방법(=하서법)으로 나눌 수 있다.

(4) 성음법(聲音法)-음절 이루기
  ① 본문 내용: 믈읫 字쭝ㅣ 모로매 어울어사 소리 이ᄂᆞ니
              (무릇 글자는 모름지기 합쳐져야 음절을 이룰 수 있다)
  ② 특징: 성음법이란 초성과 중성 등이 합하여만 소리가 난다는 의미이다. 띄어쓰기는 하지 않았다.

(5) 성조(聲調)-방점(傍點)
  ① 본문 내용: :왼녀ᇰ·긔 혼 點뎜·을 더으·면 ·ᄆᆞᆺ노·푼 소·리·오 點:뎜·이 :둘히·면 上:썅聲셔ᇰ·이·오 點:뎜·이 :업스·면 平뼝聲셔ᇰ·이·오 入십聲셔ᇰ·은 點:뎜더·우·믄 ᄒᆞᆫ가·지·로·ᄃᆡ ᄲᆞᄅᆞ·니·라
              (왼쪽에 한 점을 찍으면 거성이오, 점이 둘이면 상성이오, 점이 없으면 평성이오, 입성은 점 찍는 것은 같으나 빠르다)
  ② 성조의 종류

	설명	방점
평성	낮고 평평한 소리	0개 (無點)
거성	한결같이 높은 소리	1개 (1點)
상성	처음에는 낮다가 끝에는 높은 소리	2개 (2點)
입성	촉급하게 끝 닫는 소리	방점으로 표기하지 않음 ('ㄱ, ㄷ, ㅂ, ㅅ' 등의 무성음 받침에서)

  ③ 특징
    ㉠ 성조를 통해 단어의 의미를 구별하였다.
      예 손(客) - ·손(手)
    ㉡ 16세기 무렵 흔들리기 시작하여 소멸되었다. 이때 상성은 장음으로 남아 현대에까지 이어진다.
    ㉢ 현대 국어의 경상도 방언이나 함경도 방언의 일부에 아직 남아 있다.

(6) 동국정운식 한자음
  ① 동국정운식 한자음: 예로부터 내려온 현실 한자음 대신 이상적인 한자음을 제시하기 위해서 『동국정운(東國正韻)』에 나타난 한자음을 일컫는다. 『동국정운(東國正韻)』은 세종 때 편찬된 것으로 이를 통해 한자의 권위를 인정한 세종의 태도를 엿볼 수 있다.
  ② 특징
    ㉠ 이영보래(以影補來): 중세 한국어에서 중국 한자의 -t계 입성 운미가 한국에서 -l로 변화하자, 그것을 바로잡기 위해 ㄹ 다음에 ㆆ을 표기하는 것
    ㉡ 초·중·종성의 완벽한 표기: 한자음의 경우 초성, 중성, 종성을 모두 표기하여야 한다. 그래서 받침이 없는 한자어에는 음가가 없는 'ㅇ'을 받침으로 덧붙이기도 하였다.
      예 世솅宗조ᇰ(세종)
    ㉢ 현실적 한자음이 아니기 때문에 세종 이후로는 거의 쓰이지 않게 되었다.

완전학습

1. 연서자의 특성을 암기하자.
2. 병서자의 특성을 암기하자.

005 2016 서울시 9급
훈민정음 해례본에 나오는 한글의 제자 원리로 가장 옳은 것은?
① 초성은 발음기관을 본떠 만들었는데 'ㄱ'은 혀가 윗잇몸에 닿는 모양을 본뜬 것이다.
② 'ㄱ, ㄴ, ㅁ, ㅅ, ㅇ' 5개의 기본 문자에 가획의 원리로 'ㅋ, ㄷ, ㅌ, ㄹ, ㅂ, ㅈ, ㅊ, ㅎ' 총 8개의 문자를 만들었다.
③ 문자의 수는 초성 10자, 중성 10자, 종성 8자로 모두 28자이다.
④ 연서(連書)는 'ㅇ'을 이용한 것으로서 예로는 'ㅸ'이 있다.

006 2013 지방직 7급
다음은 훈민정음 창제의 원리를 설명한 것이다. 괄호 안에 들어갈 말로 부적절한 것은?

> 초성, 곧 (㉠)은 발음기관의 모양을 본떴음을 알 수 있으니, 이는 곧 (㉡)의 원리이다. 아음인 ㄱ은 혀뿌리가 목구멍을 막는 모양을, 설음인 ㄴ은 혀가 윗잇몸과 닿는 모양을 본떠서 만든 것이 그것이다. 이처럼 모양을 본떠서 만든 초성은 ㄱ, ㄴ, ㅁ, ㅅ, ㅇ의 다섯 글자이다. 이 다섯을 기본자로 삼고 기본자에 획을 더해 가는 방식을 취하였으니, 이는 곧 (㉢)의 원리이다. ㄱ에 획을 더하여 ㅋ을, ㄴ에 획을 더하여 ㄷ을, ㄷ에 획을 더하여 ㅌ을 만든 것이 그것이다. 한편, 'ㆁ', 'ㅿ', 'ㄹ'은 (㉣)라고 한다.

① ㉠: 자음
② ㉡: 상형
③ ㉢: 병서
④ ㉣: 이체자

정답과 해설

005 ④ 글자를 세로로 나란히 쓰는 연서자인 'ㅸ, ㆄ, ㅹ, ㅱ'에는 모두 'ㅇ'이 들어간다.
006 ③ ㉢에 들어갈 말은 '가획(加劃)'이다. 초성 기본자 'ㄱ, ㄴ, ㅁ, ㅅ, ㅇ'에 획을 더하여 새로운 자음을 만드는 것을 가획(加劃)의 원리라고 한다. '병서(竝書)'는 'ㄲ, ㄸ, ㄳ, ㄵ' 등처럼 글자를 가로로 나란히 쓰는 것을 뜻한다.

[참고 자료]

(1) 훈민정음의 체계

① 자음 체계

훈민정음에 나타난 자음 체계는 기본자 17자에다 병서 6자(ㄲ, ㄸ, ㅃ, ㅆ, ㅉ, ㆅ)가 더해져 총 23자로 구성된다.

	아음 (牙音)	설음 (舌音)	순음 (脣音)	치음 (齒音)	후음 (喉音)	반설음 (半舌音)	반치음 (半齒音)
전청(全淸)	ㄱ	ㄷ	ㅂ	ㅈ ㅅ	ㆆ		
차청(次淸)	ㅋ	ㅌ	ㅍ	ㅊ	ㅎ		
전탁(全濁)	ㄲ	ㄸ	ㅃ	ㅉ ㅆ	ㆅ		
불청불탁 (不淸不濁)	ㆁ	ㄴ	ㅁ		ㅇ	ㄹ	ㅿ

② 모음 체계

현대 국어의 단모음이 10개인 것과 달리 중세 국어의 단모음은 7개이다. 중세 이후 이중 모음이었던 'ㅐ, ㅔ, ㅚ, ㅟ'가 단모음화되면서 현대 국어의 단모음 체계로 바뀌게 되었다.

	전설 모음	중설 모음	후설 모음
고모음	ㅣ	ㅡ	ㅜ
중모음		ㅓ	ㅗ
저모음		ㅏ	·

(2) 자모의 명칭과 순서

① 세종 때 자음의 순서와 명칭

순서	ㄱ, ㅋ, ㆁ	ㄷ, ㅌ, ㄴ	ㅂ, ㅍ, ㅁ	ㅈ, ㅊ, ㅅ	ㆆ, ㅎ, ㅇ	ㄹ	ㅿ
명칭	특별한 명칭이 존재하지 않았을 거라고 추측							

② 『훈몽자회』에서의 자음의 순서: 현대 국어와 같지 않다!

ㄱ	ㄴ	ㄷ	ㄹ	ㅁ	ㅂ	ㅅ	ㅇ	ㅋ	ㅌ	ㅍ	ㅈ	ㅊ	ㅿ	ㆁ	ㅎ
기역	니은	디귿	리을	미음	비읍	시옷	이응	키	티	피	지	치	ㅿ	이	히

• 신유형 문제

001
2014학년도 9월 B 16번

<보기 1>의 (가), (나)에 따른 표기의 사례를 <보기 2>의 ㉠~㉣에서 찾아 바르게 짝지은 것은?

보기 1

(가) ㅇ를 입시울쏘리 아래 니서 쓰면 입시울 가비야ᄫᆞᆫ 소리 드외ᄂᆞ니라
 [풀이] ㅇ을 순음 아래 이어 쓰면 순경음이 된다.

(나) 첫소리를 어울워 ᄡᅳᇙ 디면 골바 쓰라
 [풀이] 초성 글자를 합하여 사용할 때에는 나란히 써라.

보기 2

나랏 말ᄊᆞ미 中듕國귁에 달아 文문字ᄍᆞ와로 서르 ᄉᆞᄆᆞᆺ디 아니ᄒᆞᆯᄊᆡ 이런 젼ᄎᆞ로 어린 百ᄇᆡᆨ姓셩이 니르고져 홇 배 이셔도 ㉠ᄆᆞᄎᆞᆷ내 제 ᄠᅳ들 시러 펴디 몯홇 노미 하니라 내 이ᄅᆞᆯ 爲윙ᄒᆞ야 어엿비 너겨 새로 스믈여듧 字ᄍᆞᆯ ㉡밍ᄀᆞ노니 사ᄅᆞᆷ마다 ᄒᆡᅇᅧ ㉢수ᄫᅵ 니겨 날로 ᄡᅮ메 便뼌安ᅙᅡᆫ킈 ᄒᆞ고져 홇 ᄯᆞᄅᆞ미니라

- 『훈민정음』 언해 -

 (가) (나)
① ㉠ ㉡
② ㉠ ㉢
③ ㉡ ㉣
④ ㉢ ㉡
⑤ ㉢ ㉣

002

다음 글에서 추론한 것으로 적절하지 않은 것은?

훈민정음의 자음들은 여러 제자 원리에 따라 제작되었다. 먼저 자음의 기본자인 'ㄱ, ㄴ, ㅁ, ㅅ, ㅇ' 등은 상형의 원리에 따라 발음 기관을 본떠 만들었다. 그리고 이 기본자에 가획의 원리를 적용하여 소리가 세어짐에 따라 획을 더하여 'ㅋ, ㄷ, ㅌ, ㅂ, ㅍ, ㅈ, ㅊ, ㆆ, ㅎ'을 만들었다. 마지막으로 소리의 세기와 관련 없이 획을 더한 이체의 원리에 따라 'ㆁ, ㄹ, ㅿ'을 만들었다.

이렇게 제작된 글자들은 운용법에 따라 다양하게 표기할 수 있었는데, 대표적인 운용법으로는 병서법과 연서법이 있다. 병서법은 둘 이상의 자음을 합쳐 나란히 쓰는 것으로 'ㄱ'을 나란히 써 'ㄲ'을 쓸 수 있었고, 'ㅂ'과 'ㅅ'을 나란히 써 'ㅄ'을 쓸 수 있었다. 한편 연서법은 'ㅇ'를 순음의 아래에 써 순경음을 만드는 것이었는데, 대표적으로 'ㅸ'을 들 수 있다.

① 'ㅎ'은 'ㅇ'보다 소리의 세기가 더 강하게 발음되었겠군.
② 'ㅁ'은 'ㅂ'과 달리 상형의 원리에 따라서 제작되었겠군.
③ 'ㄲ'은 오늘날과 마찬가지로 하나의 음운으로 인정되었겠군.
④ 병서법을 통해 오늘날 국어의 된소리를 표기할 수 있었겠군.

> **완전학습**
> 1. 세종어제훈민정음의 해석을 암기하자.
> 2. 세종어제훈민정음에 나타난 문법적 특성을 암기하자.

나·랏:말쓰·미 中듕國·귁·에 달·아, 文문字쫑·와·로 서르 스뭇·디 아·니홀·씨, 이런 젼·ᄎᆞ·로 어·린 百·빅姓·셩·이 니르·고·져 ·홇·배 이·셔·도, ᄆᆞ·ᄎᆞᆷ:내 제 ·ᄠᅳ·들 시·러 펴·디 :몯홇 ㉠·노·미 하·니·라. ·내 ·이·를 爲·윙·ᄒᆞ·야 :어엿·비 너·겨, ·새·로 ㉡·스·믈여·듧 字쫑·를 밍·ᄀᆞ노·니, :사람:마·다 :히·ᅇᅧ :수·ᄫᅵ 니·겨 ·날·로 ·ᄡᅮ·메 便뼌安한·킈 ᄒᆞ·고·져 홇 ᄯᆞᄅᆞ·미니·라.

007 2008 선관위 9급

밑줄 친 ㉠의 '놈'과 같은 의미 변화 과정을 겪는 단어는?

① 영감(令監)   ② 짐승
③ 인정(人情)   ④ 다리(脚)

008 2015 기상직 9급

다음 중 ㉡에 해당하지 않는 것은?

① ᅀ   ② ㅸ   ③ ㆆ   ④ ·

009 2019 서울시 9급 1차

<보기>는 「훈민정음언해」의 한 부분이다. 이에 대한 설명으로 가장 옳은 것은?

┌─ 보기 ─────────────────┐
│ 나랏 말쓰미 中國에 달아 文字와로 서르 스뭇   │
│ 디 아니홀씨 이런 젼ᄎᆞ로 어린 百姓이 니르고져 │
│ 홇 배 이셔도 ᄆᆞᄎᆞᆷ내 제 ᄠᅳ들 시러 펴디 몯홇 노 │
│ 미 하니라 내 이롤 爲ᄒᆞ야 어엿비 너겨 새로 스믈 │
│ 여듧字롤 밍ᄀᆞ노니 사람마다 히ᅇᅧ 수ᄫᅵ 니겨 날 │
│ 로 ᄡᅮ메 便安킈 ᄒᆞ고져 홇 ᄯᆞᄅᆞ미니라   │
└────────────────────────┘

① <보기>는 한 문장이다.
② 밑줄 친 '시러'는 한자 '載'에 해당한다.
③ 밑줄 친 '내'는 세종대왕이 자신을 가리키는 표현이다.
④ 'ㅏ'와 '·'는 발음이 같지만 단어들을 구별하기 위해 사용했다.

정답과 해설

007 ② '놈'은 일반적인 사람을 이르는 말에서 사람을 낮잡아 이르는 말로 의미가 축소된 단어이다. 이처럼 의미가 축소된 단어는 생물 전체를 이르는 말에서 현재는 사람이 아닌 동물을 이르는 말이 된 '짐승'이다.

008 ② 'ㅸ(순경음 비읍)'은 글자를 세로로 나란히 쓴 연서자로 제자 글자가 아니다.

009 ③ 해당 자료는 세종이 지은 《훈민정음언해》의 일부이므로 밑줄 친 '내'는 세종대왕임을 알 수 있다.

---

2 고전 문헌

1. 세종어제훈민정음

①나·랏 ②:말쓰·미 ③中듕國·귁④·에 달·아
우리나라의 말이 중국과 달라

文문⑤字쫑·와·로 서르 ⑥스뭇·디 아·니홀·씨
문자가 서로 통하지 아니하니   【자주정신】

·이런 젼·ᄎᆞ·로 ⑦어·린 百·빅姓·셩·이 / ⑧니르·고·져 ⑨·홇·배 이·셔·도
이런 까닭으로 어리석은 백성이 / 말하고자 하는 바가 있어도

ᄆᆞ·ᄎᆞᆷ:내 제 ⑩·ᄠᅳ·들 시·러 ⑪펴·디 :몯홇 ⑫·노·미 하·니·라
마침내 제 뜻을 능히 펴지 못한 사람이 많으니라

⑬·내 ·이·를 爲·윙·ᄒᆞ·야 ⑭:어엿·비 너·겨
내 이를 위하여 가엾이 여겨   【애민정신】

·새·로 ⑮·스·믈여·듧字쫑·를 밍·ᄀᆞ노·니
새로 스물여덟 자를 만드니   【창조정신】

:사람:마·다 :히·ᅇᅧ⑯:수·ᄫᅵ 니·겨 / ·날·로 ⑰·ᄡᅮ·메 便뼌安한·킈 ᄒᆞ·고·져 홇 ᄯᆞᄅᆞ·미니·라
사람마다 하여 쉬이 익혀 / 날로 씀에 편안케 하고자 할 따름이니라
                                                【실용정신】

(1) 구절 정리

① 'ㅅ': 관형격 조사 '의'

② ':말쓰·미': 방점의 활용 → 성조가 존재했음 / 이어적기(말씀+이)

※ 표기법의 변천은 '어근+모음으로 시작하는 형식 형태소'일 때 파악할 수 있다.
　예) 물ᄊᆞ미(연철), 물 쑴이(분철), 물 씀미(중·혼철)
　　　고지(연철), 곳이(분철), 곳지(중·혼철)

③ '中듕國·귁': 음운 변동 중 구개음화가 적용되지 않음

<중세>	<17~18세기>	<현대>
부텨	부쳐	부처
텬디	쳔지	천지
티다	치다	치다

④ '··에': 비교 부사격 조사 '과/와'

⑤ '字쫑': 음가 없는 종성에 'ㅇ' 표시

⑥ '스뭇·디': '통하다'의 의미 / 의미 (확대, 축소, 전이)

⑦ '어·린': 어리석다 → 어리다 / 의미 (확대, 축소, 전이)

⑧ '니르·고·져': 음운 변동 중 두음법칙이 적용되지 않음

⑨ '·배': 형태소 분석하면 '바+ㅣ'(주격 조사)

⑩ '·ᄠᅳ·들': 초성에 2개 이상의 자음이 옴 → 어두 자음군

<중세>	<근대>	<현대>
ᄒᆞᄢᅴ → 함ᄢᅴ	함ᄭᅥ	함께
더ᄣᅢ	져때	접때

⑪ '펴·디': 음운 변동 중 구개음화가 적용되지 않음

⑫ '·노·미': 사람 또는 남자 → 남자를 낮잡아 이르는 말 / 의미 (확대, 축소, 전이)

⑬ '·내': 형태소 분석하면 '나+ㅣ'(주격 조사)

⑭ ':어엿·비': 불쌍하다 → 예쁘다 / 의미 (확대, 축소, 전이)

⑮ '·스·믈여·듧': 음운 변동 중 원순모음화가 적용되지 않음

⑯ ':수·ᄫᅵ': (연서, 병서)를 사용함. 15세기 때에는 'ㅸ'이 있었음

⑰ '·ᄡᅮ·메, ᄯᆞᄅᆞ·미니·라': 초성에 2개 이상의 자음이 옴 → 어두 자음군 / (이어적기, 거듭적기, 끊어적기) / ᄡᅳ+옴/움(명사형 전성 어미) → ᄡᅮᆷ ∴ 모음조화가 지켜짐

양성 모음	ㅏ, ·, ㅗ	ㅚ, ㅐ, ㅛ, ㅑ, ㅘ, ㅣ
음성 모음	ㅓ, ㅡ, ㅜ	ㅟ, ㅔ, ㅖ, ㅠ, ㅋ, ㅝ

• 신유형 문제

003
2014학년도 수능 B 16번

<보기>의 (가)를 바탕으로 (나)를 이해한 것으로 적절하지 않은 것은?

┤보기├
(가) 15세기 국어의 음운과 표기의 특징
  ㉠ 자음 'ㅿ'과 'ㅸ'이 존재하였다.
  ㉡ 초성에 오는 'ㅳ'은 'ㅂ'과 'ㄷ'이, 'ㅄ'은 'ㅂ'과 'ㅅ'이 모두 발음되었다.
  ㉢ 종성에서 'ㄷ'과 'ㅅ'이 다르게 발음되었다.
  ㉣ 평성, 거성, 상성의 성조를 방점으로 구분하였다.
  ㉤ 연철 표기(이어 적기)를 하였다.

(나) 나·랏 :말쏘·미 中듕國·귁·에 달·아 文문字·쫑·와·로 서르 ᄉᆞᄆᆞᆺ·디 아·니훌·씨·이런 젼·ᄎᆞ·로 어·린 百·ᄇᆡᆨ姓·셩·이 니르·고·져 ·홇 ·배 이·셔·도 ᄆᆞ·ᄎᆞᆷ:내 제 ·ᄠᅳ·들 시·러 펴·디 :몯훓 ·노·미 하·니·라 ·내 ·이·를 爲·윙·ᄒᆞ·야 :어엿·비 너·겨 ·새·로 ·스·믈 여·듧 字·쫑·를 ᄆᆡᇰ·ᄀᆞ·노·니 :사ᄅᆞᆷ:마·다 :ᄒᆡ·ᅇᅧ :수·ᄫᅵ 니·겨 ·날·로 ·ᄡᅮ·메 便뼌安한·킈 ᄒᆞ·고·져 홇 ᄯᆞᄅᆞ·미니·라

① ㉠을 보니, ':수·ᄫᅵ'에는 오늘날에는 없는 자음이 들어 있군.
② ㉡을 보니, '·ᄠᅳ·들'의 'ㅳ'에서는 두 개의 자음이 발음되었군.
③ ㉢을 보니, ':어엿·비'에서 둘째 음절의 종성은 'ㄷ'으로 발음되었군.
④ ㉣을 보니, ':ᄒᆡ·ᅇᅧ'의 첫음절과 둘째 음절은 성조가 달랐군.
⑤ ㉤을 보니, '·ᄡᅮ·메'에는 연철 표기가 적용되었군.

제9장 • 언어의 본질

완전학습
1. 음성 언어와 문자 언어의 차이를 이해하자.
2. 언어의 특성을 이해하자.

001 2011 국회직 9급
음성 언어와 문자 언어의 차이로 볼 수 없는 것은?
① 대면(對面) 특성
② 공간 특성
③ 습득의 특성
④ 창조적 사용 특성
⑤ 기억과 교정의 특성

002 2008 지방직 9급 변형
다음 중 언어의 자의성이 가장 약하게 반영된 것은?
① '호랑이'와 '범'이라는 동의어가 존재한다.
② '까닭'을 뜻하는 중세어 '전추'가 후대에 와서 사라졌다.
③ 한국 사람들은 수탉의 울음소리를 '꼬끼오'라고 한다.
④ '부추'를 어떤 방언에서는 '솔'이라고 한다.

003 2005 국회직 8급
다음 제시문이 의미하는 언어의 특성은?

'배[腹] : 배[舟] : 배[梨]'나 '쓰다[用] : 쓰다[載] : 쓰다[苦]' 등과 같이 동일한 소리에 다른 의미가 결합되어 있는 것도 언어의 형식과 내용 사이의 관계가 이러한 특성을 갖고 있기 때문에 있을 수 있는 현상이다. 한국어에서 '집'이라고 하는 것을 영어에서는 '하우스(house)'라 하고 중국어에서는 '지아(家)'라고 하는데, 이와 같이 동일한 사물이나 개념이 언어마다 다른 소리로 나타나는 것도 같은 특성을 보여 주는 예라고 할 수 있다.

① 사회성
② 분절성
③ 자의성
④ 역사성
⑤ 창조성

004 2017 서울시 사회복지직 9급 변형
다음 중 괄호 안에 들어갈 말로 가장 적절한 것은?

'어리다'가 '어리석다[愚]'로 쓰이다가 현대 국어에 와서 '나이가 어리다[幼]'의 뜻으로 바뀌어 쓰이는 것과 같은 예에서 알 수 있는 언어의 특성을 언어의 ( )이라고 한다.

① 사회성
② 역사성
③ 자의성
④ 분절성

정답과 해설
001 ④ 음성 언어와 문자 언어는 모두 사용자가 창조적으로 사용할 수 있다. 따라서 창조적 사용 특성을 음성 언어와 문자 언어의 차이로 볼 수 없다.
002 ③ 언어의 자의성이 가장 약하게 반영된 것은 의성어이다.
003 ③ 제시문에 나타난 동음이의어의 특성과 동일한 사물이나 개념이 언어마다 다른 소리로 나타나는 현상은 언어의 자의성과 관련이 있다.
004 ② 아래아(ㆍ)의 소실과 '물'과 '어리다'의 의미 변화는 언어의 역사성의 예이다.

1 언어의 본질

1. 언어의 정의 및 종류
(1) **언어의 정의**: 인간 고유의 **사회**적 약속, 의사소통을 위한 **상징**체계
    예 [밥] → 🍚

(2) **음성 언어와 문자 언어** (2순위)

음성 언어	문자 언어
동시성, 즉흥적 → 정보량↓, 논리성↓, 전달성↓, 문장 길이↓, 교정×	비동시성, 계획적 → 정보량↑, 논리성↑, 전달성↑, 문장 길이↑, 교정○
일반적으로 대면(對面)을 전제하기 때문에 시·공간적 제약이 있음	일반적으로 대면(對面)을 전제하지 않기 때문에 시·공간적 제약이 없음
자연스러운 습득	인위적인 습득
반언어·비언어○	반언어·비언어×

2. 언어의 특성

(1) **자의성**
① 자의성이란? 언어의 형식과 내용 간의 관계가 **필연**적이지 않고, **자의**적이라는 뜻이다.
   = 내용과 형식과의 관계가 **일대일**(一對一) 대응이 되지 않는다.
② 자의성의 근거
   ㉠ 사물의 이름은 짓기 나름이다. '코'를 '귀'로 해도 된다.
   ㉡ 다의어의 경우, 언어의 내용 대 형식 간의 관계가 **다대일**(多對一) 대응을 이룬다. '배1-배2'
   ㉢ 언어권에 따라 동일한 **내용**이 다른 **형식**으로 나타난다.
   ㉣ 의성어의 경우에도 언어권마다 다른 형식으로 나타난다. 단, 이 경우 상대적으로 언어의 **자의성**이 가장 약하게 나타난다.
   ㉤ 새말의 경우, 언어와 의미 간의 관계가 언중이 **임의**적으로 규정할 수 있다는 증거가 된다.

(2) **사회성**: 언어의 형식과 내용 간의 관계는 자의적이어서 **사회적 약속**에 의해서 정해 놓지 않으면 의사소통이 불가능하다. 그렇기 때문에 언어의 형식과 내용은 사회적 약속으로 규정돼 있으며 **개인**이 함부로 바꿀 수 없는 것이다.

(3) **역사성**: 언어는 사회적으로 규정된 약속이지만 그것이 **불변**의 것은 아니다. 언중의 합의에 따라서 약속을 바꿀 수도 있다. 즉, **사회**성과 역사성은 밀접한 관련이 있다.

(4) **분절성**: **연속**적으로 이어진 대상을 언어를 통해 **불연속**적인 것으로 나누는 것을 분절성이라고 한다.

(5) **창조성(개방성)**: 인간은 유한한 언어를 통해 **실체**가 없는 대상이나 **상상**의 산물 등, **무한**한 표현을 할 수 있다.

(6) **추상성**: 인간의 언어는 대상들 사이의 공통된 속성을 추출해 **유개념**을 창조한다. 개별 대상으로의 공통점을 추출해 내는 과정을 **추상화** 과정이라고 하며, 이러한 언어의 속성을 **추상성**이라고 한다.

3. 언어의 기능

(1) **표출적 기능**: 본능적으로 나타나는 감정적 표현을 뜻한다. 일반적으로 감탄사를 통해서 나타나는데 의도 없이 내뱉는 외침이라는 점에서 표현적 기능과 차이가 있다.

(2) **표현적 기능**: 화자가 자신의 판단이나 태도·감정 등을 표현·전달하는 것을 뜻한다.

(3) **지령적 기능(명령·감화·환기적 기능)**: 청자를 감화시켜 행동에 옮기도록 하는 것을 뜻한다. 명령·권유, 표어, 연설뿐 아니라 광고, 법률, 표지, 속담 등의 격언 역시 지령적 기능을 담고 있다.
   - 예 이 제품은 많은 사람들이 선택한 1등 제품입니다. – 광고
     혼 蓋(잔) 먹새 그려 또 혼 蓋(잔) 먹새 그려. – 문학에서 권유

(4) **친교적 기능(사교적 기능)**: 청자와 친교적 관계를 유지하는 것을 뜻한다. 인사말이나 서로의 안부를 묻는 것이 이에 속한다. 사회생활을 하는 데 있어 언어가 윤활유 역할을 하는 것을 언어의 친교적 기능을 통해서 알 수 있다.

(5) **정보 전달 기능**: 특정 주제와 관련된 정보를 전달하는 것을 뜻한다. 신문이나 뉴스 등에서 언어의 이런 기능이 잘 드러난다.

(6) **미적 기능(미학적, 시적 기능)**: 표현 형식을 가다듬어서 표현 효과를 높이는 것을 뜻한다. 흔히 시와 같은 문학 작품에서 잘 나타나는 기능이어서 시적 기능이라고도 한다. 여러 수사법 등을 활용하는 데서 이를 발견할 수 있다.

(7) **관어적 기능**: 언어 간의 관계를 드러내기 위한 것을 뜻한다. 어떤 단어의 의미를 설명하기 위해서 언어를 사용하거나 다른 언어를 설명하기 위해서 모국어를 사용하는 데서 잘 나타난다.
   - 예 노트북은 컴퓨터의 일종으로 휴대성을 강조한 것이다. – 노트북의 정의

4. 언어와 인간

(1) **언어와 사고**
   ① **언어 우위론적 관점**: 언어가 사고보다 우위에 있다는 관점으로 인간의 사고는 언어에 의해 제약을 받는다는 입장이다. 즉, 언어(=명명 행위)로 인해 사고가 달라진다는 의미이다.
   ② **사고 우위론적 관점**: 사고가 언어보다 우위에 있다는 관점으로 인간은 언어나 언어를 통한 명명(命名) 행위 없이도 사고를 수행할 수 있다는 입장이다.
     - 예 작곡가가 작곡할 때에는 언어로 사고를 하진 않았을 것이다.
     - 예 화가가 자신의 그림을 구상할 때 굳이 언어로 표현하진 않는다.

(2) **언어와 문화**
문화란 삶의 양식을 뜻한다. 인간은 살아가는 환경에 따라 여러 가지 문화 양식을 만들어 내고, 언어에는 인간의 문화가 담겨 있다. 김치 문화가 발달한 한민족의 경우, 배추김치, 파김치, 깍두기, 열무김치 등등 김치와 관련된 어휘들이 발달하였고, 에스키모 사람들의 경우 눈과 관련된 다양한 어휘가 발달되어 있다. 이처럼 언어와 문화는 밀접한 관계를 맺고 있다.

완전학습

1. 언어의 지령적, 미적, 친교적 기능을 이해하자.
2. 언어 우위론과 사고 우위론을 이해하자.

005   2008 지방직 7급
다음의 대화에서 가장 두드러지는 언어 기능은?

> **철수**: 아저씨, 안녕하세요? 어디 가세요?
> **아저씨**: 응, 철수로구나. 학교 갔다 오니?

① 정보적 기능　　② 표출적 기능
③ 명령적 기능　　④ 친교적 기능

006   2006 소방직 복원
다음 중 언어의 지령적 기능은?
① 오늘은 날씨가 참 좋구나.
② (넘어지면서) 아이코!
③ 김 선생은 정말로 훌륭한 사람입니다.
④ 이 제품은 만 명이 넘는 소비자들이 선택한 상품입니다.(광고)

007   2016 지방직 9급
밑줄 친 부분의 예로 가장 적절한 것은?

> 생각은 큰 그릇이고 말은 생각 속에 들어가는 작은 그릇이어서 생각에는 말 외에도 다른 것이 더 있다. 그러나 아무리 생각이 말보다 범위가 넓고 큰 것이라고 하여도 그것을 말로 바꾸어 놓지 않으면 그 생각의 위대함이나 오묘함이 다른 사람에게 전달되지 않는다. 그 때문에 생각이 형님이요, 말이 동생이라고 할지라도 생각은 동생의 신세를 지지 않을 수가 없게 되어 있다.

① '사과'는 언제부터 '사과'라고 부르기 시작했는지 알 수 없어.
② 동일한 사물을 두고 영국에서는 [tri:], 한국에서는 [namu]라 표현해.
③ 이 소설은 정말 감동적이야. 내가 받은 감동은 말로는 설명이 안 돼.
④ 시간의 흐름을 초, 분, 시간 단위로 나눠 사용해 온 것은 인간의 사회적 약속이야.

정답과 해설

005 ④ 인사말이나 서로의 안부를 묻는 말은 청자와 친교적 관계를 유지하는 것을 뜻하는 언어의 친교적 기능의 예이다.

006 ④ 광고문은 청자를 감화시켜 행동에 옮기도록 하는 것을 뜻하는 언어의 지령적 기능과 관련이 있다.

007 ③ 생각에는 말 외에도 다른 것들이 더 있다는 것은 사고가 언어보다 우위에 있다는 관점으로 사고 우위론적 관점과 관련이 있다. 이와 같은 사고 우위론적 관점의 예는 자신이 받은 감동을 말로 설명할 수 없다고 하는 ③이다.

완전학습

1. 국어의 음운적, 형태적, 통사적 특질을 이해하자.
2. 한글의 특징을 암기하자.

008 2017 경찰직 1차
국어의 특질에 대한 설명으로 적절한 것은?
① 장애음(특히 파열음과 파찰음)이 '평음-경음-유성음'의 3항 대립을 보인다.
② 조사와 어미가 발달한 굴절어적 특성을 보인다.
③ 음절 초에 'ㄲ', 'ㄸ', 'ㅃ' 등 둘 이상의 자음이 함께 올 수 있다.
④ 화용론적으로 소유 중심의 언어가 아니라 존재 중심의 언어이다.

009 2015 서울시 9급
다음 중 국어의 형태적 특징은?
① 수식어는 반드시 피수식어 앞에 온다.
② 동사와 형용사의 활용이 유사하다.
③ 문장 성분의 순서를 비교적 자유롭게 바꿀 수 있다.
④ 언어 유형 중 주어-목적어-동사의 어순을 갖는 SOV형 언어이다.

010 2018 서울시 9급 1차
국어의 특징으로 가장 옳지 않은 것은?
① 조사와 어미가 발달한 교착어적 특성을 보여 준다.
② '값'과 같이 음절 말에서 두 개의 자음이 발음될 수 있다.
③ 담화 중심의 언어로서 주어, 목적어 등이 흔히 생략된다.
④ 가족 관계를 나타내는 친족어가 발달해 있다.

011 2010 기상직 9급
한글에 대한 설명으로 틀린 것은?
① 음소 문자이다.
② 현재 40개의 자음과 모음이 있다.
③ 창제 당시는 자음과 모음이 24자이다.
④ 표음주의와 형태주의가 혼용된 표기를 한다.

정답과 해설

008 ④ 영어를 모국어로 사용하는 사람들은 '소유'의 개념을 중요하게 생각하여 동사 have를 사용하여 표현한다. 하지만 우리말은 이러한 관계를 존재 관계로 표현하므로 동물이나 사물이 주체가 되어 사람을 대상으로 삼는 것을 허용하지 않는다.

009 ② 국어의 형태적 특징은 국어의 '단어(어휘)'에서 나타나는 국어의 문법적 특성을 뜻한다. 이러한 국어의 형태적 특징 중 하나는 동사와 형용사의 활용이 유사하게 나타난다는 것이다.

010 ② 국어의 음절 말에서도 발음될 수 있는 자음은 'ㄱ, ㄴ, ㄷ, ㄹ, ㅁ, ㅂ, ㅇ'뿐이다. 따라서 '값[갑], 넋[넉], 읊다[읍따]' 등과 같이 음절 말에 두 개의 자음이 표기되었더라도 한 개의 자음만 발음된다.

011 ③ 훈민정음 창제 시기의 자음은 17자(ㄱ, ㄴ, ㄷ, ㄹ, ㅁ, ㅂ, ㅅ, ㅇ, ㅈ, ㅊ, ㅋ, ㅌ, ㅍ, ㅎ, ㆆ, ㆁ, ㅿ)였으며, 모음은 11자(ㅏ, ㅑ, ㅓ, ㅕ, ㅗ, ㅛ, ㅜ, ㅠ, ㆍ, ㅡ, ㅣ)였다. 따라서 이를 합한 창제 당시의 자모음 수는 모두 28자였다.

---

2 국어의 특성

1. 국어의 특질

(1) 음운의 특질
① 국어 자음은 예사소리-된소리-거센소리의 삼중 체계로 이루어져 있다.(= 삼지적 상관속)
② 첫소리에 ㄴ, ㄹ이 오지 못하는 제약(= 두음법칙)이 있다.
③ 모음조화 현상이 있다.
④ 다른 언어에 비해 마찰음이 적다.

(2) 어휘의 특질
① 국어 어휘는 고유어, 한자어, 서구 외래어, 혼합 형태(몽고어+고유어)로 구성돼 있으며, 고유어는 30% 정도이다.
② 고유어의 조어 과정에서 배의성(配意性)이 나타난다. 국어의 '손목'은 '손+목'이지만 영어의 손목은 'hand+neck'이 아닌 'wrist'처럼 독자적 단어로 이루어져 있다.
③ 의성어나 의태어 등 음성 상징어가 발달돼 있다.
④ 감각어가 발달되어 있다. 색채어의 경우 '희다, 검다, 푸르다, 노랗다'뿐 아니라 '노르스름하다, 누리끼리하다' 등의 다채로운 색감 표현이 있다. 또한 감각어는 본래적 의미에서 멀어져 비유적 의미로 쓰이기도 한다. 가령 '너무 짜게 구는 거 아니오?', '전 입이 무겁습니다.'처럼 쓸 수 있다.
⑤ 친족어가 발달되어 있다.

(3) 문법적 특질
① 교착어·첨가어의 특질을 보여준다. 그래서 어미나 조사가 발달돼 있다.
② 단어 조어법이 발달돼 있다. 합성어나 파생어 등 단어를 만드는 방법이 많이 사용된다.
③ 동사와 형용사의 활용이 유사하게 나타난다. 가령 평서형으로 끝날 때에는 '가+다 vs 예쁘+다', 의문형일 때에는 '가+니? vs 예쁘+니?'로 나타난다.
④ 기본적 어순이 '주어+목적어+서술어'(SOV형)로 나타나며 수식어는 반드시 피수식어 앞에 배치된다. 한편 부사어와 목적어의 위치를 바꿀 수 있는 것처럼 문장을 구성하는 요소들 간의 자리바꿈이 가능하다.
⑤ 주어가 연달아 나타나는 문장 구성이 가능하다.
⑥ 주체, 객체, 상대 높임법 등이 발달하였다.

2. 한글

(1) 한글의 문자 유형
① 표음 문자: 문자가 말소리 단위에 대응하는 것을 말한다. 한글은 소리와 기호가 대응되는 표음 문자이다.
② 음소 문자: 문자 하나가 최소 소리 단위인 음소를 표기하는 것을 가리킨다. 대표적으로 영어의 알파벳, 한글이 음소 문자이다.
③ 자질 문자: 샘슨이 한글의 특성을 바탕으로 처음으로 시도한 문자 분류 체계이다. 한글의 'ㄱ-ㅋ-ㄲ' 등은 획의 차이로 소리의 자질이 달라지는 것을 나타난다. 샘슨은 이를 토대로 한글을 자질 문자라고 하였다.

(2) 한글의 우수성
① 한글은 세종대왕이 독창적으로 만들어 낸 문자이다.
② 한글의 자음은 발음기관의 모양을 본떠 만든 과학적인 문자이다.
③ 한글은 백성을 위한 문자이다.
④ 한글은 음성 언어를 쉽고 정확하게 표현할 수 있는 문자이다. 개 짖는 소리 등을 적을 수 있다.
⑤ 국보 70호인 『훈민정음 해례본』은 유네스코 세계기록유산으로 지정되었다.

3 국어의 어휘

1. 어원에 따른 어휘 분류
고유어-한자어-외래어

(1) 고유어
오래전부터 우리 민족이 사용해 온 토박이말이다. 다의적인 어휘로 일상생활과 문학 작품에 유용하게 쓰인다.

(2) 한자어
① 한자어의 특성
  ㉠ 한국식 한자어로 한국식으로 발음된다. '周子瑜'의 한국식 발음은 '주자유'이고, 중국식 발음은 '쯔위'이다.
  ㉡ 개념어나 추상어가 많고, 전문적이고 세부적인 의미를 담고 있다.
  ㉢ 고유어와 비교할 때 존대어로 사용된다.
② 고유어와 혼동되는 기출 한자어
결국(結局), 도대체(都大體), 하필(何必), 하여간(何如間), 물론(勿論), 유독(惟獨), 잔망(屠妄)스럽다, 은근(慇懃)하다, 적적(寂寂)하다, 늠름(凜凜)하다, 창피(猖披), 심지어(甚至於), 어차피(於此彼), 주전자(酒煎子)

(3) 외래어
어원을 찾기 어려울 정도로 인식되는 귀화어와 그 어원이 외국어에 있음을 인지하는 차용어로 구분된다.

담배-tabacco(포르투갈)	구두-구쓰(일본)
냄비-나베(일본)	붓-piet(고대 한자음)
가방-kabas(네덜란드)	고무-gomme(프랑스)
빵-pão(포르투갈)	

2. 변이에 따른 어휘 분류

(1) 표준어
① 표준어: 교양 있는 사람들이 두루 쓰는 현대 서울말
② 표준어의 기능
  ㉠ 통일의 기능: 방언을 쓰면 지역적 차이로 인해 의사소통이 어려울 수 있다. 그러나 표준어를 쓰면 원활한 의사소통이 가능하다.
  ㉡ 준거의 기능: 표준어는 일종의 규범이다. 따라서 표준어로부터 멀어지면 틀린 표현이 된다.
  ㉢ 독립의 기능: 다른 나라의 언어와 구별 지어주는 기능을 한다.
  ㉣ 우월의 기능: 표준어를 사용하면 우월감과 자부심을 가질 수 있다.

(2) 방언
① 지역 방언: 지리적 영향으로 새로이 형성된 방언
② 사회 방언: 방언 분화가 지리적인 요인에 의해서가 아니라 사회 집단, 즉 사회 계급, 연령, 성별, 종교, 인종 등과 같은 사회적인 요인에 의해 분화된 방언

(3) 은어와 속어
① 은어: 특정 집단의 비밀어로 은비성을 지니고 있다.
② 속어: 비속하고 천한 어감이 있는 점잖지 못한 말이지만 유대감 공유의 차원으로 사용하기도 한다.

(4) 금기어-완곡어
① 금기어: 부정적이고 불쾌한 연상을 동반하는 말
② 완곡어: 금기어의 불쾌감을 덜기 위해 대체한 말

(5) 관용어-속담
① 관용어: 완결된 문장 구조를 이루지 못하는 관습적인 말
② 속담: 완결된 문장 구조를 이루고 있는 삶의 지혜가 담긴 말

(6) 전문어, 신어
어휘의 변이와 달리 어휘의 팽창은 공용어와 다른 단어로 존재하거나 새로운 말이 생산되는 것을 뜻한다. 어휘 팽창의 예로 전문어, 새말을 들 수 있다.

• 신유형 문제

001
2025 예시문제

⊙을 평가한 내용으로 적절한 것만을 <보기>에서 모두 고르면?

> 흔히 '일곱 빛깔 무지개'라는 말을 한다. 서로 다른 빛깔의 띠 일곱 개가 무지개를 이루고 있다는 뜻이다. 영어나 프랑스어를 비롯해 다른 자연언어들에도 이와 똑같은 표현이 있는데, 이는 해당 자연언어가 무지개의 색상에 대응하는 색채 어휘를 일곱 개씩 지녔기 때문이라고 할 수 있다.
> 언어학자 사피어와 그의 제자 워프는 여기서 어떤 영감을 얻었다. 그들은 서로 다른 언어를 쓰는 아메리카 원주민들에게 무지개의 띠가 몇 개냐고 물었다. 대답은 제각각 달랐다. 사피어와 워프는 이 설문 결과에 기대어, 사람들은 자신의 언어에 얽매인 채 세계를 경험한다고 판단했다. 이 판단으로부터, "우리는 모국어가 그어놓은 선에 따라 자연세계를 분단한다."라는 유명한 발언이 나왔다. 이에 따르면 특정 현상과 관련한 단어가 많을수록 해당 언어권의 화자들은 그 현상에 대해 심도 있게 경험하는 것이다. 언어가 의식을, 사고와 세계관을 결정한다는 이 견해는 ⊙<u>사피어-워프 가설</u>이라 불리며 언어학과 인지과학의 논란거리가 되어왔다.

─┤ 보기 ├─

ㄱ. 눈[雪]을 가리키는 단어를 4개 지니고 있는 이누이트족이 1개 지니고 있는 영어 화자들보다 눈을 넓고 섬세하게 경험한다는 것은 ⊙을 강화한다.
ㄴ. 수를 세는 단어가 '하나', '둘', '많다' 3개뿐인 피라하족의 사람들이 세 개 이상의 대상을 모두 '많다'고 인식하는 것은 ⊙을 강화한다.
ㄷ. 색채 어휘가 적은 자연언어 화자들이 색채 어휘가 많은 자연언어 화자들에 비해 색채를 구별하는 능력이 뛰어나다는 것은 ⊙을 약화한다.

① ㄱ
② ㄱ, ㄴ
③ ㄴ, ㄷ
④ ㄱ, ㄴ, ㄷ

정답과 해설

001 ④ ⊙인 '사피어-워프 가설'은 언어가 사고를 결정한다는 언어 우위론적 관점이다.
ㄱ: '눈'과 관련된 단어의 개수가 눈을 인지하고 사고하는 데 영향을 끼친다는 의미이므로 이 내용은 ⊙을 강화한다.
ㄴ: 수를 세는 단어가 '하나', '둘', '많다'밖에 없는 피라하족이 세 개 이상에 대해서는 '세 개, 네 개…' 등 구체적으로 인식하지 않고 단지 '많다'라고만 인식한다는 것은 사고가 언어의 영향을 지대히 받는다는 의미이다. 만약 사고가 언어의 영향을 받지 않는다면 "세 개 이상의 대상을 네 개, 다섯 개 등으로 구별할 수 있다"와 같은 언급이 나와야 한다.
ㄷ: 색채 어휘가 적더라도 색채를 구별하는 능력, 즉 사고력이 뛰어나다는 것은 사고가 언어에 영향을 받지 않는다는 의미이므로 ㄷ은 ⊙을 약화하는 증거이다.

memo

권규호 공무원 국어

제 2 부

독해

제1장　내용일치와 유기성
제2장　제목 및 주제 찾기
제3장　범위·사례형 문제
제4장　접속어 찾기
제5장　빈칸 추론
제6장　순서 맞추기
제7장　설명 방식
제8장　화법·작문

제1장 • 내용일치와 유기성

1 내용일치와 유기성

1. 글의 유기성과 말 바꾸기

글은 유기적으로 이루어져 있다. 글에서 핵심 논제의 경우, 지칭하는 표현이 달라지더라도 반복되어 나타난다. 따라서 독자의 독해는 달라지는 표현을 같은 의미의 논제로 이해하는 것이라 할 수 있다.

한편 이는 문제 출제의 원리와 밀접하게 닿아 있다. 출제자는 지문의 내용을 문제로 출제할 때 지문과 동일한 표현을 쓰지 않는다. 같은 의미지만 다른 표현으로 선택지를 구성한다. 따라서 문제 풀이의 해법은 선택지에 있는 말을 지문의 말로 바꾸는 것이다. 이는 독해 문제를 해결하는 가장 우선적인 원칙이다!

2. 끊어 읽기-끊어 풀기

지문의 길이가 길 경우, 내용일치 문제를 해결하는 데 지장을 받을 수 있다. 이를 효과적으로 타파할 수 있는 방법이 끊어 읽고, 끊어 푸는 것이다. 한 문단씩 끊어 읽으면서 선택지를 해결하다 보면 답을 쉽게 찾아낼 수 있다.

3. 추론 문제

추론 문제는 기본적으로 지문의 내용일치를 바탕으로 한다. 추론 문제의 선택지는 지문의 내용을 다루는 영역과 그 내용으로부터 추론하는 영역으로 나눌 수 있다. 문제의 정답은 일반적으로 지문의 내용을 다루는 영역에서 도출된다. 따라서 선택지를 지문의 내용을 묻는 영역과 추론하는 영역으로 나눌 수 있어야 하며, 지문의 내용에 초점을 맞추어 문제를 해결하는 방식을 체화해야 문제를 해결할 수 있다.

유기성과 말 바꾸기

001 2018 지방직 9급

다음 글의 내용을 잘못 이해한 사람은?

> 심리학에서는 동조(同調)가 일어나는 이유를 크게 두 가지로 설명한다. 첫째는, 사람들은 자기가 확실히 알지 못하는 일에 대해 남이 하는 대로 따라 하면 적어도 손해를 보지는 않는다고 생각한다는 것이다. 둘째는, 어떤 집단이 그 구성원들을 이끌어 나가는 질서나 규범 같은 힘을 가지고 있을 때, 그러한 집단의 압력 때문에 동조 현상이 일어난다는 것이다. 만약 어떤 개인이 그 힘을 인정하지 않는다면 그는 집단에서 배척당하기 쉽다. 이런 사정 때문에 사람들은 집단으로부터 소외되지 않기 위해서 동조를 하게 된다. 여기서 주목할 것은 자신이 믿지 않거나 옳지 않다고 생각하는 문제에 대해서도 동조의 입장을 취하게 된다는 것이다.
>
> 동조는 개인의 심리 작용에 영향을 미치는 요인이 무엇이냐에 따라 그 강도가 다르게 나타난다. 가지고 있는 정보가 부족하여 어떤 판단을 내리기 어려운 상황일수록, 자신의 판단에 대한 확신이 들지 않을수록 동조 현상은 강하게 나타난다. 또한 집단의 구성원 수가 많거나 그 결속력이 강할 때, 특정 정보를 제공하는 사람의 권위와 지위, 그에 대한 신뢰도가 높을 때도 동조 현상은 강하게 나타난다. 그리고 어떤 문제에 대한 집단 구성원들의 만장일치 여부도 동조에 큰 영향을 미치게 되는데, 만약 이때 단 한 명이라도 이탈자가 생기면 동조의 정도는 급격히 약화된다.

① 영희: 줄 서기의 경우, 줄을 서 있는 사람이 많을수록 나중에 오는 사람들이 그 줄 뒤에 설 확률이 더 높아.

② 철수: 특히 응집력이 강한 집단에 항거하는 것은 더 어려운 일이야. 이런 경우, 동조 압력은 더 강할 수밖에 없겠지.

③ 갑순: 동조 현상에 영향을 미치는 요인은 우매한 조직의 결속력보다 개인의 신념이라고 볼 수 있겠군.

④ 갑돌: 아침에 수많은 정류장 중 어디에서 공항버스를 타야 할지 몰랐는데 스튜어디스 차림의 여성이 향하는 정류장 쪽으로 따라갔었어. 이 경우, 그 스튜어디스 복장이 신뢰도를 높였다고 할 수 있겠네.

선택지의 말을 지문의 말로 바꾸기

① 영희: 줄 서기의 경우, 줄을 서 있는 사람이 많을수록 나중에 오는 사람들이 그 줄 뒤에 설 확률이 더 높아.
  - 집단의 구성원 수가 많을수록 / 동조 확률이 높다.

② 철수: 특히 응집력이 강한 집단에 항거하는 것은 더 어려운 일이야. 이런 경우, 동조 압력은 더 강할 수밖에 없겠지.
  - 결속력이 강할수록 동조 현상은 강하게 나타난다.

③ 갑순: 동조 현상에 영향을 미치는 요인은 우매한 조직의 결속력보다 개인의 신념이라고 볼 수 있겠군.
  - 자신이 믿지 않거나 옳지 않다고 생각하는 문제에 대해서도 동조의 입장을 취한다.

④ 갑돌: 아침에 수많은 정류장 중 어디에서 공항버스를 타야 할지 몰랐는데 스튜어디스 차림의 여성이 향하는 정류장 쪽으로 따라갔었어. 이 경우, 그 스튜어디스 복장이 신뢰도를 높였다고 할 수 있겠네.
  - 그에 대한 신뢰도가 높을 때 동조 현상은 강하게 나타난다.

지문의 유기성 파악하기

정답과 해설

001 ③ 집단의 결속력이 동조 현상에 영향을 미친다는 것은 확인이 가능하나, 개인의 신념이 결속력보다 더 많은 영향을 미치는지는 제시문을 통해 알 수 없으며, 1문단에 따르면 개인의 신념과 어긋나는 상황에도 동조 현상이 나타날 수 있기 때문에 옳지 않은 설명이다. 또한 조직의 우매성에 대해 언급한 부분 역시 찾을 수 없다.

오답피하기 ① 2문단에 따르면 집단의 구성원 수가 많을수록 동조 현상이 강하게 나타나게 된다. 따라서 제시문을 올바르게 이해했다고 볼 수 있다. ② 2문단에 따르면 집단의 압력 때문에 동조 현상이 일어나며 이러한 집단의 결속력이 강할 때 동조 현상이 강하게 나타나게 된다. 따라서 제시문을 올바르게 이해했다고 볼 수 있다. ④ 2문단에 따르면 특정 정보를 제공하는 사람의 권위와 지위, 그에 대한 신뢰도가 높을 때 동조 현상이 강하게 나타나게 된다. 따라서 제시문을 올바르게 이해했다고 볼 수 있다.

지문의 유기성 파악하기

002

다음 글을 읽은 독자의 반응으로 적절하지 않은 것은?

2014 국가직 7급

> 인간의 변화는 단지 성숙의 산물만은 아니다. 성숙에 의한 변화는 대체로 신체적, 성적 발달에 국한되는 경우가 많다. 인간은 자기가 속한 환경 속에서 여러 가지를 경험하고 배우며 살아간다. 이러한 경험과 배움을 학습이라고 하는데, 인간의 지적, 정의적 특성은 특히 그와 같은 후천적 학습의 영향이 크다 할 수 있다.
>
> 그런데 학습이라 할 때는 경험한 것 모두를 다 지칭하지는 않는다. 학습이란 경험의 결과 상당히 지속적으로 변화가 일어나는 경우를 두고 말한다. 약을 복용한 후나 우리 몸이 피로할 때 일어나는 일시적 변화는 학습이라 하지 않는다.
>
> 학습을 개념화하는 데는 어떤 측면을 강조하여 보느냐에 따라 약간 차이가 있을 수 있다. 행동에 초점을 맞추어 행동의 변화를 학습이라 하기도 하고, 지식에 초점을 두어 지식의 획득을 학습으로 보기도 하며, 정의적 측면을 강조하여 유의미한 인간적 경험, 예를 들면 무엇을 배운 결과 삶의 보람을 느낀 것을 학습이라 보기도 한다.
>
> 따라서 좀 더 넓은 뜻으로 학습을 정의하자면, 학습은 경험에 의한 비교적 지속적인 지적, 정서적, 행동적 변화를 의미한다고 볼 수 있다.

① 인간의 변화에는 성숙만이 아니라 학습도 있는 거야.
② 아이가 자라서 키가 커지는 것은 성숙에 의한 변화겠네.
③ 학습의 개념이 성립되려면 비교적 지속적인 변화라는 성격을 지녀야 해.
④ 과학을 배워서 보람을 느꼈다면, 이는 지적 변화에 초점을 둔 학습 개념이지.

선택지의 말을 지문의 말로 바꾸기

① 인간의 변화에는 성숙만이 아니라 <u>학습도</u> 있는 거야.
② <u>아이가 자라서 키가 커지는 것</u>은 성숙에 의한 변화겠네.
   　　　신체적 발달
③ 학습의 개념이 성립되려면 비교적 <u>지속적인 변화</u>라는 성격을 지녀야 해.
   　　　　　　　　　　　　　　　상당히
④ <u>과학을 배워서 보람을 느꼈다면</u>, 이는 <u>지적 변화에 초점을 둔 학습 개념</u>이지.
   　　정의적 측면　　　　　　　　　　⇔ 정의적 측면

정답과 해설

002 ④ 3문단에 따르면 무엇을 배운 결과 삶의 보람을 느낀 것은 정의적 측면의 학습에 해당한다. 따라서 지적 변화에 초점을 둔 학습 개념이라는 설명은 적절하지 않다.

오답피하기 ① 1문단에 따르면 인간의 변화에는 신체적, 성적 발달인 '성숙'과 경험과 배움을 통한 '학습'이 있다. ② 1문단에 따르면 성숙에 의한 변화에는 신체적, 성적 발달이 있다. 아이가 키가 커지는 것은 신체적 발달이므로 성숙에 의한 변화로 볼 수 있다. ③ 2문단의 '학습이란 경험의 결과 상당히 지속적으로 변화가 일어나는 경우를 두고 말한다.'라는 설명을 통해 알 수 있다.

끊어 읽기-끊어 풀기

003
2018 지방직 9급

다음 글에서 알 수 없는 것은?

소설의 출현은 사적 생활이라는 개념의 출현과 밀접한 관련이 있다. 왜냐하면 소설 읽기와 쓰기에 있어 사적 생활은 필수적인 까닭이다. 어쩌면 사적 생산과 소비 형태 탓에 사생활은 소설이라는 장르의 태동 때부터 소설의 중심 주제였는지도 모른다. 혹은 이와는 반대로 사적 경험이라는 비교적 새로운 개념을 탐색해야 할 필요 탓에 소설이 생긴 것인지도 모른다. …… 사적 공간은 개인, 가족, 친구, 그리고 자기 자신 등과의 교류에 필요한 은밀한 공간이 실제 생활 속에 구현되도록 도왔다. 자기만의 내적인 것에 대한 추구는 사람들의 이상이 되었고 점점 그 중요성이 커지면서 사람들의 존재 방식과 글쓰기 행태에 변화를 요구하였다.

이전의 지배적 문학 형태인 서사시, 서정시, 희곡 등과는 달리 소설은 낭독하는 전통이 없었다. 또한 낭독을 이상으로 삼지도 않고, 청중의 참여를 전제로 하지도 않았다. 소설 장르는 여럿이 함께 모여 문학 작품을 감상하는 청중 개념의 붕괴와 밀접한 관련이 있다. 19세기는 르네상스 시대와 17세기와는 달리 공통의 규범과 가치를 나누는 단일 사회가 아니었다. 따라서 청중이 한자리에 모여 동일한 가치를 나누는 일이 점차 불가능해졌다. 혼자 소리 내지 않고 책을 읽기 시작했다는 것은 사람들이 이미 사적 생활에 상당한 의미를 두게 되었음을 뜻한다. ……

이러한 사적 경험으로서의 책 읽기에 대응되어 나타난 것이 사적인 글쓰기였다. 사적으로 글을 쓸 경우 작가는 이야기꾼, 음유 시인, 극작가들과 달리 청중들로부터 아무런 즉각적 반응도 얻을 수 없다. 인류학자, 언어학자들에 의하면 언어의 의미는 그것을 쓸 때의 상황에 크게 좌우된다고 한다. 그러나 글쓰기, 그중에도 특히 인쇄에 의해 복제된 글쓰기는 작가에게서 떨어져 나와 결국 아무에게도 속하지 않는 자율적 담론을 창조하게 되었다.

① 사적인 글쓰기의 출현으로 작가는 독자와 직접 소통할 수 있게 되었다.
② 자기만의 내적인 것에 대한 추구가 새로운 형태의 글쓰기를 요구하였다.
③ 소설은 사적 공간에서의 책 읽기와 글쓰기가 가능해진 시기에 출현하였다.
④ 희곡작가는 낭독을 통해 청중들과 교류하며 공통의 규범과 가치를 나누고자 하였다.

선택지의 말을 지문의 말로 바꾸기

① 사적인 글쓰기의 출현으로 작가는 독자와 직접 소통할 수 있게 되었다.
　소설의 출현으로　　　　　　　　　　　동일한 가치를 나눌 수 있게 되었다.

② 자기만의 내적인 것에 대한 추구가 새로운 형태의 글쓰기를 요구하였다.
　　　　　　　　　　　　　　　　　　　소설

③ 소설은 사적 공간에서의 책 읽기와 글쓰기가 가능해진 시기에 출현하였다.
　　　　사적 생활이라는 개념의 출현 시기

④ 희곡작가는 낭독을 통해 청중들과 교류하며 공통의 규범과 가치를 나누고자 하였다.

지문의 유기성 파악하기

정답과 해설

003 ① 3문단에서 사적으로 글을 쓸 경우 작가는 청중들로부터 아무런 즉각적 반응도 얻을 수 없다는 내용이 나타나 있다. 따라서 사적으로 글을 쓴 작가와 독자가 직접 소통할 수 있다는 내용은 적절하지 않다.

오답피하기 ② 1문단의 '자기만의 내적인 것에 대한 추구는 ~글쓰기 행태에 변화를 요구하였다.'에서 확인할 수 있다. ③ 1문단의 '소설 읽기와 쓰기에 있어 사적 생활은 필수적인 ~사생활은 소설이라는 장르의 태동 때부터 소설의 중심 주제였는지도 모른다.'에서 확인할 수 있다. ④ 2문단에서 '서사시, 서정시, 희곡과는 다르게' '소설'은 낭독하는 전통이 없다는 언급이 나타나 있다. 이는 여러 청중이 모여 문학 작품을 감상하며 모두가 한자리에서 동일한 가치를 나누는 일을 사라지게 만들었다. 따라서 소설이 발생하기 전에는 낭독의 전통이 살아 있었으므로 희곡작가는 낭독을 통해 청중과 교류하며 공동의 가치를 나누었을 것이다.

지문의 유기성 파악하기

004
다음 글쓴이의 입장에 부합하는 것은?

2019 지방직 9급

> 효(孝)가 개인과 가족, 곧 일차적인 인간관계에서 일어나는 행위를 규정한 것이라면, 충(忠)은 가족이 아닌 사람들과의 관계, 곧 이차적인 인간관계에서 일어나는 사회적 행위를 규정한 것이었다. 그런데 언제부터인가 우리는 효를 순응적 가치관을 주입하는 봉건 가부장제 사회의 유습이라고 오해하는가 하면, 충과 효를 동일시하는 오류를 저지르는 경향이 많아졌다. 다음을 보자.
>
> "부모에게 효도하고 형제를 사랑하는 사람은 윗사람의 명령을 거역하는 경우가 드물다. 또 윗사람의 명령을 어기지 않는 사람은 난동을 일으키는 경우도 드물다. 군자는 근본에 힘쓴다. 근본이 확립되면 도가 생기기 때문이다. 효도와 우애는 인(仁)의 근본이다."
>
> 위 구절에 담긴 입장을 기준으로 보면 효는 윗사람에 대한 절대 복종으로 연결된다. 곧 종족 윤리의 기본이 되는 연장자에 대한 예우는 물론이고 신분 사회의 엄격한 상하관계까지 포괄적으로 인정하는 것이다. 하지만 이 구절만을 근거로 효를 복종의 윤리라고 보는 것은 성급한 판단이다. 왜냐하면 원래부터 효란 가족 윤리 또는 종족 윤리로서 사회 윤리였던 충보다 우선시되었을 뿐만 아니라, 유교의 기본 입장은 설사 부모의 명령이라 하더라도 옳고 그름을 가리지 않는 맹목적인 복종은 그 자체가 불효라고 보았기 때문이다.
>
> 유교에서는 부모와 자식의 관계가 자연에 의해서 결정된다고 한다. 이 때문에 부모와 자식의 관계는 인위적으로 끊을 수 없다고 본다. 이에 비해 임금과 신하의 관계는 공동의 목표를 위한 관계로서 의리에 의해서 맺어진 관계로 본다. 의리가 맞지 않는다면 언제라도 끊을 수 있다고 생각하는 것이다.

① 효는 가부장제 사회에서 비롯한 일차적 인간관계이다.
② 효는 부모와 자식 간의 관계이므로 조건 없는 신뢰에 기초한 덕목이다.
③ 윗사람에 대한 복종을 절대시하지 않는 것이 유교적 윤리의 한 바탕이다.
④ 충의 도리를 다함으로써 효의 도리에 도달할 수 있다는 것이 인의 이치이다.

선택지의 말을 지문의 말로 바꾸기

① 효는 <u>가부장제 사회에서 비롯한</u> 일차적 인간관계이다.
　　　　<반박> 효를 ~ 봉건 가부장제 사회의 유습이라고 오해하는가 하면

② 효는 부모와 자식 간의 관계이므로 <u>조건 없는 신뢰</u>에 기초한 덕목이다.
　　　　　　　　　　　　　　　　맹목적인 복종

③ <u>윗사람에 대한 복종을 절대시하지 않는 것이 유교적 윤리의 한 바탕이다.</u>
　유교에서는~의리가 맞지 않는다면 언제라도 끊을 수 있다고 생각하는 것이다.

④ <u>충의 도리를 다함으로써 효의 도리에 도달할 수 있다</u>는 것이 인의 이치이다.
　효란 가족 윤리 또는 종족 윤리로서 사회 윤리였던 충보다 우선시되었다.

정답과 해설

004 ③ 3문단의 '효를 복종의 윤리라고~때문이다.'에서 윗사람에 대한 맹목적인 복종을 하지 않는 것은 유교적 윤리의 한 바탕임을 알 수 있다.

오답피하기 ① 글쓴이는 효를 가부장제 사회의 유습이라고 생각하는 것을 오해라고 보고 있다. 따라서 효가 가부장제 사회에서 비롯되었다는 내용은 적절하지 않다. ② 효가 조건 없는 신뢰에 기초한 덕목이라는 내용은 나타나지 않는다. ④ 글쓴이는 충과 효를 동일시하는 것은 오류라고 보고 있다. 따라서 충의 도리를 다함으로써 효의 도리에 도달할 수 있다는 것이 인의 이치라는 내용은 적절하지 않다.

추론 문제

005   2019 국가직 9급

(가)와 (나)를 통해서 추정하기 어려운 내용은?

> **(가)** 찬성공 형제께서 정경부인의 상(喪)을 당하였다. 부윤공의 부인 이 씨가 우연히 언문 소설을 읽다가 그 소리가 밖으로 들렸다. 찬성공이 기뻐하지 않으며 제수를 계단 아래에 서게 하고, "부녀자의 무식을 심하게 책망할 필요는 없지만, 어찌 상중(喪中)에 있으면서 예의에 어긋난 책을 소리 내어 읽어서 스스로 평민과 같아지려 할 수 있는가?" 하고 꾸짖었다.
>
> **(나)** 전기수: 늙은이가 동문 밖에 살면서 입으로 언문 소설을 읽었는데, 「숙향전」, 「소대성전」, 「심청전」, 「설인귀전」과 같은 전기소설이었다. … 잘 읽었기 때문에 옆에서 구경하는 사람들이 빙 둘러섰다. 가장 재미있고 긴요하여 매우 들을 만한 구절에 이르면 갑자기 침묵하고 소리를 내지 않았다. 사람들이 다음 이야기를 듣고 싶어서 다투어 돈을 던졌다. 이를 바로 '요전법(돈을 요구하는 법)'이라 한다.

① 상층 남성들은 상중의 예법에 대해 매우 엄격하였다.
② 혼자 소설을 보면서 소리 내어 읽기도 하였다.
③ 하층에서도 소설을 창작하는 사람이 많았다.
④ 상층이 아닌 하층에서도 소설을 즐겼다.

선택지의 말을 지문의 말로 바꾸기

① 상층 남성들은 상중의 예법에 대해 매우 엄격하였다.
    찬성공이   제수를 ~ 꾸짖었다.

② 혼자 소설을 보면서 소리 내어 읽기도 하였다.
    부윤공의 부인 이 씨가 우연히 언문 소설을 읽다가 그 소리가 밖으로 들렸다.

③ 하층에서도 소설을 창작하는 사람이 많았다.
                ?

④ 상층이 아닌 하층에서도 소설을 즐겼다.
            사람들이   다음 이야기를 듣고 싶어서 다투어 돈을 던졌다.

지문의 유기성 파악하기

정답과 해설

005 ③ (가)와 (나)의 내용을 통해 하층에서도 소설을 창작하는 사람이 많았음을 알 수 없다.
오답피하기 ① (가)에서 찬성공은 부윤공의 부인 이 씨가 상중에 언문 소설을 소리 내어 읽는다며 꾸짖고 있다. 이를 통해 상층 남성들은 상중의 예법에 대해 매우 엄격하였음을 알 수 있다. ② (가)에서 부윤공의 부인 이 씨는 언문 소설을 소리 내어 읽고 있다. 이를 통해 혼자 소설을 보면서 소리 내어 읽기도 하였음을 알 수 있다. ④ (나)에서 사람들이 전기수가 입으로 언문 소설을 읽는 것을 구경하고 있다. 이를 통해 상층이 아닌 하층에서도 소설을 즐겼음을 알 수 있다.

지문의 유기성 파악하기

006
2020 지방직 9급

다음 글을 통해 추론할 수 없는 것은?

> 자신의 신념과 일치하는 정보는 받아들이고 그렇지 않은 정보는 무시하는 경향을 확증 편향(confirmation bias)이라 한다. 자신의 믿음이나 견해와 일치하는 정보는 수용하고 그와 반대되는 정보는 무시하거나 부정하는 심리 경향이다. 사회 심리학자인 로버트 치알디니는 자신이 가진 기존의 견해와 일치하는 정보는 두 가지 이점을 가지고 있다고 한다. 첫째, 그러한 정보는 어떤 문제에 대해 더 이상 고민하지 않고 마음의 휴식을 취할 수 있게 해 준다. 둘째, 그러한 정보는 우리를 추론의 결과에서 자유롭게 해 준다. 즉 추론의 결과 때문에 행동을 바꿔야 할 필요가 없다. 첫째는 생각하지 않게 하고, 둘째는 행동하지 않게 함을 말한다.
>
> 일례로 특정 정치 성향을 가진 사람들을 대상으로 조사했을 때, 사람들은 반대당 후보의 주장에서는 모순을 거의 완벽하게 찾은 반면, 지지하는 당 후보의 주장에서는 모순을 절반 정도만 찾아냈다. 그 결과, 자신의 동의하지 않는 정보를 접했을 때 뇌 회로가 활성화되지 않았고, 자신이 동의하는 주장을 접했을 때 긍정적인 반응을 보이면서 뇌 회로가 활성화되는 것을 확인할 수 있었다.

① 사람에게는 자신의 신념이나 행동을 바꾸려 하지 않는 경향이 있다.
② 사람에게는 정보를 객관적으로 판단하지 못하는 심리적 특성이 있다.
③ 사람에게는 지지자의 말만 듣고 자기 신념을 강화하는 경향이 있다.
④ 사람에게는 새로운 정보를 접했을 때 심리적 불안을 느끼는 특성이 있다.

정답과 해설

006 ④ 지문에서는 확증 편향과 관련하여 사람들이 자신의 신념과 일치하는 정보는 긍정적으로 수용하고, 그렇지 않은 정보는 무시한다는 내용을 서술하였다. 사람들이 새로운 정보를 접했을 때 심리적 불안을 느낀다는 것은 지문을 통해 추론할 수 없다.
오답피하기 ① 1문단에서 자신의 신념과 일치하는 정보는 수용하고 그렇지 않은 정보는 무시하거나 부정하는 경향을 확증 편향이라고 하였고, 이를 설명하며 확증 편향이 나타나는 예를 제시했으므로 적절할 수 있다. ② 2문단에서 사람들은 반대당 후보의 주장에서는 모순을 완벽하게 찾았으나 지지하는 당 후보의 주장에서는 모순을 절반 정도만 찾아냈다고 하였으므로 적절하다. ③ 2문단에서 사람들은 자신이 동의하는 주장을 접했을 때 긍정적인 반응을 보인다고 하였으므로, 지지자의 말을 듣고 자신의 신념을 강화할 것임을 추론할 수 있다.

선택지의 말을 지문의 말로 바꾸기

① 사람에게는 자신의 신념이나 행동을 바꾸려 하지 않는 경향이 있다.
  자신의 믿음이나 견해와 일치하는 정보는 수용하고 그와 반대되는 정보는 무시하거나 부정
② 사람에게는 정보를 객관적으로 판단하지 못하는 심리적 특성이 있다.
  자신의 믿음이나 견해와 일치하는 정보는 수용하고 그와 반대되는 정보는 무시하거나 부정
③ 사람에게는 지지자의 말만 듣고 자기 신념을 강화하는 경향이 있다.
  자신의 믿음이나 견해와 일치하는 정보는 수용하고 그와 반대되는 정보는 무시하거나 부정 → '자기 신념 강화'는 파생되어 따라나옴
④ 사람에게는 새로운 정보를 접했을 때 심리적 불안을 느끼는 특성이 있다.

007

다음 글에서 추론할 수 있는 것은?

2021 지방직 9급

> 포도주는 유럽 문명을 대표하는 술이자 동시에 음료수다. 우리는 대개 포도주를 취하기 위해 마시는 술로만 생각하기 쉬우나 유럽에서는 물 대신 마시는 '음료수'로서의 역할이 크다. 유럽의 많은 지역에서는 물이 워낙 안 좋아서 맨 물을 그냥 마시면 위험하기 때문에 제조 과정에서 안전성이 보장된 포도주나 맥주를 마시는 것이다. 이런 용도로 일상적으로 마시는 식사용 포도주로는 당연히 고급 포도주와는 다른 저렴한 포도주가 쓰이며, 술이 약한 사람들은 여기에 물을 섞어서 마시기도 한다.
> 소비의 확대와 함께, 포도주의 생산을 다른 지역으로 확산시키려는 노력도 계속되어 왔다. 포도주 생산의 확산에서 가장 큰 문제는 포도 재배가 추운 북쪽 지역으로 확대되기 힘들다는 점이다. 자연 상태에서는 포도가 자라는 북방 한계가 이탈리아 정도에서 멈춰야 했지만, 중세 유럽에서 수도원마다 온갖 노력을 기울인 결과 포도 재배가 상당히 북쪽까지 올라갔다. 대체로 대서양의 루아르강 하구로부터 크림반도와 조지아를 잇는 선이 상업적으로 포도를 재배할 수 있는 북방한계선이다.
> 적정한 기온은 포도주 생산 가능 여부뿐 아니라 생산된 포도주의 질을 결정하는 중요한 요인이다. 너무 추운 지역이나 너무 더운 지역에서는 포도주의 품질이 떨어질 수밖에 없다. 추운 지역에서는 포도에 당분이 너무 적어서 그것으로 포도주를 담그면 신맛이 강하게 된다. 반면 너무 더운 지역에서는 섬세한 맛이 부족해서 '흐물거리는' 포도주가 생산된다(그 대신 이를 잘 활용하면 포르토나 셰리처럼 도수를 높인 고급 포도주를 만들 수 있다). 그러므로 고급 포도주 주요 생산지는 보르도나 부르고뉴처럼 너무 덥지도 않고 너무 춥지도 않은 곳이다. 다만 달콤한 백포도주의 경우는 샤토 디켐(Château d'Yquem)처럼 뜨거운 여름 날씨가 지속하는 곳에서 명품이 만들어진다.
> 포도주의 수요는 전 유럽적인 데 비해 생산은 이처럼 지리적으로 제한됐기 때문에 포도주는 일찍부터 원거리 무역 품목이 됐고, 언제나 고가품 취급을 받았다. 그런데 한 가지 기억해야 할 점은 이렇게 수출되는 고급 포도주는 오래된 포도주가 아니라 바로 그해에 만든 술이라는 점이다. 우리는 포도주는 오래될수록 좋아진다고 믿는 경향이 있지만, 대부분의 백포도주 혹은 중급 이하 적포도주는 시간이 지날수록 오히려 품질이 떨어진다. 시간이 흐를수록 품질이 개선되는 것은 일부 고급 적포도주에만 한정된 이야기이며, 그나마 포도주를 병에 담아 코르크 마개를 끼워 보관한 이후의 일이다.

① 고급 포도주는 모두 너무 덥지도 춥지도 않은 곳에서 재배된 포도로 만들어졌다.
② 루아르강 하구로부터 크림반도와 조지아를 잇는 선은 이탈리아보다 남쪽에 있을 것이다.
③ 유럽에서 일상적으로 마시는 식사용 포도주는 저렴한 포도주거나 고급 포도주에 물을 섞은 것이다.
④ 병에 담겨 코르크 마개를 끼운 고급 백포도주는 보관 기간에 비례하여 품질이 개선되지는 않을 것이다.

선택지의 말을 지문의 말로 바꾸기

① 고급 포도주는 모두 너무 덥지도 춥지도 않은 곳에서 재배된 포도로 만들어졌다.
<반박> 다만 달콤한 백포도주의 경우는 샤토 디켐처럼 뜨거운 여름 날씨가 지속하는 곳에서 명품이 만들어진다.

② 루아르강 하구로부터 크림반도와 조지아를 잇는 선은 이탈리아보다 남쪽에 있을 것이다.
<반박> 루아르강 하구로부터 크림반도와 조지아를 잇는 선이 상업적으로 포도를 재배할 수 있는 북방한계선이다.

③ 유럽에서 일상적으로 마시는 식사용 포도주는 저렴한 포도주거나 고급 포도주에 물을 섞은 것이다.
<없는 내용>

④ 병에 담겨 코르크 마개를 끼운 고급 백포도주는 보관 기간에 비례하여 품질이 개선되지는 않을 것이다.
시간이 흐를수록 품질이 개선되는 것은 일부 고급 적포도주에만 한정된 이야기이다.

지문의 유기성 파악하기

정답과 해설

007 ④ 4문단에서 포도주를 병에 담아 코르크 마개를 끼워 보관한 이후의 일로, 시간이 흐를수록 품질이 개선되는 것은 일부 고급 적포도주에만 한정된 것이라고 하였다. 따라서 병에 담겨 코르크 마개를 끼운 고급 백포도주는 보관 기간에 비례하여 품질이 개선되지는 않을 것이라고 추론할 수 있다.

오답피하기 ① 3문단에서 너무 더운 지역에서도 포르토나 셰리처럼 도수를 높인 고급 포도주를 만들 수 있다고 하였다. 또한 달콤한 백포도주는 샤토 디켐처럼 뜨거운 여름 날씨가 지속하는 곳에서 명품이 만들어진다고 하였다. 따라서 고급 포도주는 모두 너무 덥지도 춥지도 않은 곳에서 재배된 포도로 만들어졌다고 볼 수 없다. ② 2문단에서 자연 상태에서는 포도가 자라는 북방 한계가 이탈리아 정도에서 멈춰야 했지만, 포도 재배가 상당히 북쪽까지 올라갔다고 하였다. 또한 루아르강 하구로부터 크림반도와 조지아를 잇는 선이 상업적으로 포도를 재배할 수 있는 북방한계선임을 설명하고 있다. 따라서 루아르강 하구로부터 크림반도와 조지아를 잇는 선은 이탈리아보다 남쪽이 아니라, 북쪽에 있을 것이라고 볼 수 있다. ③ 1문단에서 유럽의 일상적으로 마시는 식사용 포도주로는 저렴한 포도주가 쓰이며, 술이 약한 사람들은 여기에 물을 섞어서 마시기도 한다고 하였다. 따라서 유럽에서 일상적으로 마시는 식사용 포도주는 저렴한 포도주거나, 고급 포도주가 아닌 저렴한 포도주에 물을 섞은 것이라고 볼 수 있다.

제 2장 • 제목 및 주제 찾기

지문의 유기성 파악하기

1 글의 제목 및 주제 찾기 문제

1. 유기적으로 연결된 지문
유기적으로 연결된 지문은 문장의 힘을 바탕으로 어떤 부분에 글의 무게 중심이 실렸는지를 따져 봐야 한다. 물론 이를 위해서는 글을 유기적으로 독해할 수 있어야 한다.

2. 병렬적으로 연결된 지문
병렬적으로 연결된 지문은 각 문단의 내용을 모두 담고 있는 것이 주제가 된다. 따라서 각 문단의 내용을 요약한 후, 그것을 모두 포괄하고 있는 것을 정답으로 하면 된다.

유기적으로 연결된 지문

001 2011 국가직 9급

'허균'이 궁극적으로 말하고자 하는 바는?

> 옛날에 어진 인재는 보잘것없는 집안에서 많이 나왔었다. 그 때에도 지금 우리 나라와 같은 법을 썼다면, 범중엄(范仲淹)이 재상 때에 이룬 공업(功業)이 없었을 것이요, 진관(陳瓘)과 반양귀(潘良貴)는 곧은 신하라는 이름을 얻지 못하였을 것이며, 사마양저(司馬穰苴), 위청(衛靑)과 같은 장수와 왕부(王符)의 문장도 끝내 세상에서 쓰이지 못했을 것이다.
> 하늘이 냈는데도 사람이 버리는 것은 하늘을 거스르는 것이다. 하늘을 거스르고도 하늘에 나라를 길이 유지하게 해 달라고 비는 것은 있을 수 없는 일이다.
>
> – 허균, <유재론>

① 인재는 많을수록 좋다.
② 인재를 중하게 여겨야 한다.
③ 인재를 차별 없이 등용해야 한다.
④ 인재를 적재적소에 배치해야 한다.

같은 말로 바꾸기

옛날에 어진 인재는 보잘것없는 집안에서 많이 나왔었다. 그 때에도 지금 우리 나라와 같은 법을 썼다면, 범중엄(范仲淹)이 재상 때에 이룬 공업(功業)이 없었을 것이요, 진관(陳瓘)과 반양귀(潘良貴)는 곧은 신하
 보잘것없는 집안에서 나온 어진 인재   *보잘것없는 집안에서 나온 어진 인재*
라는 이름을 얻지 못하였을 것이며, 사마양저(司馬穰苴), 위청(衛靑)과 같은 장수와 왕부(王符)의 문장도
                             보잘것없는 집안에서 나온 어진 인재
끝내 세상에서 쓰이지 못했을 것이다.
 하늘이 냈는데도 사람이 버리는 것은 하늘을 거스르는 것이다. 하늘을 거스르고도 하늘에 나라를 길이
유지하게 해 달라고 비는 것은 있을 수 없는 일이다.   *하늘이 냈는데도 보잘것없는 집안이라고 쓰지 않는 것*

정답과 해설

001 ③ 보잘것없는 집안에서 나온 인재도 하늘이 낸 것이므로 그들을 버리는 것은 하늘을 거스르는 것이라고 말하고 있다. 이는 인재 등용에 차별을 해서는 안 된다는 의미이다.
오답피하기 ①, ② 제시문은 하늘이 내린 인재를 인간이 버려서는 안 된다는 것을 강조하고 있다. 인재가 많을수록 좋다는 내용이나 인재를 중하게 여겨야 한다는 내용은 제시문의 핵심 내용과 관련된 내용일 뿐이다. ④ 제시문은 인재를 적재적소에 배치해야 한다는 내용과 관련이 없다.

002

2015 국가직 7급

다음 글의 중심 내용으로 가장 적절한 것은?

> 한국 한자음이 어느 시대의 중국 한자음에 기반을 두고 있는지에 대해서는 학자들에 따라 이견이 있다. 어느 한 시대의 한자음에 기반을 두고 있을 수도 있고, 개별 한자들이 수입된 시차에 따라서 여러 시대의 중국 한자음에 기반을 두고 있을 수도 있다. 그러나 확실한 것은 한국 한자음은 중국 한자음과도 다르고 일본 한자음과도 다르고 베트남 옛 한자음과도 다르다는 것이다. 물론 그것이 그 기원이 된 중국 한자음과 아무런 대응 관계도 없는 것은 아니다. 그러나 그것은 한국어 음운체계의 영향으로 독특한 모습을 띠는 경우가 많다. 그래서 한국 한자음을 영어로는 'Sino-Korean'이라고 한다. 이것은 우리말 어휘의 반 이상을 차지하고 있는 한자어가, 중국어도 아니고 일본어도 아닌 한국어라는 것을 뜻한다. 우리가 '학꾜'라고 발음할 때, 중국인도 일본인도 따로 한국어를 공부하지 않는 한 그것이 'xuexiao'나 'がっこう'인 줄을 알아차리기는 힘들다.

① 한국 한자음의 특성
② 한국 한자음의 역사
③ 한국 한자음의 기원
④ 한국 한자음의 계통

지문의 유기성 파악하기

같은 말로 바꾸기

한국 한자음이 어느 시대의 중국 한자음에 기반을 두고 있는지에 대해서는 학자들에 따라 이견이 있다. 어느 한 시대의 한자음에 기반을 두고 있을 수도 있고, 개별 한자들이 수입된 시차에 따라서 여러 시대의
한국 한자음이 어느 시대 중국 한자음에 기반을 두고 있는지 이견이 있다.
중국 한자음에 기반을 두고 있을 수도 있다. 그러나 확실한 것은 한국 한자음은 중국 한자음과도 다르고 일본 한자음과도 다르고 베트남 옛 한자음과도 다르다는 것이다. 물론 그것이 그 기원이 된 중국 한자음과 아무런 대응 관계도 없는 것은 아니다. 그러나 그것은 한국어 음운체계의 영향으로 독특한 모습을 띠는 경우
한국 한자음은 다른 나라의 한자음과 다르다.
가 많다. 그래서 한국 한자음을 영어로는 'Sino-Korean'이라고 한다.

이것은 우리말 어휘의 반 이상을 차지하고 있는 한자어가, 중국어도 아니고 일본어도 아닌 한국어라는 것을 뜻한다. 우리가 '학꾜'라고 발음할 때, 중국인도 일본인도 따로 한국어를 공부하지 않는 한 그것이
한국 한자음은 다른 나라의 한자음과 다르다.
'xuexiao'나 'がっこう'인 줄을 알아차리기는 힘들다.

정답과 해설

002 ① 제시문에서 한국 한자음은 중국 한자음을 기원으로 하되, 여러 나라의 한자음과 모두 다르다고 설명하고 있다. 그리고 한국어 음운체계의 영향으로 독특한 모습을 띠는 경우가 많다고 설명하고 있다. 즉 한국 한자음이 다른 한자음과는 다른 독특한 특성이 있음을 설명하고 있다고 볼 수 있다. 따라서 '한국 한자음의 특성'이 제시문의 중심 내용으로 가장 적절하다.

오답피하기 ② 한국 한자음의 역사에 대해서는 언급하고 있지 않다. ③ 첫 번째 문장에서 한국 한자음의 기원에 대해 여러 학자들의 이견이 있다는 것을 언급하고 있지만 중심 내용으로 보기는 어렵다. ④ '한국 한자음이 어느 시대의~기반을 두고 있을 수도 있다.'에서 한국 한자음의 계통에 대해 언급하고 있다고 볼 수 있으나 이는 중심 내용이 아니다.

지문의 유기성 파악하기

003

2017 1차 국가직 7급

다음 글의 중심 내용으로 가장 적절한 것은?

> 롤랑 바르트는 「기호의 제국」에서 "우리 얼굴이 '인용'이 아니라면 또 무엇이란 말인가?"라는 말을 한 적이 있다. 우리의 헤어스타일이나 패션, 감정을 나타내는 얼굴 표정 등은 모두 미디어로부터 '복제'된 것일 가능성이 높다. 작가가 다른 책의 구절들을 씨앗글로 인용하는 일을 계기로 한 편의 글을 완성하듯, 우리는 남의 표정과 스타일을 복사한다. 이렇게 다른 것을 복제하고 인용하는 문화는 확산되고 있다. 그것은 오늘날 성형의 트렌드가 확산되는 현상을 보면 잘 알 수 있다. 성형을 하는 사람은 쇼핑하듯 트렌드가 만든 미인 얼굴을 구매한다.

① 롤랑 바르트는 모방이나 복제 문화의 예찬론자이다.
② 모방이나 복제 문화의 대중화가 사람들의 미의식을 세련되게 한다.
③ 모방이나 복제 문화가 확산되고 있다.
④ 모방이나 복제 문화의 대중화로 인해 성형 수술이 유행하고 있다.

정답과 해설

003 ③ 제시문에서는 복제, 인용하는 문화가 확산되고 있다고 말하고 있다. 그리고 이에 대한 구체적인 예로 '헤어스타일, 패션'과 '성형 수술' 등을 들고 있다. 따라서 '모방이나 복제 문화가 확산되고 있다'가 제시문의 중심 내용으로 가장 적절하다.

오답피하기 ① 제시문을 통해서는 모방이나 복제 문화에 대한 롤랑 바르트의 입장을 명확히는 알 수 없다. ② 제시문을 통해서는 모방이나 복제 문화의 대중화가 사람들의 미의식을 세련되게 하는지에 대해 알 수 없다. ④ '성형 수술의 유행'은 모방·복제 문화의 확산에 대한 예시 중 하나이므로 중심 내용으로 적절하지 않다.

같은 말로 바꾸기

롤랑 바르트는 「기호의 제국」에서 "우리 얼굴이 '인용'이 아니라면 또 무엇이란 말인가?"라는 말을 한 적이 있다. 우리의 헤어스타일이나 패션, 감정을 나타내는 얼굴 표정 등은 모두 미디어로부터 '복제'된 것일 가능성이 높다. 작가가 다른 책의 구절들을 씨앗글로 인용하는 일을 계기로 한 편의 글을 완성하듯, 우리는 남의 표정과 스타일을 복사한다. 이렇게 다른 것을 복제하고 인용하는 문화는 확산되고 있다. 그것은 오늘
우리의 패션, 표정 등은 모두 미디어로부터 복제된 것이다.
날 성형의 트렌드가 확산되는 현상을 보면 잘 알 수 있다. 성형을 하는 사람은 쇼핑하듯 트렌드가 만든 미인 얼굴을 구매한다.
우리의 패션, 표정 등은 모두 미디어로부터 복제된 것이다.

004

다음 글의 제목으로 가장 적절한 것은?

> 우리는 비극을 즐긴다. 비극적인 희곡과 소설을 즐기고, 비극적인 그림과 영화 그리고 비극적인 음악과 유행가도 즐긴다. 슬픔, 애절, 우수의 심연에 빠질 것을 알면서도 소포클레스의 「안티고네」, 셰익스피어의 「햄릿」을 찾고, 베토벤의 '운명', 차이코프스키의 '비창', 피카소의 '우는 연인'을 즐긴다. 아니면 텔레비전의 멜로드라마를 보고 값싼 눈물이라도 흘린다. 이를 동정과 측은과 충격에 의한 '카타르시스', 즉 마음의 세척으로 설명한 아리스토텔레스의 주장은 유명하다. 그것은 마치 눈물로 스스로의 불안, 고민, 고통을 씻어내는 역할을 한다는 것이다.
>
> 니체는 좀 더 심각한 견해를 갖는다. 그는 "비극은 언제나 삶에 아주 긴요한 기능을 가지고 있다. 비극은 사람들에게 그들을 싸고도는 생명 파멸의 비운을 똑바로 인식해야 할 부담을 덜어주고, 동시에 비극 자체의 암울하고 음침한 원류에서 벗어나게 해서 그들의 삶의 흥취를 다시 돋우어 준다."라고 하였다. 그런 비운을 직접 전면적으로 목격하는 일, 또 더구나 스스로 직접 그것을 겪는 일이라는 것은 너무나 끔찍한 일이기에, 그것을 간접경험으로 희석한 비극을 봄으로써 '비운'이란 그런 것이라는 이해와 측은지심을 갖게 되고, 동시에 실제 비극이 아닌 그 가상적인 환영(幻影) 속에서 비극에 대한 어떤 안도감도 맛보게 된다.

① 비극의 현대적 의의
② 비극을 즐기는 이유
③ 비극의 기원과 역사
④ 비극에 반영된 삶

지문의 유기성 파악하기

병렬적 지문

005
2013 국가직 9급

다음 글의 제목으로 가장 적절한 것은?

> 언제부터인가 이곳 속초 청호동은 본래의 지명보다 '아바이 마을'이라는 정겨운 이름으로 불리고 있다. 함경도식 먹을거리로 유명해진 곳이기도 하지만 그 사람들의 삶과 문화가 제대로 알려지지 않은 동네이기도 하다. 속초의 아바이 마을은 대한민국의 실향민 집단 정착촌을 대표하는 곳이다. 한국 전쟁이 한창이던 1951년 1·4 후퇴 당시, 함경도에서 남쪽으로 피난 왔던 사람들이 휴전과 함께 사람이 거의 살지 않던 이곳 청호동에 정착해 살기 시작했다.
>
> 동해는 사시사철 풍부한 어종이 잡히는 고마운 곳이다. 봄 바다를 가르며 달려 도착한 곳에서 고기가 다니는 길목에 설치한 '어울'을 끌어올려 보니, 속초의 봄 바다가 품고 있던 가자미들이 나온다. 다른 고기는 나오다 안 나오다 하지만 이 가자미는 일 년 열두 달 꾸준히 난다. 동해를 대표하는 어종 중에 명태는 12월에서 4월, 도루묵은 10월에서 12월, 오징어는 9월에서 12월까지 주로 잡힌다. 하지만 가자미는 사철 잡히는 생선으로, 어부들 말로는 그 자리를 지키고 있는 '자리고기'라 한다.
>
> 청호동에서 가자미식해를 담그는 광경은 이젠 낯선 일이 아니라 할 만큼 유명세를 탔다. 함경도 대표 음식인 가자미식해가 속초에서 유명하다는 것은 입맛이 정확하게 고향을 기억한다는 것과 상통한다. 속초에 새롭게 터전을 잡은 함경도 사람들은 고향 음식이 그리웠다. 가자미식해를 만들어 상에 올렸고, 이 밥상을 마주한 속초 사람들은 배타심이 아닌 호감으로 다가섰고, 또 판매를 권유하게 되면서 속초의 명물로 재탄생하게 된 것이다.

① 속초 자리고기의 유래
② 속초의 아바이 마을과 가자미식해
③ 아바이 마을의 밥상
④ 청호동 주민과 함경도 실향민의 화합

정답과 해설

005 ② 제시문에서는 먼저 속초 청호동이 전쟁 중 함경도에서 피난을 온 사람들이 정착해 살던 곳이며, '아바이 마을'로 불리고 있음을 설명하고 있다. 그리고 그곳에 정착한 함경도 사람들이 함경도 대표 음식인 '가자미식해'를 만들었고, 그것이 속초의 명물로 자리 잡게 되었다는 것을 알 수 있다. 따라서 '속초의 아바이 마을과 가자미식해'가 제시문의 제목으로 가장 적절하다.

오답피하기 ① 자리고기의 유래에 대해 설명하고 있기는 하지만 글의 전체 내용을 포괄하지 못하므로 글의 제목으로 적절하지 않다. ③ 속초의 명물인 '가자미식해'에 대해 설명할 뿐, 아바이 마을의 밥상에 대한 다른 정보는 알 수 없다. ④ 가자미식해를 통해 속초 사람들이 함경도 실향민에 대한 호감을 갖게 되었다고 언급하고 있을 뿐 화합하는 내용을 찾을 수 없으므로 중심 내용으로 볼 수 없다.

같은 말로 바꾸기

언제부터인가 이곳 속초 청호동은 본래의 지명보다 '아바이 마을'이라는 정겨운 이름으로 불리고 있다. 함경도식 먹을거리로 유명해진 곳이기도 하지만 그 사람들의 삶과 문화가 제대로 알려지지 않은 동네이기 <u>아바이 마을의 특징①</u>
도 하다. 속초의 아바이 마을은 대한민국의 실향민 집단 정착촌을 대표하는 곳이다. 한국 전쟁이 한창이던 <u>아바이 마을의 특징②</u>
1951년 1·4 후퇴 당시, 함경도에서 남쪽으로 피난 왔던 사람들이 휴전과 함께 사람이 거의 살지 않던 이곳 청호동에 정착해 살기 시작했다.

동해는 사시사철 풍부한 어종이 잡히는 고마운 곳이다. 봄 바다를 가르며 달려 도착한 곳에서 고기가 다니는 길목에 설치한 '어울'을 끌어올려 보니, 속초의 봄 바다가 품고 있던 가자미들이 나온다. 다른 고기는 나오다 안 나오다 하지만 이 가자미는 일 년 열두 달 꾸준히 난다. 동해를 대표하는 어종 중에 명태는 12월에서 4월, 도루묵은 10월에서 12월, 오징어는 9월에서 12월까지 주로 잡힌다. 하지만 가자미는 사철 잡히는 생선으로, 어부들 말로는 그 자리를 지키고 있는 '자리고기'라 한다.
<u>가자미는 일 년 열두 달 꾸준히 난다.</u>

청호동에서 가자미식해를 담그는 광경은 이젠 낯선 일이 아니라 할 만큼 유명세를 탔다. 함경도 대표 음식인 가자미식해가 속초에서 유명하다는 것은 입맛이 정확하게 고향을 기억한다는 것과 상통한다. 속초에 새롭게 터전을 잡은 함경도 사람들은 고향 음식이 그리웠다. 가자미식해를 만들어 상에 올렸고, 이 밥상을
<u>고향을 그리워하는 마음을 울렸고</u>
마주한 속초 사람들은 배타심이 아닌 호감으로 다가섰고, 또 판매를 권유하게 되면서 속초의 명물로 재탄생하게 된 것이다.

제 3 장 • 범위·사례형 문제

1 범위·사례형 문제

1. 기준점을 찾아 말 바꾸기
범위·사례형 문제는 정답의 근거가 범위 자체, 또는 바로 위나 바로 아래에 있다. 출제자는 정답의 근거를 그대로 제시하기보다는 말을 바꾸어서 제시하는 경우가 많다. 따라서 기준점이 선택지에서는 말이 바뀌어 있을 거라고 짐작하면서 문제를 해결하자.

2. 정답이 2개인 경우에는 기준점을 하나 더 찾는다.
범위·사례형 문제의 경우, 일반적으로 기준점이 하나이다. 그러나 간혹 기준점이 2개인 문제가 출제될 때도 있다. 정답이 2개 이상 도출되면 지문이나 발문에서 기준점을 하나 더 찾아보자.

001
2010 지방직 7급

다음 글의 사례로 인용하기에 가장 적절한 것은?

> 아리스토텔레스가 말한 완전한 사랑의 요소 중 가장 중요한 것은 유사성이다. 아리스토텔레스는 이 유사성에 대해 길고 상세한 설명을 덧붙이고 있다. 요약하자면 마음을 다해 사랑하는 두 사람의 관계는 차이성에서 동일성으로 향하는 줄기찬 노력의 과정이어야 한다는 것이다.
> 여기서 그는 동일성이 목표가 아니라 방향이라는 점을 강조한다. 완전히 같아진다는 것은 가능한 일도 아니거니와 가능하다 하더라도 그것은 완전한 사랑에 모순된다. 하나만으로는 사랑이 불가능하기 때문이다. 그러므로 완전한 동일성은 사랑의 완성이 아니라 파국이다. 비록 사랑이 두 사람 사이의 차이에서 비롯된 동화에의 열정이고 다름 속에서 같음을 만들어가는 긴장 넘치는 과정이기는 하나, 차이를 모두 제거해 버린 동일화는 마침내 사랑마저 제거해 버릴 것이다.

① 사랑은 분신을 만드는 일이다. 자기 자신을 대하듯이 사랑을 베풀어야 한다.
② 사랑은 두 사람이 서로 마주 보는 것이 아니라 두 사람이 함께 한 곳을 바라보는 것이다.
③ 그 사람의 미덕과 인품에 이끌려 자신도 모르게 가까이 다가갈 때, 비로소 사랑은 시작된다.
④ 사랑은 우리들을 행복하게 하기 위해서 존재하는 것이 아니라, 우리들이 고뇌와 인내에서 얼마만큼 견딜 수 있는가를 보기 위해서 존재한다.

기준점 찾아 선택지의 말을 지문의 말로 바꾸기

아리스토텔레스가 말한 완전한 사랑의 요소 중 가장 중요한 것은 유사성이다. 아리스토텔레스는 이 유사성에 대해 길고 상세한 설명을 덧붙이고 있다. 요약하자면 마음을 다해 사랑하는 두 사람의 관계는 차이성에서 동일성으로 향하는 줄기찬 노력의 과정이어야 한다는 것이다.
여기서 그는 ①<u>동일성이 목표가 아니라 방향이라는 점을 강조한다.</u> ②<u>완전히 같아진다는 것은 가능한 일도 아니거니와 가능하다 하더라도 그것은 완전한 사랑에 모순된다.</u> 하나만으로는 사랑이 불가능하기 때문이다. 그러므로 완전한 동일성은 사랑의 완성이 아니라 파국이다. 비록 사랑이 두 사람 사이의 차이에서 비롯된 동화에의 열정이고 다름 속에서 같음을 만들어가는 긴장 넘치는 과정이기는 하나, 차이를 모두 제거해 버린 동일화는 마침내 사랑마저 제거해 버릴 것이다.

② 사랑은 두 사람이 서로 마주 보는 것이 아니라 두 사람이 함께 <u>한 곳을 바라보는 것</u>이다.
　　　　　　　　　　　　　　　　　　　　　　　　　　　　　같은 방향

정답과 해설

001 ② 동일성이 목표가 아니라 방향이라는 점을 강조한다는 점에서 같은 방향을 바라본다는 ②가 이 글의 적절한 사례이다.
오답피하기 ① 완전한 동일성을 추구하는 것은 파국이라고 했으므로 분신을 만든다고 한 것은 이 글의 내용과 일치하지 않는다. ③, ④ 제시문의 핵심어인 '동일성'과 관련이 없는 내용이다.

002

2015 국가직 9급

리더십 부재와 잘못된 정책을 '등산'에 빗대어 설명한 것으로 가장 적절한 것은?

① 사공이 많으면 배가 산으로 간다는 속담처럼 말이 많으면 어느 산을 오를 것인지 결정할 수 없습니다.
② 등산로를 잘 알지 못하더라도 길잡이가 용기 있는 결단을 내리면 많은 사람들이 등산에 성공할 수 있습니다.
③ 길잡이가 방향을 잘못 가리키고 혼자 가 버리면 많은 사람들이 산 정상에 오를 수 없어 등산의 기쁨을 맛볼 수 없습니다.
④ 등산의 목적은 다른 사람들보다 먼저 봉우리에 올랐다는 기쁨 그 자체이므로 길잡이는 항상 등산하는 사람들이 경쟁할 수 있도록 도와야 합니다.

기준점 찾아 선택지의 말을 지문의 말로 바꾸기

①리더십 부재와 ②잘못된 정책을 ③'등산'에 빗대어 설명한 것

③ 길잡이가 방향을 잘못 가리키고 혼자 가 버리면 많은 사람들이 산 정상에 오를 수 없어 등산의 기쁨을 맛볼 수 없습니다.
　　　　잘못된 정책　　　　　　　　　리더십 부재

003

2015 지방직 9급

다음 글의 내용과 가장 가까운 것은?

> 정보의 가장 기본적인 원천은 인간이 체험하는 감각이다. 돌이 단단하고 물이 부드럽다는 것은 감각을 통해서 알 수 있다. 그러나 감각이 체계적인 지식으로 발전하는 데는 문제가 있다. 그것은 바로 감각이 주관적이어서 사람과 시기에 따라 동일하지 않기 때문이다. 그래서 예로부터 철학자들은 감각을 중시하지 않았지만, 존 로크와 같은 경험론자들은 감각의 기능을 포기하지 않았다. 왜냐하면 감각을 통하지 않고서는 어떤 구체적인 것도 얻을 수 없다고 생각했기 때문이다.

① 나는 생각한다. 그러므로 나는 존재한다.
② 마음을 다하면 인간의 본성을 알게 되고, 인간의 본성을 알게 되면 천명을 알게 될 것이다.
③ 종 치는 것을 보지 못했다면 종을 치면 소리가 난다는 것을 모를 것이다.
④ 세계의 역사는 다름이 아니라 바로 자유 의식의 진보이다.

기준점 찾아 선택지의 말을 지문의 말로 바꾸기

①정보의 가장 기본적인 원천은 인간이 체험하는 감각이다. 돌이 단단하고 물이 부드럽다는 것은 감각을 통해서 알 수 있다. 그러나 감각이 체계적인 지식으로 발전하는 데는 문제가 있다. 그것은 바로 감각이 주관적이어서 사람과 시기에 따라 동일하지 않기 때문이다. 그래서 예로부터 철학자들은 감각을 중시하지 않았지만, 존 로크와 같은 경험론자들은 감각의 기능을 포기하지 않았다. 왜냐하면 ②감각을 통하지 않고서는 어떤 구체적인 것도 얻을 수 없다고 생각했기 때문이다.

③ 종 치는 것을 보지 못했다면 종을 치면 소리가 난다는 것을 모를 것이다.
　　감각을 통하지 않고서는　　　　어떤 구체적인 것도 얻을 수 없다

정답과 해설

002 ③ '리더십의 부재와 잘못된 정책'과 관련하여 등산에 빗대어 설명한 것은 리더를 길잡이에 비유한 ③이다.
오답피하기 ① 등산에 비유하기는 했으나 리더십의 부재와 관련이 없는 내용이다. ② 리더십의 부재가 아니라 리더십이 있을 때와 관련한 내용이다. ④ 리더십의 부재가 아니라 리더의 역할에 대한 내용이다.

003 ③ 제시문에서는 '감각'이 주관적이긴 하지만 경험론자들은 '감각'을 통해 다른 것들을 얻을 수 있으므로 '감각'이 중요하다고 보았다. 선택지 중에서 '감각, 주관적, 구체적인 것을 얻게 하는 것'과 말이 바뀌는 것을 찾아야 한다. ③을 보자. '종 치는 것을 본 것', 즉 시각적 '감각'에 대응되고, '종을 치면 소리가 난다'는 구체적인 사실을 알게 된 것에 대응되므로 정답이 된다.
오답피하기 ①, ②, ④ 감각이 정보의 원천이라는 지문의 내용과 관련이 없다.

004

2016 지방직 9급

밑줄 친 부분과 가장 유사한 속성을 지닌 현대인의 삶의 태도는?

> 근대 이후 인간들은 불안감과 고독감에서 벗어나기 위해 <u>자신에게 주어진 자유로부터 도피하려는 경향</u>을 보인다. 그중 하나가 복종을 전제로 하는 권위주의적 양태이다. 이는 개인적 자아의 독립을 포기하고 자기 이외의 어떤 존재에 종속되고자 하는 것으로, 사라진 제1차적 속박 대신에 새로운 제2차적 속박을 추구하는 양상을 띤다. 이것은 때로 상대방을 자신에게 복종시킴으로써 심리적 안정과 만족을 얻으려는 형태로 나타나기도 한다. 일견 대립적으로 보이는 이 두 형태는 불안감과 고독감으로부터 벗어나기 위한 권위주의적 양상이라는 점에서는 동일한 것이다.

① 소속된 집단의 이익이나 정의보다는 개인의 이익이나 행복만을 추구하는 태도
② 집안에서 어떤 일을 결정할 때 부모나 어른의 의견보다는 아이들의 요구를 먼저 고려하는 태도
③ 어떤 상황에 대해 자신의 견해를 가지기보다는 언론 매체의 의견을 무비판적으로 수용하는 태도
④ 직업을 통해서 얻는 삶의 만족보다는 취미 활동을 통해서 얻는 삶의 즐거움을 더 중시하는 태도

기준점 찾아 선택지의 말을 지문의 말로 바꾸기

근대 이후 인간들은 불안감과 고독감에서 벗어나기 위해 자신에게 주어진 자유로부터 도피하려는 경향을 보인다. 그중 하나가 복종을 전제로 하는 권위주의적 양태이다. 이는 ①<u>개인적 자아의 독립을 포기하고 자기 이외의 어떤 존재에 종속되고자 하는 것</u>으로, 사라진 제1차적 속박 대신에 새로운 제2차적 속박을 추구하는 양상을 띤다. 이것은 때로 ②<u>상대방을 자신에게 복종시킴으로써 심리적 안정과 만족을 얻으려는 형태</u>로 나타나기도 한다. 일견 대립적으로 보이는 이 두 형태는 불안감과 고독감으로부터 벗어나기 위한 권위주의적 양상이라는 점에서는 동일한 것이다.

③ 어떤 상황에 대해 자신의 견해를 가지기보다는 언론 매체의 의견을 무비판적으로 수용하는 태도
   개인적 자아의 독립을 추구하기보다는   어떤 존재에 종속되고자 하는 것

005

2016 지방직 7급

다음 글에서 설명한 '정의'에 가장 적절한 것은?

> 글에서 다루게 되는 대상을 명확하게 규정해 주는 방법을 정의라고 한다. 이때 정의하고자 하는 대상을 피정의항이라고 하고, 그 나머지 진술 부분을 정의항이라고 한다. 정의를 할 경우에는 다음 사항에 유의해야 한다. 첫째, 개념을 명확하게 드러낼 수 있도록 풀이해야 한다. 둘째, 정의하고자 하는 대상이나 개념이 정의항에서 되풀이되어서는 안 된다. 셋째, 정의항이 부정적인 진술로 나타나서는 안 된다. 넷째, 대상에 대한 묘사나 해석은 정의가 아니다.

① 책이란 지식만을 보존해 두는 것이 아니다.
② 입헌 정치란 헌법에 의하여 행해지는 정치이다.
③ 딸기는 빨갛고 씨가 박혀 있는 달콤한 과일이다.
④ 문학은 언어로 인간의 사상과 감정을 표현한 예술이다.

기준점 찾아 선택지의 말을 지문의 말로 바꾸기

① 책이란 지식만을 보존해 두는 것이 <u>아니다</u>.
   부정적 진술
② 입헌 정치란 헌법에 의하여 행해지는 <u>정치</u>이다.
   개념을 되풀이 함
③ <u>딸기는 빨갛고 씨가 박혀 있는 달콤한 과일이다.</u>
   묘사

정답과 해설

004 ③ 밑줄 친 부분에서의 '자신에게 주어진 자유로부터 도피'는 '복종'이자 개인적 자아의 독립을 포기하고 어떤 존재에 종속되고자 하는 행동으로 나타난다고 정리해 볼 수 있다. 이러한 내용은 자신의 의견을 피력하기보다 ③의 '언론 매체의 의견을 무비판적으로 수용하는 태도'와 맥락이 비슷하다.

오답피하기 ① 현대인의 개인 이기주의적 태도를 가리키므로 복종하는 태도와는 관련성이 적다. ②, ④ 현대인의 삶에서 볼 수 있는 태도이지만 제시문에서 설명하고 있는 복종하는 태도와는 관련성이 적다.

005 ④ 제시문에서는 정의를 할 경우의 유의 사항에 대해 설명하고 있다. 유의 사항을 간단히 정리하자면 개념을 명확하게 풀이할 것, 개념을 되풀이하지 말 것, 부정적으로 진술하지 말 것, 묘사나 해석하지 말 것이 있다. 이러한 유의 사항을 잘 지켜 대상을 정의한 것은 ④이다.

오답피하기 ① 부정적인 진술로 '책'을 정의하고 있다는 점에서 적절하지 않다. ② 정의하고자 하는 대상(입헌 정치)을 정의항에서 되풀이하고 있으므로(~행해지는 정치이다) 적절하지 않다. ③ '딸기'에 대해 묘사하고 있다는 점에서 적절하지 않다.

006

다음 밑줄 친 부분의 의미를 풀어 쓴 것으로 적절한 것은?

2004년 1월 태국에서는 한 소년이 극심한 폐렴 증세로 사망했다. 소년의 폐는 완전히 망가져 흐물흐물해져 있었다. 분석 결과, 이전까지 인간이 감염된 적이 없던 인플루엔자 바이러스가 원인으로 밝혀졌다. 소년은 공식적인 고병원성 조류 인플루엔자 바이러스, H5N1의 첫 사망자가 되었다. 계절 독감으로 익숙한 인플루엔자 바이러스가 이렇게 치명적일 수 있었던 것은 인간의 면역 반응 때문이다. 인류 역사상 한 번도 만나본 적이 없던 새로운 바이러스가 침입하자 면역계가 과민 반응을 일으켜 도리어 인체에 해를 끼친 것이다. 이런 현상을 '사이토카인 폭풍'이라 부른다. 사이토카인 폭풍은 면역 능력이 강한 젊은 층일수록 더 세게 일어난다.

만약 집에 ㉠좀도둑이 들었다면 작은 손해를 각오하고 인기척을 내 도둑 스스로 도망가게 하는 것이 상책이다. 그런데 만약 ㉡몽둥이를 들고 도둑과 싸우려 든다면 도둑은 ㉢강도로 돌변한다. 인체가 H5N1에 감염되면 똑같은 일이 벌어진다. 처음으로 새가 아닌 다른 숙주 몸속에 들어온 바이러스는 과민 반응한 면역계와 죽기 살기로 싸운다. 그 결과 50%가 넘는 승률로 바이러스가 승리한다. 그러나 ㉣승리의 대가는 비싸다. 숙주가 죽어 버렸기 때문에 바이러스 역시 함께 죽어야만 한다. 이것이 바로 악명을 떨치면서도 조류 독감 사망 환자 수가 전 세계에 400명을 넘기지 않는 이유다. 이 질병이 아직 사람 사이에서 감염되는 사례가 나타나지 않는 이유도 바이러스가 인체라는 새로운 숙주에 적응하지 못했기 때문으로 추정할 수 있다.

① ㉠: 면역계의 과민 반응
② ㉡: 계절 독감
③ ㉢: 치명적 바이러스
④ ㉣: 극심한 폐렴 증세

제 4 장 • 접속어 찾기

1 접속어 찾기

문맥에 알맞은 접속어를 찾기 위해서는 글의 흐름을 유기적으로 파악해야 한다. 빈칸을 기점으로 앞뒤의 문장에 유의하여 표현은 바뀌었지만 같은 의미의 내용을 확인할 수 있어야 한다.

001
2015 지방직 7급

다음 글의 ㉠~㉢에 들어갈 말로 가장 적절한 것은?

> 〈2001: 스페이스 오디세이〉에서 스탠리 큐브릭은 영화 음악으로 상당한 예술적 성과를 거두었다. 원래 큐브릭은 알렉스 노스에게 영화음악을 의뢰했었다. (㉠) 영화를 편집할 때 임시 사운드 트랙으로 채택했던 클래식 음악들에서 만족스러운 효과를 얻자 그는 그 음악들을 그대로 영화에 사용했다. (㉡) 요한 슈트라우스의 '아름답고 푸른 다뉴브'와 리하르트 슈트라우스의 '차라투스트라는 이렇게 말했다'가 인간이 우주를 인식하고 새로운 경지의 정신에 다다르는 경이로운 장면들에 배경 음악으로 등장하게 되었다. 클래식 음악이 대중적인 오락물과 결합할 때, 그 음악은 평이한 수준으로 전락해 버리는 것이 흔한 일이다. (㉢) 큐브릭의 영화는 이미지와 결부된 클래식 음악의 가치가 높아진, 거의 유일한 경우이다.

	㉠	㉡	㉢
①	그러나	그리고	그런데
②	하지만	그래서	그러나
③	그런데	그리고	그러나
④	그래서	그런데	하지만

지문의 유기성 파악하기

〈2001: 스페이스 오디세이〉에서 스탠리 큐브릭은 영화 음악으로 상당한 예술적 성과를 거두었다. 원래 큐브릭은 알렉스 노스에게 영화음악을 의뢰했었다. (㉠) 영화를 편집할 때 임시 사운드 트랙으로 채택했<u>던 클래식 음악들에서 만족스러운 효과를 얻자 그는 그 음악들을 그대로 영화에 사용했다</u>. (㉡) <u>요한 슈트라우스의 '아름답고 푸른 다뉴브'와 리하르트 슈트라우스의 '차라투스트라는 이렇게 말했다'가 인간이 우주를 인식하고 새로운 경지의 정신에 다다르는 경이로운 장면들에 배경 음악으로 등장하게 되었다</u>. 클래식 음악이 대중적인 오락물과 결합할 때, 그 음악은 평이한 수준으로 전락해 버리는 것이 흔한 일이다. (㉢) <u>큐브릭의 영화는 이미지와 결부된 클래식 음악의 가치가 높아진, 거의 유일한 경우이다</u>.

⇔ '알렉스 노스에게 의뢰한 음악'
⇔ 임시 사운드 트랙으로 채택했던 클래식 음악
⇔ 평이한 수준으로 전락해 버리는 경우

정답과 해설

001 ② 이 문제를 해결하기 위해서는 ㉡이 가장 중요하다. ㉡ 앞에는 임시로 트랙에 깔았던 클래식 음악을 사용했다는 내용이 나타나고, ㉡ 뒤에는 '그래서' 클래식인 요한 슈트라우스, 리하르트 슈트라우스의 음악이 영화의 배경 음악이 되었다는 내용이 나타난다. ㉠에는 '그런데, 그러나, 하지만' 등 여러가지 접속어가 들어갈 수 있지만 ㉡에는 '그래서'만 들어갈 수 있다. 따라서 정답은 ②번이 된다.

오답피하기 ㉠ 큐브릭이 알렉스 노스에게 영화 음악을 의뢰했다는 앞 내용과 달리, 다음에는 클래식 음악을 영화에 사용했다는 내용이 나오므로 ㉠ 전후의 내용은 서로 상반된다. 따라서 ㉠은 역접의 접속어인 '그러나', '하지만'이나 전환의 접속어인 '그런데'가 적절하다. ㉢ 클래식 음악이 영화에 사용될 때 음악이 평이한 수준으로 전락한다는 앞 내용과 달리, ㉢ 다음에는 예외적으로 큐브릭의 영화에 사용된 클래식 음악의 경우에는 그 가치가 높아졌다는 내용으로 제시문이 종결되었으므로 ㉢은 역접의 접속어인 '그러나'나 '하지만'이 적절하다. 따라서 ㉠, ㉡, ㉢에 들어갈 접속어를 순서대로 나열한 것은 ② ㉠ '하지만', ㉡ '그래서', ㉢ '그러나'이다.

002

㉠~㉢에 들어갈 적절한 접속어를 순서대로 나열한 것은?

> 역사의 연구는 개별성을 추구하는 것이라고 할 수가 있다. (㉠) 구체적인 과거의 사실 자체에 대해 구명(究明)을 꾀하는 것이 역사학인 것이다. (㉡) 고구려가 한족과 투쟁한 일을 고구려라든가 한족이라든가 하는 구체적인 요소들을 빼 버리고, 단지 "자주적 대제국이 침략자와 투쟁하였다."라고만 진술해 버리는 것은 한국사일 수가 없다. (㉢) 일정한 시대에 활약하던 특정한 인간 집단의 구체적인 활동을 서술하지 않는다면 그것을 역사라고 말할 수 없는 것이다.

	㉠	㉡	㉢
①	즉	가령	요컨대
②	가령	한편	역시
③	이를테면	역시	결국
④	다시 말해	만약	그런데

정답과 해설

002 ① ㉠ 다음에는 앞 내용인 '역사의 연구는 개별성을 추구하는 것'에 대한 자세한 설명이 나오므로, ㉠은 전 내용에 대해서 정리하여 설명할 때 사용하는 환언, 요약의 접속어인 '즉'이 적절하다. ㉡ 다음에는 앞 내용인 '구체적인 과거의사실'의 예시가 나오므로, ㉡은 예를 들 때 사용하는 예시의 접속어인 '가령'이 적절하다. ㉢ 다음에는 앞 내용에서 전달하고자 하는 바를 정리하여 설명하고 있으므로 ㉢은 앞의 내용을 정리할 때 사용되는 환언, 요약의 접속어인 '요컨대'가 적절하다. 따라서 ㉠, ㉡, ㉢에 들어갈 접속어를 순서대로 나열한 것은 ① ㉠ '즉', ㉡ '가령', ㉢ '요컨대'이다.

지문의 유기성 파악하기

역사의 연구는 개별성을 추구하는 것이라고 할 수가 있다. (㉠) 구체적인 과거의 사실 자체에 대해 구명(究明)을 꾀하는 것이 역사학인 것이다. (㉡) 고구려가 한족과 투쟁한 일을 고구려라든가 한족이라든가 하는 구체적인 요소들을 빼 버리고, 단지 "자주적 대제국이 침략자와 투쟁하였다."라고만 진술해 버리는 것은 한국사일 수가 없다. (㉢) 일정한 시대에 활약하던 특정한 인간 집단의 구체적인 활동을 서술하지 않는다면 그것을 역사라고 말할 수 없는 것이다.

003

2020 서울시 9급

<보기>의 ㉠에 들어갈 접속 부사로 가장 옳은 것은?

― 보기 ―

격분의 물결은 사람들의 주의를 동원하고 묶어내는 데는 대단히 효과적이다. 하지만 매우 유동적이고 변덕스러운 까닭에 공적인 논의와 공적인 공간을 형성하는 역할을 감당하지는 못한다. 격분의 물결은 그러기에는 통제하기도 예측하기도 어렵고, 불안정하며, 일정한 형태도 없이 쉽게 사라져 버린다. 격분의 물결은 갑자기 불어났다가 또 이에 못지않게 빠른 속도로 소멸한다. 여기서는 공적 논의를 위해 필수적인 안정성, 항상성, 연속성을 찾아볼 수 없다. (㉠) 격분의 물결은 안정적인 논의의 맥락 속에 통합되지 못한다. 격분의 물결은 종종 아주 낮은 사회적, 정치적 중요성밖에 지니지 않는 사건들과 관련하여 발생한다.

격분 사회는 스캔들의 사회다. 이런 사회에는 침착함, 자제력이 없다. 격분의 물결에 특징적으로 나타나는 반항기, 히스테리, 완고함은 신중하고 객관적인 커뮤니케이션을 허용하지 않는다. 어떤 대화도, 어떤 논의도 불가능하다. 게다가 격분 속에서는 사회 전체에 대한 염려의 구조를 갖춘 안정적인 우리가 형성되지 않는다. 이른바 분개한 시민의 염려라는 것도 사회 전체에 대한 것이라기보다는 대체로 자신에 대한 염려일 뿐이다. (㉠) 그러한 염려는 금세 모래알처럼 흩어져 버린다.

― 한병철, 「투명사회」 중에서 ―

① 그런데
② 그리고
③ 따라서
④ 하지만

제 5 장 • 빈칸 추론

1 빈칸 추론

빈칸에 들어갈 말은 기본적으로 앞 문장이나 뒤 문장의 내용의 반복이다. 다만 전후 문맥의 의미가 표현만 바뀌어서 나타날 뿐이다. 즉 빈칸 추론을 해결하는 데 있어서 가장 중요한 것은 유기성 파악이다.

001
2008 국가직 7급

다음 글의 괄호 안에 들어갈 내용으로 적절한 것은?

> 우리가 살아남고, 다음 세대들이 이 조그마한 행성 위에서 삶을 향유할 수 있게 하려면 탐욕이 아니라 자연의 순리가 사람살이의 척도가 되는 세상을 향해 조금이라도 나아가기를 염원하고 노력하는 수밖에 다른 선택이 없다. 대량 생산과 소비체제, 장거리 유통구조, 거대산업과 권력의 중앙 집중, 관료주의 학교와 병원의 위계질서, 행형제도, 비대화하는 도시공간과 황폐화하는 농촌, 과학기계 영농, 자가용에 의존하는 교통체계 – 도대체 이런 것들이 지탱 가능한 생활 방식인지 따져보아야 한다. 환경에 대한 인식이 높아진다 해도 그것을 자신의 일상생활과 관련짓지 못한다면 그런 인식은 헛된 것일 뿐이다. (   )

① 진정 생명가치를 인식하고 선양하려면 우리가 탐닉해 있는 문명의 안락과 편의를 많은 부분을 포기할 필요가 있다.
② 많은 사람들은 아직도 자동차의 생태학적 부담을 인식하면서도 그것을 돌이킬 수 없는 운명이라고 생각하는지도 모른다.
③ 하기는 산업문화의 압력 밑에서 이것을 정면으로 파악하는 데 필요한 능력과 용기를 가진다는 것이 쉽지는 않을 것이다.
④ 이제 우리는 이러한 문명을 그대로 두고도 환경 재난을 막을 수 있는 획기적인 방법을 찾아내는 그 누군가를 기대할 수 없다.

빈칸과 같은 말 찾아 선택지의 말을 지문의 말로 바꾸기

우리가 살아남고, 다음 세대들이 이 조그마한 행성 위에서 삶을 향유할 수 있게 하려면 탐욕이 아니라 자연의 순리가 사람살이의 척도가 되는 세상을 향해 조금이라도 나아가기를 염원하고 노력하는 수밖에 다른 선택이 없다. 대량 생산과 소비체제, 장거리 유통구조, 거대산업과 권력의 중앙 집중, 관료주의 학교와 병원의 위계질서, 행형제도, 비대화하는 도시공간과 황폐화하는 농촌, 과학기계 영농, 자가용에 의존하는 교통체계 – 도대체 이런 것들이 지탱 가능한 생활 방식인지 따져보아야 한다. <u>환경에 대한 인식이 높아진다 해도 그것을 자신의 일상생활과 관련짓지 못한다면 그런 인식은 헛된 것일 뿐이다.</u> (   )

① 진정 생명가치를 인식하고 선양하려면 우리가 탐닉해 있는 문명의 안락과 편의를 많은 부분을 포기할
환경에 대한 인식이 실효를 얻기 위해서는   자신의 일상생활과 관련지어야 한다.
필요가 있다.

정답과 해설

001 ① 제시문에서는 일상에서 환경을 파괴하지 않는 삶의 방식을 추구해야 한다는 내용을 다룬다. 괄호의 앞에서는 환경에 대한 인식을 일상생활과 관련지어야 한다는 주장을 드러내므로 이를 뒷받침하는 문장인 ①이 적절하다.
오답피하기 ② 자동차는 일상생활의 일부이므로 지엽적인 내용이다. ③, ④ 환경을 생각하는 것이 쉽지 않다는 내용은 앞 내용과의 통일성에 어긋난다.

002

밑줄 친 부분에 들어갈 말로 가장 적절한 것은?

2010 지방직 9급

> 다분히 진화 생물학적 관점에서, 질병은 인간의 몸 안에서 일어나는 정교하고도 합리적인 자기 조절 과정이다. 질병은 정상적인 기능을 할 수 없는 상태임과 동시에, 진화의 역사 속에서 획득한 자기 치료 과정이 _____ 이기도 하다. 가령, 기침을 하고, 열이 나고, 통증을 느끼고, 염증이 생기는 것 따위는 자기 조절과 방어 시스템이 작동하는 과정인 것이다.

① 문제를 일으킨 상태
② 비일상적인 특이 상태
③ 정상적으로 가동하고 있는 상태
④ 인구의 개체 변이를 도모하는 상태

빈칸과 같은 말 찾아 선택지의 말을 지문의 말로 바꾸기

　다분히 진화 생물학적 관점에서, 질병은 인간의 몸 안에서 일어나는 정교하고도 합리적인 자기 조절 과정이다. 질병은 정상적인 기능을 할 수 없는 상태임과 동시에, 진화의 역사 속에서 획득한 자기 치료 과정이 _____ 이기도 하다. 가령, 기침을 하고, 열이 나고, 통증을 느끼고, 염증이 생기는 것 따위는 자기 조절과 방어 시스템이 작동하는 과정인 것이다.

③ **정상적으로 가동하고 있는 상태**
　정교하고도 합리적인 자기 조절 과정

003

괄호 안에 들어갈 말로 가장 적당한 것은?

2012 지방직 7급

> 　같은 시대를 살면서도 그 시대의 의미를 모두 똑같이 파악하고 있지 않은 경우도 있다. 자기가 살고 있는 현재의 시대를 파악하는 것은 더욱 어려운 일이겠지만, 지나간 시대의 역사적 의미를 파악하는 것도 그리 쉽지는 않다. 가령, 우리나라의 일제시대를 식민지 시대나 반봉건(半封建) 시대로 보는 사관이 있는가 하면, 근대화와 자본주의적 산업화가 이루어진 시대로 보는 사관도 있다. 심지어, 일본의 국수주의적 사가(史家)들은 일제의 점령기를 한국의 경제 발전과 교육 근대화에 크게 기여했던 시기로 긍정적으로 평가하려고까지 한다.
> 　여기서 우리는 같은 시대의 의미를 파악할 때도 민족주의자의 눈과 제국주의자의 눈은 서로 다른 평가를 내리고 있음을 본다. 따라서 오늘의 시대적 의미를 파악하는 것도 어떤 사람의 눈으로 파악하느냐에 따라 달라지기 때문에, 역사를 파악하는 데 있어서는 누가 보는 역사냐 하는 것이 중요한 문제가 된다. 이런 점에서 역사의식은 곧 (　　)이라고 할 수 있다.

① 주체의식　　② 저항의식　　③ 근대의식　　④ 시민의식

빈칸과 같은 말 찾아 선택지의 말을 지문의 말로 바꾸기

　여기서 우리는 같은 시대의 의미를 파악할 때도 민족주의자의 눈과 제국주의자의 눈은 서로 다른 평가를 내리고 있음을 본다. 따라서 오늘의 시대적 의미를 파악하는 것도 어떤 사람의 눈으로 파악하느냐에 따라 달라지기 때문에, 역사를 파악하는 데 있어서는 누가 보는 역사냐 하는 것이 중요한 문제가 된다. 이런 점에서 역사의식은 곧 (　　)이라고 할 수 있다.

① **주체의식**
　누가 보는 역사냐

정답과 해설

002 ③ 빈칸의 뒷부분에 기침이나 열, 통증 등이 '자기 조절과 방어 시스템이 작동하는 과정'이라는 언급이 있으므로 이와 관련하여 질병이 자기 치료 과정이 정상적으로 가동하고 있는 상태인 것으로 볼 수 있다.

003 ① 괄호 앞 문장에서 '역사를 파악하는 데 있어서는 누가 보는 역사냐 하는 것이 중요한 문제'라는 언급이 나타나 있다. 따라서 괄호 안에는 '누가 보는 역사냐'와 관련된 내용이 나와야 한다. 제시문에서는 같은 시대의 의미를 파악할 때도 그 사람이 평소 생각하는 역사관에 따라서 다르게 평가한다는 내용이 나타나 있다. 따라서 괄호 안에는 '자신만의 분명한 기준에 의한 인식이나 판단'을 뜻하는 '주체의식'이 들어가야 한다.
오답피하기 ② 일제 강점기를 근대화나 자본주의적 산업화의 시기로 보는 사람들이 있음이 나타나 있다. 이를 통해 '저항의식'을 갖고 역사를 파악하지 않는 사람도 존재함을 알 수 있다. ③ 일제 강점기를 역사적으로 평가할 때 근대화가 아닌 다른 것을 중요하게 평가하는 사람들이 있음이 나타나 있다. 이를 통해 '근대의식'을 갖고 역사를 파악하지 않는 사람도 존재함을 알 수 있다. ④ '시민의식'은 시민으로서 가져야 하는 생활 태도나 견해 등을 의미한다. 제시문에는 역사를 평가할 때 '시민의식'을 가져야 한다는 언급이 나타나 있지 않다.

004

괄호 안에 들어갈 문장으로 가장 적절한 것은?

> 힐링(Healing)은 사회적 압박과 스트레스 등으로 손상된 몸과 마음을 치유하는 방법을 포괄적으로 일컫는 말이다. 우리보다 먼저 힐링이 정착된 서구에서는 질병 치유의 대체 요법 또는 영적·심리적 치료 요법 등을 지칭하고 있다.
>
> 국내에서도 최근 힐링과 관련된 갖가지 상품이 유행하고 있다. 간단한 인터넷 검색을 통해 수천 가지의 상품을 확인할 수 있을 정도다. 종교적 명상, 자연 요법, 운동 요법 등 다양한 형태의 힐링 상품이 존재한다. 심지어 고가의 힐링 여행이나 힐링 주택 등의 상품들도 나오고 있다. 그러나 (　　　　　　　　) 우선 명상이나 기도 등을 통해 내면에 눈뜨고, 필라테스나 요가를 통해 육체적 건강을 회복하여 자신감을 얻는 것부터 출발할 수 있다.

① 힐링이 먼저 정착된 서구의 힐링 상품들을 참고해야 할 것이다.
② 많은 돈을 들이지 않고서도 쉽게 할 수 있는 일부터 찾는 것이 좋을 것이다.
③ 이러한 상품들의 값이 터무니없이 비싸다고 느껴지지는 않을 것이다.
④ 자신을 진정으로 사랑하는 법을 알아야 할 것이다.

정답과 해설

004 ② 괄호 앞에는 역접의 접속어 '그러나'가 사용되었으므로, 괄호 안에는 앞의 내용을 반박할 수 있는 내용이 등장해야 한다. 괄호 안에 들어갈 문장으로는 괄호 앞의 '고가의 힐링 상품'과 상반되는 '돈을 들이지 않고서도 할 수 있는 일'에 대해서 언급하고, 뒤에 등장하는 '명상, 기도, 필라테스, 요가'와도 호응하는 ②가 적절하다.

빈칸과 같은 말 찾아 선택지의 말을 지문의 말로 바꾸기

힐링(Healing)은 사회적 압박과 스트레스 등으로 손상된 몸과 마음을 치유하는 방법을 포괄적으로 일컫는 말이다. 우리보다 먼저 힐링이 정착된 서구에서는 질병 치유의 대체 요법 또는 영적·심리적 치료 요법 등을 지칭하고 있다.

국내에서도 최근 힐링과 관련된 갖가지 상품이 유행하고 있다. 간단한 인터넷 검색을 통해 수천 가지의 상품을 확인할 수 있을 정도다. 종교적 명상, 자연 요법, 운동 요법 등 다양한 형태의 힐링 상품이 존재한다. 심지어 고가의 힐링 여행이나 힐링 주택 등의 상품들도 나오고 있다. 그러나 (　　　　　　) 우선 명상이나 기도 등을 통해 내면에 눈뜨고, 필라테스나 요가를 통해 육체적 건강을 회복하여 자신감을 얻는 것부터 출발할 수 있다.

② 많은 돈을 들이지 않고서도 쉽게 할 수 있는 일부터 찾는 것이 좋을 것이다.

우선 명상이나 기도 등을 통해 내면에 눈뜨고 ⇔ 고가의 힐링 여행이나 힐링 주택 등의 상품들

005

다음 글의 빈칸에 들어갈 결론으로 가장 적절한 것은?

신경과학자 아이젠버거는 참가자들을 모집하여 실험을 진행하였다. 이 실험에서 그의 연구팀은 실험 참가자의 뇌를 'fMRI' 기계를 이용해 촬영하였다. 뇌의 어떤 부위가 활성화되는가를 촬영하여 실험 참가자가 어떤 심리적 상태인가를 파악하려는 것이었다. 아이젠버거는 각 참가자에게 그가 세 사람으로 구성된 그룹의 일원이 될 것이고, 온라인에 각각 접속하여 서로 공을 주고받는 게임을 하게 될 것이라고 알려주었다. 그런데 이 실험에서 각 그룹의 구성원 중 실제 참가자는 한 명뿐이었고 나머지 둘은 컴퓨터 프로그램이었다. 실험이 시작되면 처음 몇 분 동안 셋이 사이좋게 순서대로 공을 주고받지만, 어느 순간부터 실험 참가자는 공을 받지 못한다. 실험 참가자를 제외한 나머지 둘은 계속 공을 주고받기 때문에, 실험 참가자는 나머지 두 사람이 아무런 설명 없이 자신을 따돌린다고 느끼게 된다. 연구팀은 실험 참가자가 따돌림을 당할 때 그의 뇌에서 전두엽의 전대상피질 부위가 활성화된다는 것을 확인했다. 이는 인간이 물리적 폭력을 당할 때 활성화되는 뇌의 부위이다. 연구팀은 이로부터 _____는 결론을 내릴 수 있었다.

① 물리적 폭력은 뇌 전두엽의 전대상피질 부위를 활성화한다
② 물리적 폭력은 피해자의 개인적 경험을 사회적 문제로 전환한다
③ 따돌림은 피해자에게 물리적 폭력보다 더 심각한 부정적 영향을 미친다
④ 따돌림을 당할 때와 물리적 폭력을 당할 때의 심리적 상태는 서로 다르지 않다

006

2017 국회직 9급

다음 글에서 괄호 안에 들어갈 말로 적절한 것은?

> 예술의 사회성에 대한 강조는 인간이 본질적으로 사회적인 존재라는 인식에 바탕을 둔 것이지만, 현대사회의 발달에 따른 예술 자체의 변모와도 관련된 것이다. (   ) 예술은 예술작품을 창조하는 예술가만을 위해서 존재하는 것이 아니다. 예술은 비평가를 포함한 청중 또는 관중의 존재를 배제할 수 없으며, 이 예술 공중은 예술작품을 수동적으로 수용할 뿐만 아니라, 능동적으로 재해석하고 또 예술 창작에 영향을 미치기도 한다. 예술이 매체를 필요로 한다는 사실도 예술의 사회성을 입증하는 증거의 하나이다. 하나의 작품이 예술작품으로 인정받기 위해서는 각 예술의 종류에 따라 사회적으로 또는 관행에 의해 인정된 재료나 절차에 따라야 한다. 예술의 매체는 기술의 발달, 사회의 변화에 의해 영향을 받으며 예술가의 예술 활동에 제한을 가한다. 예술은 습관, 경험, 기술의 복합에 의해 이루어지며, 또 그것을 통해서 식별된다. 한 사회가 예술이라는 개념을 소유하기 전에, 또는 예술적이라고 부르는 관행이 수립되기 전에 예술작품의 생산이나 예술적 감상은 존재할 수 없다.

① 개인적이고 환원될 수 없는 존재로서 예술의 개념이 확립되었다.
② 현대사회에서 예술은 사적인 것이라기보다는 공적인 성격을 갖는다.
③ 예술은 자체가 역사적 산물이며 예술의 개념은 시대에 따라 변천된다.
④ 예술의 연구는 인문주의적 전통 하에서 예술철학이라는 이름으로 수행되었다.
⑤ 예술사회학은 예술과 사회학 중 어디에 초점을 두느냐에 따라 상이한 성과를 초래하였다.

007

다음 밑줄 친 ㉠에 들어갈 표현으로 가장 적절한 것은?

> 말을 하고 글을 쓰는 표현 행위는 사고 활동과 분리해서 생각할 수 없다. 창의적이고 생산적인 활동에는 당연히 사고 작용이 따르기 때문이다. 역으로, 말을 하고 난 뒤에나 글을 쓰고 난 뒤에 그 과정을 되돌아보면서 새로운 생각을 하거나 발전된 생각을 얻기도 한다. 또한 청자나 독자의 반응을 통해 자신의 생각을 바꾸거나 확신을 가지기도 한다. 이처럼 사고와 표현 활동은 지속적으로 상호 작용을 하게 된다.
>
> ㉠_____는 점을 적극적으로 고려할 필요가 있다. 머릿속에서 이루어진 사고 활동의 내용을 구체적으로 말이나 글로 표현해 보면 부족하거나 개선할 점들을 찾을 수 있게 되고 이후에 좀 더 조직적으로 사고하는 습관도 생긴다. 한편 표현 활동을 하다 보면 어휘 선택, 내용 조직 등의 과정에서 어려움을 느끼게 된다. 이러한 어려움을 해결하기 위해 그에 대해 논리적이고 체계적으로 생각해 보게 되고 이를 통해 표현 능력이 향상된다. 이렇게 사고력과 표현력은 상호 협력의 밀접한 연관을 맺고 있다.
>
> 흔히 좋은 글을 쓰기 위한 조건으로 '다독(多讀), 다작(多作), 다상량(多商量)'을 들기도 하는데, 많이 읽고, 많이 써 보고, 많이 생각하다 보면 좋은 글을 쓸 수 있다는 뜻이다. 여기에서 '다상량'은 충분한 사고 활동을 의미한다. 이는 물론 말하기에도 적용되는 것으로 표현 활동과 사고 활동의 관련성을 잘 말해 주고 있다.

① 충분한 사고 활동 후에 이루어지는 표현 활동은 세련되게 된다.
② 사고한 내용을 구체적으로 표현해 보면 사고력을 향상시킬 수 있다.
③ 사고와 표현 활동은 상호 작용을 하면서 각각의 능력을 상승시킨다.
④ 말하기보다 글쓰기가 상대적으로 사고 활동과 깊은 관련을 맺고 있다.

제 6 장 • 순서 맞추기

1 순서 맞추기 문제의 해법

1. 선택지부터 먼저 보기
① 선택지부터 먼저 본 후 어떤 문장이나 문단이 처음에 올지 파악하기
② 접속어나 지시어, 유기성을 활용하여 그다음에 올 문단 짐작하기
③ 방심하지 말고 끝까지 읽다가 위화감이 느껴지는 부분이 있으면 다른 답을 고르기

2. 접속어나 지시어, 유기성을 활용하여 바로 붙어 있는 문단, 문장 파악하기
① 선택지부터 먼저 볼 수 없을 때에는 바로 연결된 문단, 문장을 파악하기
② 선택지에서 그렇게 연결된 것을 고른 다음 더 자연스러운 흐름 찾기

2 순서 맞추기 문제를 해결하기 위한 전제

1. 글은 일반적으로 넓은 데서 좁은 데로 이동한다.
2. 소재나 제재가 나열될 경우에는 나열된 순서대로 글이 배치된다.

001
2015 국회직 9급

다음 글의 앞에 나왔을 내용으로 가장 적절한 것은?

> 가사가 처음부터 사대부층에 의하여 생성된 것은 아니었다. 고려말 나옹화상의 『서왕가』를 효시 작품으로 인정할 때, 가사는 고려말 승려 계층에 의하여 형성되었다고 보아야 할 것이지만, 사대부 계층에 가사가 수용된 이후로 본격적인 창작이 이루어지고 가사가 널리 성행하게 되었다는 점에서 가사는 사대부층에 기반을 둔 조선 시대의 대표적인 문학 양식이라 보아도 무방할 것이다.

① 가사의 장르적 특성
② 가사의 대표적인 창작 계층
③ 가사 창작 계층의 변동 양상
④ 조선 시대 사대부의 문학 활동

002
2018 국회직 9급

다음 밑줄 친 문장이 들어갈 위치로 가장 적절한 곳은?

> 그러나, 문학을 비롯한 모든 예술은 인간을 총체적으로 다룬다.

> 사실상 모든 예술학문은 인간을 위해 봉사한다. 그것은 인간에게만 또한 봉사하고 있다. ㉠ 인간을 대상으로 다루고 있는 인문과학은 인간의 어느 한 면만을 연구하고 관찰한다. ㉡ 사회학은 인간과 사회와의 관계를, 심리학은 인간의 심리를 분석하고 종합한다. ㉢ 문학은 어떤 개인이 인간의 한 측면만을 붙잡고 씨름함으로써 인간을 피상적으로, 그리고 단편적으로 파악할지도 모를 단점을 막고 인간을 총체적으로 보게 한다. ㉣ 인간이 단편적으로 파악될 때 억지가 생겨나고 불건강한 사회가 형성된다. ㉤ 문학은 그러한 불균형을, 인간을 총체적으로 제시함으로써 교정시킨다.

① ㉠　② ㉡　③ ㉢　④ ㉣　⑤ ㉤

정답과 해설

001 ② 첫 문장이 '가사가 처음부터 사대부층에 의해서 생성된 것은 아니었다'이므로 그 앞은 '가사가 사대부층에 의해서 생성되었다'는 내용이 있어야 한다. 상대적으로 다른 선택지는 첫 문장의 내용과 유기적으로 연결되지 않는다.

002 ③ 이 문제를 해결하기 위해서는 '사회학은 인간과 사회와의 관계를, 심리학은 인간의 심리를 분석하고 종합한다.'는 말이 곧 '인문과학은 인간의 어느 한 면만을 연구하고 관찰한다'는 말과 같은 말인지 알아야 한다. 이러한 유기성이 없다면 밑줄 친 문장이 ㉢에 들어가야 하는 것을 알 수 없다.

003
2019 국가직 9급

다음 글에서 <보기>가 들어가기에 가장 적절한 곳은?

> 보기
> 아침기도는 간략한 아침 뉴스로, 저녁기도는 저녁 종합 뉴스로 바뀌었다.

철학자 헤겔이 주장했듯이, 삶을 인도하는 원천이자 권위의 시금석으로서의 종교를 뉴스가 대체할 때 사회는 근대화된다. 선진 경제에서 뉴스는 이제 최소한 예전에 신앙이 누리던 것과 동등한 권력의 지위를 차지한다. 뉴스 타전은 소름이 돋을 정도로 정확하게 교회의 시간 규범을 따른다. (㉠) 뉴스는 우리가 한때 신앙심을 품었을 때와 똑같은 공손한 마음을 간직하고 접근하기를 요구하기도 한다. (㉡) 우리 역시 뉴스에서 계시를 얻기 바란다. (㉢) 누가 착하고 누가 악한지 알기를 바라고, 고통을 헤아려 볼 수 있기를 바라며, 존재의 이치가 펼쳐지는 광경을 이해하길 희망한다. (㉣) 그리고 이 의식에 참여하길 거부하는 경우 이단이라는 비난을 받기도 한다.

① ㉠ ② ㉡ ③ ㉢ ④ ㉣

004
2015 국가직 7급

다음 글이 들어갈 곳으로 가장 적절한 것은?

> 인형은 사람처럼 박자에 맞춰 춤을 추고 노래도 부르고 심지어 공연이 끝날 무렵에는 구경하던 후궁들에게 윙크를 하며 추파를 던지기까지 했다. 인형의 추태에 화가 난 목왕이 그 기술자를 죽이려고 하자 그는 서둘러 인형을 해체했고 그제야 인형의 실체가 드러났다.

(㉠) 어느 날 서쪽 지방으로 순행을 나간 목왕은 곤륜산을 넘어 돌아오는 길에 재주가 뛰어난 기술자를 만났다. 목왕은 그 기술자에게 그가 만든 가장 훌륭한 물건을 가져오라고 명했다. 하지만 그가 가지고 온 것은 물건이 아니었다. 이를 이상히 여긴 목왕이 왜 물건을 가지고 오지 않고 사람을 데리고 왔는지 묻자, 그는 이것이 움직이는 인형이라고 답했다. (㉡) 이에 놀란 목왕은 그 인형을 꼼꼼히 살펴봤지만 사람과 다른 점을 하나도 발견할 수 없었다. (㉢) 그것은 색을 칠한 가죽과 나무로 만들어진 기계장치였다. 하지만 그것은 오장육부는 물론 뼈, 근육, 치아, 피부, 털까지 사람이 갖춰야 할 모든 것을 갖추고 있었다. 마침내 목왕은 그에게 "자네 솜씨는 조물주에 버금가도다!"라고 크게 칭찬했다. (㉣)

① ㉠ ② ㉡ ③ ㉢ ④ ㉣

005

다음 글에 <보기>의 문장을 첨가하고자 할 때 가장 알맞은 곳은?

> 　세계화와 정보화로 대표되는 현대사회에서 사람들은 다양한 기호, 이미지, 상징들이 결합된 상품들의 홍수 속에서, 그리고 진실과 경계를 구분할 수 없는 정보와 이미지의 바다 속에서 살아가고 있다. ㉠ 이러한 사회적 조건들은 개인들의 정체성 형성에 커다란 변화를 가져다주었다. ㉡ 절약, 검소, 협동, 양보, 배려, 공생 등과 같은 전통적인 가치와 규범은 이제 쾌락, 소비, 개인적 만족과 같은 새로운 가치와 규범들로 대체되고 있다. ㉢ 그래서 개인적 경험의 장이 넓어지는 만큼 역설적으로 사람들 간의 공유된 경험과 의사소통의 가능성은 점차 줄어들고 있다. ㉣ 파편화된 경험 속에서 사람들이 세계에 대한 '인식적 지도'를 그리기란 더 이상 불가능해진 것이다. ㉤

─┤ 보기 ├─
> 　개인들의 다양한 삶과 경험은 사고와 행위의 기준들을 다양화했으며, 이로 인해 전통적인 정체성은 해체되었다.

① ㉠　　② ㉡　　③ ㉢　　④ ㉣　　⑤ ㉤

3 글의 일반적인 서술 방식

(1) 일화, 시사적 내용, 주요 개념(=소재)의 배경 → 주요 개념(=소재)

006   2013 국가직 9급

다음 글의 전개 순서로 가장 적절한 것은?

> ㄱ. 도구의 발달은 기술의 발전으로 이어져 인간은 자연 환경의 제약으로부터 벗어날 수 있게 되었다.
> ㄴ. 그리하여 인간은 자연이 주는 혜택과 고난 속에서 자신의 의지에 따라 선택적으로 자연을 이용하고 극복하게 되었다.
> ㄷ. 인류는 지혜가 발달하면서 점차 자연의 원리를 깨닫고 새로운 도구를 만들 줄 알게 되었다.
> ㄹ. 필리핀의 고산 지대에서 농지가 부족한 자연 환경을 극복하기 위해 계단처럼 논을 만들어 벼농사를 지은 것이 그 좋은 예이다.

① ㄱ - ㄷ - ㄴ - ㄹ
② ㄱ - ㄹ - ㄷ - ㄴ
③ ㄷ - ㄱ - ㄴ - ㄹ
④ ㄷ - ㄴ - ㄱ - ㄹ

007   2009 지방직 7급

다음 글의 전개 순서로 가장 자연스러운 것은?

> **(가)** 섹스, 폭력, 코미디, 엽기 등 말초적 자극에 열중해 온 한국영화. 음악성은 없고 꼭두각시 춤만 있는 대중음악. 대중을 문화의 향유자가 아니라, 팝콘 소비자 쯤으로 얕잡아 보는 것들이다. 그러니 대중이 외면할 수밖에. 〈원스〉처럼 진정성 하나로 무장한 〈우리 생애 최고의 순간〉에 관객이 몰리고 있다. 팬들은 살아있다.
> **(나)** 〈원스〉는 깊은 상처를 안고 살아가는 두 가난한 음악인의 삶과 아픔, 사랑과 이별을 담담하게 그린다. 거기엔 눈부신 액션이나 극적인 설정이나 이야기도 없다. 단 하나 눈길을 끄는 건 두 사람의 아픔을 나의 아픔으로 느끼게 하는 영화적 진실이다. 둘에게 노래는 상처를 치유하고, 영혼과 소통하는 수단이다. 물론 그들이 짓고 부른 노래가 〈라비앙로즈〉의 에디트 피아프가 부른 것보다 훌륭한 건 아니었다. 그러나 그 음악적 진정성은 우리가 마음속 깊이 갈망했던 삶의 진실을 되살리고 감동을 불러일으킨다.
> **(다)** 지난해 한국영화의 점유율은 50.4%로 겨우 절반을 넘겼다. 관객 수도 전년도보다 25%나 줄었고, 11년만에 처음으로 마이너스 성장을 기록했다. 그런 내리막 추세는 올해로도 이어져 첫 주 한국영화 점유율은 30%대에 그쳤다. 10일 개봉한 〈우리 생애 최고의 순간〉 덕택에 40%대를 회복했다. 대중음악 시장의 내리막 추세는 이보다 더 심하다. 가장 많이 팔린 가요 음반판매량은 2000년 196만 장에 이르렀으나, 2005년 35만 7천여 장으로 급락하더니 다시 지난해엔 19만여 장으로 꺾였다. 음반 제작사와 유통사는 절반 이상이 폐점했거나 개점 휴업 상태. 가수들이 코미디나 개그 프로에 더 열중하는 이유를 알 만하다.
> **(라)** 이런 가운데 아일랜드 영화 〈원스〉의 성공은 주목할 만하다. 제작비 1억 4천만 원, 촬영 기간 불과 2주, 그리고, 주연 역시 연기 경험이 전무한 남녀 두 가수인 영화다. 이런 '초라한' 영화가 관객 21만 명을 끌 줄은 누구도 몰랐다. 독립영화로선 대박이었다. 미국에서도 마찬가지여서, 개봉관은 고작 두 곳이었으나 개봉 후 80일쯤엔 140곳으로 늘었다. 또 영화 음악을 담은 오리지널 사운드 트랙(오에스티)은 지난해 3만 6천여 장이 팔려, 오에스티 음반에선 부동의 1위를 차지했고, 국외 팝 전체에서도 1위를 기록했다. 오에스티 분야 2위인 〈라비앙로즈〉 음반 판매량은 3,900장이었다.

① (다) - (나) - (라) - (가)
② (나) - (라) - (다) - (가)
③ (다) - (라) - (나) - (가)
④ (나) - (가) - (다) - (라)

정답과 해설

006 ③ 윗글의 핵심 개념은 '도구'이다. 따라서 제일 먼저 와야 할 내용은 ㄷ이다. ㄷ을 통해 '인류의 지혜'에서 자연스럽게 핵심 개념인 '도구' 그리고 '도구의 발달'로 글이 전개되고 있다.

007 ③ 윗글에서 핵심적인 소재는 〈원스〉이다. 따라서 처음에 등장해야 할 내용은 (다)이다. 시사적인 내용으로 자연스럽게 〈원스〉로 글의 화제가 이동할 수 있게 해 준다. 그 뒤 (라)를 통해 핵심 소재인 〈원스〉를 소개해 주고, (나)를 통해 〈원스〉의 내용과 (가)를 통해 〈원스〉의 의의를 밝히면서 글을 마무리하고 있다.

008

(가)~(라)를 맥락에 맞추어 가장 적절하게 나열한 것은?

(가) 다음으로 시청자의 마음을 사로잡을 수 있는 참신한 인물을 창조해야 한다. 특히 주인공은 장애를 만나 새로운 목표를 만들고, 그것을 이루는 과정에서 최종적으로 영웅이 된다. 시청자는 주인공이 목표를 이루는 데 적합한 인물로 변화를 거듭할 때 그에게 매료된다.

(나) 스토리텔링 전략에서 제일 먼저 해야 할 일이 로그라인을 만드는 것이다. 로그라인은 '장애, 목표, 변화, 영웅'이라는 네 가지 요소를 담아야 하며, 3분 이내로 압축적이어야 한다. 이를 통해 스토리의 목적과 방향이 마련된다.

(다) 이 같은 인물 창조의 과정에서 스토리의 주제가 만들어진다. '사랑과 소속감, 안전과 안정, 자유와 자발성, 권력과 책임, 즐거움과 재미, 인식과 이해'는 수천 년 동안 성별, 나이, 문화를 초월하여 두루 통용된 주제이다.

(라) 시청자가 드라마나 영화에 대해 시청 여부를 결정하는 데 걸리는 시간은 8초에 불과하다. 제작자는 이 짧은 시간 안에 시청자를 사로잡을 수 있는 스토리텔링 전략이 필요하다.

① (나) - (가) - (라) - (다)
② (나) - (다) - (가) - (라)
③ (라) - (나) - (가) - (다)
④ (라) - (나) - (다) - (가)

(2) 동일 내용 → 다음 내용

009
2010 국가직 7급

다음 글의 연결 순서로 가장 자연스러운 것은?

> **(가)** 바위에 눌어붙은 기름들은 좀처럼 닦이질 않았다.
> **(나)** 바다에서 불어오는 바람은 찼고, 장화 속 발가락은 금세 딱딱해졌다.
> **(다)** 발을 옮길 때마다 장화에 찐득찐득한 기름이 달라붙었다.
> **(라)** 끌, 숟가락, 젓가락, 스테인리스 밥그릇까지 동원해 긁어내야 했다.
> **(마)** 그러기를 5시간, 닦아낸 돌은 겨우 12개였다.
> **(바)** 대천항에서도 배로 1시간 거리의 녹도는 아직까지 기름 투성이었다.
> **(사)** 지난 주말 충남 보령시 녹도로 기름 방제 자원봉사를 다녀왔다.

① (사) – (바) – (가) – (다) – (나) – (마) – (라)
② (사) – (바) – (나) – (가) – (마) – (다) – (라)
③ (가) – (라) – (나) – (마) – (사) – (다) – (바)
④ (사) – (바) – (다) – (가) – (라) – (나) – (마)

정답과 해설

009 ④ 윗글은 시사적인 내용인 (사)로 시작하여 (바)-(다)를 통해 '녹도가 기름투성이임'을 밝히고 있다. 그리고 (가)-(라)를 통해 '기름이 닦이지 않았다는 내용'을 (나)를 통해 '외부 환경의 어려움'과 (마)를 통해 '시간이 흐른 뒤의 결과'를 제시하고 있다.

(3) 정리하는 내용은 제일 마지막

010 2015 교육행정직(한문 포함)

<보기>에 이어질 (가)~(다)의 순서로 가장 자연스러운 것은?

— 보기

우리는 왜 글을 쓰는가? 우리의 경험이나 사고를 기록해 두거나 타인에게 더욱 확실히 전달하기 위해서이다. 글을 쓰는 목적을 이렇게 규정하면, 경험이나 사고는 시간적으로나 논리적으로 언어에 선행하며 그것들은 언어와 서로 분리가 가능한 독립적인 존재처럼 보이기 쉽다.

(가) 글로 쓰이기 이전의 경험이나 사고는 의식 활동인 만큼 불확실하고 막연할 수밖에 없으며, 오래 지속되기도 어렵다. 의식 활동에 속하는 경험이나 사고는 언어로 기록될 때 비로소 그 내용이 더 확실해지고 섬세하며 복잡한 차원으로 발전될 수 있다. 우리가 글을 쓰는 것은 고차원의 경험과 사고를 위해서이다.

(나) 글을 쓰는 근본적인 이유는 이와 같은 고차원의 경험과 사고 과정에서 인생과 세계에 대해 더 잘 생각하고 더 정확히 인식해 보자는 데 있다. 우리는 글을 씀으로써 자신을 포함해 인간의 삶과 세계를 더욱 투명하게 파악하고자 하는 것이다.

(다) 그러나 경험이나 사고는 언어와 분리될 수 없다. 경험이나 사고는 언어에 의해 기록과 전달이 이루어진다는 점에서 그것은 곧 언어활동이다. 이렇게 보면 글을 쓰는 이유는 경험이나 사고의 기록과 전달에만 있지 않다. 경험이나 사고를 복잡한 차원으로 발전시키기 위해서도 필요하다.

① (가) – (나) – (다)
② (가) – (다) – (나)
③ (다) – (가) – (나)
④ (다) – (나) – (가)

011 2014 지방직 9급

다음 글의 전개 순서로 가장 자연스러운 것은?

(가) 상품 생산자, 즉 판매자는 화폐를 얻기 위해 자신의 상품을 시장에 내놓는다. 하지만 생산자가 만들어 낸 상품이 시장에 들어서서 다른 상품이나 화폐와 관계를 맺게 되면, 이제 그 상품은 주인에게 복종하기를 멈추고 자립적인 삶을 살아가게 된다.

(나) 이처럼 상품이나 시장 법칙은 인간에 의해 산출된 것이지만, 이제 거꾸로 상품이나 시장 법칙이 인간을 지배하게 된다. 이때 인간 및 인간들 간의 관계가 소외되는 현상이 나타난다.

(다) 상품은 그것을 만들어 낸 생산자의 분신이지만, 시장 안에서는 상품이 곧 독자적인 인격체가 된다. 사람이 주체가 아니라 상품이 주체가 된다.

(라) 또한 사람들이 상품들을 생산하여 교환하는 과정에서 시장의 경제 법칙을 만들어 냈지만, 이제 거꾸로 상품들은 인간의 손을 떠나 시장 법칙에 따라 교환된다. 이런 시장 법칙의 지배 아래에서는 사람과 사람 간의 관계가 상품과 상품, 상품과 화폐 등 사물과 사물 간의 관계에 가려 보이지 않게 된다.

① (가) – (다) – (나) – (라)
② (가) – (다) – (라) – (나)
③ (다) – (라) – (가) – (나)
④ (다) – (라) – (나) – (가)

정답과 해설

010 ③ <보기>에서는 우리가 글을 쓰는 이유가 '경험이나 사고를 기록해 두거나 타인에게 더욱 확실히 전달하기 위해서'라는 설명이 나타나 있다. 또한 경험이나 사고가 언어와 서로 분리가 가능한 독립적인 존재처럼 보이기 쉽다는 내용도 나타나 있다. 따라서 경험이나 사고가 언어와 분리될 수 없다고 <보기>의 내용을 반박한 (다)가 그 다음에 이어져야 적절하다. (다)에서는 글을 쓰는 이유가 경험이나 사고를 복잡한 차원으로 발전시키기 위해서라는 설명이 나타나 있다. 따라서 글을 통해 경험이나 사고를 복잡한 사고로 발전시킬 수 있음을 자세하게 설명한 (가)가 (다) 다음에 이어져야 적절하다. 마지막에는 글을 쓰는 근본적인 이유와 글쓰기를 통해 이루려는 목적을 정리한 (나)가 오는 것이 적절하다. 그러므로 <보기> 다음 올 내용의 전체 순서는 '(다)-(가)-(나)'가 된다.

011 ② (나)의 지시어 '이처럼'은 앞 내용을 결론 내릴 때 쓴다. 따라서 앞 내용에 상품이나 시장 법칙이 인간을 지배하게 된 내용이 나와야 한다. 그러나 (가), (다), (라)가 모두 이와 관련된다. 즉 (나)가 가장 뒤에 위치하게 된다. (라)의 접속어 '또한'은 앞뒤가 서로 대등하게 이어져야 한다. (라)는 인간이 상품과 시장의 경제 법칙을 만들어 냈지만 상품이 인간의 손을 떠나 시장 법칙에 따라 교환된다는 내용을 담고 있다. 따라서 (라) 앞에는 무언가가 인간의 지배를 떠난 것이 나와야 한다. 이와 관련된 것은 (가), (다)이다. (가)에서 제시된 상품의 성격을 (다)에서 자세하게 정리하고 있으므로 흐름상 (가) 다음에 (다)가 오는 것이 맞다. 따라서 글의 전체 순서는 '(가)-(다)-(라)-(나)'가 된다.

제 7 장 • 설명 방식

1 설명 방식

(1) 정의: 대상의 뜻을 명백히 밝혀 규정하는 것이다.
  예) 항공기는 사람이나 물건을 싣고 공중을 비행할 수 있는 탈것을 말한다.

(2) 비교·대조: 두 대상의 공통점이나 차이점을 밝히는 것이다.
  - 비교: 대상의 공통점을 밝히는 것
    예) 호랑이와 사자는 모두 육식 동물이다.
  - 대조: 대상의 서로 다른 속성을 밝히는 것
    예) 호랑이는 숲에서 살지만 사자는 초원에서 산다.

(3) 예시: 구체적인 예를 들어 필자의 주장이나 설명을 쉽게 전달하는 것이다.
  예) 명예훼손죄는 사실 또는 허위를 적시하여 타인의 명예를 훼손할 때 성립한다. 예를 들어, SNS에 타인에 대한 거짓말을 유포해 타인의 명예가 훼손되었다면 명예훼손죄가 성립한다.

(4) 분류/구분: 대상들을 공통적인 특성을 기준으로 나누는 것이다.
  - 구분: 상위 항목에서 하위 항목으로 나누어 가는 것
    예) 동물은 포유류, 파충류, 조류 등으로 나눌 수 있다.
  - 분류: 하위 항목에서 상위 항목으로 묶어 가는 것
    예) 배, 사과, 수박 등은 모두 과일에 해당한다.

(5) 분석: 대상을 이루고 있는 구성 요소 또는 부분으로 나누어 각각을 설명하는 것이다.
  예) 시계는 시침, 분침, 초침으로 이루어져 있다.

(6) 인과: 어떤 원인에 의해 초래된 결과나 어떤 결과를 가져오게 한 원인을 분석함으로써 내용을 전개하는 것이다.
  예) 공급이 증가해서 가격이 낮아졌다.

(7) 부연: 이해하기 쉽도록 덧붙여 자세히 설명하는 것이다.
  예) 25번지로 오시면 됩니다. 편의점이 있는 건물입니다.

(8) 유추: 서로 다른 범주에 속하는 대상 간의 유사성을 근거로 대상의 원리나 개념 등에 대해 보다 쉽게 접근하는 것이다.
  예) 지구에는 생물이 있다. 화성은 지구와 비슷하니 화성에도 생물이 있을 것이다.
    컴퓨터의 CPU는 인간의 두뇌와 비슷하다.

(9) 연역: 일반적인 사실이나 주장에서 특수한 개별 사례들을 이끌어 내는 전개 방식으로 전제가 참일 경우 결론이 필연적으로 참이다.
  예) 소크라테스는 인간이다.
    모든 인간은 죽는다.
    → 소크라테스는 죽는다.

(10) 귀납: 개별 사례들의 공통점에서 일반적인 사실, 주장을 이끌어 내는 전개 방식으로 전제가 참일 때 결론이 개연적으로 참이다.
  예) 이순신은 죽었다.
    세종대왕은 죽었다.
    → 그러므로 모든 사람은 죽는다.

001

다음 글과 논증 방식이 가장 가까운 것은?

> 기존의 틀을 벗어나려면 새로운 가치가 필요하다. 운동선수가 뜀틀을 넘으려면 도약대가 있어야 하듯, 낡은 사고, 인습, 그리고 변화에 저항하는 틀을 뛰어넘기 위해서는 믿고 따를 분명한 디딤판이 필요하다. 또한, 기존의 틀을 벗어나려면 운동선수가 뜀틀을 향해 달려가는 것처럼 변화하고자 하는 의지도 필요하다. 도전하려는 의지가 수반될 때에 뜀틀 너머의 새로운 사회를 만날 수 있다.

① 미국 헌법은 미국 시민의 투표권을 보장한다. 미국 여성은 미국 시민이다. 그러므로 미국 헌법은 미국 여성의 투표권을 보장한다.
② 나는 유해한 모든 일을 피하려고 한다. 전자파가 유해하다는 것은 널리 알려진 사실이다. 전자레인지는 전자파를 방출하는 대표적인 기기이다. 따라서 나는 전자레인지 사용을 자제하려고 한다.
③ 전선을 통한 전기의 흐름은 도관을 통한 물의 흐름과 유사하다. 지름이 큰 도관은 지름이 작은 도관에 비해 많은 양의 물을 전달할 수 있다. 따라서 큰 지름의 전선은 작은 지름의 전선보다 많은 양의 전기를 전달할 수 있을 것이다.
④ 주말이면 동네에서 크고 작은 문화 행사를 한다. 박물관에는 다양한 문화재들이 항상 전시되어 있으며, 대학로의 소극장이나 예술의 전당 같은 문화 공간에서는 다양한 공연이 열리고 있다. 문화는 우리 생활 구석구석에 스며들어 있다.

002

다음 글의 논지 전개 방식으로 가장 적절한 것은?

> 언젠가부터 우리 바다 속에 해파리나 불가사리와 같이 특정한 종들만이 크게 번창하고 있다는 우려의 말이 들린다. 한마디로 다양성이 크게 줄었다는 이야기다. 척박한 환경에서는 몇몇 특별한 종들만이 득세한다는 점에서 자연 생태계와 우리 사회는 닮은 것 같다. 어떤 특정 집단이나 개인들에게 앞으로 어려워질 경제 상황은 새로운 기회가 될지도 모른다. 하지만 이는 사회 전체로 볼 때 그다지 바람직한 현상이 아니다. 왜냐하면 자원과 에너지 측면에서 보더라도 이들 몇몇 집단만이 존재하는 세계에서는 이들이 쓰다 남은 물자와 이용하지 못한 에너지는 고스란히 버려질 수밖에 없고 따라서 효율성이 극히 낮기 때문이다.
>
> 다양성 확보는 사회 집단의 생존과도 무관하지 않다. 조류 독감이 발생할 때마다 해당 양계장은 물론 그 주변 양계장의 닭까지 모조리 폐사시켜야 하는 참혹한 현실을 본다. 단 한 마리 닭이 걸려도 그렇게 많은 닭들을 죽여야 하는 이유는 인공적인 교배로 인해 이들 모두가 똑같은 유전자를 가졌기 때문이다. 따라서 다양한 유전 형질을 확보하는 길만이 재앙의 확산을 막고 피해를 줄이는 길이다.
>
> 이처럼 다양성의 확보는 자원의 효율적 사용과 사회 안정에 중요하지만 많은 비용이 들기도 한다. 예를 들어 출산 휴가를 주고, 노약자를 배려하고, 장애인에게 보조 공학 기기와 접근성을 제공하는 것을 비롯해 다문화 가정, 외국인 노동자를 위한 행정 제도 개선 등은 결코 공짜가 아니다. 그럼에도 불구하고 다양성 확보가 중요한 이유는 우리가 미처 깨닫고 있지 못하는 넓은 이해와 사랑에 대한 기회를 사회 구성원 모두에게 제공하기 때문이다.

① 다양성 확보의 중요성에 대해 관점이 다른 두 주장을 대비하고 있다.
② 다양성 확보의 중요성에 대해 유추를 통해 설명하고 있다.
③ 다양성이 사라진 사회를 여러 기준에 따라 분류하고 있다.
④ 다양성이 사라진 사회의 사례들을 나열하고 있다.

003

2014 국가직 9급

다음 글의 설명 방식과 가장 가까운 것은?

> 여름 방학을 맞이하는 학생들이 잊지 말아야 할 유의사항이 있다. 상한 음식이나 비위생적인 음식 먹지 않기, 물놀이를 할 때 먼저 준비 운동을 하고 깊은 곳에 들어가지 않기, 외출할 때에는 부모님께 행선지와 동행인 말씀드리기, 외출한 후에는 손발을 씻고 몸을 청결하게 하기 등이다.

① 이등변 삼각형이란 두 변의 길이가 같은 삼각형이다.
② 그 친구는 평소에는 순한 양인데 한번 고집을 피우면 황소 같아.
③ 나는 산·강·바다·호수·들판 등 우리 국토의 모든 것을 사랑한다.
④ 잣나무는 소나무처럼 상록수이며 추운 지방에서 자라는 침엽수이다.

004

2015 국가직 9급

다음 글과 같은 방식으로 논리를 전개한 것은?

> 진리가 사상의 체계에 있어 제일의 덕이듯이 정의는 사회적 제도에 있어 제일의 덕이다. 하나의 이론은 그것이 아무리 멋지고 간명한 것이라 하더라도 만약 참되지 않다면 거부되거나 수정되어야 한다. 이와 마찬가지로 법과 제도는 그것이 아무리 효율적으로 잘 정비되어 있다고 하더라도 만약 정의롭지 않다면 개혁되거나 폐기되어야 한다.

① 의지의 자유가 없는 사람에게는 책임을 물을 수 없다. 그런데 인간에게는 책임을 물을 수 있다. 그러므로 인간의 의지는 자유롭다고 보아야 한다.
② 여자는 생각하는 것이 남자와 다른 데가 있다. 남자는 미래를 생각하지만 여자는 현재의 상태를 더 소중하게 여긴다. 남자가 모험, 사업, 성 문제를 중심으로 생각한다면 여자는 가정, 사랑, 안정성에 비중을 두어 생각한다.
③ 우리 강아지는 배를 문질러 주면 등을 바닥에 대고 누워버려. 그리고 정말 기분 좋은 듯한 표정을 짓지. 그런데 내 친구 강아지도 그렇더라고. 아마 모든 강아지가 그런 속성을 가지고 있는 것 같아.
④ 인생은 여행과 같다. 간혹 험난한 길을 만나기도 하고, 예상치 않은 일을 당하기도 한다. 우연히 누군가를 만나고 그들과 관계를 맺기도 한다. 여행을 끝내고 집으로 돌아왔을 때 편안함을 느끼는 것처럼 생을 끝내고 죽음을 맞이할 때 우리는 더없이 편안해질 것이다.

정답과 해설

003 ③ 제시문은 여름 방학에 학생들에게 당부하는 유의사항을 학생들에게 전달하기 위해 구체적인 예시를 하나하나 나열하고 있으므로 예시와 열거의 방식이 사용되었다고 보는 것이 적절하다. 이와 유사한 설명 방식이 나타나는 것은 '우리 국토'의 예를 구체적으로 나열한다는 점에서 예시와 열거의 방식이 나타나는 ③이다.

오답피하기 ① '이등변 삼각형'이라는 개념의 뜻을 명백하게 밝히고 있으므로 정의가 사용되었다. ② 친구의 성격을 '양'과 '황소'에 빗대어 설명하고 있으므로 비유(은유, 직유)가 사용되었다. ④ 잣나무의 특징을 설명하기 위해 소나무와의 유사점을 견주어보고 있으므로 비교가 사용되었다.

004 ④ 제시문은 사회 제도를 설명하기 위해 진리의 체계에 빗대어 설명하고 있는 유추의 방식을 쓰고 있다고 볼 수 있다. 유추를 통해 논리를 전개한 것은 인생의 과정을 여행에 빗대어 설명한 ④이다.

오답피하기 ① 두 개의 전제로 하나의 결론을 얻는 삼단논법을 사용하고 있다. 이는 주로 'A는 B이다'와 'C는 A다'라는 전제를 통해 'C는 B이다'라는 결론을 얻는 구조로 되어 있다. ② 둘 이상의 대상 사이의 차이점을 바탕으로 설명하는 대조의 방식을 사용하고 있다. ③ 개별적 사례에서 일반적 진리를 이끌어 내는 귀납의 방식을 사용하고 있다.

005

2018 국가직 9급

다음 글의 주된 설명 방식이 적용된 것으로 가장 적절한 것은?

> 문학이 구축하는 세계는 실제 생활과 다르다. 즉 실제 생활은 허구의 세계를 구축하는 데 필요한 재료가 되지만 이 재료들이 일단 한 구조의 구성 분자가 되면 그 본래의 재료로서의 성질과 모습은 확연히 달라진다. 건축가가 집을 짓는 것을 떠올려 보자. 건축가는 어떤 완성된 구조를 생각하고 거기에 필요한 재료를 모아서 적절하게 집을 짓게 되는데, 이때 건물이라고 하는 하나의 구조를 완성하게 되면 이 완성된 구조의 구성 분자가 된 재료들은 본래의 재료와 전혀 다른 것이 된다.

① 르네상스 시대의 화가들은 원근법을 사용하여 세상을 향한 창과 같은 사실적인 그림을 그렸다. 현대 회화를 출발시켰다고 평가되는 인상주의자들이 의식적으로 추구한 것도 이러한 사실성이었다.
② 소설을 구성하는 요소는 물론 많지만 그중에서도 인물, 배경, 사건을 들 수 있다. 인물은 사건의 주체, 배경은 인물이 행동을 벌이는 시간과 공간, 분위기 등이고, 사건은 인물이 배경 속에서 벌이는 행동의 세계이다.
③ 목적을 지닌 인생은 의미 있다. 목적 없이 살아가는 사람은 험난한 인생의 노정을 완주하지 못한다. 목적을 갖고 뛰어야 마라톤에서 완주가 가능한 것처럼 우리의 인생에서도 목표를 가지고 꾸준히 노력하는 사람이 성공한다.
④ 신라의 육두품 출신 가운데 학문적으로 출중한 자들이 많았다. 가령, 강수, 설총, 녹진, 최치원 같은 사람들은 육두품 출신이었다. 이들은 신분적 한계 때문에 정계보다는 예술과 학문분야에 일찍감치 몰두하게 되었다.

006

2013 지방직 7급

다음 글에서 보여 주는 설명 방식을 사용하고 있는 것은?

> 지금 지구 상공에는 수많은 인공위성이 돌고 있다. 인공위성은 크게 군사용 위성과 평화용 위성으로 나뉜다. 첩보위성, 위성 파괴 위성 등은 전자에 속하고, 통신 위성, 기상 관측 위성, 지구 자원 탐사 위성 등은 후자에 속한다.

① 동사는 주어의 동작이나 작용을 나타내는 반면, 형용사는 주어의 성질이나 상태를 나타낸다.
② 표준 발음법은 총칙, 자음과 모음, 음의 길이, 받침의 발음, 음의 동화, 경음화, 음의 첨가 등으로 이루어져 있다.
③ 여닫다, 우짖다, 검푸르다, 검붉다, 뛰놀다, 설익다, 부슬비 등은 일반적인 우리말의 통사적 구성 방법과 어긋나게 형성된 낱말의 예라 할 수 있다.
④ 자음은 조음 위치 및 조음 방법에 따라 다시 나뉜다. 양순음, 치조음, 경구개음, 연구개음, 후음 등은 조음 위치에 따라 자음을 하위 갈래로 나눈 것이고, 파열음, 파찰음, 마찰음, 비음, 유음 등은 조음 방법에 따라 자음을 하위 갈래로 나눈 것이다.

정답과 해설

005 ③ 제시문은 문학과 실제 생활을 대조하고 있다. 또는 문학의 세계를 건축물에 빗대어 설명하는 유추의 방식이 나타나 있다. 이와 유사하게 대조와 유추가 적용된 것은 '목적을 지닌 인생'과 '목적 없이 사는 인생'을 대조하였으며, 목표를 가지고 꾸준히 노력하는 삶의 중요성을 설명하기 위해 이를 마라톤을 완주하는 과정에 빗대어 유추한 ③이다.
오답피하기 ① 둘 이상의 대상의 유사점을 바탕으로 설명하는 '비교'의 서술 방식이 나타나 있다. ② 대상을 이루고 있는 구성 요소 또는 부분으로 나누어 각각을 설명하는 '분석'의 서술 방식이 나타나 있다. ④ 구체적인 예를 들어 필자의 주장이나 설명을 쉽게 전달하는 방법인 '예시'의 서술 방식이 사용되었다.

006 ④ 제시문은 인공위성의 종류를 구분, 분류하고 있다. 구분과 분류의 설명 방식이 나타난 것은 자음의 종류를 구분, 분류하는 ④이다.
오답피하기 ① 둘 이상의 대상 사이의 차이점을 바탕으로 설명하는 방법인 대조의 서술 방식이 사용되었다. ② 전체 대상을 그 구성 요소로 나누어 설명하는 분석의 서술 방식이 사용되었다. ③ 구체적인 예를 들어 필자의 주장이나 설명을 쉽게 전달하는 방법인 예시의 서술 방식이 사용되었다.

007

2017 지방직 7급

다음 글의 진술 방식에 대한 설명으로 적절하지 않은 것은?

> 언어도 인간처럼 생로병사의 과정을 겪는다. 언어가 새로 생겨나기도 하고 사멸 위기에 처하기도 하는 것이다. …(중략)… 하와이어도 사멸 위기를 겪었다. 하와이어의 포식 언어는 영어였다. 1778년 당시 80만 명에 달했던 하와이 원주민은 외부로부터 유입된 감기, 홍역 등의 질병과 정치 문화적 박해로 1900년에는 4만 명까지 감소했다. 당연히 하와이어 사용자도 급감했다. 1898년에 하와이가 미국에 합병되면서부터 인구가 증가하였으나, 하와이어의 위상은 영어 공용어 교육 정책 시행으로 인하여 크게 위축되었다. 1978년부터 몰입식 공교육을 통한 하와이어 복원이 시도되고 있으나, 하와이어 모국어를 구사할 수 있는 원주민 수는 현재 1,000명 정도에 불과하다. …(중략)…
> 언어의 사멸은 급속하게 진행된다. 어떤 조사에 따르면 평균 2주에 1개 정도의 언어가 사멸하고 있다. 우비크, 쿠페뇨, 맹크스, 쿤월, 음바람, 메로에, 컴브리아어 등이 사라진 언어이다. 이러한 상태라면 금세기 말까지 지구에 존재하는 언어 가운데 90%가 사라지게 될 것이라는 추산도 가능하다.

① 통계 수치를 활용하여, 언어 사멸 현상을 설명하고 있다.
② 예상되는 반론을 제기하고, 언어가 사멸된다고 주장하였다.
③ 구체적인 예를 활용하여, 언어 사멸의 위기를 증명하였다.
④ 언어를 생명체에 비유하고, 수많은 언어가 사멸할 수 있다고 주장하였다.

008

2017 지방직 9급 1차

다음 글의 논증 구조를 옳게 파악한 것은?

> ㉠ 동물들의 행동을 잘 살펴보면 동물들도 우리가 사용하는 말 못지않은 의사소통 수단을 가지고 있는 듯이 보인다. ㉡ 즉, 동물들도 여러 가지 소리를 내거나 몸짓을 함으로써 자신들의 감정과 기분을 나타낼 뿐 아니라 경우에 따라서는 인간과 다를 바 없이 의사를 교환하고 있는 듯하다. ㉢ 그러나 그것은 단지 겉모습의 유사성에 지나지 않을 뿐이고 사람의 말과 동물의 소리에는 아주 근본적인 차이가 존재한다는 점을 잊어서는 안 된다. ㉣ 동물들이 사용하는 소리는 단지 배고픔이나 고통 같은 생물학적인 조건에 대한 반응이거나, 두려움이나 분노 같은 본능적인 감정들을 표현하기 위한 것에 지나지 않는다. ㉤ 따라서, 동물들이 내는 소리가 때때로 의사소통의 수단으로 이용된다고 해서 그것을 대화나 토론이나 회의와 같은 언어활동이라고 할 수는 없다.

① ㉠은 논증의 결론으로 주제문이다.
② ㉡은 ㉠의 논리적 결함을 지적한 것이다.
③ ㉢은 ㉠, ㉡을 부정하고 새로운 논점을 제시한 것이다.
④ ㉤은 ㉢, ㉣에 대한 근거이다.

정답과 해설

007 ② '예상되는 반론'은 제시문에서 찾을 수 없다.
오답피하기 ① 첫 문단의 마지막에 현재 하와이어 모국어를 구사할 수 있는 원주민의 수가 1000명에 불과하다는 통계 자료를 보여주고 있다. ③ 언어가 사멸 위기에 처하기도 한다는 예로 하와이어를 들고 있으므로 예시가 나타난다. ④ 언어를 인간에 빗대어 표현하고 있다.

008 ③ ㉠과 ㉡은 '동물 역시 인간과 같은 의사소통 수단을 가지고 있다'는 내용을 갖는 데 반해, ㉢은 이를 부정하고 '사람의 언어와 동물의 소리는 근본적으로 차이가 있다'고 새로운 논점을 제시하고 있으므로, 논증 구조를 옳게 파악한 선택지는 ③이다.
오답피하기 ① 논증의 결론이자 주제문은 ㉠이 아닌 ㉤이다. ② ㉡은 ㉠의 내용을 풀어서 좀 더 상세히 설명하고 있다. ④ ㉣은 근거로서 ㉢을 뒷받침하고 있으며, ㉢과 ㉣을 근거로 삼아 결론인 ㉤을 도출하고 있다.

009

2018 서울시 7급

<보기>에 나타난 설명 방식으로 가장 옳지 않은 것은?

> 필로티(pilotis) 문제가 아니라 왜 필로티 건축인가를 물어야 한다. 이는 주차 문제와 관련이 있다. 소형 주택·상가에서 법정 주차대수를 맞추려면 대지 내에 빼곡히 주차면을 만들어야 한다. 반면에 상부 건물은 대지 경계선으로부터 띄워야 하므로 1층을 필로티로 하여 차가 빼죽 나오도록 하는 것은 논리적 귀결이다. 세월호 평형수가 저렴하도록 반(半)강제된 여객 운임과 관련이 있듯이 필로티에 대한 선호 또한 저렴 주택, 나아가 저렴 도시와 관련이 깊다. 다세대·다가구주택은 단독 주택용 필지에 부피 늘림만 허용한 1970, 80년대 주택공급 정책의 결과다. 공공에서 책임져야 할 주차도로·녹지를 모두 개별 대지 안에서 해결하려니 설계는 퍼즐 풀기가 되었고 이때 필로티는 모범답안이었다.

① 현상 이면의 구조적 문제를 파악하고 있다.
② 인과관계를 통해 사회 현상을 설명한다.
③ 반복되는 사회적 문제를 환기한다.
④ 유추를 통해 해결 방안을 제시한다.

010

2019 국가직 9급

다음 글의 글쓰기 전략으로 볼 수 없는 것은?

> 고전파 음악은 어떤 음악인가? 서양 음악의 뿌리는 종교 음악에서 비롯되었다. 바로크 시대까지는 음악이 종교에 예속되어 있었으며, 음악가들 또한 종교에 예속되어 있었다. 고전파는 이렇게 종교에 예속되었던 음악을, 음악을 위한 음악으로 정립하려는 예술 운동에서 출발하였다. 따라서 종래의 신을 위한 음악에서 탈피해 형식과 내용의 일체화를 꾀하고 균형 잡힌 절대 음악을 추구하였다. 즉 '신'보다는 '사람'을 위한 음악, '음악'을 위한 음악을 이루어 나가겠다는 굳은 결의를 보여 준 것이다.
>
> 또한 고전파 음악은 음악적 형식과 내용의 완숙을 이룬 음악이기도 하다. 이 시기에는 하이든, 모차르트, 베토벤 등 음악의 역사에서 가장 위대한 작곡가들이 배출되기도 하였다. 이때에는 성악이 아닌 기악만으로도 음악이 가능하게 되었으며, 교향곡의 기본을 이루는 소나타 형식이 완성되었다. 특히 옛 그리스나 로마 때처럼 보다 정돈된 형식을 가진 음악을 해 보자고 주장하였기에 '옛것에서 배우자는 의미의 고전'과 '청정하고 우아하며 흐림 없음, 최고의 예술적 경지에 다다름으로서의 고전'을 모두 지향하게 되었다.
>
> 이렇듯 역사적으로 고전파 음악은 종교의 영역에서 음악 자체의 영역을 확보하였으며 최고 수준의 음악적 내용과 형식을 수립하였다. 고전파 음악이 서양 전통 음악 전체를 대표하게 된 것은 고전파 음악이 이룩한 역사적인 성과에서 비롯된 것일지도 모른다. 따라서 고전 음악의 개념을 이해하기 위해서는 고전파 음악의 성격과 특질에 대한 이해가 선행되어야 할 것이다.

① 고전파 음악이 지닌 음악사적 의의를 밝힌다.
② 고전파 음악의 음악가를 예시하여 이해를 돕는다.
③ 고전파 음악의 특징이 형식과 내용의 분리에 있음을 강조한다.
④ 질문을 통해 화제를 제시함으로써 호기심을 유발한다.

제 8 장 • 화법·작문

1 화법·작문

1. 대화의 원리

(1) 공손성의 원리

공손성의 원리란 상대방에게 정중하지 않은 표현은 최소화하고 정중한 표현은 최대화하라는 것이다.

① **요령의 격률**: 상대의 부담을 최소화하고 이익을 최대화하라.
- 예 (문이 열려 추위를 느끼는 상황에서) 미안하지만 문 좀 닫아줄 수 있을까?
  - 문이 열려 추운 상황에서 상대에게 '문 닫아!'보다 '문을 닫아줄 수 있을까?'라고 표현하여 간접적으로 문을 닫아줄 것을 요청하고 있다. 따라서 요령의 격률에 해당한다. 요령의 격률은 '상대의 부담을 최소화'하는 것이다.

② **관용의 격률**: 자신의 이익을 최소화하고 부담을 최대화하라.
- 예 제가 잠시 다른 생각하느라 놓쳤습니다. 다시 말씀해 주시겠습니까?
  - 상대의 이야기를 못 들은 것을 자기가 다른 생각을 한 탓으로 여기고 있다. 즉, 책임 소재를 자신에게 돌리고 있다. 어떤 일에 대한 책임을 자신에게 돌리는 것은 자신의 이익을 최소화하고 부담을 최대화한 것이다. 따라서 관용의 격률에 해당한다.

③ **찬동의 격률**: 상대에 대한 비방은 최소화하고 칭찬은 최대화하라.
- 예 성현이는 농구를 정말 잘하는구나.
  - 상대가 농구를 잘한다며 칭찬을 하고 있다. 이렇듯 상대에 대해 비방하지 않고 칭찬을 하는 것이 찬동의 격률이다.

④ **겸양의 격률**: 자신에 대한 칭찬은 최소화하고 비방은 최대화하라.
- 예 (상대가 자신을 칭찬한 상황에서) 과찬이십니다. 아직 부족한 점이 많습니다.
  - 상대가 자신을 칭찬했을 때 '감사합니다.'라고 하기보다 '과찬이십니다.'라고 표현하고 있다. 이처럼 상대에게 칭찬을 들었을 때 '아직 부족합니다. 부끄럽습니다.'와 같이 스스로를 낮추어 겸손하게 표현을 하는 것이 겸양의 격률이다.

⑤ **동의의 격률**: 상대방과의 의견 차이를 최소화하고 일치를 최대화하라.
- 예 집들이 선물로 TV를 사자는 네 생각은 정말 좋아. 근데 가격이 비싸서 힘들 것 같아. 대신 토스트기는 어떨까?
  - 집들이 선물에 대한 의견 차이가 있을 때 먼저 상대의 말에 공감해 주고 이에 대한 자신의 생각을 이어서 말하고 있다. 이처럼 상대의 의견에 동의하는 부분은 공감을 한 후 이견이 있는 부분을 언급하는 것이 동의의 격률이다.

001
2017 교행직 9급

'손님'의 말에 나타난 공손성 원리로 가장 적절한 것은?

> **손님**: 바쁘실 텐데 초대해 주셔서 감사합니다. 음식이 참 맛있네요. 요리 솜씨가 이렇게 좋으시니 정말 부럽습니다.
> **주인**: 뭘요, 과찬이세요. 맛있게 드셨다니 감사합니다.

① 상대방에 대한 비난을 최소화하고 칭찬의 표현을 최대화한다.
② 상대방에 대한 부담은 최소화하고 혜택의 표현을 최대화한다.
③ 자신에 대한 혜택은 최소화하고 부담의 표현을 최대화한다.
④ 자신에 대한 칭찬은 최소화하고 비난의 표현을 최대화한다.

정답과 해설

001 ① 손님은 주인의 음식 솜씨가 좋다면서 부럽다고 한다. 이는 상대방에 대한 칭찬을 최대화한 것이다.

(2) 협력의 원리

① 양의 격률: 필요한 만큼만 정보를 제공하고 필요 이상의 정보를 제공하지 말라.
  예) 선민: 진원아, 너 뮤지컬 좋아하니?
    진원: 응, 좋아해. 특히 조승후가 나온 지칼 박사가 제일 좋아. 저번에 지칼 박사를 보러 갔는데……
    뮤지컬을 좋아하냐는 물음에 대해 자신이 지칼 박사를 보러 갔던 내용까지 부연하고 있다. 이는 청자의 물음에 대해 필요 이상의 정보를 제공한 것이다. 이처럼 필요 이상의 정보를 제공하지 말라는 것이 양의 격률이다. 이때 필요 이상의 정보를 제공해서도 안 되지만 필요 이하, 즉 필요한 양보다 적게 제공해도 양의 격률을 어긴 것이다.

② 질의 격률: 진실한 정보만을 제공하도록 노력하고 증거가 불충분한 것은 말하지 말라.
  예) 수정: 동구야, 시험 범위 알려 줄 수 있어?
    동구: (알고 있으면서) 나도 잘 몰라.
    동구는 시험 범위를 알고 있음에도 불구하고 모른다고 말한다. 이는 거짓말을 한 것이므로 진실한 정보만을 제공하라는 질의 격률을 위반한 사례이다. 이렇듯 질의 격률은 진실성과 관련된다. 즉, 진실하지 않으면 질의 격률을 어긴 것이다. 가령, '지영이는 깃털보다 가볍다.'와 같은 표현도 진실성에 어긋나므로 질의 격률을 어긴 사례이다. 또한 주장을 뒷받침하는 근거가 불충분할 경우에도 질의 격률을 위반한 것이다.

③ 관련성의 격률: 해당 대화의 화제와 관련되는 말을 하라.
  예) 하영: 오늘 곱창 먹으러 갈래?
    주희: 저 가방 예쁘지 않아?
    주희는 곱창을 먹으러 가자고 제안하는 하영이에게 가방이 예쁘다고 말하고 있다. 이처럼 대화의 맥락과 다른 화제를 꺼내면서 엉뚱한 말을 하는 경우 관련성의 격률을 어긴 것이다.

④ 태도의 격률: 모호하거나 중의적인 표현을 피하고 간결하고 조리 있게 말하라.
  예) 하은: 넌 어떤 음식을 좋아해?
    석진: 뭐 아무거나 다 좋아해.
    어떤 음식을 좋아하냐는 질문에 '아무거나'라고 애매모호한 표현을 사용하고 있다. 이처럼 애매한 표현을 사용한 경우 태도의 격률을 어긴 것이다. 또한 '아빠는 나보다 사과를 좋아한다.'와 같이 중의적인 표현을 사용하는 것도 태도의 격률을 위반하는 사례에 해당한다.

002
2016 국가직 9급

다음 글을 근거로 할 때, <보기>의 대화에서 ㉡의 대답이 갖는 특징으로 적절하지 않은 것은?

> 그라이스(Grice)는 원활한 대화 진행을 위한 요건으로 네 가지의 '협력의 원리'를 제시한 바 있다. 첫째, 주고받는 대화의 목적에 필요한 만큼만 정보를 제공하고 필요 이상의 정보를 제공하지 말라는 양의 격률이다. 둘째, 진실한 정보만을 제공하도록 노력하고 증거가 불충분한 것은 말하지 말라는 질의 격률이다. 셋째, 해당 대화 맥락과 관련되는 말을 하라는 관련성의 격률이다. 넷째, 모호하거나 중의적인 표현을 피하고 간결하고 조리 있게 말하라는 태도의 격률이다. 그러나 모종의 효과를 위해 이 네 가지의 격률을 위배하는 일은 일상 대화에서 빈번하게 이루어지는데, 일반적으로 언중들은 그것을 자연스럽게 받아들일 뿐 아니라 때에 따라서는 협력의 원리를 지키는 것이 예의에 어긋난 경우도 많다.

보기

대화(1) ㉠: 체중이 얼마나 되니?
  ㉡: 55kg인데 키에 비해 가벼운 편입니다.
대화(2) ㉠: 얼마 전 시민 운동회가 있었다며?
  ㉡: 응. 백 미터 달리기에서 비행기보다 빠른 사람을 봤어.
대화(3) ㉠: 너 몇 살이니?
  ㉡: 형이 열일곱 살이고, 저는 열다섯 살이지요.
대화(4) ㉠: 점심은 뭐 먹을래?
  ㉡: 생각해 보고 마음 내키는 대로요.

① 대화(1): 관련성의 격률을 위배하였다.
② 대화(2): 질의 격률을 위배하였다.
③ 대화(3): 양의 격률을 위배하였다.
④ 대화(4): 태도의 격률을 위배하였다.

정답과 해설

002 ① 체중이 얼마나 되냐는 질문에 자신의 체중을 말하고 있으므로 관련성의 격률을 위배하지 않았다. '키에 비해 가벼운 편'이라는 점도 체중이 얼마나 되냐는 질문과 관련된 것이므로 관련성의 격률을 위배하지 않았다.

2. 토의

① 개념: 여러 사람 사이에서 갈등이 발생했을 때 다양한 의견을 자유롭게 나누며 갈등을 해결하는 공동의 문제 해결 과정이다.

② 특징: 논의를 통해 문제 해결을 모색하는 화법 형태이므로 토론과 달리 찬반으로 나뉘지 않는다.

③ 대표적인 유형: 패널 토의, 심포지엄, 포럼, 회의, 원탁 토의

(1) 패널 토의(배심 토의)

① 과정: 4~6명으로 구성된 패널(배심원)들이 청중 앞에서 각각의 문제 해결 방안을 발표하고 이견을 조정하여 해결책을 찾는 토의 형태

② 특징: 토의 참여자는 대표성을 띤 전문가들로 구성

③ 목적: 이견을 조정하여 문제를 해결

④ 주제: 다양한 결론이 나올 수 있는 시사 문제

　예) 100년의 역사를 되돌아보면서 새로운 100년을 준비하는 교훈

(2) 심포지엄

① 과정: 사전에 토의 주제를 배당받은 발표자가 여러 각도에서 학술적인 주제에 대해 청중 앞에서 발표한 후 청중과 질의응답을 하는 토의 형태

② 특징: 발표자 간 의견 교환 ×

③ 목적: 문제에 대한 이해(특별한 결론을 도출 ×)

④ 주제: 주로 학술적인 주제

　예) 에이즈로 인한 경제 사회적 영향

(3) 포럼

① 과정: 공공의 장소에서 문제에 대해 청중과 담당자 간 직접 토의하는 형태

② 특징: 청중들이 문제에 관해 직접적인 이해관계에 있음.

③ 목적: 공동의 이익과 복지에 도달

④ 주제: 정책안이나 개발안

　예) 도시개발 계획

(4) 회의

① 과정: 회의 규칙에 따른 회의 진행

② 특징: 회원 상호 간 직접 토의

③ 목적: 의사 결정

④ 주제: 회원의 복지, 규칙 등과 관련된 주제

　예) 학급 티셔츠 모양을 어떻게 할 것인가?

(5) 원탁 토의

① 과정: 10명 내외의 사람들이 동등한 입장에서 의견을 자유롭게 나누는 토의 형태

② 특징: 모든 참여자들이 동등한 자격으로 토의에 참여, 특별한 규칙이 없음.

③ 목적: 의사 결정

④ 주제: 일상에서부터 사회, 경제까지 범위가 다양

　예) 학교 교육에 대한 신뢰도 제고

003

2018 교행직 9급

다음 토의의 '평가 의견'에서 고려하지 않은 사항은?

토의 주제	관내 도서관 이용 활성화를 위한 시설 개선
개선안	일반 열람실의 확대와 세미나실 설치
평가 의견	• 현재 과밀 상태인 일반 열람실을 확대하면 이용자의 편의가 증진되고 이용자 수도 더욱 증가할 것으로 예상됨. 그러나 이를 위해서는 건물 개조까지 필요한데 관련 예산이 부족함. • 세미나실은 서고의 유휴 공간에 적은 비용으로 설치할 수 있으므로 회의 공간 부족에 따른 불편을 해결할 수 있음. 또한 다양한 연령층을 대상으로 한 독서 프로그램을 추가할 수도 있어 이용자가 늘어날 것으로 기대됨.

① 시설 개선에 필요한 경비
② 시설 개선에 관한 외부 사례
③ 시설 개선에 따른 편의 증진
④ 시설 개선에 따른 이용자 증가

004

2018 지방직 7급

다음 글에서 토의 참여자의 말하기 방식에 대한 이해로 가장 적절한 것은?

> **사회자:** 우리나라의 교통 체증 문제는 매우 심각합니다. 이에 대한 해결방안을 마련하고자 여러 분야의 권위자를 모셨습니다. 각자의 의견을 말씀해 주시겠습니까?
> **김 국장:** 교통 체증 문제는 승용차 10부제 실시로 해결할 수 있지 않을까요?
> **윤 사장:** 그것은 사업자 입장에서 아주 불만스러운 제도입니다. 재정이 좋은 사업자는 번호판이 다른 차를 하나 더 구입하면 되겠지만, 영세한 사업자들은 그렇게 하기 힘듭니다.
> **박 위원:** 버스 전용 차로제가 어떨까요? 이 제도가 잘 활용되면 승용차 이용자도 출퇴근 시간에 대중교통 수단을 이용할 것입니다.
> **김 국장:** 승용차 10부제가 실시되면 대중교통을 이용하는 사람이 늘 것으로 기대됩니다. 승용차 이용을 제한하지 않고서는 교통 체증 문제를 해결하기 어렵습니다.
> **윤 사장:** 자본주의 국가에서 재산권의 침해가 과연 옳은지 생각해 봐야 합니다.
> **사회자:** 서로 주장을 조금씩 양보하면 어떨까요? 예를 들어, 승용차 10부제에서 상업용은 제외하는 방안이 그것입니다.
> **윤 사장:** 상업용 승용차가 따로 있는 것은 아니지요. 사업하는 사람이 타고 다니는 승용차는 어떤 의미에서 다 상업용이지요.
> **김 국장:** 어려움을 같이 감수해야 합니다. 모두 손해를 보지 않겠다고 한다면 어떤 해결방안도 찾기 어렵습니다.
> **박 위원:** 두 분 말씀 모두 일리가 있다고 생각합니다. 대중교통 이용이 승용차 이용보다 훨씬 편리하다고 생각하면 굳이 승용차를 이용하지 않을 것입니다. 명절 귀성길에 시행했던 고속버스 전용 차로제의 효과가 그것을 증명합니다.
> **사회자:** 버스 전용 차로제에 대해서는 이의가 없군요. 이번 토의는 좋은 방안을 생각해 보자는 데 그 의의를 두었습니다. 승용차 10부제와 같이 미진한 안건에 대해서는 다음 번에 논의하도록 하겠습니다. 감사합니다.

① 사회자: 참여자의 의견을 수용하여 주제를 전환하고 있다.
② 김 국장: 상대방의 주장을 수긍하면서도 자신의 생각을 적극적으로 관철하고자 한다.
③ 윤 사장: 당면한 문제점을 부각하면서 타협의 가능성을 열어 놓고 있다.
④ 박 위원: 참여자의 의견을 경청하며 구체적인 대안을 제시하고 있다.

정답과 해설

003 ② 시설 개선에 관한 외부 사례는 평가 의견에 드러나지 않는다.

004 ④ '두 분 말씀 모두 일리가 있다고 생각합니다. 대중교통 이용이 승용차 이용보다 훨씬 편리하다고 생각하면 굳이 승용차를 이용하지 않을 것입니다. 명절 귀성길에 시행했던 고속버스 전용 차로제의 효과가 그것을 증명합니다.'에서 파악할 수 있다.

3. 토론
① 개념: 논제에 대해 찬반으로 나뉘어 자신의 주장의 합리성과 정당함을 내세우고, 상대의 주장의 부당함을 밝히는 화법의 한 형태
② 특징: 결론을 도출하기 위해 진행되는 토의와 달리 결론을 이미 도출하여 자신의 주장이 옳음을 주장. 양측 중 어느 쪽이 더 옳은지 제3자의 판정이 존재
③ 대표적인 유형: 반대 신문식 토론(CEDA 토론)

(1) 참여자 입장
① 찬성: 현재에 대한 변화를 주장
　　예) 현행 사형제도 - '폐지' 주장
② 반대: 현재를 유지할 것을 주장
　　예) 현행 사형제도 - '유지' 주장

(2) 토론의 형식
① 입론: 논제에 대한 찬성 측 또는 반대 측의 주장과 논거
② 교차 조사(반대 신문): 단순히 상대의 입론에 대해 궁금한 점을 질문하는 것이 아니라 상대측 입론의 모순점, 문제점을 드러내는 것
③ 최종 변론: 입론과 반대 신문이 끝난 뒤 자기 측 입장의 합리성과 정당성을 총괄하여 정리하는 것

(3) 토론 논제
① 개념: 문제 해결에 관한 제안이나 주장
② 특징
- 찬성 측과 반대 측 입장 명확히 구분
- 찬성 측 입장을 담은 긍정형 평서문으로 서술
- 단 하나의 쟁점만 포함
- 가치 판단을 담은 표현 ×

005
2018 해경직 2차

'위험에 처한 다른 사람을 구조할 수 있음에도 고의로 구조하지 않은 행동을 한 사람은 법적인 책임을 져야 한다.'라는 논제에 대하여 찬성 측 의견의 근거로 삼을 수 있는 것을 모두 고른 것은?

> ㉠ 개인의 자유를 쉽게 침해당할 우려가 높다.
> ㉡ 방관자가 많아지면 사회가 점차 냉혹하고 흉악해질 것이다.
> ㉢ 위험 상황에 대한 판단 기준이 애매하여 법적 조치를 취하기 어렵다.
> ㉣ 최소한의 도덕이라는 법의 정신에도 위배되는 과도한 법의 적용이다.
> ㉤ 사회 공동체를 유지하기 위한 최소한의 윤리로서의 법 제정이 필요하다.
> ㉥ 위급한 상황에 처한 이를 외면하는 것은 인간의 본분을 저버린 행위이다.

① ㉠, ㉢, ㉣
② ㉡, ㉢, ㉤
③ ㉡, ㉣, ㉤
④ ㉡, ㉤, ㉥

정답과 해설

005 ④ 찬성 측은 현재에 대한 변화를 주장하는 입장이다. 따라서 고의로 위험에 처한 사람을 구조하지 않은 사람은 법적인 책임을 져야 한다는 것을 주장해야 한다. ㉡, ㉤, ㉥은 법적인 책임을 져야 한다는 주장에 부합하는 근거로 적절하다.

006

토론자들의 말하기 방식에 대한 설명으로 적절한 것은?

> **사회자:** 학교 폭력 문제가 나날이 심각해지고 있습니다. 이와 관련해 오늘은 '학교 폭력을 방관한 학생에게도 책임을 물어야 한다'를 주제로 토론을 해 보도록 하겠습니다. 먼저 찬성 측 말씀해 주시죠.
>
> **찬성 측:** 친구가 학교 폭력에 의해 희생되고 있는데도 자신에게 피해가 올까 두려워 아무런 조치를 취하지 않은 학생들이 많다고 합니다. 이러한 행동으로 인해 학교 폭력은 점점 확산되고 있습니다. 학교 폭력을 행하는 것을 목격했음에도 어떤 조치도 취하지 않은 것은 폭력에 대해 묵시적으로 동의한 것과 같습니다. 폭력을 직접 행사하는 행위뿐 아니라, 불의에 저항하지 않는 정의롭지 못한 행위에 대해서도 합당한 책임을 물어야 할 것입니다.
>
> **사회자:** 다음으로 반대 측 의견 말씀해 주시죠.
>
> **반대 측:** 특정 학생에게 폭력을 직접 행사해서 피해를 준 사실이 명백할 때에만 책임을 물을 수 있을 것입니다. 또한 사건에 대한 개입과 방관은 개인의 자율적 의지에 달린 문제이므로 외부에서 규제할 성질의 문제가 아닙니다.
>
> **사회자:** 그럼 이번에는 반대 측부터 찬성 측에 대해 반론해 주시지요.
>
> **반대 측:** 과연 누구까지를 학교 폭력의 방관자라고 규정지을 수 있을까요? 집에 가는 길에 우연히 폭력을 목격했을 경우, 자신의 친구로부터 폭력에 관련된 소문을 접했을 경우 등 방관자라고 규정하기에는 애매한 경우가 많습니다. 어떠한 행위를 처벌하려면 확고한 기준이 필요한데, 방관자의 범위부터 규정하기가 불명확하다고 볼 수 있습니다.
>
> **찬성 측:** 불의를 방관한 행위에 대해 사회가 책임을 묻지 않는다면 이후로도 사람들은 아무런 죄책감 없이 불의를 모른 체하고 방관할 것입니다. 결국 이는 사회 전체의 건전성과 도덕성을 떨어뜨릴 것이고, 정의에 근거한 시민의 고발정신까지 약화시킬 것입니다.

① 찬성 측은 친숙한 상황에 빗대어 자신의 견해를 펼치고 있다.
② 찬성 측은 자신의 경험을 제시하여 논지를 보충하고 있다.
③ 반대 측은 윤리적 방법으로 해결책을 제시하고 있다.
④ 반대 측은 논제에 의문을 제기하여 주장을 강화하고 있다.

4. 신유형 화작

007
<공공언어 바로 쓰기 원칙>에 따라 <공문서>의 ㉠~㉣을 수정한 것으로 적절하지 않은 것은?

<공공언어 바로 쓰기 원칙>
○ 중복되는 표현을 삼갈 것.
○ 대등한 것끼리 접속할 때는 구조가 같은 표현을 사용할 것.
○ 주어와 서술어를 호응시킬 것.
○ 필요한 문장 성분이 생략되지 않도록 할 것.

<공문서>
한국의약품정보원

수신 국립국어원
(경유)
제목 의약품 용어 표준화를 위한 자문회의 참석 ㉠안내 알림

1. ㉡표준적인 언어생활의 확립과 일상적인 국어 생활을 향상하기 위해 일하시는 귀원의 노고에 감사드립니다.
2. 본원은 국내 유일의 의약품 관련 비영리 재단법인으로서 의약품에 관한 ㉢표준 정보가 제공되고 있습니다.
3. 의약품의 표준 용어 체계를 구축하고 ㉣일반 국민도 알기 쉬운 표현으로 개선하여 안전한 의약품 사용 환경을 마련하기 위해 자문회의를 개최하니 귀원의 연구원이 참석해 주시기를 바랍니다.

① ㉠: 안내
② ㉡: 표준적인 언어생활을 확립하고 일상적인 국어 생활의 향상을 위해
③ ㉢: 표준 정보를 제공하고 있습니다.
④ ㉣: 의약품 용어를 일반 국민도 알기 쉬운 표현으로 개선하여

008

<지침>에 따라 <개요>를 작성할 때 ㉠~㉣에 들어갈 내용으로 적절하지 않은 것은?

<지침>
- 서론은 중심 소재의 개념 정의와 문제 제기를 1개의 장으로 작성할 것.
- 본론은 제목에서 밝힌 내용을 2개의 장으로 구성하되 각 장의 하위 항목끼리 대응되도록 작성할 것.
- 결론은 기대 효과와 향후 과제를 1개의 장으로 작성할 것.

<개요>
- 제목: 복지 사각지대의 발생 원인과 해소 방안
Ⅰ. 서론
  1. 복지 사각지대의 정의
  2. ㉠
Ⅱ. 복지 사각지대의 발생 원인
  1. ㉡
  2. 사회복지 담당 공무원의 인력 부족
Ⅲ. 복지 사각지대의 해소 방안
  1. 사회적 변화를 반영하여 기존 복지 제도의 미비점 보완
  2. ㉢
Ⅳ. 결론
  1. ㉣
  2. 복지 사각지대의 근본적이고 지속가능한 해소 방안 마련

① ㉠: 복지 사각지대의 발생에 따른 사회 문제의 증가
② ㉡: 사회적 변화를 반영하지 못한 기존 복지 제도의 한계
③ ㉢: 사회복지 업무 경감을 통한 공무원 직무 만족도 증대
④ ㉣: 복지 혜택의 범위 확장을 통한 사회 안전망 강화

정답과 해설

008 ③ ㉢은 해소 방안이므로 Ⅱ-2에서 제시한 원인과 일맥상통해야 한다. Ⅱ-2는 '사회복지 담당 공무원의 인력 부족'이라고 했으므로 이에 대응되는 ㉢에는 '사회복지 담당 공무원 인력 충원' 정도의 내용이 들어가야 한다. 그러나 ③번은 이와는 관련 없는 내용을 서술하고 있으므로 ㉢에 들어가기에 적절하지 않다.

009

다음 대화를 분석한 내용으로 가장 적절한 것은?

> **갑:** 전염병이 창궐했을 때 마스크를 착용하는 것은 당연한 일인데, 그것을 거부하는 사람이 있다니 도대체 이해가 안 돼.
> **을:** 마스크 착용을 거부하는 사람들을 무조건 비난하지 말고 먼저 왜 그러는지 정확하게 이유를 파악하는 것이 필요해.
> **병:** 그 사람들은 개인의 자유가 가장 존중받아야 하는 기본권이라고 생각하기 때문일 거야.
> **갑:** 개인의 자유로운 선택이 타인의 생명을 위협한다면 기본권이라 하더라도 제한하는 것이 보편적 상식 아닐까?
> **병:** 맞아. 개인이 모여 공동체를 이루는데 나의 자유만을 고집하면 결국 사회는 극단적 이기주의에 빠져 붕괴하고 말 거야.
> **을:** 마스크를 쓰지 않는 행위를 윤리적 차원에서만 접근하지 말고, 문화적 차원에서도 고려할 필요가 있어. 어떤 사회에서는 얼굴을 가리는 것이 범죄자의 징표로 인식되기도 해.

① 화제에 대해 남들과 다른 측면에서 탐색하는 사람이 있다.
② 자신의 의견이 반박되자 질문을 던져 화제를 전환하는 사람이 있다.
③ 대화가 진행되면서 논점에 대한 찬반 입장이 바뀌는 사람이 있다.
④ 사례의 공통점을 종합하여 자신의 주장을 강화하는 사람이 있다.

정답과 해설

009 ① 갑과 병이 마스크 착용을 거부하는 것에 대해서 기본권 제한이라는 윤리적 측면에서 접근하는 데 반해 을은 마스크 착용을 거부하는 것을 문화적 차원에서 접근하고 있다. 즉 화제에 대해 을은 갑, 병과 다른 측면에서 탐색하고 있으므로 ①번의 언급은 적절한 것이 된다.

권규호 공무원국어

제3부

논리, 강화-약화, 문학 제재

제1장　논리
제2장　강화-약화
제3장　문학 제재

제1장 • 논리

0 논리학이란?

논리학이란 간단히 말해 '논리'를 다루는 학문이다. 여기서 말하는 '논리'는 말이나 글에서 사고나 추리 따위를 이치에 맞게 이끌어 가는 과정이나 원리를 뜻한다. 즉 '올바른 사고'를 다루는 것이 곧 논리학이다. 우리는 살면서 수많은 주장을 접한다. 그리고 이러한 주장들이 타당한지를 파악하기 위해서는 그 근거를 살핀다.

근거가 합당하고, 그 근거들로부터 자연스럽게 결론이 도출되었다면 그 결론은 타당한 것이다. 그러나 근거들로부터 합당하게 결론이 도출되지 않았다면 당연히 그 결론은 타당하지 않은 것이다. 따라서 논리학, 즉 올바른 사고가 이루어졌는지를 따지는 학문은 근거들로부터 결론이 타당하게 전개되었는지를 탐구하는 것이다.

가령 '세상의 모든 사람들은 죽는다'라는 근거로부터 '나도 사람이므로 당연히 나도 죽는다'라는 결론을 도출하였다면 이는 올바른 사고를 통해서 이루어진 타당한 논리가 되겠다. 반면 '사람인 나는 죽는다'라는 근거로부터 '따라서 세상의 모든 사람은 죽는다'라는 결론을 도출하였다면 이는 올바른 사고를 통한 것이라고 볼 수 없다. 따라서 이는 타당하지 않는 논리라 하겠다.

이처럼 결론의 타당성을 판단하는 것이 논리학이므로 결론까지 도출되는 추론의 과정이 논리학에서는 매우 중요하다. 이런 추론 과정을 다르게는 논증이라고 한다. 논증의 사전적 정의는 '결론을 뒷받침하는 전제를 내세우는 것'이다. 쉽게 말해 결론에 대한 근거를 타당하게 내세우는 과정을 의미한다.

1 명제

'명제'란 어떤 문제에 대한 하나의 논리적 판단 내용 및 주장을 의미한다. 간단하게 '참 또는 거짓 등을 판별할 수 있는 내용'을 뜻한다. 그렇기 때문에 웬만한 문장들은 명제가 될 수 있다. '나는 사람이다'라는 문장도 '나'라는 화자가 '사람'이 맞으면 참이고, '사람'이 아니면 거짓이다. 따라서 '나는 사람이다'는 하나의 명제가 된다.

(1) 명제의 종류
- 가언 명제: 조건을 만족하면 결론이 성립되는 명제
  - 예) A→B
- 정언 명제: 무조건적으로 결론이 성립되는 명제
  - 예) ~A

명제는 조건을 만족하면 결론이 성립되는 가언 명제와 무조건적으로 결론이 성립되는 정언 명제가 있다. 가령 '밥을 먹으면 배가 부르다'라는 명제의 경우 '밥을 먹으면'이라는 조건이 충족되면 '배가 부르다'라는 결론이 성립되므로 가언 명제가 된다. 반면 '나는 사람이다'라는 명제의 경우 조건과 관계없이 '나는 사람'인 것이다. 앞선 명제와 달리 '밥을 먹으면'이라는 조건이 충족되어야 '나는 사람'인 것이 아니고, '밥을 먹으면'이라는 조건이 충족되지 않아야 '나는 사람'인 것이 아니다. 조건과 상관없이 무조건 '나는 사람'인 것이다. 이러한 명제를 정언 명제라고 한다.

(2) 문제 출제 원리
시험에서는 가언 명제와 정언 명제가 함께 주어지며 이를 통해 도출될 수 있는 타당한 결론을 찾으라는 식의 문제가 출제된다. 다음을 보자.

001
다음 조건들이 참이라고 할 때 반드시 참인 것은?

> - 경수가 밥을 먹으면 경수는 포만감을 느낀다.
> - 경수가 밥을 먹는다.

① 경수는 포만감을 느낀다.
② 경수는 포만감을 느끼지 않는다.
③ 경수는 밥을 먹지 않는다.
④ 경수는 다음에도 밥을 먹는다.

위 문제의 첫 번째 조건이자 가언 명제인 '경수가 밥을 먹으면 경수는 포만감을 느낀다'에서는 경수가 밥을 먹었는지 안 먹었는지에 대해서는 알 수 없다. 다만 만약 경수가 '밥을 먹는다'는 조건을 만족하면 '포만감을 느낀다'는 결론이 성립됨을 알 수 있다. 그리고 두 번째 조건이자 정언 명제인 '경수가 밥을 먹는다'에서는 '경수가 밥을 먹음'이 현재 벌어지고 있음을 알 수 있다. 첫 번째 조건과 두 번째 조건을 통합하여 사고하면 '경수는 지금 포만감을 느낀다'라는 결론을 얻을 수 있다. 그렇기에 정답은 ①번이다. 이처럼 실제 시험에서는 가언 명제와 정언 명제가 함께 출제될 수 있다.

물론 정언 명제 없이 가언 명제만으로 문제를 출제할 수 있다. 앞으로 배울 여러 가지 논리 규칙을 통해서 가언 명제들만으로 정언 명제를 도출할 수 있다. 그리고 도출된 정언 명제를 활용해서 타당한 결론을 도출할 수 있다. 여기서 중요한 것은 가언 명제와 정언 명제 간에는 어떤 차이점이 있으며 문제에서 어떻게 이용되는지 이해하는 것이다. 가언 명제인 '경수가 밥을 먹으면 경수는 포만감을 느낀다'를 '경수가 밥을 먹고 있다', '경수가 포만감을 느끼고 있다' 식으로 오해하지 말아야 할 것이다.

1. 논리 기호 기본편

논리 기호란 논리학에서 논리적 판단을 할 때 사용하는 기호를 뜻한다. 기본적으로 '∨, ∧, →, ~' 등의 4가지 기호를 들 수 있다.

(1) ∨ (선언): A나 B ⇒ A∨B

'선언'이란 영어의 'or'를 의미한다. 우리말로는 '또는'이며 논리 기호론 '∨'로 표시한다. 가령 '경수가 밥을 먹는다'를 A, '경수가 반찬을 먹는다'를 B라고 한다면 A∨B는 '경수는 밥을 먹거나 반찬을 먹는다'가 된다.

A∨B라고 하면 A, B 중 적어도 하나는 성립한다는 의미이다. A와 B 모두 성립해도 괜찮다. 가령 "숟가락이나 젓가락을 갖고 와라"라고 했을 때, 숟가락만 갖고 와도 되고, 젓가락만 갖고 와도 된다. 또한 숟가락과 젓가락을 모두 가지고 와도 된다.

(2) ∧ (연언): A 그리고 B ⇒ A∧B

'연언'이란 영어의 'and'를 의미한다. 우리말로는 '그리고'이며 논리 기호론 '∧'으로 표시한다. 가령 '경수는 서울에 산다'를 A, '영희는 경기도에 산다'를 B라고 한다면 A∧B는 '경수는 서울에 살고, 영희는 경기도에 산다'가 된다.

A∧B라고 하면 A, B 모두 성립할 때에만 참이다. 가령 "숟가락과 젓가락을 가지고 와라"라고 했을 때, 숟가락만 가지고 와서도 안 되고, 젓가락만 가지고 와서도 안 된다. 숟가락과 젓가락 모두 가지고 와야 한다. 이 말은 곧 "숟가락을 안 가지고 오거나 젓가락을 안 가지고 오면 안 된다"라는 뜻이다. '숟가락을 가지고 오는 것'을 A, '젓가락을 가지고 오는 것'을 B라고 한다면 '숟가락과 젓가락을 모두 가지고 오는 것'은 A∧B로 표현할 수 있다.

(3) → (조건문): A이면 B이다 ⇒ A→B / A→B, B→C ≡ A→C

'조건문'이란 영어의 'if'를 의미한다. 우리말로는 '~하면 ~이다'이고 논리 기호론 '→'으로 표시한다. 조건문은 곧 가언 명제이다. 앞서 설명한 것처럼 '철수가 밥을 먹으면 포만감을 느낀다'는 간단하게 '밥→포만감'으로 표시할 수 있다.

한편 2가지 연결되는 조건문을 활용해서 논리를 단순화시킬 수 있다. 가령 '철수가 밥을 먹으면(A) 포만감을 느낀다(B)'라는 조건문(A→B)과 '철수가 포만감을 느끼면(B) 행복하다(C)'라는 조건문(B→C)을 합치면 '철수가 밥을 먹으면 포만감을 느끼고, 포만감을 느끼면 행복하다(A→B→C)'가 되는데, 이는 곧 '철수가 밥을 먹으면 행복하다(A→C)'로 단순화할 수 있다.

(4) ~ (부정): A가 아니다 ⇒ ~A / A가 아닌 것은 아니다 ⇒ ~(~A) ≡ A

'부정문'이란 영어의 'not'을 의미한다. 논리 기호론 '~'으로 표시한다. 가령 '철수는 학생이다'의 부정은 '철수는 학생이 아니다'이다. 이를 기호화하면 '철수는 학생이다'는 '철수=학생'이고 '철수는 학생이 아니다'는 '철수=~학생'이 된다.

한편 부정의 부정은 긍정이다. 가령 '철수가 학생이 아닌 것은 아니다'는 '~(~철수)'로 표시할 수 있으며, 이 뜻은 결국 '철수는 학생이다'를 의미하므로 '~(~철수) ≡ 철수'임을 알 수 있다.

논리 기호 '∨, ∧, →, ~'가 문제로 어떻게 출제되는지 파악하면서 논리 기호에 대한 이해를 넓혀 가자.

※ 다음 문장을 기호화해 보자.

(1) 업무 역량을 갖추고 인성이 좋은 사람은 공무원이 된다.
'업무∧인성→공무원'

(2) A와 B가 함께 학교를 간다면 C도 학교를 간다.
A∧B→C

(3) A와 B가 모두 학교에 가는 것은 아니다.
~(A∧B)

(4) A나 B가 학교에 간다면 C는 학교에 가지 않는다.
A∨B→~C

(5) 비가 오면 소풍을 가지 않는다.
비→~소풍

(6) A나 B가 학교에 가지 않는다면 C도 학교에 가지 않는다.
~A∨~B→~C

1	~(부정): A가 아니다 ⇒ ~A A가 아닌 것은 아니다 ⇒ ~(~A) ≡ A
2	선언(∨)의 부정: ~(A∨B) ≡ ~A∧~B
3	연언(∧)의 부정: ~(A∧B) ≡ ~A∨~B
4	선언 기호(∨) 제거: (A∨B, ~A)→B
5	배타적 선언: A⊕B ≡ (A∨B)∧~(A∧B)
6	'A→B'가 거짓 ≡ 'A', '~B'
7	~A∨B ≡ A→B
8	오직 A일 때에만 B할 수 있다 = B는 A의 충분조건이다 = B→A
9	대우 P→Q ≡ ~Q→~P
10	모순 P→Q, P→~Q ≡ ~P
11	술어 논리: 어떤 A는 B이다 ≡ A∧B

001

다음 조건들이 참이라고 할 때 반드시 참인 것은?

- A가 학교에 가면 B도 학교에 간다.
- C가 학교에 가면 A도 학교에 간다.

① A가 학교에 간다.
② B가 학교에 간다.
③ C가 학교에 간다.
④ C가 학교에 가면 B도 간다.

002

A, B, C, D 네 개의 국책 사업 추진 여부를 두고, 정부가 다음과 같은 기본 방침을 정했다고 하자. 이를 따를 때 반드시 참이라고 할 수 있는 것은?

- A를 추진한다면, B도 추진한다.
- C를 추진한다면, D도 추진한다.
- A와 C 모두 추진한다.

① A, B, C, D 모두 추진된다.
② B가 추진되지 않는다.
③ D가 추진되지 않는다.
④ B와 D 모두 추진되지 않는다.

• 해제

조건 분석

주어진 조건들을 기호화하면 다음과 같다.

- A가 학교에 가면 B도 학교에 간다. ····· 조건1. A→B
- C가 학교에 가면 A도 학교에 간다. ····· 조건2. C→A

선택지 해설

1) 조건1과 조건2를 통합하면 'C→A→B'가 성립된다.
2) 1)에 따라 'C→B'가 성립되므로 정답은 ④번이다.

① 조건1은 A가 학교에 가면 B도 학교에 간다는 의미이지, A가 반드시 학교에 간다는 의미가 아니다.
② 조건1에 따리 A가 학교에 간다면 B도 학교에 간다. 다만 A가 학교에 간다는 것을 알 수 없으므로 반드시 참이 아니다.
③ 조건3은 C가 학교에 가면 A도 학교에 간다는 의미이지, C가 반드시 학교에 간다는 의미가 아니다. 가령 '내일 날씨가 맑으면 소풍을 가자'라고 말했다고, '내일 날씨가 반드시 맑은 것'은 아닌 것이다.

정답 ④

조건 분석

주어진 조건들을 기호화하면 다음과 같다.

- A를 추진한다면, B도 추진한다. ····· 조건1. A→B
- C를 추진한다면, D도 추진한다. ····· 조건2. C→D
- A와 C 모두 추진한다. ····· 조건3. A∧C

선택지 해설

1) 조건3에 따라서 A와 C는 추진된다.
2) 조건1에 따라서 A가 성립되면 B는 성립된다. 조건3에 따라 A가 추진됨이 확정되었다. 따라서 B도 추진한다.
3) 조건2에 따라서 C가 성립되면 D는 성립된다. 조건3에 따라 C가 추진됨이 확정되었다. 따라서 D도 추진한다.

A, B, C, D 사업 모두 추진되므로 정답은 ①번이다.

② 조건3에 따라 A가 추진되고, 조건1에 따라 A가 추진되면 B도 추진한다.
③ 조건3에 따라 C가 추진되고, 조건2에 따라 C가 추진되면 D도 추진한다.
④ 조건3에 따라 A와 C가 추진되고 조건1, 2에 따라 B와 D도 추진된다.

정답 ①

1	~(부정): A가 아니다 ⇒ ~A A가 아닌 것은 아니다 ⇒ ~(~A) ≡ A
2	선언(∨)의 부정: ~(A∨B) ≡ ~A∧~B
3	연언(∧)의 부정: ~(A∧B) ≡ ~A∨~B
4	선언 기호(∨) 제거: (A∨B, ~A)→B
5	배타적 선언: A⊕B ≡ (A∨B)∧~(A∧B)
6	'A→B'가 거짓 ≡ 'A', '~B'
7	~A∨B ≡ A→B
8	오직 A일 때에만 B할 수 있다 ≡ B는 A의 충분조건이다 ≡ B→A
9	대우 P→Q ≡ ~Q→~P
10	모순 P→Q, P→~Q ≡ ~P
11	술어 논리: 어떤 A는 B이다 ≡ A∧B

003

A, B, C, D 네 개의 국책 사업 추진 여부를 두고, 정부가 다음과 같은 기본 방침을 정했다고 하자. 이를 따를 때 반드시 참이라고 할 수 있는 것은?

- A를 추진한다면, B는 추진되지 않는다.
- C를 추진한다면, D는 추진되지 않는다.
- A와 C 모두 추진한다.

① A, B, C, D 모두 추진된다.
② B만 추진되지 않는다.
③ D만 추진되지 않는다.
④ B와 D 모두 추진되지 않는다.

004

A, B, C, D 네 개의 국책 사업 추진 여부를 두고, 정부가 다음과 같은 기본 방침을 정했다고 하자. 이를 따를 때 반드시 참이라고 할 수 있는 것은?

- A나 B를 추진한다.
- B를 추진한다면 C를 추진한다.

① 적어도 두 사업은 추진한다.
② A가 추진된다.
③ B가 추진된다.
④ A가 추진되지 않으면 B가 추진된다.

• 해제

조건 분석

주어진 조건들을 기호화하면 다음과 같다.

- A를 추진한다면, B도 추진되지 않는다. ········· 조건1. A→~B
- C를 추진한다면, D도 추진되지 않는다. ········· 조건2. C→~D
- A와 C 모두 추진한다. ········· 조건3. A∧C

선택지 해설

1) 조건3에 따라서 A와 C는 추진된다. 즉 A와 C는 확정이다.
2) 조건1에 따라서 A가 성립되면 B는 성립되지 않는다. 조건3에 따라 A가 추진됨이 확정되었다. 따라서 B는 추진되지 않는다.
3) 조건2에 따라서 C가 성립되면 D는 성립되지 않는다. 조건3에 따라 C가 추진됨이 확정되었다. 따라서 D는 추진되지 않는다.

A, ~B, C, ~D이므로 정답은 ④번이다.

① 조건3에 따라 A와 C는 추진된다. 다만 조건1, 2에 따라 B와 D는 추진되지 않는다.
② 조건3에 따라 A와 C는 추진된다. 다만 조건1, 2에 따라 B와 D가 모두 추진되지 않는다.
③ 조건3에 따라 A와 C는 추진된다. 다만 조건1, 2에 따라 B와 D가 모두 추진되지 않는다.

정답 ④

조건 분석

주어진 조건들을 기호화하면 다음과 같다.

- A나 B를 추진한다. ········· 조건1. A∨B
- B를 추진한다면 C를 추진한다. ········· 조건2. B→C

선택지 해설

주어진 조건만으로는 도출되는 것이 없으므로 선택지를 보자.

① 조건1에 따르면 'A나 B를 추진한다'라고 되어 있으므로 'A'나 'B' 둘 중 하나는 반드시 추진한다. A가 추진된다고 가정해보면 B, C, D 중에 하나 이상이 추진된다고 장담할 수 없다. 따라서 ①번 진술은 반드시 참이라고 할 수 없다.
② 조건1은 'A'를 추진할 수도 있지만 'A'를 반드시 추진한다는 의미가 아니다. 따라서 ②번 진술은 반드시 참이라고 할 수 없다.
③ 조건1은 'B'를 추진할 수도 있지만 'B'를 반드시 추진한다는 의미가 아니다. 따라서 ③번 진술은 반드시 참이라고 할 수 없다.
④ 조건1에 따라 'A' 아니면 'B'를 반드시 추진해야 한다. 따라서 'A'가 추진되지 않으면 'B'가 추진되어야 한다.

정답 ④

1 ~(부정): A가 아니다 ⇒ ~A
　A가 아닌 것은 아니다
　⇒ ~(~A) ≡ A

2 선언(∨)의 부정:
　~(A∨B) ≡ ~A∧~B

3 연언(∧)의 부정:
　~(A∧B) ≡ ~A∨~B

4 선언 기호(∨) 제거:
　(A∨B, ~A)→B

5 배타적 선언:
　A⊕B ≡ (A∨B)∧~(A∧B)

6 'A→B'가 거짓 ≡ 'A', '~B'

7 ~A∨B ≡ A→B

8 오직 A일 때에만 B할 수 있다
　≡ B는 A의 충분조건이다
　≡ B→A

9 대우 P→Q ≡ ~Q→~P

10 모순 P→Q, P→~Q ≡ ~P

11 술어 논리:
　어떤 A는 B이다 ≡ A∧B

005

A, B, C, D 네 개의 국책 사업 추진 여부를 두고, 정부가 다음과 같은 기본 방침을 정했다고 하자. 이를 따를 때 반드시 참이라고 할 수 있는 것은?

- A를 추진한다면, B도 추진한다.
- C를 추진한다면, D도 추진한다.
- A나 C 가운데 적어도 한 사업은 추진한다.

① 적어도 두 사업은 추진한다.
② A가 추진된다.
③ B가 추진된다.
④ D가 추진된다.

006

A, B, C, D 네 개의 국책 사업 추진 여부를 두고, 정부가 다음과 같은 기본 방침을 정했다고 하자. 이를 따를 때 반드시 참이라고 할 수 있는 것은?

- A를 추진한다면, B가 추진되지 않는 것은 아니다.
- C를 추진한다면, D는 추진되지 않는다.
- A와 D 모두 추진한다.
- B가 추진된다면 C는 추진되지 않는다.

① A, B, C, D 모두 추진된다.
② B만 추진되지 않는다.
③ C만 추진되지 않는다.
④ B와 C 모두 추진되지 않는다.

• 해제

조건 분석

주어진 조건들을 기호화하면 다음과 같다.

- A를 추진한다면, B도 추진한다. ······ 조건1. A→B
- C를 추진한다면, D도 추진한다. ······ 조건2. C→D
- A나 C 가운데 적어도 한 사업은 추진한다. ······ 조건3. A∨C

선택지 해설

1) 조건1에 따라서 A가 성립되면 B는 성립된다. 그러나 A가 성립되었는지는 확정되지 않았다. 조건1은 만약 A가 성립되었다면 B는 반드시 성립된다는 의미이다.
2) 조건2에 따라서 C가 성립되면 D는 성립된다. 그러나 C가 성립되었는지는 확정되지 않았다. 조건2는 만약 C가 성립되었다면 D는 반드시 성립된다는 의미이다.
3) 조건3에 따라서 A나 C는 추진되어야 한다. 이 말은 다음의 3가지 중 하나를 만족해야 한다.
   ① A가 추진되고 C가 추진되지 않는다.
   ② C가 추진되고 A가 추진되지 않는다.
   ③ A가 추진되고 C도 추진된다.
4) 3)의 ①~③가지 경우를 각각 따져보자.
   ① A, ~C가 확정되었으므로 조건1에 따라 B가 확정되었다. 그러나 D인지 ~D인지는 알 수 없다. 'A, B, ~C'
   ② C, ~A가 확정되었으므로 조건2에 따라 D가 확정되었다. 그러나 B인지 ~B인지는 알 수 없다. '~A, C, D'
   ③ A, C가 확정되었으므로 조건1에 따라 B가 확정되었고, 조건2에 따라 D가 확정되었다. 'A, B, C, D'
5) ①번일 때에는 적어도 A, B는 진행되고, ②번일 때에는 적어도 C, D는 진행되고, ③번일 때에는 A, B, C, D 모두 진행되므로 적어도 두 사업은 추진된다고 결론 내릴 수 있다.

따라서 정답은 ①번이다.

② A가 추진됨을 확정할 수 없다.
③ 조건1에 따라 A가 추진되면 B가 추진된다. 다만 A가 추진됨을 확정할 수 없다.
④ 조건2에 따라 C가 추진되면 D가 추진된다. 다만 C가 추진됨을 확정할 수 없다.

정답 ①

조건 분석

주어진 조건들을 기호화하면 다음과 같다.

- A를 추진한다면, B가 추진되지 않는 것은 아니다. ······ 조건1. A→~(~B) ≡ A→B
- C를 추진한다면, D는 추진되지 않는다. ······ 조건2. C→~D
- A와 D 모두 추진한다. ······ 조건3. A∧D
- B가 추진된다면 C는 추진되지 않는다. ······ 조건4. B→~C

선택지 해설

1) 조건3에 따라 A, D는 확정이다.
2) 조건1에 따라 A가 확정이므로 B도 확정이다.
3) 2)에 따라 B가 확정이므로 조건4에 따라 ~C가 확정이다.

확정된 것을 정리하면
A, B, ~C, D이므로 정답은 ③번이다.

① 조건3에 따라 A, D가 확정이고 조건1에 따라 B가 확정된다. 조건4에 따라 C가 추진되지 않는다.
② 조건3에 따라 A, D가 확정이고 조건1에 따라 B가 확정된다. 조건4에 따라 C만 추진되지 않는다.
④ 조건3에 따라 A, D가 확정이고 조건1에 따라 B가 확정된다. 조건4에 따라 C만 추진되지 않는다.

정답 ③

1	~(부정): A가 아니다 ⇒ ~A A가 아닌 것은 아니다 ⇒ ~(~A) ≡ A
2	선언(∨)의 부정: ~(A∨B) ≡ ~A∧~B
3	연언(∧)의 부정: ~(A∧B) ≡ ~A∨~B
4	선언 기호(∨) 제거: (A∨B, ~A)→B
5	배타적 선언: A⊕B ≡ (A∨B)∧~(A∧B)
6	'A→B'가 거짓 ≡ 'A', '~B'
7	~A∨B ≡ A→B
8	오직 A일 때에만 B할 수 있다 ≡ B는 A의 충분조건이다 ≡ B→A
9	대우 P→Q ≡ ~Q→~P
10	모순 P→Q, P→~Q ≡ ~P
11	술어 논리: 어떤 A는 B이다 ≡ A∧B

007

다음 글의 내용이 참일 때, 반드시 참인 것은?

> 철수가 봉사정신과 공직관이 투철하다면 공무원으로 채용된다. 철수는 봉사정신이 투철하다. 공무원으로 채용된 사람은 도덕성이 결여되지 않았다.

① 봉사정신이 투철하다면 도덕성도 갖추었다.
② 공무원이라도 봉사정신이 투철한 것은 아니다.
③ 철수가 공직관이 투철하다면 공무원으로 채용된다.
④ 도덕성이 결여되어 있는 사람은 봉사정신이 투철하지 않다.

008

다음 글의 내용이 참일 때, 반드시 참인 것은?

> 도덕성에 결함이 있으면 공무원이 될 수 없다. 공무원으로 채용되었다면 도덕성을 갖추고 공직관이 투철해야 한다. 철수는 올해 공무원으로 채용되었다. 봉사정신이 투철해도 반드시 공무원이 되는 것은 아니다. 그러나 공무원은 봉사정신이 투철하다.

① 철수는 도덕성을 갖추었다.
② 철수는 봉사정신이 투철하지 않다.
③ 공직관이 투철하면 공무원으로 채용된다.
④ 공무원이 아니라면 봉사정신이 투철하지 않다.

• 해제

조건 분석

주어진 조건들을 기호화하면 다음과 같다.

- 철수가 봉사정신과 공직관이 투철하다면 공무원으로 채용된다. ……… 조건1. 철수: 봉사정신∧공직관 → 공무원
- 철수는 봉사정신이 투철하다. ……… 조건2. 철수: 봉사정신
- 공무원으로 채용된 사람은 도덕성이 결여되지 않았다. ……… 조건3. 공무원→도덕성

선택지 해설

조건만으로는 문제를 해결할 수 없으므로 선택지를 살펴보자.
① 봉사정신과 도덕성과의 관계를 다루고 있는 조건은 없다. 따라서 진위 판단이 불가능하다.
② 조건1에 따르면 '철수가 봉사정신과 공직관이 투철하다면 공무원이 됨'을 알 수 있다. 그러나 이 정보가 모든 공무원이 봉사정신이 투철하다고 말하는 것은 아니며, 또한 공무원 중에서 봉사정신이 투철하지 않은 사람이 있다고 말하는 것도 아니다.
③ 조건1에서 언급한 것처럼 '철수'가 '봉사정신'과 '공직관'이 모두 투철하다면 공무원이 된다. 조건2에 따르면 '철수'는 '봉사정신'은 투철하다. 따라서 '공직관'도 투철하다면 '철수는 공무원이 된다'. 따라서 ③번은 적절하다.
④ '도덕성'과 '봉사정신'과의 상관관계를 파악할 수 있는 조건은 없다.

정답 ③

조건 분석

주어진 조건들을 기호화하면 다음과 같다.

- 도덕성에 결함이 있으면 공무원이 될 수 없다. ……… 조건1. ~도덕성→~공무원
- 공무원으로 채용되었다면 도덕성을 갖추고 공직관이 투철해야 한다. ……… 조건2. 공무원→도덕성∧공직관
- 철수는 올해 공무원으로 채용되었다. ……… 조건3. 철수: 공무원
- 봉사정신이 투철해도 반드시 공무원이 되는 것은 아니다. ……… 조건4. ~(봉사정신→공무원)
- 그러나 공무원은 봉사정신이 투철하다. ……… 조건5. 공무원→봉사정신

선택지 해설

1) 조건3에 따라 '철수'는 '공무원'으로 확정되었다.
2) 조건2에 따라 '공무원'으로 채용되었다면 '도덕성'을 갖추고 '공직관'이 투철하다. '철수'는 '공무원'이므로 '도덕성'을 갖추고 있다. 따라서 정답은 ①번이다.

② 조건3에 따라 '철수'는 '공무원'으로 채용되었다. 조건5에 따라 '공무원'은 '봉사정신'이 투철하다. 따라서 '철수'는 '봉사정신'이 투철하다.
③ '공직관'이 투철하면 '공무원'으로 채용됨은 확인할 수 없다.
④ '공무원'이 아니라면 '봉사정신'이 투철하지 않음을 확인할 수 없다.

정답 ①

1	~(부정): A가 아니다 ⇒ ~A A가 아닌 것은 아니다 ⇒ ~(~A) ≡ A
2	선언(∨)의 부정: ~(A∨B) ≡ ~A∧~B
3	연언(∧)의 부정: ~(A∧B) ≡ ~A∨~B
4	선언 기호(∨) 제거: (A∨B, ~A)→B
5	배타적 선언: A⊕B ≡ (A∨B)∧~(A∧B)
6	'A→B'가 거짓 ≡ 'A', '~B'
7	~A∨B ≡ A→B
8	오직 A일 때에만 B할 수 있다 ≡ B는 A의 충분조건이다 ≡ B→A
9	대우 P→Q ≡ ~Q→~P
10	모순 P→Q, P→~Q ≡ ~P
11	술어 논리: 어떤 A는 B이다 ≡ A∧B

009

다음 글의 내용이 참일 때, 반드시 참인 것은?

> 도덕성에 결함이 있는 어떤 사람도 공무원으로 채용되지 않는다. 업무 능력을 검증받았고, 공직관이 투철한 사람은 누구나 공무원으로 채용된다. 올해 공무원으로 채용된 사람들 중에서 봉사정신이 없는 사람은 없다. 공직관이 투철한 철수는 올해 공무원 채용 시험에 지원하였다.

① 만일 철수가 도덕성에 결함이 없다면, 그는 올해 공무원으로 채용된다.
② 만일 철수가 봉사정신을 갖고 있다면, 그는 올해 공무원으로 채용된다.
③ 만일 철수가 올해 공무원으로 채용된다면, 그는 업무 능력을 검증받았다.
④ 만일 철수가 도덕성에 결함이 있다면, 그는 업무 능력의 검증을 받지 않았다.

• 해제

조건 분석

주어진 조건들을 기호화하면 다음과 같다.

- 도덕성에 결함이 있는 어떤 사람도 공무원으로 채용되지 않는다. ········ 조건1. ~도덕성→~공무원
- 업무 능력을 검증받고, 공직관이 투철한 사람은 누구나 공무원으로 채용된다. ········ 조건2. 업무 능력 검증∧공직관 투철 → 공무원
- 올해 공무원으로 채용된 사람들 중에서 봉사정신이 없는 사람은 없다. ········ 조건3. 올해 공무원 임용→봉사정신
- 공직관이 투철한 철수는 올해 공무원 채용 시험에 지원하였다. ········ 조건4. 철수→공직관 투철

선택지 해설

1) 선택지는 '철수'와 관련된 내용이므로 철수를 중심으로 봐야 한다.
2) 조건4에 따라 '철수'는 '공직관 투철'이다. 조건2에 따르면 '업무 능력 검증'만 갖추면 '철수'는 '공무원'으로 채용된다.
3) 따라서 정답은 ③번이다.

① '도덕성'에 결함이 없다고 해서 '공무원'으로 채용된다는 것을 확인할 수 없다.
② '봉사정신'을 갖고 있다고 해서 '공무원'으로 채용된다는 것을 확인할 수 없다.
④ 조건1에 따라 '도덕성'에 결함이 있으면 '공무원'으로 채용되지 않는다. 조건2를 보면 '업무 능력'이 검증되고 '공직관'이 투철하면 공무원으로 채용이 된다. 조건4에 따라 '철수'는 '공직관'이 투철하다. '철수'가 '업무 능력'이 검증이 된다면 '공무원'에 채용됨을 알 수 있다. 다만 조건 1에 따라 '도덕성'에 결함이 있어서 '공무원'으로 채용되지 않았다고 해서 '업무 능력'의 검증을 받지 않았다고 확인할 수 없다.

정답 ⓒ

2. 논리 기호 심화편-드 모르간의 법칙

영국의 수학자 드 모르간은 '선언의 부정'과 '연언의 부정'에 대해서 법칙을 수립했다. 이를 '드 모르간의 법칙'이라고 한다.

(1) 선언(∨)의 부정: ∼(A∨B) ≡ ∼A∧∼B

'A 또는 B이다'의 부정은 'A 또는 B가 아니다'이다. 이 말은 곧 'A도 아니고 B도 아니다'라는 의미로 '∼A∧∼B'가 된다. 가령 '이 과일은 사과이거나 배이다'의 부정은 '이 과일은 사과나 배가 아니다, 이 과일은 사과 또는 배가 아니다'이다. 이 말의 의미는 곧 '이 과일은 사과도 아니고, 배도 아니다'라는 의미이다. 기호화하면 '이 과일은 A나 B이다(≡A∨B)'의 부정은 '이 과일은 A나 B가 아니다(≡∼(A∨B))'이고, 이 말은 곧 '이 과일은 A도 아니고, B도 아니다(≡∼A∨∼B)'란 의미이다.

(2) 연언(∧)의 부정: ∼(A∧B) ≡ ∼A∨∼B

'A이면서 B이다'의 부정은 'A가 아니거나 B가 아니다'라는 의미이다. 상술하자면 'A이면서 B이다'를 부정하려면 다음 세 가지 경우 중 하나면 된다.

① 'A는 아니지만 B이다'
② 'A이지만 B는 아니다'
③ 'A도 B도 아니다'

가령 '식탁 위에 젓가락과 숟가락이 있다'를 부정하려면 '식탁 위에 젓가락은 없고, 숟가락만 있다'거나 '식탁 위에 젓가락은 있는데, 숟가락이 없다'거나 '식탁 위에 젓가락과 숟가락 모두 없다'가 되어야 한다. 주의해야 할 점은 '식탁 위에 젓가락과 숟가락이 있다'의 부정이 '식탁 위에 젓가락과 숟가락이 없다'가 아니라는 점이다. '식탁 위에 젓가락과 숟가락이 없다'는 '∼(A∧B)'이고, 이는 '(A∧B)'를 부정하는 하나의 방법인 ③번만을 의미하기 때문에 '(A∧B)'의 적절한 부정이 될 수 없다. '식탁 위에 젓가락과 숟가락이 있다'를 정확히 부정하려면 '식탁 위에 젓가락과 숟가락이 모두 있는 것은 아니다'라고 표현해야 한다.

결국 'A∧B'의 부정인 '∼(A∧B)'는 '∼A∨∼B'가 된다.

memo

1	~(부정): A가 아니다 ⇒ ~A A가 아닌 것은 아니다 ⇒ ~(~A) ≡ A
2	선언(∨)의 부정: ~(A∨B) ≡ ~A∧~B
3	연언(∧)의 부정: ~(A∧B) ≡ ~A∨~B
4	선언 기호(∨) 제거: (A∨B, ~A)→B
5	배타적 선언: A⊕B ≡ (A∨B)∧~(A∧B)
6	'A→B'가 거짓 ≡ 'A', '~B'
7	~A∨B ≡ A→B
8	오직 A일 때에만 B할 수 있다 ≡ B는 A의 충분조건이다 ≡ B→A
9	대우 P→Q ≡ ~Q→~P
10	모순 P→Q, P→~Q ≡ ~P
11	술어 논리: 어떤 A는 B이다 ≡ A∧B

010

다음 조건들이 참이라고 할 때 반드시 참인 것은?

- A가 학교에 가거나 B가 학교에 간다.
- A가 학교에 가거나 C가 학교에 간다.
- D가 학교에 가면 C도 학교에 간다.

① A가 학교에 가면 총 3명이 학교에 간다.
② A가 학교에 가지 않으면 B와 C가 학교에 간다.
③ D가 학교에 가면 B도 학교에 간다.
④ D가 학교에 가지 않으면 C도 학교에 가지 않는다.

011

다음 조건들이 참이라고 할 때 반드시 참인 것은?

- A가 학교에 가면 B도 학교에 간다.
- A가 학교에 가면 C와 D는 학교에 가지 않는다.
- D가 학교에 가지 않으면 E는 학교에 간다.
- A는 학교에 간다.

① B와 C는 학교에 간다.
② B와 E는 학교에 간다.
③ C와 D는 학교에 간다.
④ D만 학교에 가지 않는다.

• 해제

조건 분석

주어진 조건들을 기호화하면 다음과 같다.

- A가 학교에 가거나 B가 학교에 간다. ········· 조건1. A∨B
- A가 학교에 가거나 C가 학교에 간다. ········· 조건2. A∨C
- D가 학교에 가면 C도 학교에 간다. ············ 조건3. D→C

선택지 해설

조건만으로는 확정된 것이 없으므로 선택지별로 살펴봐야 한다.
① 'A'가 확정된다고 'B, C, D'의 진위가 판단되는 것은 아니다.
② '~A'면 조건1에 따라 'B'가 확정된다. '~A'면 조건2에 따라 'C'가 확정된다. 따라서 ②번은 적절하다.
③ 'D'가 확정되면 조건3에 따라 'C'가 확정된다. 그러나 'B'에 대해서는 진위 여부를 판단할 수 없다.
④ '~D'가 확정되었다고 '~C'가 확정되지는 않는다.

정답 ②

조건 분석

주어진 조건들을 기호화하면 다음과 같다.

- A가 학교에 가면 B도 학교에 간다. ············· 조건1. A→B
- A가 학교에 가면 C와 D는 학교에 가지 않는다. ········· 조건2. A→~C∧~D
- D가 학교에 가지 않으면 E는 학교에 간다. ············· 조건3. ~D→E
- A는 학교에 간다. ············· 조건4. A

선택지 해설

1) 조건4에 따라 A는 확정이다.
2) A가 확정이므로 조건1에 따라 B도 확정이다.
3) A가 확정이므로 조건2에 따라 ~C, ~D도 확정이다.
4) 3)에서 ~D가 확정이므로 조건3에 따라 E도 확정이다.

'A, B, ~C, ~D, E'이므로 정답은 ②번이다.

① 조건4에 따라 A는 학교에 간다. 조건2에 따라 A가 학교에 가면 C는 학교에 가지 않는다.
③ 조건4에 따라 A는 학교에 간다. 조건2에 따라 A가 학교에 가면 C와 D는 학교에 가지 않는다.
④ 조건4에 따라 A는 학교에 간다. 조건2에 따라 A가 학교에 가면 D뿐만 아니라 C도 학교에 가지 않는다.

정답 ②

1	~(부정): A가 아니다 ⇒ ~A A가 아닌 것은 아니다 ⇒ ~(~A) ≡ A
2	선언(∨)의 부정: ~(A∨B) ≡ ~A∧~B
3	연언(∧)의 부정: ~(A∧B) ≡ ~A∨~B
4	선언 기호(∨) 제거: (A∨B, ~A)→B
5	배타적 선언: A⊕B ≡ (A∨B)∧~(A∧B)
6	'A→B'가 거짓 ≡ 'A', '~B'
7	~A∨B ≡ A→B
8	오직 A일 때에만 B할 수 있다 ≡ B는 A의 충분조건이다 ≡ B→A
9	대우 P→Q ≡ ~Q→~P
10	모순 P→Q, P→~Q ≡ ~P
11	술어 논리: 어떤 A는 B이다 ≡ A∧B

012

다음 조건들이 참이라고 할 때 반드시 참인 것은?

- A나 B가 학교에 간다는 말은 사실이 아니다.
- A가 학교에 가면 C도 학교에 간다.
- B가 학교에 가지 않으면 D가 학교에 간다.
- C가 학교에 가면 D도 학교에 간다.

① B와 C는 학교에 간다.
② B와 D는 학교에 간다.
③ C와 D는 학교에 간다.
④ D는 학교에 간다.

013

다음 조건들이 참이라고 할 때 반드시 참인 것은?

- A와 B가 함께 학교에 가는 것이 아니면 C는 학교에 간다.
- A가 학교에 가지 않으면 B는 학교에 가지 않는다.
- C가 학교에 가면 D는 학교에 간다.
- B가 학교에 가지 않으면 E가 간다.
- B는 학교에 가지 않는다.

① A와 C는 학교에 가지 않는다.
② B와 E는 학교에 간다.
③ C와 D는 학교에 간다.
④ E는 학교에 가지 않는다.

• 해제

조건 분석

주어진 조건들을 기호화하면 다음과 같다.

• A나 B가 학교에 간다는 말은 사실이 아니다.	조건1. ~(A∨B) ≡ ~A∧~B
• A가 학교에 가면 C도 학교에 간다.	조건2. A→C
• B가 학교에 가지 않으면 D가 학교에 간다.	조건3. ~B→D
• C가 학교에 가면 D도 학교에 간다.	조건4. C→D

선택지 해설

1) 조건1인 '~(A∨B)'는 드 모르간의 법칙에 따라 '~A∧~B'로 변환된다.
2) 1)에 따라 '~B'이므로 조건3에 따라 'D'이다.
3) 확정된 것을 정리하면 '~A, ~B, D'이므로 정답은 ④번이다.

① 조건1인 '~(A∨B)'는 드 모르간의 법칙에 따라 '~A∧~B'로 변환되어 'B'는 학교에 가지 않는다. 'C'는 알 수 없다.
② 조건1인 '~(A∨B)'는 드 모르간의 법칙에 따라 '~A∧~B'로 변환되어 'B'는 학교에 가지 않고 조건3에 따라 'D'는 학교에 간다.
③ 조건1인 '~(A∨B)'는 드 모르간의 법칙에 따라 '~A∧~B'로 변환되어 'B'는 학교에 가지 않고 조건3에 따라 'D'는 학교에 간다. 'C'에 대해서는 알 수 없다.

정답 ④

조건 분석

주어진 조건들을 기호화하면 다음과 같다.

• A와 B가 함께 학교에 가는 것이 아니면 C는 학교에 간다.	조건1. ~(A∧B)→C ≡ ~A∨~B→C
• A가 학교에 가지 않으면 B는 학교에 가지 않는다.	조건2. ~A→~B
• C가 학교에 가면 D는 학교에 간다.	조건3. C→D
• B가 학교에 가지 않으면 E가 간다.	조건4. ~B→E
• B는 학교에 가지 않는다.	조건5. ~B

선택지 해설

1) 조건5에 따라 ~B는 확정이다.
2) 조건1의 ~(A∧B)→C는 드 모르간 법칙에 따라 ~A∨~B→C로 변환된다. 1)에 따라 ~B이므로 C도 확정이다.
3) 1)에 따라 ~B이므로 조건4에 따라 E도 확정이다.
4) 2)에 따라 C가 확정이므로 조건3에 따라 D도 확정이다.

조건2를 활용할 수 있는 정언 명제는 없으므로 여기까지 확정된 것을 파악하면 '~B, C, D, E'가 된다. 따라서 정답은 ③번이다.

① 조건5에 따라 B는 학교에 가지 않는다. 조건1의 ~(A∧B)→C는 드 모르간 법칙에 따라 ~A∨~B→C로 변환되고, ~B가 확정이기에 C는 학교에 간다. A는 알 수 없다.
② 조건5에 따라 B는 학교에 가지 않는다.
④ 조건5에 따라 B는 학교에 가지 않고 조건4에 따라 E는 학교에 간다.

정답 ③

1	~(부정): A가 아니다 ⇒ ~A A가 아닌 것은 아니다 ⇒ ~(~A) ≡ A
2	선언(∨)의 부정: ~(A∨B) ≡ ~A∧~B
3	연언(∧)의 부정: ~(A∧B) ≡ ~A∨~B
4	선언 기호(∨) 제거: (A∨B, ~A)→B
5	배타적 선언: A⊕B ≡ (A∨B)∧~(A∧B)
6	'A→B'가 거짓 ≡ 'A', '~B'
7	~A∨B ≡ A→B
8	오직 A일 때에만 B할 수 있다 ≡ B는 A의 충분조건이다 ≡ B→A
9	대우 P→Q ≡ ~Q→~P
10	모순 P→Q, P→~Q ≡ ~P
11	술어 논리: 어떤 A는 B이다 ≡ A∧B

014

다음 조건들이 참이라고 할 때 반드시 참인 것은?

- A 또는 D가 학교에 가는 것이 아니라면 B는 학교에 간다.
- D가 학교에 가는 것이 아니라면 A가 학교에 가지 않는다.
- D는 학교에 가지 않는다.
- A가 학교에 가지 않는다면 C는 학교에 간다.
- B가 학교에 간다면 E는 학교에 가지 않는다.

① B와 C는 학교에 간다.
② B와 E는 학교에 간다.
③ C와 D는 학교에 간다.
④ D만 학교에 가지 않는다.

• 해제

조건 분석

주어진 조건들을 기호화하면 다음과 같다.

- A 또는 D가 학교에 가는 것이 아니라면 B는 학교에 간다. ············· 조건1. ~(A∨D)→B ≡ ~A∧~D→B
- D가 학교에 가는 것이 아니라면 A가 학교에 가지 않는다. ············· 조건2. ~D→~A
- D는 학교에 가지 않는다. ··· 조건3. ~D
- A가 학교에 가지 않는다면 C는 학교에 간다. ························· 조건4. ~A→C
- B가 학교에 간다면 E는 학교에 가지 않는다. ························· 조건5. B→~E

선택지 해설

1) 조건3에 따라 ~D는 확정이다.
2) 1)에 따라 ~D이므로 조건2에 따라 ~A는 확정이다.
3) 2)에 따라 ~A는 확정이므로 소건4에 따라 C도 확정이다.
4) 1)과 2)에 따라 ~A, ~D는 확정이므로 조건1의 동치인 '~A∧~D→B'에 따라 B도 확정이다.
5) 4)에 따라 B가 확정이므로 조건5에 따라 ~E도 확정이다.

이상의 확정된 것들을 정리하면 '~A, B, C, ~D, ~E'이므로 정답은 ①번이다.

② 조건3에 따라 D는 학교에 가지 않는다. 조건2에 따라 A도 학교에 가지 않는다. 조건1의 ~(A∨D)→B는 드 모르간 법칙에 따라 ~A∧~D→B로 변환되어 B는 학교에 간다. 조건5에 따라 E는 학교에 가지 않는다.
③ 조건3에 따라 D는 학교에 가지 않는다.
④ 조건3에 따라 D는 학교에 가지 않는다. 조건2에 따라 A도 학교에 가지 않는다. 조건1의 ~(A∨D)→B는 드 모르간 법칙에 따라 ~A∧~D→B로 변환되어 B는 학교에 간다. 조건5에 따라 E도 학교에 가지 않는다.

정답 ①

1	~(부정): A가 아니다 ⇒ ~A
	A가 아닌 것은 아니다
	⇒ ~(~A) ≡ A
2	선언(∨)의 부정:
	~(A∨B) ≡ ~A∧~B
3	연언(∧)의 부정:
	~(A∧B) ≡ ~A∨~B
4	선언 기호(∨) 제거:
	(A∨B, ~A)→B
5	배타적 선언:
	A⊕B ≡ (A∨B)∧~(A∧B)
6	'A→B'가 거짓 ≡ 'A', '~B'
7	~A∨B ≡ A→B
8	오직 A일 때에만 B할 수 있다
	≡ B는 A의 충분조건이다
	≡ B→A
9	대우 P→Q ≡ ~Q→~P
10	모순 P→Q, P→~Q ≡ ~P
11	술어 논리:
	어떤 A는 B이다 ≡ A∧B

3. 논리 기호 심화편-선언(∨)과 조건문

(1) 선언 기호(∨) 제거: (A∨B, ~A)→B

앞서 언급한 것처럼 A∨B라고 하면 A, B 중 적어도 하나는 성립한다는 의미이다. A와 B 모두 성립해도 괜찮다. 그런데 A∨B 상태에서 만약 ~A가 확정되면 어떻게 될까? A, B 중 적어도 하나는 성립해야 하므로 B는 반드시 성립해야 한다. 가령 '식탁 위에는 사과 아니면 배가 있다. 그런데 식탁 위에 사과는 없다.'라고 한다면 '식탁 위에는 반드시 배가 있다'라고 결론 내릴 수 있는 것이다. 다음 문제를 풀어보자.

015
다음 글의 내용이 참일 때, 반드시 참이라고 할 수 있는 것은?

- 철이, 돌이, 석이 중 적어도 한 명은 영이를 좋아한다.
- 철이, 돌이, 석이는 반드시 한 사람만 좋아한다.
- 철이와 돌이는 혜린이를 좋아한다.

① 철이와 석이가 영이를 좋아한다.
② 돌이와 석이가 영이를 좋아한다.
③ 철이만 영이를 좋아한다.
④ 석이만 영이를 좋아한다.

016
다음 글의 내용이 참일 때, 반드시 참이라고 할 수 있는 것은?

- 철이, 돌이가 모두 시험에 떨어지는 것은 아니다.
- 철이가 시험에 합격하면 석이가 떨어진다.
- 돌이가 합격하면 석이도 합격한다.
- 철이는 합격하지 않는다.

① 철이만 시험에 합격한다.
② 석이만 시험에 합격한다.
③ 철이와 돌이가 시험에 합격한다.
④ 돌이와 석이가 시험에 합격한다.

• 해제

조건 분석

주어진 조건들을 기호화하면 다음과 같다.

- 철이, 돌이, 석이 중 적어도 한 명은 영이를 좋아한다. ······ 조건1. 철이∨돌이∨석이→영이
- 철이, 돌이, 석이는 반드시 한 사람만 좋아한다. ······ 조건2. 철이∧돌이∧석이→1명
- 철이와 돌이는 혜린이를 좋아한다. ······ 조건3. 철이∧돌이→혜린 ≡ 철이∧돌이→~영이

선택지 해설

1) 조건2와 조건3을 함께 생각해 보면 조건3인 '철이∧돌이→혜린'은 '철이∧돌이→~영이'로 변환할 수 있다. 조건2에 따르면 '철이, 돌이, 석이'는 한 사람만 좋아할 수 있는데, 조건3에서 '철이, 돌이'는 이미 혜린이라는 한 사람을 좋아하므로 '영이'를 좋아할 수는 없는 것이다. 따라서 조건2와 조건3을 합치면 조건3을 '철이∧돌이→~영이'로 변환할 수 있는 것이다.

2) 1)에 따라 '철이∧돌이→~영이'이므로 조건1은 '석이→영이'로 변화된다. 조건1에 따르면 '철이, 돌이, 석이 중에서 최소한 1명은 영이를 좋아함'을 만족해야 한다. 그런데 1)에 따라 '철이와 돌이는 영이를 좋아하지 않는다'가 확정되었다. 따라서 '석이는 반드시 영이를 좋아한다'가 성립된다.

따라서 정답은 ④번이다.

① 조건2에 따라 철이, 돌이, 석이는 반드시 한 사람만 좋아한다. 조건3에 따르면 철이는 혜린이를 좋아한다.
② 조건2에 따라 철이, 돌이, 석이는 반드시 한 사람만 좋아한다. 조건3에 따르면 돌이는 혜린이를 좋아한다.
③ 조건2에 따라 철이, 돌이, 석이는 반드시 한 사람만 좋아한다. 조건3에 따르면 철이는 혜린이를 좋아한다.

정답 ④

조건 분석

조건들부터 정리하자. 주어진 조건들은 '합격' 또는 '불합격'과 관련된다. 따라서 '철이가 합격한다'는 '철이'로 '철이가 떨어진다(=불합격한다)'는 '~철이'로 단순화할 수 있다. 이를 바탕으로 주어진 조건들을 정리하면 다음과 같다.

- 철이, 돌이가 모두 시험에 떨어지는 것은 아니다. ······ 조건1. ~(~철이∧~돌이) ≡ 철이∨돌이
- 철이가 시험에 합격하면 석이가 떨어진다. ······ 조건2. 철이→~석이
- 돌이가 합격하면 석이도 합격한다. ······ 조건3. 돌이→석이
- 철이는 합격하지 않는다. ······ 조건4. ~철이

선택지 해설

1) 조건1은 드 모르간의 법칙을 사용하여 연언(∧)은 선언(∨)으로 바꾸어 동치를 얻을 수 있다.
   '~(A∧B) ≡ ~A∨~B'이며, '~(~A∧~B) ≡ A∨B'이므로 '~(~철이∧~돌이) ≡ 철이∨돌이'가 된다.
2) 조건4에 따라 '~철이'는 확정이다.
3) 2)에 따라 '~철이'이므로 조건1의 동치인 '철이∨돌이'에 따라 '돌이'는 확정이다.
4) 3)에 따라 '돌이'가 확정이므로 조건3에 따라 '석이'도 확정이다.

확정된 것을 정리해 보면 '~철이, 돌이, 석이'이므로 정답은 ④번이다.

① 조건4에 따라 철이는 시험에 합격하지 않는다.
② 조건1의 ~(~철이∧~돌이)는 드 모르간 법칙에 따라 철이∨돌이로 변환되고, 조건4에 따라 철이가 합격하지 않는 것이 확정이기에 돌이도 시험에 합격한다.
③ 조건4에 따라 철이는 시험에 합격하지 않는다.

정답 ④

1	~(부정): A가 아니다 ⇒ ~A A가 아닌 것은 아니다 ⇒ ~(~A) ≡ A
2	선언(∨)의 부정: ~(A∨B) ≡ ~A∧~B
3	연언(∧)의 부정: ~(A∧B) ≡ ~A∨~B
4	선언 기호(∨) 제거: (A∨B, ~A)→B
5	배타적 선언: A⊕B ≡ (A∨B)∧~(A∧B)
6	'A→B'가 거짓 ≡ 'A', '~B'
7	~A∨B ≡ A→B
8	오직 A일 때에만 B할 수 있다 ≡ B는 A의 충분조건이다 ≡ B→A
9	대우 P→Q ≡ ~Q→~P
10	모순 P→Q, P→~Q ≡ ~P
11	술어 논리: 어떤 A는 B이다 ≡ A∧B

(2) 배타적 선언: A⊕B ≡ (A∨B)∧~(A∧B)

선언은 포괄적 선언과 배타적 선언으로 나누어진다. 일반적으로 선언은 포괄적 선언을 뜻한다. 앞서 선언에 대해 언급한 것처럼 'A∨B'는 'A'도 되고, 'B'도 되고, 'A∧B'도 된다. 그러나 배타적 선언은 'A'도 되고, 'B'도 되지만 'A∧B'는 안 된다. 가령 식당에 가서 후식 메뉴를 정할 때 웨이터가 '후식에는 아이스크림 또는 커피가 있습니다'라고 말했을 때 '아이스크림'을 골라도 되고, '커피'도 골라도 되지만 '아이스크림과 커피 모두'를 고를 수는 없다. 이런 것이 곧 배타적 선언이다.

배타적 선언의 기호는 '⊕'이지만 일반적으로 이 기호는 잘 쓰지 않는다. 'A⊕B'는 풀어서 '(A∨B)∧~(A∧B)'라고 쓸 뿐이다. 배타적 선언은 문제에 자주 출제되지는 않는다. 그러나 문제에 활용될 수도 있으니 다음과 같은 문제를 풀어보자.

017

A, B, C, D 네 사람으로 구성된 부서에서 주말 당직을 정하는데 다음의 조건을 모두 지켜야 한다. 당직을 맡을 수 있는 사람을 바르게 짝지은 것은?

- A가 당직을 하면 B도 당직을 한다.
- C나 D가 당직을 하지만 C, D가 동시에 당직을 하지는 않는다.
- B가 당직을 하면 C가 당직을 하지 않는 것은 아니다.
- D가 당직을 하지 않으면 A가 당직을 한다.
- A는 당직을 한다.

① A, B
② A, D
③ B, D
④ C, D

• 해제

조건 분석

주어진 조건들을 정리하면 다음과 같다.

- A가 당직을 하면 B도 당직을 한다. ·········· 조건1. A→B
- C나 D가 당직을 하지만 C, D가 동시에 당직을 하지는 않는다. ·········· 조건2. C∨D, ~(C∧D)
- B가 당직을 하면 C가 당직을 하지 않는 것은 아니다. ·········· 조건3. B→~(~C) ≡ B→C
- D가 당직을 하지 않으면 A가 당직을 한다. ·········· 조건4. ~D→A
- A는 당직을 한다. ·········· 조건5. A

선택지 해설

1) 조건5에 따라 'A'는 확정이다.
2) 1)에 따라 'A'이므로 조건1에 따라 'B'는 확정이다.
3) 2)에 따라 'B'는 확정이므로 조건3의 동치인 'B→C'에 따라 'C'도 확정이다.
4) 3)에 따라 'C'가 확정이므로 조건2에 따라 '~D'는 확정이다. 조건2는 배타적 선언이다. C나 D 중 적어도 한 명은 반드시 당직을 해야 한다. 그러나 C와 D가 동시에 당직을 설 수는 없다. 3)에 따라 C는 당직을 서야 하므로 D는 당직을 서서는 안 된다.

확정된 것을 정리해 보면
'A, B, C, ~D'이다. 따라서 정답은 ①번이다.

정답 ①

(3) 조건문의 거짓

앞서 언급한 것처럼 조건문이란 'A이면 B이다'라는 식으로 이루어진 문장을 뜻한다. 가령 '내일 비가 오지 않으면 소풍을 간다'는 말은 '비가 오지 않는 조건이 성립된다면', '반드시 소풍을 간다'는 의미이다. 이때 조건에 해당되는 '내일 비가 오지 않으면'을 전건(A), '소풍을 간다'를 후건(B)이라고 한다. 한편 '오늘은 비가 오지 않아 소풍을 갔다'라는 명제는 조건문이 아니다. 이미 벌어진 사실에 불과하다. 즉 조건문에서 전건은 아직 이루어지지 않은 조건을 다루고 있어야 하며, 후건은 전건이 성립되었을 때 반드시 일어나는 일이어야 한다.

이번에는 조건문의 참과 거짓을 따져 보자. '내일 비가 오지 않으면 소풍을 간다'라고 아빠가 딸에게 약속했다고 하자. 이런 상태에서 다음의 네 가지 상황이 일어났다.

① 내일 비가 오지 않았고, 소풍을 갔다.
② 내일 비가 오지 않았고, 소풍을 가지 않았다.
③ 내일 비가 왔고, 소풍을 갔다.
④ 내일 비가 왔고, 소풍을 가지 않았다.

①~④번 중에서 아빠가 약속을 어긴 경우는 몇 번일까? ①번의 경우부터 생각해 보자. 아빠는 딸에게 '내일 비가 오지 않으면 소풍을 간다'라고 약속했고, 그 약속을 지킨 경우이다. 따라서 ①번은 아빠가 참말을 한 것이다. ②번은 어떨까? '비가 오지 않으면'이라는 조건을 충족하고도 반드시 벌어져야 할 '소풍을 간다'가 일어나지 않았다. ②번의 경우는 분명 아빠가 딸에게 한 약속을 어긴 경우이고, 아빠가 딸에게 거짓말을 한 경우이다.

문제는 ③번과 ④번이다. 아빠는 분명히 딸에게 '비가 오지 않으면'이라는 조건을 내걸고, 그 조건이 성립하면 '소풍을 간다'라고 약속했다. 그런데 ③번의 경우 '비가 왔기' 때문에 조건이 성립되지 않았다. 그럼에도 불구하고 아빠는 딸과 함께 '소풍을 갔다'. 그럼 아빠는 약속을 어긴 것일까? 그렇지는 않다. 아빠가 '비가 오면 소풍을 안 간다'라고 약속한 적은 없기 때문이다. 이런 점에서 ④번도 마찬가지이다. ④번 역시 '비가 오지 않으면'이라는 조건을 만족시키지 못했으므로 '반드시 소풍을 가야 할 필요'는 없었다. 따라서 '비가 와서 소풍을 가지 않은' 아빠를 거짓말쟁이라고 비난할 수는 없다. 이를 진리표로 만들면 다음과 같다.

전건(A)-조건 '내일 비가 오지 않으면'	후건(B) '(반드시) 소풍을 간다'	진위 판단
T '내일 비가 오지 않았음'	T '소풍을 감'	T (참)
T '내일 비가 오지 않았음'	F '소풍을 가지 않음'	F (거짓)
F '내일 비가 옴'	T '소풍을 감'	T (참)
F '내일 비가 옴'	F '소풍을 가지 않음'	T (참)

위의 표를 통해서 'A이면 B이다'라는 조건문이 거짓이려면 전건은 실제로 일어났지만 후건은 부정이 될 때에만 가능하다. 가령 '밥을 먹으면 커피를 마신다'라는 명제가 거짓이라고 한다면 '밥을 먹은 것'이 확정되었고, '커피를 마신다'의 부정, 즉 '커피를 마시지 않는다'가 확정되었음을 의미한다. 정리하자면 'A→B'가 거짓이라는 의미는 'A', '~B'가 확정되었음을 뜻하는 것이다.

이를 바탕으로 다음의 문제를 풀어보자.

memo

1	~(부정): A가 아니다 ⇒ ~A A가 아닌 것은 아니다 ⇒ ~(~A) ≡ A
2	선언(∨)의 부정: ~(A∨B) ≡ ~A∧~B
3	연언(∧)의 부정: ~(A∧B) ≡ ~A∨~B
4	선언 기호(∨) 제거: (A∨B, ~A)→B
5	배타적 선언: A⊕B ≡ (A∨B)∧~(A∧B)
6	'A→B'가 거짓 ≡ 'A', '~B'
7	~A∨B ≡ A→B
8	오직 A일 때에만 B할 수 있다 = B는 A의 충분조건이다 = B→A
9	대우 P→Q ≡ ~Q→~P
10	모순 P→Q, P→~Q ≡ ~P
11	술어 논리: 어떤 A는 B이다 ≡ A∧B

018

A, B, C, D 네 개의 국책 사업 추진 여부를 두고, 정부가 다음과 같은 기본 방침을 정했다고 하자. 이를 따를 때 반드시 참이라고 할 수 있는 것은?

- 'A를 추진한다면, B도 추진한다'라는 말은 거짓이다.
- C를 추진한다면, D는 추진되지 않는다.
- A를 추진한다면 D도 추진한다.
- B가 추진되지 않는다면 C도 추진되지 않는다.

① A, B, C, D 모두 추진된다.
② B만 추진되지 않는다.
③ C만 추진되지 않는다.
④ B와 C 모두 추진되지 않는다.

019

다음 글의 내용이 참일 때, 반드시 참이라고 할 수 있는 것은?

- 철이, 석이가 모두 시험에 떨어지는 것은 아니다.
- 철이가 시험에 합격하면 석이가 떨어진다.
- '돌이가 합격한다면 철이도 합격한다'는 소문은 거짓이다.

① 철이만 시험에 합격한다.
② 석이만 시험에 합격한다.
③ 철이와 돌이가 시험에 합격한다.
④ 돌이와 석이가 시험에 합격한다.

• 해제

조건 분석

주어진 조건들을 기호화하면 다음과 같다.

- 'A를 추진한다면, B도 추진한다'라는 말은 거짓이다. ··········· 조건1. A, ~B
- C를 추진한다면, D는 추진되지 않는다. ··········· 조건2. C→~D
- A를 추진한다면 D도 추진한다. ··········· 조건3. A→D
- B가 추진되지 않는다면 C도 추진되지 않는다. ··········· 조건4. ~B→~C

선택지 해설

1) 조건1에 따라 A, ~B는 확정이다.
2) 1)에 따라 A가 확정이므로 조건3에 따라 D도 확정이다.
3) 1)에 따라 ~B가 확정이므로 조건4에 따라 ~C도 확정이다.

확정된 것을 정리해 보면 'A, ~B, ~C, D'이다. 따라서 정답은 ④번이다.

① 조건1에 따라 B는 추진되지 않는다. 조건4에 따라 B가 추진되지 않으면 C도 추진되지 않는다.
② 조건1에 따라 B는 추진되지 않고 조건4에 따라 B가 추진되지 않으면 C도 추진되지 않는다.
③ 조건1에 따라 B도 추진되지 않는다.

정답 ④

조건 분석

조건들부터 정리하자. 주어진 조건들은 '합격' 또는 '불합격'과 관련된다. 따라서 '철이가 합격한다'는 '철이'로 '철이가 떨어진다(=불합격한다)'는 '~철이'로 단순화할 수 있다. 이를 바탕으로 주어진 조건들을 정리하면 다음과 같다.

- 철이, 석이가 모두 시험에 떨어지는 것은 아니다. ··········· 조건1. ~(~철이∧~석이)
  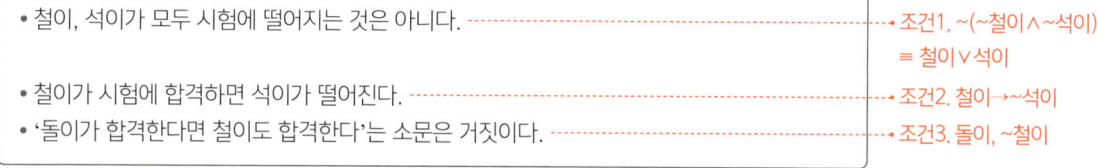
  ≡ 철이∨석이
- 철이가 시험에 합격하면 석이가 떨어진다. ··········· 조건2. 철이→~석이
- '돌이가 합격한다면 철이도 합격한다'는 소문은 거짓이다. ··········· 조건3. 돌이, ~철이

선택지 해설

1) 조건1은 드 모르간의 법칙을 사용하여 연언(∧)은 선언(∨)으로 바꾸어 동치를 얻을 수 있다.
   '~(A∧B) ≡ ~A∨~B'이며, '~(~A∧~B) ≡ A∨B'이므로 '~(~철이∧~석이) ≡ 철이∨석이'가 된다.
2) 조건3에 따라 '돌이, ~철이'는 확정이다.
3) 2)에 따라 '~철이'이므로 조건1의 동치인 '철이∨석이'에 따라 '석이'는 확정이다.

확정된 것을 정리해 보면 '~철이, 돌이, 석이'이므로 정답은 ④번이다.

① 조건3에 따라 철이는 시험에 합격하지 않는다.
② 조건3에 따라 돌이도 시험에 합격한다.
③ 조건3에 따라 철이는 시험에 합격하지 않는다.

정답 ④

1	~(부정): A가 아니다 ⇒ ~A A가 아닌 것은 아니다 ⇒ ~(~A) ≡ A
2	선언(∨)의 부정: ~(A∨B) ≡ ~A∧~B
3	연언(∧)의 부정: ~(A∧B) ≡ ~A∨~B
4	선언 기호(∨) 제거: (A∨B, ~A)→B
5	배타적 선언: A⊕B ≡ (A∨B)∧~(A∧B)
6	'A→B'가 거짓 ≡ 'A', '~B'
7	~A∨B ≡ A→B
8	오직 A일 때에만 B할 수 있다 ≡ B는 A의 충분조건이다 ≡ B→A
9	대우 P→Q ≡ ~Q→~P
10	모순 P→Q, P→~Q ≡ ~P
11	술어 논리: 어떤 A는 B이다 ≡ A∧B

020

다음 조건들이 참이라고 할 때 반드시 참인 것은?

- A 또는 D가 학교에 가는 것이 아니라면 B는 학교에 간다.
- D가 학교에 가는 것이 아니라면 A가 학교에 가지 않는다.
- E가 학교에 가지 않으면 D는 학교에 간다는 말은 거짓이다.
- A가 학교에 가지 않는다면 C도 학교에 간다.

① B와 C는 학교에 간다.
② B와 E는 학교에 간다.
③ C와 D는 학교에 간다.
④ D만 학교에 가지 않는다.

• 해제

조건 분석

주어진 조건들을 기호화하면 다음과 같다.

- A 또는 D가 학교에 가는 것이 아니라면 B는 학교에 간다. ··········· 조건1. ~(A∨D)→B ≡ ~A∧~D→B
- D가 학교에 가는 것이 아니라면 A가 학교에 가지 않는다. ··········· 조건2. ~D→~A
- E가 학교에 가지 않으면 D는 학교에 간다는 말은 거짓이다. ··········· 조건3. ~E, ~D
- A가 학교에 가지 않는다면 C도 학교에 간다. ··········· 조건4. ~A→C

선택지 해설

1) 조건3에 따라 ~D, ~E는 확정이다.
2) 1)에 따라 ~D이므로 조건2에 따라 ~A는 확정이다.
3) 2)에 따라 ~A는 확정이므로 조건4에 따라 C도 확정이다.
4) 1)과 2)에 따라 ~A, ~D는 확정이므로 조건1의 동치인 '~A∧~D→B'에 따라 B도 확정이다.

이상의 확정된 것들을 정리하면 '~A, B, C, ~D, ~E'이므로 정답은 ①번이다.

② 조건3에 따라 E는 학교에 가지 않는다.
③ 조건3에 따라 D는 학교에 가지 않는다.
④ 조건3에 따라 E와 D가 학교에 가지 않고, 조건2에 따라 A도 학교에 가지 않는다.

정답 ①

(4) 조건문으로 전환하기: ~A∨B ≡ A→B

'~A∨B'는 'A→B'로 치환할 수 있다. 가령 '진수가 집에 가지 않거나 식사를 한다'라는 명제는 '진수 : ~집∨식사'가 된다. 그리고 이 명제는 '진수는 집에 가면 식사를 한다'라는 의미이다. 따라서 '진수 : 집→식사'로 표현할 수 있다. 이렇게 표현될 수 있는 까닭은 'A→B'가 참일 때의 진리표가 '~A∨B'의 진리표와 같기 때문이다. 다음을 보자.

전건(A)-조건 '진수가 집에 가면'	후건(B) '(반드시) 식사를 한다'	진위 판단
T '진수가 집에 감'	T '진수가 식사를 함'	T (참)
T '진수가 집에 감'	F '진수가 식사를 하지 않음'	F (거짓)
F '진수가 집에 가지 않음'	T '진수가 식사를 함'	T (참)
F '진수가 집에 가지 않음'	F '진수가 식사를 하지 않음'	T (참)

'A→B'가 참이 되기 위해서는 위의 진리표에서 전건인 'A'가 부정인 '~A'의 상태가 되거나 후건인 'B'가 참으로 확정되면 된다. 그리고 이는 '~A∨B'가 참인 것과 마찬가지가 된다. 다음 표를 보자.

~A '진수가 집에 가지 않음'	B '진수가 식사를 함'	진위 판단
T '진수가 집에 가지 않음'	T '진수가 식사를 함'	T (참)
T '진수가 집에 가지 않음'	F '진수가 식사를 하지 않음'	T (참)
F '진수가 집에 감'	T '진수가 식사를 함'	T (참)
F '진수가 집에 감'	F '진수가 식사를 하지 않음'	F (거짓)

위의 표에서 '~A∨B'가 참이 되기 위해서는 '~A'이거나 'B'이면 된다. 그렇기 때문에 '~A∨B'는 'A→B'와 같은 뜻이며, 서로 치환할 수 있는 것이다. 물론 이러한 진리표가 단번에 이해가 되지 않을 수 있다. 여기서는 일단 '~A∨B'를 'A→B'로 바꿀 수 있음을 기억하면 되겠다. 다음 문제들을 통해 이를 적용해 보자.

memo

1	~(부정): A가 아니다 ⇒ ~A A가 아닌 것은 아니다 ⇒ ~(~A) ≡ A
2	선언(∨)의 부정: ~(A∨B) ≡ ~A∧~B
3	연언(∧)의 부정: ~(A∧B) ≡ ~A∨~B
4	선언 기호(∨) 제거: (A∨B, ~A)→B
5	배타적 선언: A⊕B ≡ (A∨B)∧~(A∧B)
6	'A→B'가 거짓 ≡ 'A', '~B'
7	~A∨B ≡ A→B
8	오직 A일 때에만 B할 수 있다 ≡ B는 A의 충분조건이다 ≡ B→A
9	대우 P→Q ≡ ~Q→~P
10	모순 P→Q, P→~Q ≡ ~P
11	술어 논리: 어떤 A는 B이다 ≡ A∧B

021

다음 <조건>이 모두 참이라고 할 때, 논리적으로 항상 참이라고 볼 수 있는 것은?

<조건>
- 눈이 오면 교실이 조용하다.
- 교실이 조용하지 않거나 복도가 깨끗하다.
- 눈이 왔다.

① 눈이 오지 않는다.
② 교실은 조용하지 않다.
③ 복도가 깨끗하지 않다.
④ 교실이 조용하고 복도는 깨끗하다.

022

다음 <조건>이 모두 참이라고 할 때, 논리적으로 항상 참이라고 볼 수 있는 것은?

<조건>
- 눈이 오면 교실이 조용하지 않다.
- 교실이 조용하거나 복도가 깨끗하다.
- 교실이 조용하지 않다.

① 눈이 온다.
② 교실은 조용하다.
③ 복도가 깨끗하다.
④ 눈이 오지 않는다.

• 해제

조건 분석

주어진 조건들을 기호화하면 다음과 같다.

- 눈이 오면 교실이 조용하다. ──────────────── 조건1. 눈→교실 조용
- 교실이 조용하지 않거나 복도가 깨끗하다. ──────── 조건2. ~교실 조용∨복도 깨끗
  ≡ '교실 조용→복도 깨끗'
- 눈이 왔다. ────────────────────────── 조건3. 눈

선택지 해설

1) 조건3에 따라 '눈'은 확정이다.
2) 1)에 따라 '눈'이므로 조건1에 따라 '교실 조용'도 확정이다.
3) 2)에 따라 '교실 조용'이므로 조건2와 동치인 '교실 조용→복도 깨끗'에 따라 '복도 깨끗'도 확정이다.

즉 확정된 것을 정리해 보면 '눈, 교실 조용, 복도 깨끗'이므로 정답은 ④번이다.

① 조건3에 따라 눈이 왔다.
② 조건3에 따라 눈이 왔고, 조건1에 따라 교실은 조용하다.
③ 조건3에 따라 눈이 왔고, 조건1에 따라 교실은 조용하고, 조건2에 따라 복도는 깨끗하다.

정답 ④

조건 분석

주어진 조건들을 기호화하면 다음과 같다.

- 눈이 오면 교실이 조용하지 않다. ──────────── 조건1. 눈→~교실 조용
- 교실이 조용하거나 복도가 깨끗하다. ──────────── 조건2. 교실 조용∨복도 깨끗
  ≡ '~교실 조용→복도 깨끗'
- 교실이 조용하지 않다. ─────────────────── 조건3. ~교실 조용

선택지 해설

1) 조건3에 따라 '~교실 조용'은 확정이다.
2) 1)에 따라 '~교실 조용'이므로 조건2의 동치인 '~교실 조용→복도 깨끗'에 따라 '복도 깨끗'이 확정이다.

확정된 것을 정리해 보면 '~교실 조용, 복도 깨끗'이다. 따라서 정답은 ③번이다.

① 눈이 오는 것은 확인할 수 없다.
② 조건3에 따라 교실은 조용하지 않다.
④ 눈이 오지 않는 것은 확인할 수 없다.

정답 ③

1	~(부정): A가 아니다 ⇒ ~A A가 아닌 것은 아니다 ⇒ ~(~A) ≡ A
2	선언(∨)의 부정: ~(A∨B) ≡ ~A∧~B
3	연언(∧)의 부정: ~(A∧B) ≡ ~A∨~B
4	선언 기호(∨) 제거: (A∨B, ~A)→B
5	배타적 선언: A⊕B ≡ (A∨B)∧~(A∧B)
6	'A→B'가 거짓 ≡ 'A', '~B'
7	~A∨B ≡ A→B
8	오직 A일 때에만 B할 수 있다 ≡ B는 A의 충분조건이다 ≡ B→A
9	대우 P→Q ≡ ~Q→~P
10	모순 P→Q, P→~Q ≡ ~P
11	술어 논리: 어떤 A는 B이다 ≡ A∧B

023

다음 <조건>이 모두 참이라고 할 때, 논리적으로 항상 참이라고 볼 수 없는 것은?

<조건>
- '눈이 오면 교실이 조용하다'라는 말은 거짓이다.
- 교실이 조용하지 않거나 복도가 깨끗하다.
- 눈이 오면 복도가 깨끗하지 않다.

① 교실은 조용하지 않다.
② 눈이 오지 않는다.
③ 복도가 깨끗하지 않다.
④ 교실이 조용하면 복도가 깨끗하다.

024

다음 글의 내용이 참일 때, 반드시 참인 것은?

A아파트에는 이번 인구총조사 대상자들이 거주한다. A아파트 관리소장은 거주민 수지, 우진, 미영, 양미, 가은이 그 대상이 되었는지 궁금했다. 수지에게 수지를 포함한 다른 친구들의 상황을 물어보았는데 수지는 다음과 같이 답변하였다.

- 내가 대상인 것은 아니다.
- 내가 대상이거나 미영이가 대상이다.
- 양미가 대상이면 우진이도 대상이다.
- 미영이가 대상이면 가은이는 대상이 아니다.

① 우진이 대상이다.
② 미영이 대상이다.
③ 가은이가 대상이다.
④ 양미는 대상이 아니다.

• 해제

조건 분석

주어진 조건들을 기호화하면 다음과 같다.

- '눈이 오면 교실이 조용하다'라는 말은 거짓이다. ········· 조건1. 눈, ~교실 조용
- 교실이 조용하지 않거나 복도가 깨끗하다. ········· 조건2. ~교실 조용 ∨ 복도 깨끗
  ≡ '교실 조용→복도 깨끗'
- 눈이 오면 복도가 깨끗하지 않다. ········· 조건3. 눈→~복도 깨끗

선택지 해설

1) 조건1에 따라 '눈, ~교실 조용'은 확정이다.
2) 1)에 따라 '눈'이므로 조건3에 따라 '~복도 깨끗'이다.

확정된 것을 정리해 보면 '눈, ~교실 조용, ~복도 깨끗'이다. 논리적으로 참으로 볼 수 없는 것을 찾는 것이므로 정답은 ②번이다.

① 조건1에 따라 교실은 조용하지 않다.
③ 조건1에 따라 눈이 오고, 조건3에 따라 복도가 깨끗하지 않다.
④ 조건2에 따라 교실이 조용하면 복도가 깨끗하다.

정답 ②

조건 분석

주어진 조건들을 기호화하면 다음과 같다.

- 내가 대상인 것은 아니다. ········· 조건1. ~수지
- 내가 대상이거나 미영이가 대상이다. ········· 조건2. 수지 ∨ 미영 ≡ ~수지→미영
- 양미가 대상이면 우진이도 대상이다. ········· 조건3. 양미→우진
- 미영이가 대상이면 가은이는 대상이 아니다. ········· 조건4. 미영→~가은

선택지 해설

1) 조건1에 따라 '~수지'는 확정이다.
2) 1)에 따라 '~수지'이므로 조건2의 동치인 '~수지→미영'에 따라 '미영'도 확정이다.
3) 2)에 따라 '미영'이 확정이므로 조건4에 따라 '~가은'도 확정이다.

지금까지 확정된 것을 정리하면 '~수지, 미영, ~가은'이다. 따라서 정답은 ②번이다.

① 우진이가 대상인지에 대해서는 알 수 없다.
③ 조건1에 따라 수지는 대상이 아니고, 조건2에 따라 미영이는 대상이다. 조건4에 따라 가은이는 대상이 아니다.
④ 양미가 대상인지에 대해서는 알 수 없다.

정답 ②

1	~(부정): A가 아니다 ⇒ ~A A가 아닌 것은 아니다 ⇒ ~(~A) ≡ A
2	선언(∨)의 부정: ~(A∨B) ≡ ~A∧~B
3	연언(∧)의 부정: ~(A∧B) ≡ ~A∨~B
4	선언 기호(∨) 제거: (A∨B, ~A)→B
5	배타적 선언: A⊕B ≡ (A∨B)∧~(A∧B)
6	'A→B'가 거짓 ≡ 'A', '~B'
7	~A∨B ≡ A→B
8	오직 A일 때에만 B할 수 있다 ≡ B는 A의 충분조건이다 ≡ B→A
9	대우 P→Q ≡ ~Q→~P
10	모순 P→Q, P→~Q ≡ ~P
11	술어 논리: 어떤 A는 B이다 ≡ A∧B

025

다음 글의 내용이 참일 때, 반드시 참인 것은?

A아파트에는 이번 인구총조사 대상자들이 거주한다. A아파트 관리소장은 거주민 수지, 우진, 미영, 양미, 가은이 그 대상이 되었는지 궁금했다. 수지에게 수지를 포함한 다른 친구들의 상황을 물어보았는데 수지는 다음과 같이 답변하였다.

- 미영이가 대상이거나 우진이가 대상이다.
- 양미가 대상이면 우진이도 대상이다.
- 우진이는 대상이 아니다.
- 내가 대상이거나 우진이가 대상이다.
- 우진이가 대상이 아니거나 가은이가 대상이다.

① 우진이 대상이다.
② 미영이 대상이다.
③ 양미는 대상이다.
④ 수지는 대상이 아니다.

• 해제

조건 분석

주어진 조건들을 기호화하면 다음과 같다.

- 미영이가 대상이거나 우진이가 대상이다. ─── 조건1. 미영∨우진
- 양미가 대상이면 우진이도 대상이다. ─── 조건2. 양미→우진
- 우진이는 대상이 아니다. ─── 조건3. ~우진
- 내가 대상이거나 우진이가 대상이다. ─── 조건4. 수지∨우진
- 우진이가 대상이 아니거나 가은이가 대상이다. ─── 조건5. ~우진∨가은 ≡ 우진→가은

선택지 해설

1) 조건3에 따라 '~우진'은 확정이다.
2) 1)에 따라 '~우진'이므로 조건1에 따라 '미영'이 확정이다.
3) 1)에 따라 '~우진'이므로 조건4에 따라 '수지'도 확정이다.

지금까지 확정된 것을 정리하면 '~우진, 수지, 미영'이다. 따라서 정답은 ②번이다.

① 조건3에 따라 우진이는 대상이 아니다.
③ 양미가 대상인지에 대해서는 알 수 없다. (다만, 대우를 사용해보면 확인이 가능하다. 조건2의 대우는 ~우진→~양미이다. 조건3에 따라 우진이는 대상이 아니기에 양미도 대상이 아님을 알 수 있다.)
④ 조건3에 따라 우진이는 대상이 아니고, 조건4에 따라 수지는 대상이다.

정답 ②

(5) 필요조건과 충분조건

필요조건과 충분조건은 명제 간의 관계를 나타내는 개념이다. 명제A가 명제B를 성립시키기 위해 충분할 때 명제A를 명제B의 충분조건이라고 말한다. 이런 상황에서 명제B는 성립되어야 하는 조건이므로 필요조건이라고 말한다. 예를 들어 '( )이면 철수는 한국인이다'라는 조건문(=가언명제)을 반드시 참이 되게 만든다고 하자. 그럼 빈칸에 '철수는 서울시민', '철수는 대구시민', '철수는 경기도민' 등이 들어가면 된다. 이때 '철수는 서울시민', '철수는 대구시민', '철수는 경기도민' 등은 '철수는 한국인이다'를 성립시키기에 충분한 충분조건이다. 가령 '철수는 서울시민'이면 당연히 '철수는 한국인이다'라고 말할 수 있기 때문이다. 그리고 '철수는 한국인이다'는 '철수는 서울시민이다'의 필요조건이 된다.

또 다른 예를 살펴보자. '전력질주를 하면 숨이 찬다'의 경우 '전력질주를 하다'는 '숨이 찬다'를 성립시키기 위해서 충분한 충분조건이다. 그리고 '숨이 찬다'라는 명제는 '전력질주를 하다'라는 명제의 필요조건이 된다. 그런데 이를 뒤집으면 어떻게 될까? '숨이 찬다면 전력질주를 한 것이다'라는 명제를 살펴보자. '숨이 찬다고' '전력질주를 한 것'은 아니다. 수영을 해서 숨이 찰 수도 있고, 숨을 참았기 때문에 숨이 찰 수도 있다. 따라서 '숨이 차다'는 '전력질주를 한 것이다'를 성립시키기에는 충분치 못하다. 그렇기 때문에 '숨이 차다'는 '전력질주를 한 것이다'의 충분조건이 될 수가 없다.

한편 명제A가 명제B의 충분조건이자 필요조건이 될 때 이 둘을 각각의 필요충분조건이라고 한다. 가령 '나이가 18세 미만이면 미성년자이다'라는 명제를 살펴보자. 명제A인 '나이가 18세 미만이다'는 명제B인 '미성년자이다'라는 명제를 성립시키기에 충분하므로 명제A는 명제B의 충분조건이 된다. 또한 '미성년자이면 나이가 18세 미만이다'도 살펴보자. 명제B인 '미성년자이면' 명제A인 '나이가 18세 미만이다'를 성립시키기에 충분하다. 따라서 명제A는 명제B의 필요조건이 된다. 즉 명제A는 명제B의 충분조건이기도 하지만 필요조건이기도 하다. 따라서 명제A는 명제B의 필요충분조건이며, 명제B 역시 명제A의 필요충분조건이 된다. 그리고 이런 필요충분조건의 관계를 논리적으로 같은 관계라고 하여 동치라고 말한다.

필요조건과 충분조건에 대한 개념적 설명은 이러하지만 사실 문제를 풀기 위해서는 다음의 내용을 숙지해야 한다.

① A는 B의 충분조건이다 ≡ A가 참이면 B는 항상 참이다 ≡ A→B
   예) 내 차가 잘 달리면(A), 내 차에 연료가 있다(B).

② A는 B의 필요조건이다 ≡ A가 참이 아니면 B도 항상 참이 아니다 ≡ ~A→~B
   예) 내 차에 연료가 없다면(~A) 내 차는 잘 달리지 못한다(~B).

: A가 참이면 B도 반드시 참이라는 의미는 A가 B의 충분조건이라는 말이다. B를 참으로 만들기 위해서 A면 충분하다는 의미이기 때문이다. 반면 A가 참이면 B는 참일 수 있다고 할 때 A가 B의 충분조건이 될 수는 없다. 다시 말하지만 A가 B의 충분조건이라면 A가 참이면 B는 반드시 참이여야 하기 때문이다. 예컨대 '물이 있다면 생존할 수 있다'라고 할 때, '물이 있다'고 '반드시 생존하는 것'은 아니다. 공기가 없거나 식량이 없으면 생존하지 못하기 때문이다.

명제의 대우 관계에 따라서 A가 B의 필요조건일 경우, '~A→~B'가 성립한다. 가령 '생존한다면 물이 있다'고 했을 때, 필요조건의 부정인 '물이 없다면' 충분조건의 부정인 '생존할 수 없다'가 당연히 성립된다. 다만 이에 대한 내용은 뒷장에서 후술하도록 하겠다.

※ **다음 ㄱ~ㅁ에 들어갈 말을 고르시오.**

ㄱ. 남자임은 한국 대통령이 되기 위한 (   )
   충분, 필요 조건이 아니다.

ㄴ. 산소는 인간이 생존하기 위한 (   )이다.
   필요조건

ㄷ. 오직 인사청문회를 거쳐야 국세청장에 임명될 수 있다면 인사청문회는 국세청장이 되기 위한 (   )이다.
   필요조건

ㄹ. 18세 이상임은 선거권을 갖기 위한 (   )이다.
   필요조건

ㅁ. 방을 청소하지 않으면 놀러 나갈 수 없다에서 방을 청소함은 놀러 나가는 (   )이다.
   필요조건

③ 오직 A일 때에만 B할 수 있다 ≡ B는 A의 충분조건이다 ≡ B→A

'오직 A일 때에만 B한다'를 'A→B'로 이해해서는 안 된다. '오직 A일 때에만 B할 수 있다'라는 말은 'B를 하면 반드시 A가 성립된다'라는 의미이므로 'B→A'로 이해하는 것이 적절하다. 가령 '민수는 밤에만(=오직 A일 때에만) 잠을 잘 수 있다(=B할 수 있다)'라는 명제가 참이라고 하자. 그럼 '민수가 잠을 잔다면(B)' 그때는 '밤이 확실(A)'하다. '밤'이 아닌 '낮'일 때에는 '잠을 자는 것(B)'이 가능하지 않기 때문이다. 즉 B가 참이면 A는 반드시 참이다. 따라서 B는 A의 충분조건이다. 그러나 '밤이 되었다(A)'고 '민수가 잠을 잔다(B)'가 반드시 성립되지는 않는다. 민수가 어떤 날 밤에는 잠을 안 잘 수도 있기 때문이다. 따라서 A가 참이라고 B가 반드시 참이 되는 것은 아니므로 A를 B의 충분조건이라고 할 수 없다. 즉 'A→B'로 표현할 수는 없는 것이다.

1	~(부정): A가 아니다 ⇒ ~A A가 아닌 것은 아니다 ⇒ ~(~A) ≡ A
2	선언(∨)의 부정: ~(A∨B) ≡ ~A∧~B
3	연언(∧)의 부정: ~(A∧B) ≡ ~A∨~B
4	선언 기호(∨) 제거: (A∨B, ~A)→B
5	배타적 선언: A⊕B ≡ (A∨B)∧~(A∧B)
6	'A→B'가 거짓 ≡ 'A', '~B'
7	~A∨B ≡ A→B
8	오직 A일 때에만 B할 수 있다 ≡ B는 A의 충분조건이다 ≡ B→A
9	대우 P→Q ≡ ~Q→~P
10	모순 P→Q, P→~Q ≡ ~P
11	술어 논리: 어떤 A는 B이다 ≡ A∧B

026
다음 빈칸에 들어갈 말로 가장 적절한 것은?

> "사랑하는 사람만이 행복을 느낄 수 있다." 여기서 "사랑하는 사람"은 "행복을 느낄 수 있다"의 (　　　) 조건이다.

027
다음 <조건>에 따를 때, ㄱ~ㄷ 중 반드시 참인 것만을 모두 고르면?

<조건>
- 가영이는 회의가 없는 날 아침에만 커피를 마신다.
- 오늘 아침에는 가영이가 커피를 마셨다.
- 다음 날 아침에 회의가 있으면 나리는 야근을 한다.
- 오늘 아침에는 비가 내렸다.

<보기>
ㄱ. 회의가 없는 날에만 비가 내린다.
ㄴ. 나리는 어제 야근을 했다.
ㄷ. 오늘은 회의가 없다.

① ㄱ
② ㄴ
③ ㄷ
④ ㄱ, ㄷ

• 해제

정답과 해설

해설 | "행복을 느낄 수 있다"면 "반드시 사랑하는 사람"이기 때문이다.
정답 | 필요

조건 분석

주어진 조건들을 기호화하면 다음과 같다.

- 가영이는 회의가 없는 날 아침에만 커피를 마신다. ⋯⋯⋯⋯⋯⋯⋯⋯⋯⋯⋯⋯ 조건1. 가영 커피→~회의
- 오늘 아침에는 가영이가 커피를 마셨다. ⋯⋯⋯⋯⋯⋯⋯⋯⋯⋯⋯⋯⋯⋯⋯⋯ 조건2. 가영 커피
- 다음 날 아침에 회의가 있으면 나리는 야근을 한다. ⋯⋯⋯⋯⋯⋯⋯⋯⋯⋯⋯ 조건3. 다음 날 회의→나리 야근
- 오늘 아침에는 비가 내렸다. ⋯⋯⋯⋯⋯⋯⋯⋯⋯⋯⋯⋯⋯⋯⋯⋯⋯⋯⋯⋯⋯ 조건4. 오늘 비

선택지 해설

1) 조건2에 따라 '가영 커피'는 확정이다.
2) 1)에 따라 '가영 커피'이므로 조건1에 따라 '~회의'가 확정이다.

이상의 확정된 사항들을 바탕으로 ㄱ~ㄷ을 살펴보자.

ㄱ 조건4에 따라 '오늘 비'이며 2)에 따라 '~회의'이므로 '오늘은 회의가 없는데, 비'가 내렸다. 그러나 회의가 없는 날에만 비가 내린다는 보장은 없다.
ㄴ 2)에 따라 '~회의'이므로 조건3을 적용하긴 어렵다. 따라서 어제 나리가 야근을 했는지는 알 수 없다.
ㄷ 2)에 따라 '~회의'이므로 ㄷ은 적절하다.

정답 ⓒ

4. 적절한 논리와 적절하지 않은 논리

(1) 대우 P→Q ≡ ~Q→~P

대우란 조건문에서 전건과 후건의 위치를 바꾼 후 각각 부정시킨 것을 말한다. 가령 'P→Q'의 대우는 '~Q→~P'이다. 특정 명제의 대우는 명제와 진리치가 동일하다. 그렇기 때문에 논리학에서 대우는 매우 중요하다. 가령 '군인은 사람이다'라는 명제의 대우는 '사람이 아니면 군인이 아니다'가 되는데, '군인은 사람이다'가 참일 경우 그 명제의 대우인 '사람이 아니면 군인이 아니다'도 참이 된다.

명제와 그 명제의 대우에 대해서는 벤다이어그램으로도 설명할 수 있다. 가령 '변호사라면 사시에 합격했다'라는 명제는 참이다. 그런데 이 명제의 전건과 후건의 순서를 바꾼 역은 어떨까? '사시에 합격했다면 변호사이다'라는 명제는 참일까? 그렇지 않다. 사시에 합격했지만 변호사가 아닌 검사, 판사가 있기 때문이다. 이를 벤다이어그램으로 표현하면 다음과 같다.

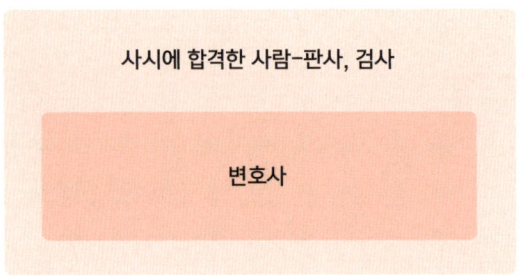

위의 벤다이어그램에서 변호사라는 집합 안에는 사시에 합격하지 않은 사람이 한 명도 없기 때문에 변호사면 반드시 사시에 합격한 사람이다. 그러나 사시에 합격한 사람은 변호사 외에 판사, 검사도 있기 때문에 사시에 합격했다고 반드시 변호사가 되는 것이 아니다.

반면 명제의 대우는 역과 달리 명제의 진리치와 동일하다. 앞서 제시한 명제 '변호사라면 사시에 합격했다'의 대우는 '사시에 합격하지 않았다면 변호사가 아니다'가 된다. 이를 벤다이어그램으로 설명하면 다음과 같다.

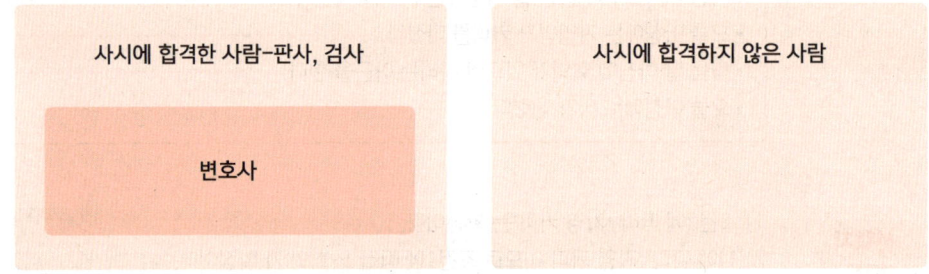

'사시에 합격하지 않으면' '변호사가 아닐 뿐'만 아니라 '판사, 검사'도 될 수 없다. 정리하자면 특정 명제가 참이라면 그 명제의 대우는 반드시 참이 되는 것이다.

※ **다음 명제의 대우를 쓰시오.**

> (1) 내일 날이 좋으면 소풍을 갈 것이다.
>
> (2) A→B
>
> (3) A→B∧C
>
> (4) A∨B→C
>
> (5) A∧B→C∨D

(1):
내일 소풍을 가지 않는다면 날이 좋지 않을 것이다.

(2):
~B→~A

(3):
~(B∧C)→~A ≡ ~B∨~C→~A

(4):
~C→~(A∨B) ≡ ~C→~A∧~B

(5):
~(C∨D)→~(A∧B) ≡ ~C∧~D→~A∨~B

1	~(부정): A가 아니다 ⇒ ~A A가 아닌 것은 아니다 ⇒ ~(~A) ≡ A
2	선언(∨)의 부정: ~(A∨B) ≡ ~A∧~B
3	연언(∧)의 부정: ~(A∧B) ≡ ~A∨~B
4	선언 기호(∨) 제거: (A∨B, ~A)→B
5	배타적 선언: A⊕B ≡ (A∨B)∧~(A∧B)
6	'A→B'가 거짓 ≡ 'A', '~B'
7	~A∨B ≡ A→B
8	오직 A일 때에만 B할 수 있다 ≡ B는 A의 충분조건이다 ≡ B→A
9	대우 P→Q ≡ ~Q→~P
10	모순 P→Q, P→~Q ≡ ~P
11	술어 논리: 어떤 A는 B이다 ≡ A∧B

028

다음 글의 내용이 참일 때, 반드시 참인 것은?

> 지혜로운 사람은 정열을 갖지 않는다. 정열을 가진 사람은 고통을 피할 수 없다. 정열을 가진 사람은 행복하지 않다. 지혜롭지 않은 사람은 고통을 피하려고 한다. 그러나 지혜로운 사람만이 고통을 피할 수 있다.

① 지혜로운 사람은 행복하다.
② 지혜로운 사람은 고통스럽지 않다.
③ 지혜롭지 않은 사람은 정열적이다.
④ 지혜롭지 않은 사람은 고통을 피할 수 없다.

029

다음 <조건>이 모두 참이라고 할 때, 논리적으로 항상 참이라고 볼 수 없는 것은?

> <조건>
> • 눈이 오면 교실이 조용하다.
> • 교실이 조용하거나 복도가 깨끗하다.
> • 교실이 조용하지 않다.

① 교실은 조용하지 않다.
② 눈이 오지 않는다.
③ 복도가 깨끗하지 않다.
④ 교실이 조용하지 않으면 복도가 깨끗하다.

• 해제

조건 분석

주어진 조건들을 기호화하면 다음과 같다.

- 지혜로운 사람은 정열을 갖지 않는다. ················· 조건1. 지혜→~정열
- 정열을 가진 사람은 고통을 피할 수 없다. ············ 조건2. 정열→고통 ≡ ~고통→~정열
- 정열을 가진 사람은 행복하지 않다. ···················· 조건3. 정열→~행복 ≡ 행복→~정열
- 지혜롭지 않은 사람은 고통을 피하려고 한다. ······ 조건4. ~지혜→고통 회피 원함
- 지혜로운 사람만이 고통을 피할 수 있다. ············· 조건5. ~고통→지혜

선택지 해설

조건5는 지혜로운 사람만이 고통을 피할 수 있다를 변형한 것이다. 이 말은 지혜로운 사람이라고 고통을 다 피한다는 의미가 아니다. 즉 '지혜→~고통'이 아니다. 지혜로운 사람 중에서 고통을 피할 수도 있고, 피하지 않을 수도 있다는 의미이나. 나반 지혜로운 사람만이 고통을 피할 수도 있으므로, 확실한 것은 고통을 피한다면 그 사람은 지혜로운 것이다. 따라서 '~고통→지혜'라고 표현해야 한다.

지혜로운 사람만이 고통을 피할 수 있으므로, 나머지 지혜롭지 않은 사람은 고통을 피할 수가 없으므로 ④번이 정답이다.

① 조건1에 따라 지혜로우면 정열적이지 않은 것만 알 수 있다. 지혜로운 사람이 행복한지는 알 수 없다.
② 지혜로운 사람과 고통과의 상관관계는 알 수 없다.
③ 조건4에 따라 지혜롭지 않은 사람은 고통을 피하고자 한다. 그러나 정열적인지는 알 수 없다.

정답 ④

조건 분석

주어진 조건들을 기호화하면 다음과 같다.

- 눈이 오면 교실이 조용하다. ····················· 조건1. 눈→교실 조용
  ≡ ~교실 조용→~눈
- 교실이 조용하거나 복도가 깨끗하다. ······ 조건2. 교실 조용∨복도 깨끗
  ≡ '~교실 조용→복도 깨끗'
- 교실이 조용하지 않다. ···························· 조건3. ~교실 조용

선택지 해설

1) 조건3에 따라 '~교실 조용'은 확정이다.
2) 1)에 따라 '~교실 조용'이므로 조건1의 대우인 '~교실 조용→~눈'에 따라 '~눈'도 확정이다.
3) 조건2인 '교실 조용∨복도 깨끗'은 '~(~교실 조용)∨복도 깨끗'이므로 조건문으로 바꾸면 '~교실 조용→복도 깨끗'이 된다.
4) 1)에 따라 '~교실 조용'이므로 조건2의 동치인 '~교실 조용→복도 깨끗'에 따라 '복도 깨끗'이 확정된다.

확정된 것을 정리하면 '~교실 조용, ~눈, 복도 깨끗'이므로 정답은 ③번이다.

① 조건3에 따라 교실은 조용하지 않다.
② 조건3에 따라 교실은 조용하지 않고, 조건1의 대우에 따라 눈이 오지 않는다.
④ 조건2를 조건문으로 바꾸면 '~교실 조용→복도 깨끗'이 되고, 조건3에 따라 교실은 조용하지 않다. 따라서 복도는 깨끗하다.

정답 ③

1	~(부정): A가 아니다 ⇒ ~A A가 아닌 것은 아니다 ⇒ ~(~A) ≡ A
2	선언(∨)의 부정: ~(A∨B) ≡ ~A∧~B
3	연언(∧)의 부정: ~(A∧B) ≡ ~A∨~B
4	선언 기호(∨) 제거: (A∨B, ~A)→B
5	배타적 선언: A⊕B ≡ (A∨B)∧~(A∧B)
6	'A→B'가 거짓 ≡ 'A', '~B'
7	~A∨B ≡ A→B
8	오직 A일 때에만 B할 수 있다 ≡ B는 A의 충분조건이다 ≡ B→A
9	대우 P→Q ≡ ~Q→~P
10	모순 P→Q, P→~Q ≡ ~P
11	술어 논리: 어떤 A는 B이다 ≡ A∧B

030

다음 글의 내용이 참일 때, 반드시 참인 것은?

> A아파트에는 이번 인구총조사 대상자들이 거주한다. A아파트 관리소장은 거주민 수지, 우진, 미영, 양미, 가은이 그 대상이 되었는지 궁금했다. 수지에게 수지를 포함한 다른 친구들의 상황을 물어보았는데 수지는 다음과 같이 답변하였다.
>
> • 내가 대상인 것은 아니다.
> • 미영이 대상이 아니거나 내가 대상이다.
> • 우진이 대상인 경우에만 양미 또한 대상이다.
> • 가은이 대상이면, 미영도 대상이다.

① 우진이 대상이다.
② 미영이 대상이다.
③ 양미는 대상이 아니다.
④ 가은이가 대상이 아니다.

031

다음 진술이 모두 참일 때 반드시 참인 것은?

> • A가 회의에 참석하면, B도 참석한다.
> • A가 참석하면 C도 참석한다.
> • D가 참석하면, B도 참석한다.
> • C가 참석하지 않으면, B도 참석하지 않는다.

① A가 참석하면 D도 참석한다.
② A가 참석하지 않으면 B도 참석하지 않는다.
③ C가 참석하면 A와 B도 참석한다.
④ D가 참석하면 C도 참석한다.

• 해제

조건 분석

주어진 조건들을 기호화하면 다음과 같다.

- 내가 대상인 것은 아니다. ──────── 조건1. ~수지
- 미영이 대상이 아니거나 내가 대상이다. ──────── 조건2. ~미영∨수지 ≡ 미영→수지
  ≡ ~수지→~미영
- 우진이 대상인 경우에만 양미 또한 대상이다. ──────── 조건3. 양미→우진
- 가은이 대상이면, 미영도 대상이다. ──────── 조건4. 가은→미영 ≡ ~미영→~가은

선택지 해설

1) 조건1에 따라 '~수지'는 확정이다.
2) 조건2의 '~미영∨수지'를 조건문으로 바꾸면 '미영→수지'가 된다. 그리고 이 명제의 대우는 '~수지→~미영'이다.
3) 조건1에 따라 '~수지'는 확정이며, 2)에 따라 '~수지→~미영'이므로 '~미영' 역시 확정이다.
4) 조건4의 대우인 '~미영→~가은'에 따라 '~가은'도 확정이다.

확정된 것을 정리하면 '~수지, ~미영, ~가은'이므로 정답은 ④번이다.

① 우진이가 대상인지는 알 수 없다.
② 조건1에 따라 수지는 대상이 아니고, 조건2 조건문의 대우에 따라 미영이는 대상이 아니다.
③ 양미가 대상이 아닌지는 알 수 없다.

정답 ④

조건 분석

주어진 조건들을 기호화하면 다음과 같다.

- A가 회의에 참석하면, B도 참석한다. ──────── 조건1. A→B ≡ ~B→~A
- A가 참석하면 C도 참석한다. ──────── 조건2. A→C ≡ ~C→~A
- D가 참석하면, B도 참석한다. ──────── 조건3. D→B ≡ ~B→~D
- C가 참석하지 않으면, B도 참석하지 않는다. ──────── 조건4. ~C→~B ≡ B→C

선택지 해설

①: 선택지에 따라 'A'는 확정이다.
  1) 'A'이므로 조건1에 따라 'B'도 확정이다.
  2) 1)에 따라 'B'가 확정이므로 조건4의 대우인 'B→C'에 따라 'C'도 확정이다.
  3) 확정된 것은 'A, B, C'이며, 'D'에 대해서는 판단할 수 없으므로 ①번은 적절하지 않다.
②: 선택지에 따라 '~A'는 확정이다.
  1) '~A'와 관련된 조건은 없으므로 'B'에 대해서는 판단할 수 없다. 따라서 ②번도 적절하지 않다.
③: 선택지에 따라 'C'는 확정이다.
  1) 'C'와 관련된 조건은 없으므로 'A, B'에 대해 판단할 수 없다. 따라서 ③번도 적절하지 않다.
④: 선택지에 따라 'D'는 확정이다.
  1) 'D'이므로 조건3에 따라 'B'도 확정이다.
  2) 1)에 따라 'B'이므로 조건4의 대우인 'B→C'에 따라 'C'도 확정이다.
  3) 즉 'D'가 참석하면 'C'도 참석하므로 ④번은 반드시 참이다.

정답 ④

1	~(부정): A가 아니다 ⇒ ~A A가 아닌 것은 아니다 ⇒ ~(~A) ≡ A
2	선언(∨)의 부정: ~(A∨B) ≡ ~A∧~B
3	연언(∧)의 부정: ~(A∧B) ≡ ~A∨~B
4	선언 기호(∨) 제거: (A∨B, ~A)→B
5	배타적 선언: A⊕B ≡ (A∨B)∧~(A∧B)
6	'A→B'가 거짓 ≡ 'A', '~B'
7	~A∨B ≡ A→B
8	오직 A일 때에만 B할 수 있다 ≡ B는 A의 충분조건이다 ≡ B→A
9	대우 P→Q ≡ ~Q→~P
10	모순 P→Q, P→~Q ≡ ~P
11	술어 논리: 어떤 A는 B이다 ≡ A∧B

032

다음의 <조건> 중 ㄱ~ㄷ이 모두 참이고 ㄹ이 거짓이라고 할 때, 논리적으로 항상 참인 것은?

<조건>
ㄱ. 공연장 소리가 울리지 않으면, 악단의 연주가 훌륭하다.
ㄴ. 피아니스트가 어리면 공연장의 소리가 울린다는 것은 사실이 아니다.
ㄷ. 암표상이 많으면, 주차장이 만원이다.
ㄹ. 주차장이 만원이다.

① 암표상은 많다.
② 공연장 소리는 울린다.
③ 악단의 연주는 훌륭하다.
④ 피아니스트는 어리지 않다.

033

다음 글의 내용이 모두 참일 때, 반드시 참인 것은?

대위원회에는 A, B, C, D, E 다섯 명의 위원이 있다. 이 중 3명 이상의 찬성으로 의제가 결정된다. 3명 이상의 찬성을 얻을 수 없다면 의제는 결정되지 않는다. 의제에 대한 태도는 찬성 아니면 반대밖에 없다. 각 위원의 입장은 다음과 같다.

• A는 찬성하지 않는다.
• B가 찬성하면 A나 D도 찬성한다.
• C가 찬성하면 A도 찬성한다.
• D가 찬성한다면 B, E도 찬성한다.

① B가 찬성하면 의제는 결정된다.
② B가 찬성하면 C도 찬성한다.
③ D가 찬성해도 의제가 결정되지 않을 수 있다.
④ E가 찬성하면 의제가 결정된다.

• 해제

조건 분석

주어진 조건들을 기호화하면 다음과 같다.

• 공연장 소리가 울리지 않으면, 악단의 연주가 훌륭하다.	조건1. ~공연장 소리 → 악단의 연주 훌륭
• 피아니스트가 어리면 공연장의 소리가 울린다는 것은 사실이 아니다.	조건2. ~(피아니스트 어림 → 공연장 소리) ≡ 피아니스트 어림 ∧ ~공연장 소리
• 암표상이 많으면, 주차장이 만원이다.	조건3. 암표상 많음 → 주차장 만원 ≡ ~주차장 만원 → ~암표상 많음
• 주차장이 만원이다.	조건4. ~주차장 만원

선택지 해설

1) 조건2는 '피아니스트가 어리면 공연장 소리가 울린다'가 거짓이므로 '~(피아니스트 어림 → 공연장 소리)'로 표현한다. 그리고 '~(피아니스트 어림 → 공연장 소리)'는 '피아니스트 어림 → 공연장 소리'라는 조건문이 거짓이라는 의미이며, 조건문이 거짓이 되려면 전건은 긍정, 후건은 부정이 되어야 하므로 '피아니스트 어림 ∧ ~공연장 소리'로 변환할 수 있다.
2) 1)에 따라 '~공연장 소리'이므로 조건1에 따라 '악단의 연주 훌륭'은 확정이다.
3) 'ㄹ'은 거짓이므로 조건4에 따라 '~주차장 만원'이 확정이다.
4) 3)에 따라 '~주차장 만원'이므로 조건3의 대우에 따라 '~암표상 많음'이 확정이다.

지금까지 확정된 것을 나열해 보면 '피아니스트 어림, ~공연장 소리, 악단의 연주 훌륭, ~주차장 만원, ~암표상 많음'이므로 정답은 ③번이다.

① 조건4에 따라 주차장은 만원이 아니고, 조건3의 대우에 따라 암표상은 많지 않다.
② 조건2에 따라 공연장 소리는 울리지 않는다.
④ 조건2에 따라 피아니스트는 어리다.

정답 ③

조건 분석

주어진 조건들을 기호화하면 다음과 같다.

• A는 찬성하지 않는다.	조건1. ~A
• B가 찬성하면 A나 D도 찬성한다.	조건2. B → A∨D ⇒ B → D
• C가 찬성하면 A도 찬성한다.	조건3. C → A ≡ ~A → ~C
• D가 찬성한다면 B, E도 찬성한다.	조건4. D → B, E

선택지 해설

1) 조건1에 따라 '~A'는 확정이다.
2) 1)에 따라 '~A'이므로 조건2는 'B → D'로 변환된다.
3) 1)에 따라 '~A'이며, 조건3의 대우인 '~A → ~C'에 따라 '~C'도 확정이다.

이 상태에서 ①~④를 살펴 보자.

① 'B'가 확정되면 조건2에 따라 'D'도 확정이다. 'D'가 확정이면 조건4에 따라 'E'도 확정이다. 'B, D, E'가 모두 찬성하게 되므로 의제는 결정된다.
② 3)에 따라 '~C'가 확정되었으므로 C는 찬성할 수 없다.
③ D가 찬성하면 조건4에 따라 B, E가 찬성하므로 의제는 결정된다.
④ E가 찬성한다고 해도 B, D가 참석한다는 보장이 없다. 따라서 의제가 결정된다고 확답할 수 없다.

정답 ①

1	~(부정): A가 아니다 ⇒ ~A A가 아닌 것은 아니다 ⇒ ~(~A) ≡ A
2	선언(∨)의 부정: ~(A∨B) ≡ ~A∧~B
3	연언(∧)의 부정: ~(A∧B) ≡ ~A∨~B
4	선언 기호(∨) 제거: (A∨B, ~A)→B
5	배타적 선언: A⊕B ≡ (A∨B)∧~(A∧B)
6	'A→B'가 거짓 ≡ 'A', '~B'
7	~A∨B ≡ A→B
8	오직 A일 때에만 B할 수 있다 ≡ B는 A의 충분조건이다 ≡ B→A
9	대우 P→Q ≡ ~Q→~P
10	모순 P→Q, P→~Q ≡ ~P
11	술어 논리: 어떤 A는 B이다 ≡ A∧B

034

글의 내용이 참일 때, 반드시 참인 것은?

> 만일 부동산 가격이 적정 수준에서 조절된다면, A 정책이 효과적이라고 할 수 있다. 그리고 만일 부동산 가격이 적정 수준에서 조절된다면, 물가 상승이 없다는 전제 하에서 서민들의 삶이 개선된다. 부동산 가격은 적정 수준에서 조절된다. 그러나 물가가 상승한다면, 부동산 수요가 조절되지 않고 서민들의 삶도 개선되지 않는다. 물론 물가가 상승한다는 것은 분명하다.

① A 정책은 효과적이지 않다.
② 서민들의 삶은 개선되지 않는다.
③ 부동산 수요는 조절된다.
④ 부동산 가격은 적정 수준으로 조절되지 않는다.

• 해제

조건 분석

주어진 조건들을 기호화하면 다음과 같다.

- 만일 부동산 가격이 적정 수준에서 조절된다면, A 정책이 효과적이라고 할 수 있다. ······ 조건1. 부동산 가격 적정 수준 조절 → A정책 효과적
- 그리고 만일 부동산 가격이 적정 수준에서 조절된다면, 물가 상승이 없다는 전제 하에서 서민들의 삶이 개선된다. ······ 조건2. 부동산 가격 적정 수준 조절 ∧ ~물가 상승 → 서민들의 삶 개선 ≡ ~서민들의 삶 개선 → ~부동산 가격 적정 수준 조절 ∨ 물가 상승
- 부동산 가격은 적정 수준에서 조절된다. ······ 조건3. 부동산 가격 적정 수준 조절
- 그러나 물가가 상승한다면, 부동산 수요가 조절되지 않고 서민들의 삶도 개선되지 않는다. ······ 조건4. 물가 상승 → ~부동산 수요 조절 ∧ ~서민들의 삶 개선
- 물론 물가가 상승한다는 것은 분명하다. ······ 조건5. 물가 상승

선택지 해설

1) 조건5에 따라 '물가 상승'은 확정되었다.
2) 1)에 따라 '물가 상승'이므로 조건4에 따라 '~부동산 수요 조절 ∧ 서민들의 삶 개선'도 확정이다.
3) 2)에 따라 '~서민들의 삶 개선'이므로 조건2의 대우인 '~서민들의 삶 개선 → ~부동산 가격 적정 수준 조절 ∨ 물가 상승'에 따라 '~부동산 가격 적정 수준 ∨ 물가 상승'도 확정이다.
4) 조건3에 따라 '부동산 가격 적정 수준 조절'이므로 3)에서 확정된 '~부동산 가격 적정 수준 ∨ 물가 상승'은 '물가 상승'으로 변환된다.
5) 조건3에 따라 '부동산 가격 적정 수준 조절'이므로 조건1에 따라 'A정책 효과적'도 확정이다.

지금까지 확정된 것을 정리하면 다음과 같다.
'물가 상승, ~부동산 수요 조절, ~서민들의 삶 개선, 부동산 가격 적정 수준, A정책 효과적'
따라서 정답은 ②번이다.

① 조건3에 따라 '부동산 가격 적정 수준 조절'이 확정이고, 조건1에 따라 A정책은 효과적이다.
③ 조건5에 따라 '물가 상승'이 확정이고, 조건4에 따라 부동산 수요는 조절되지 않는다.
④ 조건3에 따라 부동산 가격은 적정 수준으로 조절된다.

정답 ②

1	~(부정): A가 아니다 ⇒ ~A A가 아닌 것은 아니다 ⇒ ~(~A) ≡ A
2	선언(∨)의 부정: ~(A∨B) ≡ ~A∧~B
3	연언(∧)의 부정: ~(A∧B) ≡ ~A∨~B
4	선언 기호(∨) 제거: (A∨B, ~A)→B
5	배타적 선언: A⊕B ≡ (A∨B)∧~(A∧B)
6	'A→B'가 거짓 ≡ 'A', '~B'
7	~A∨B ≡ A→B
8	오직 A일 때에만 B할 수 있다 ≡ B는 A의 충분조건이다 ≡ B→A
9	대우 P→Q ≡ ~Q→~P
10	모순 P→Q, P→~Q ≡ ~P
11	술어 논리: 어떤 A는 B이다 ≡ A∧B

(2) 모순 P→Q, P→~Q ≡ ~P

모순이란 동시에 참이거나 동시에 거짓일 수 없는 명제간의 관계를 뜻한다. 가령 '철수는 사람이다'와 '철수는 사람이 아니다'는 동시에 참이 될 수 없으며, 동시에 거짓이 될 수 없다. 따라서 이 두 명제는 모순 관계에 있다. 모순 관계에 있는 두 명제의 경우, 하나가 참이면 다른 하나는 반드시 거짓이고, 하나가 거짓이면 다른 하나는 반드시 참이 된다. 이를 배중률이라고 한다.

배중률이란 중간을 배척한다는 의미이다. 사실 승패의 경우 '이기다, 지다'와 그 중간항은 '비기다'가 있다. 이럴 경우에는 배중률이 성립되지 않는다. 중간항이 존재하기 때문이다. 그렇기에 '이기다'가 거짓이라고 '지다'가 참이라고 말할 수는 없다. '비기다'가 존재하기 때문이다. '이기다 – 지다'처럼 중간항이 있는 경우에는 모순 관계가 성립되지 않는다. '이기다'와 '지다'의 경우에는 동시에 참일 수는 없어도 '비기다'의 경우에는 동시에 거짓일 수 있기 때문이다. 그러나 'A는 사람이다'와 'A는 사람이 아니다'의 경우에는 중간항이 존재할 수 없다. 따라서 이 두 명제는 모순 관계이며, 한쪽이 거짓이면 반대은 참이 되고, 한쪽이 참이면 반대쪽은 거짓이 되는 배중률이 성립한다.

논리 퀴즈에서 모순을 활용하는 방법은 간단한다. 가령 'A→B'와 'A→~B'처럼 모순 관계에 있는 두 명제가 있다고 하자. 이럴 경우 'A'가 참으로 확정되면 모순이 발생하므로 'A'는 참이 되어서는 안 된다. 'A'가 참이 아니라면 배중률에 의해 '~A'가 참이 된다. 따라서 '~A'를 확정지으면 된다. 다음 문제를 풀어 보자.

035

A, B, C, D, E 다섯 사람으로 구성된 부서에서 주말 당직을 정하는데 다음의 조건을 모두 지켜야 한다. 당직을 맡을 수 있는 사람을 바르게 짝지은 것은?

- A가 당직을 하면 B도 당직을 한다.
- C나 D가 당직을 하지 않으면 A가 당직을 한다.
- E가 당직을 하면 D도 당직을 한다.
- D가 당직을 하면 E는 당직을 하지 않는다.
- E가 당직을 하지 않으면 D도 당직을 하지 않는다.

① A, B
② A, E
③ B, D
④ C, E

• 해제

조건 분석

주어진 조건들을 기호화하면 다음과 같다.

- A가 당직을 하면 B도 당직을 한다. ──────────── 조건1. A→B
- C나 D가 당직을 하지 않으면 A가 당직을 한다. ──── 조건2. ~C∨~D→A
- E가 당직을 하면 D도 당직을 한다. ──────────── 조건3. E→D
- D가 당직을 하면 E는 당직을 하지 않는다. ────── 조건4. D→~E ≡ E→~D
- E가 당직을 하지 않으면 D도 당직을 하지 않는다. ── 조건5. ~E→~D

선택지 해설

1) 조건3인 'E→D'와 조건4의 대우인 'E →~D'는 모순이다. 따라서 'E'는 당직을 해서는 안 된다. 즉 '~E'가 확정이다.
2) 1)에 따라 '~E'이므로 조건5에 따라 '~D'도 확정이다.
3) 2)에 따라 '~D'이므로 조건2에 따라 'A'는 확정이다.
4) 3)에 따라 'A'이므로 조건1에 따라 'B'는 확정이다.

확정된 것을 정리해 보면
'A, B, ~D, ~E'이므로 정답은 ①번이다.

② 조건3과 조건4의 대우가 모순이므로 E는 당직을 하지 않는다.
③ 조건4와 조건5의 대우가 모순이므로 D는 당직을 하지 않는다.
④ 조건3과 조건4의 대우가 모순이므로 E는 당직을 하지 않는다.

정답 ①

| 1 | ~(부정): A가 아니다 ⇒ ~A
A가 아닌 것은 아니다
⇒ ~(~A) ≡ A |
| 2 | 선언(∨)의 부정:
~(A∨B) ≡ ~A∧~B |
| 3 | 연언(∧)의 부정:
~(A∧B) ≡ ~A∨~B |
| 4 | 선언 기호(∨) 제거:
(A∨B, ~A)→B |
| 5 | 배타적 선언:
A⊕B ≡ (A∨B)∧~(A∧B) |
| 6 | 'A→B'가 거짓 ≡ 'A', '~B' |
| 7 | ~A∨B ≡ A→B |
| 8 | 오직 A일 때에만 B할 수 있다
≡ B는 A의 충분조건이다
≡ B→A |
| 9 | 대우 P→Q ≡ ~Q→~P |
| 10 | 모순 P→Q, P→~Q ≡ ~P |
| 11 | 술어 논리:
어떤 A는 B이다 ≡ A∧B |

036

다음 진술들이 참일 때, 회의에 참석하는 사람은?

> 주무관인 '갑, 을, 병, 정'은 관련 기관 회의에 참석해야 한다. 그러나 모두가 참여하는 것은 아니고 다음의 조건에 따라서 회의에 참석하는 사람이 결정된다.
>
> • 갑이 참석하면 을이 참석한다.
> • 갑이 참석하지 않으면 병이 참석한다.
> • 갑이 참석하면 을이 참석하지 않는다.
> • 병이 참석하면 을과 정이 참석하지 않는다.

① 갑
② 갑, 을
③ 을, 정
④ 병

037

다음의 진술이 모두 참일 때 반드시 참인 것은?

> • 오 주무관이 회의에 참석하면 박 주무관도 참석한다.
> • 오 주무관이 회의에 참석하면 이 주무관도 회의에 참석한다.
> • 오 주무관이 회의에 참석하거나 이 주무관이 회의에 참석할 것이다.
> • 이 주무관이 회의에 참석하면 박 주무관도 참석한다.

① 오 주무관은 회의에 참석한다.
② 박 주무관은 회의에 참석하지 않는다.
③ 이 주무관은 회의에 참석한다.
④ 오 주무관은 회의에 참석하지 않는다.

• 해제

조건 분석

주어진 조건들을 기호화하면 다음과 같다.

• 갑이 참석하면 을이 참석한다.	조건1. 갑→을
• 갑이 참석하지 않으면 병이 참석한다.	조건2. ~갑→병
• 갑이 참석하면 을이 참석하지 않는다.	조건3. 갑→~을
• 병이 참석하면 을과 정이 참석하지 않는다.	조건4. 병→~을∧~정

선택지 해설

1) 조건1과 조건3은 모순이므로 '갑'은 거짓이다. 따라서 '~갑'이다.
2) 1)에 따라 '~갑'이므로 조건2에 따라 '병'이 확정된다.
3) 2)에 따라 '병'이므로 조건4에 따라 '~을∧~정'이 확정된다.

확정된 것들을 정리하면 다음과 같다.
'~갑, ~을, 병, ~정'
따라서 회의에 참석하는 사람은 '병'뿐이다. 따라서 정답은 ④번이다.

① 조건1과 조건3이 모순이므로 갑은 회의에 참석하지 않는다.
② 조건1과 조건3이 모순이므로 갑은 회의에 참석하지 않는다.
③ 조건1과 조건3이 모순이므로 갑은 회의에 참석하지 않고, 조건2에 따라 병은 회의에 참석한다. 조건4에 따라 을과 정은 회의에 참석하지 않는다.

정답 ④

조건 분석

주어진 조건들을 기호화하면 다음과 같다.

• 오 주무관이 회의에 참석하면 박 주무관도 참석한다.	조건1. 오→박
• 오 주무관이 회의에 참석하면 이 주무관도 회의에 참석한다.	조건2. 오→이 ≡ ~이→~오
• 오 주무관이 회의에 참석하거나 이 주무관이 회의에 참석할 것이다.	조건3. 오∨이 ≡ ~오→이 ≡ ~이→오
• 이 주무관이 회의에 참석하면 박 주무관도 참석한다.	조건4. 이→박

선택지 해설

1) 조건3은 '오∨이'인데, 이를 조건문으로 변형하면 '~(~오)∨이 ≡ ~오→이'가 된다. '~오→이'의 대우는 '~이→오'이다.
2) 1)에 따라 '~이→오'이고, 조건2의 대우는 '~이→~오'이므로 '~이'면 모순이 발생한다. 따라서 '이'가 확정된다.
3) 2)에 따라 '이'이므로 조건4에 따라 '박'도 확정된다.

확정된 것을 정리하면 '이, 박'이므로 정답은 ③번이다.

① 오 주무관이 회의에 참석하는지는 알 수 없다.
② 조건3의 조건문의 대우와 조건2의 대우는 모순으로 이 주무관은 회의에 참석하고, 조건4에 따라 박 주무관도 회의에 참석한다.
④ 오 주무관이 회의에 참석하지 않는지는 알 수 없다.

정답 ③

1	~(부정): A가 아니다 ⇒ ~A A가 아닌 것은 아니다 ⇒ ~(~A) ≡ A
2	선언(∨)의 부정: ~(A∨B) ≡ ~A∧~B
3	연언(∧)의 부정: ~(A∧B) ≡ ~A∨~B
4	선언 기호(∨) 제거: (A∨B, ~A)→B
5	배타적 선언: A⊕B ≡ (A∨B)∧~(A∧B)
6	'A→B'가 거짓 ≡ 'A', '~B'
7	~A∨B ≡ A→B
8	오직 A일 때에만 B할 수 있다 ≡ B는 A의 충분조건이다 ≡ B→A
9	대우 P→Q ≡ ~Q→~P
10	모순 P→Q, P→~Q ≡ ~P
11	술어 논리: 어떤 A는 B이다 ≡ A∧B

038

다음 진술들이 참일 때, 반드시 참인 것은?

- 범인의 머리카락이 갈색이거나 키가 크다.
- 만약 범인의 머리카락이 갈색이라면, 그는 안경을 쓴다.
- 만약 범인의 머리카락이 갈색이라면, 그는 안경을 쓰지 않는다.
- 만약 범인이 안경을 쓰지 않는다면, 그는 키가 크지 않다.
- 만약 범인이 왼손잡이라면 키가 크다.

① 범인은 왼손잡이고 키가 크다.
② 범인은 키가 크고 안경을 쓴다.
③ 범인은 안경을 쓰고 왼손잡이다.
④ 범인의 머리카락이 갈색인지는 확실히 알 수 없지만 키는 크다.

039

다음 글의 내용이 참일 때, 반드시 채택되는 업체의 수는?

농림축산식품부는 구제역 백신을 조달할 업체를 채택할 것이다. 예비 후보로 A, B, C, D 네 개 업체가 선정되었으며, 그 외 다른 업체가 채택될 가능성은 없다. 각각의 업체에 대해 농림축산식품부는 채택하거나 채택하지 않거나 어느 하나의 결정을 내린다.

정부의 중소기업 육성 원칙에 따라, 일정 규모 이상의 대기업인 A가 채택되면 소기업인 B, D도 채택된다. A가 채택되지 않으면 D 역시 채택되지 않는다. 그리고 수의학산업 중점육성 단지에 속한 업체인 B가 채택된다면, 같은 단지의 업체인 C가 채택되거나 혹은 타지역 업체인 A는 채택되지 않는다. 마지막으로 지역 안배를 위해, D가 채택되지 않는다면, A가 채택된다.

① 1개
② 2개
③ 3개
④ 4개

• 해제

조건 분석

주어진 조건들을 기호화하면 다음과 같다.

• 범인의 머리카락이 갈색이거나 키가 크다.	조건1. 갈색∨키 큼 ≡ ~갈색→키 큼
• 만약 범인의 머리카락이 갈색이라면, 그는 안경을 쓴다.	조건2. 갈색→안경
• 만약 범인의 머리카락이 갈색이라면, 그는 안경을 쓰지 않는다.	조건3. 갈색→~안경
• 만약 범인이 안경을 쓰지 않는다면, 그는 키가 크지 않다.	조건4. ~안경→~키 큼 ≡ 키 큼→안경
• 만약 범인이 왼손잡이라면 키가 크다.	조건5. 왼손→키 큼

선택지 해설

1) 조건2와 조건3은 모순이므로 '갈색'은 거짓이다. 따라서 '~갈색'이 확정된다.
2) 조건1인 '갈색∨키 큼'은 조건문으로 변환할 수 있다. '~(~갈색)∨키 큼'은 '~갈색→키 큼'이 된다.
3) 1)에 따라 '~갈색'이며 2)에 따라 '~갈색→키 큼'이므로 '키 큼'은 확정된다.
4) 3)에 따라 '키 큼'이므로 조건4의 대우인 '키 큼→안경'에 따라 '안경'도 확정된다.

지금까지 확정된 것들은 다음과 같다.
'~갈색, 키 큼, 안경'
따라서 정답은 ②번이다.

① 범인이 왼손잡이라는 것은 알 수 없다.
③ 범인이 왼손잡이라는 것은 알 수 없다.
④ 조건2와 조건3이 모순이므로 범인의 머리카락은 갈색이 아님을 알 수 있다.

정답 ②

조건 분석

주어진 조건들을 기호화하면 다음과 같다.

• 정부의 중소기업 육성 원칙에 따라, 일정 규모 이상의 대기업인 A가 채택되면 소기업인 B, D도 채택된다.	조건1. A→B, D
• A가 채택되지 않으면 D 역시 채택되지 않는다.	조건2. ~A→~D
• 그리고 수의학산업 중점육성 단지에 속한 업체인 B가 채택된다면, 같은 단지의 업체인 C가 채택되거나 혹은 타지역 업체인 A는 채택되지 않는다.	조건3. B→C∨~A ⇒ B→C
• 마지막으로 지역 안배를 위해, D가 채택되지 않는다면, A가 채택된다.	조건4. ~D→A ≡ ~A→D

선택지 해설

1) 조건2인 '~A→~D'와 조건4의 대우인 '~A→D'는 모순이다. 따라서 '~A'가 거짓이므로 'A'가 확정된다.
2) 1)에 따라 'A'이므로 조건1에 따라 'B', 'D'도 확정된다.
3) 1)에 따라 'A'이므로 조건3인 'B→C∨~A'는 'B→C'로 변환된다.
4) 2)에 따라 'B'이며, 조건3의 변환인 'B→C'에 따라 'C'도 확정된다.

확정된 것을 정리하면 'A, B, C, D'이다. 따라서 채택되는 업체의 수는 4개이므로 정답은 ④번이다.

정답 ④

(3) 역과 이

① 역: 조건문에서 명제의 역이란 충분 조건과 필요 조건의 순서를 바꾼 것을 말한다. 'P→Q'의 역은 'Q→P'이다. 'P→Q'가 참이라고 할지라도 그 역인 'Q→P'는 반드시 참이 되지 않는다. '특정 종교인은 돼지고기를 먹지 않는다'가 참이라고 할 때 '돼지고기를 먹지 않으면 특정 종교인이다'라는 명제는 반드시 참이 되지 않음을 알 수 있다.

② 이: 조건문에서 명제의 이란 충분 조건과 필요 조건의 순서는 유지한 채, 긍·부정만 뒤바꾼 것을 말한다. 'P→Q'의 이는 '~P→~Q'이다. 'P→Q'가 참이라고 할지라도 그 이인 '~P→~Q'는 반드시 참이 되지 않는다. '충치에 걸리면 이가 아프다'가 참이라고 하더라도 이 명제의 이인 '충치에 걸리지 않으면 이가 아프지 않다'가 반드시 참이 되지 않는다. 충치에 걸리지 않았다고 하더라도 잇몸 질환으로 이가 아플 수도 있고, 충격에 의해 이가 깨어져서 이가 아플 수도 있기 때문이다.

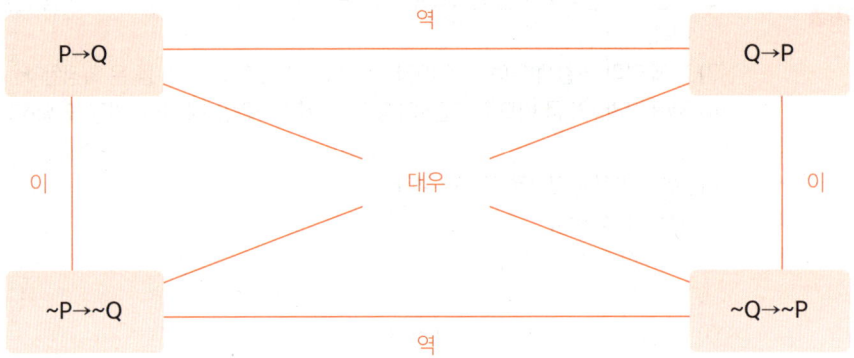

중요한 것은 문제에서 어떻게 쓰이느냐이다. 사실 우리는 역과 이는 반드시 참이지 않다는 것을 알게 모르게 적용하면서 문제를 해결해 왔다. 조건문 'P→Q'와 'R→Q'이 반드시 참이라고 할 때, 이 둘을 합쳐서 'P→Q→R'이라고 생각하지는 않는다. 'R→Q'가 참이라고 그 역인 'Q→R'이 참이 되지 않기 때문이다. 다음 문제들을 통해 이를 더 깊게 이해해 보자.

memo

1	~(부정): A가 아니다 ⇒ ~A A가 아닌 것은 아니다 ⇒ ~(~A) ≡ A
2	선언(∨)의 부정: ~(A∨B) ≡ ~A∧~B
3	연언(∧)의 부정: ~(A∧B) ≡ ~A∨~B
4	선언 기호(∨) 제거: (A∨B, ~A)→B
5	배타적 선언: A⊕B ≡ (A∨B)∧~(A∧B)
6	'A→B'가 거짓 ≡ 'A', '~B'
7	~A∨B ≡ A→B
8	오직 A일 때에만 B할 수 있다 ≡ B는 A의 충분조건이다 ≡ B→A
9	대우 P→Q ≡ ~Q→~P
10	모순 P→Q, P→~Q ≡ ~P
11	술어 논리: 어떤 A는 B이다 ≡ A∧B

040

다음의 내용이 참이라고 할 때 <보기>의 명제의 진리치는?

- 학습은 지도 학습과 비지도 학습으로 나뉜다.
- 지도 학습이면서 비지도 학습인 것은 없다.
- 과정 중심 방식은 지도 학습이다.

보기

비지도 학습이 아니면 과정 중심 방식이다.

① 참
② 반드시 참이라고 할 수 없음

041

A, B, C, D 네 개의 국책 사업 추진 여부를 두고, 정부가 다음과 같은 기본 방침을 정했다고 하자. 다음 빈칸에 들어갈 말로 가장 적절한 것은?

- A를 추진한다면, B도 추진한다.
- C를 추진한다면, D도 추진한다.
- A나 C 가운데 적어도 한 사업은 추진한다.
- A는 추진하지 않는다.

따라서 (   )

① C, D만 추진한다.
② B를 추진한다.
③ B를 추진하는지 알 수 없다.
④ D는 추진하지 않는다.

• 해제

조건 분석

주어진 조건들을 기호화하면 다음과 같다.

- 학습은 지도 학습과 비지도 학습으로 나뉜다. ······ 조건1. 지도∨비지도
- 지도 학습이면서 비지도 학습인 것은 없다. ······ 조건2. 지도→~비지도
- 과정 중심 방식은 지도 학습이다. ······ 조건3. 과정 중심→지도

선택지 해설

1) <보기>를 기호화하면 '~비지도→과정 중심'이다. '~비지도'를 확정해서 진위 여부를 판단해 보자.
2) 1)에 따라 '~비지도'이므로 조건1에 따라 '지도'는 확정이다.
3) 2)에 따라 '지도'이지만 '지도→과정 중심'이 참이라고 장담할 수 없다. 이는 조건3인 '과정 중심→지도'의 역이기 때문이다.

따라서 '~비지도→과정 중심'은 반드시 참이라고 볼 수 없다.

정답 ㉮

조건 분석

주어진 조건들을 기호화하면 다음과 같다.

- A를 추진한다면, B도 추진한다. ······ 조건1. A→B
- C를 추진한다면, D도 추진한다. ······ 조건2. C→D
- A나 C 가운데 적어도 한 사업은 추진한다. ······ 조건3. A∨C
- A는 추진하지 않는다. ······ 조건4. ~A

선택지 해설

1) 조건4에 따라 '~A'는 확정이다. '~A'이므로 조건3인 'A∨C'에 따라 'C'가 확정이다.
2) 1)에 따라 'C'이므로 조건2에 따라 'D'도 확정이다.

확정된 것을 정리해 보면 '~A, C, D'이다. 'B'에 대해서는 진위 여부를 판단할 수 없다.
따라서 정답은 ③번이다.

① 조건4에 따라 A는 추진하지 않고 조건3에 따라 C는 추진하고 조건2에 따라 D도 추진한다. 다만 B의 추진 여부에 대해서는 알 수 없다.
② B의 추진 여부는 알 수 없다.
④ 조건4에 따라 A는 추진하지 않고 조건3에 따라 C는 추진하고 조건2에 따라 D도 추진한다.

정답 ㉰

1	~(부정): A가 아니다 ⇒ ~A A가 아닌 것은 아니다 ⇒ ~(~A) ≡ A
2	선언(∨)의 부정: ~(A∨B) ≡ ~A∧~B
3	연언(∧)의 부정: ~(A∧B) ≡ ~A∨~B
4	선언 기호(∨) 제거: (A∨B, ~A)→B
5	배타적 선언: A⊕B ≡ (A∨B)∧~(A∧B)
6	'A→B'가 거짓 ≡ 'A', '~B'
7	~A∨B ≡ A→B
8	오직 A일 때에만 B할 수 있다 ≡ B는 A의 충분조건이다 ≡ B→A
9	대우 P→Q ≡ ~Q→~P
10	모순 P→Q, P→~Q ≡ ~P
11	술어 논리: 어떤 A는 B이다 ≡ A∧B

042

다음 <조건>이 모두 참이라고 할 때, <보기>의 ㄱ~ㄷ 중에서 반드시 참인 것만 모두 고르면?

<조건>
- 운영위원회가 열리면 법제사법위원회가 열리지 않는다.
- 본회의가 열리면 법제사법위원회가 열린다.
- 본회의가 열리지 않으면 인사청문회가 열린다.
- 운영위원회가 열리면 국회 인사규칙 개정안을 상정한다.

<보기>
ㄱ. 본회의와 법제사법위원회가 열리면 운영위원회가 열리지 않는다.
ㄴ. 운영위원회가 열리면 인사청문회가 열린다.
ㄷ. 인사청문회가 열리지 않으면 국회 인사규칙 개정안이 상정되지 않는다.

① ㄱ
② ㄴ
③ ㄷ
④ ㄱ, ㄴ

043

다음 사실이 지방 소도시 X에서 성립한다고 가정하자. 철수가 X시에 살고 있는 왼손잡이라고 가정할 때, 반드시 참인 것은?

ㄱ. 이 도시에는 남구와 북구, 두 개의 구가 있다.
ㄴ. 아파트에 사는 사람들은 모두 오른손잡이다.
ㄷ. 남구에서 아파트에 사는 사람들은 모두 의심이 많다.
ㄹ. 북구에서 아파트에 살지 않는 사람들은 의심이 많지 않다.

① 철수는 의심이 많지 않다.
② 만일 철수가 아파트에서 살지 않는다면, 철수는 의심이 많지 않다.
③ 만일 철수가 북구에 산다면, 철수는 의심이 많지 않다.
④ 만일 철수가 남구에 산다면, 철수는 의심이 많다.

• 해제

조건 분석

주어진 조건들을 기호화하면 다음과 같다.

- 운영위원회가 열리면 법제사법위원회가 열리지 않는다. ········ 조건1. 운영→~법제 ≡ 법제→~운영
- 본회의가 열리면 법제사법위원회가 열린다. ········ 조건2. 본회의→법제
- 본회의가 열리지 않으면 인사청문회가 열린다. ········ 조건3. ~본회의→인사
  ≡ ~인사→본회의
- 운영위원회가 열리면 국회 인사규칙 개정안을 상정한다. ········ 조건4. 운영→국회

선택지 해설

ㄱ '본회의∧법제→~운영'의 진위 여부를 살펴 보자.
  1) '본회의∧법제→~운영'의 대우는 '운영→~본회의∨~법제'이다.
  2) 조건1에 따라 '운영→~법제'이므로 ㄱ은 적절하다.

ㄴ '운영→인사'의 진위 여부를 살펴 보자.
  1) '운영→인사'의 대우는 '~인사→~운영'이다. '~인사'를 확정하자.
  2) 1)에 따라 '~인사'이므로 조건3의 대우인 '~인사→본회의'에 따라 '본회의'도 확정이다.
  3) 2)에 따라 '본회의'이므로 조건2에 따라 '법제'도 확정이다.
  4) 3)에 따라 '법제'이므로 조건1의 대우인 '법제→~운영'에 따라 '~운영'도 확정이다.

이상의 흐름을 정리하면 '~인사→본회의→법제→~운영'이므로 '~인사→~운영'은 참이다. 따라서 ㄴ도 참이다.

ㄷ '~인사→~국회'의 진위 여부를 살펴 보자.
  1) 이 논리의 대우는 '국회→인사'이다. 이를 파악하기 위해 '국회'와 관련된 조건들이 있어야 하는데 그렇지 않다. 따라서 ㄷ은 반드시 참이라고 보기 어렵다.

ㄱ, ㄴ만 반드시 참이므로 정답은 ④번이다.

정답 ㉯

조건 분석

주어진 조건들을 기호화하면 다음과 같다.

- 철수가 X시에 살고 있는 왼손잡이라고 가정할 때 ········ 조건0. 철수=~오른손잡이
- 이 도시에는 남구와 북구, 두 개의 구가 있다. ········ 조건1. 남구→~북구
- 아파트에 사는 사람들은 모두 오른손잡이다. ········ 조건2. 아파트→오른손잡이
  ≡ ~오른손잡이→~아파트
- 남구에서 아파트에 사는 사람들은 모두 의심이 많다. ········ 조건3. 남구∧아파트→의심
- 북구에서 아파트에 살지 않는 사람들은 의심이 많지 않다. ········ 조건4. 북구∧~아파트→~의심

선택지 해설

1) 조건0에 따라 철수는 '~오른손잡이'가 확정된다.
2) 1)에 따라 '~오른손잡이'이므로 조건2의 대우인 '~오른손잡이→~아파트'에 따라 '~아파트'가 확정된다.

철수가 '~오른손잡이, ~아파트' 외에는 확정된 것이 없으므로 선택지를 보자.

① 철수가 '북구'에 산다는 것이 확정된다면 조건4에 따라 '~의심'으로 판단할 수 있겠으나 주어진 조건만으로는 ①은 반드시 참이라고 할 수 없다.
② 철수는 이미 '~아파트'이며, ①번과 마찬가지로 주어진 조건만으로는 철수가 '~의심'인지 알 수 없다.
③ 철수가 '북구'에 산다는 것이 확정된다면 2)에 따라 '~아파트'도 확정되었으므로 조건4에 따라 '~의심'이 확정된다. 따라서 ③번은 반드시 참인 진술이다.
④ 철수가 '남구'로 확정된다 해도 '~아파트'이므로 조건3을 적용할 수 없다. 따라서 ④번은 적절하지 않다.

정답 ㉰

1	~(부정): A가 아니다 ⇒ ~A A가 아닌 것은 아니다 ⇒ ~(~A) ≡ A
2	선언(∨)의 부정: ~(A∨B) ≡ ~A∧~B
3	연언(∧)의 부정: ~(A∧B) ≡ ~A∨~B
4	선언 기호(∨) 제거: (A∨B, ~A)→B
5	배타적 선언: A⊕B ≡ (A∨B)∧~(A∧B)
6	'A→B'가 거짓 ≡ 'A', '~B'
7	~A∨B ≡ A→B
8	오직 A일 때에만 B할 수 있다 ≡ B는 A의 충분조건이다 ≡ B→A
9	대우 P→Q ≡ ~Q→~P
10	모순 P→Q, P→~Q ≡ ~P
11	술어 논리: 어떤 A는 B이다 ≡ A∧B

044

전제가 참일 때 결론이 반드시 참인 논증을 펼친 사람만을 모두 고르면?

> **영희:** 갑이 A부처에 발령을 받으면, 을은 B부처에 발령을 받아. 그런데 을이 B부처에 발령을 받지 않았어. 그러므로 갑은 A부처에 발령을 받지 않았어.
> **철수:** 갑이 A부처에 발령을 받으면, 을도 A부처에 발령을 받아. 그런데 을이 B부처가 아닌 A부처에 발령을 받았어. 따라서 갑은 A부처에 발령을 받았어.
> **현주:** 갑이 A부처에 발령을 받지 않거나, 을과 병이 C부처에 발령을 받아. 그런데 갑이 A부처에 발령을 받았어. 그러므로 을과 병 모두 C부처에 발령을 받았어.

① 영희
② 철수
③ 영희, 철수
④ 영희, 현주
⑤ 철수, 현주

• 해제

조건 분석

주어진 조건들을 기호화하면 다음과 같다.

> 영희: <u>전제1</u>. 갑이 A부처에 발령을 받으면, 을은 B부처에 발령을 받아. <u>전제2</u>. 그런데 을이 B부처에 발령을 받지 않았어. <u>결론</u> 그러므로 갑은 A부처에 발령을 받지 않았어.

- 전제1. 갑A→을B ≡ ~을B→~갑A
- 전제2. ~을B
- 결론: ~갑A

1) 전제2에 따라 '~을B'는 확정이다.
2) 1)에 따라 '~을B'이므로 전제1의 대우인 '~을B→~갑A'에 따라 '~갑A'도 확정이다.
결론이 자연스럽게 도출되므로 영희는 반드시 참인 논증을 펼쳤다.

> 철수: <u>전제1</u>. 갑이 A부처에 발령을 받으면, 을도 A부처에 발령을 받아. <u>전제2</u>. 그런데 을이 B부처가 아닌 A부처에 발령을 받았어. <u>결론</u> 따라서 갑은 A부치에 발령을 받았어.

- 전제1. 갑A→을A
- 전제2. 을A
- 결론: 갑A

1) 전제2에 따라 '을A'는 확정이다.
2) 더 이상 확정할 수 있는 조건이 없다. 따라서 결론은 반드시 참이라고 할 수 없다.
철수의 결론은 전제1인 '갑A→을A'가 참일 때 그 역인 '을A→갑A'도 참이라고 할 수 있을 때에는 반드시 참이다. 그러나 명제가 참이라고 그 역이 반드시 참이 되는 것은 아니므로 철수의 결론은 적절하지 않다.

> 현주: <u>전제1</u>. 갑이 A부처에 발령을 받지 않거나, 을과 병이 C부처에 발령을 받아. <u>전제2</u>. 그런데 갑이 A부처에 발령을 받았어. <u>결론</u> 그러므로 을과 병 모두 C부처에 발령을 받았어.

- 전제1. ~갑A∨(을C, 병C)
- 전제2. 갑A
- 결론: 을C, 병C

1) 전제2에 따라 '갑A'는 확정이다.
2) 1)에 따라 '갑A'이므로 전제1에 따라 '을C, 병C'가 확정이다.
따라서 현주의 결론은 반드시 참이다.

정답 ㉰

1	~(부정): A가 아니다 ⇒ ~A A가 아닌 것은 아니다 ⇒ ~(~A) ≡ A
2	선언(∨)의 부정: ~(A∨B) ≡ ~A∧~B
3	연언(∧)의 부정: ~(A∧B) ≡ ~A∨~B
4	선언 기호(∨) 제거: (A∨B, ~A)→B
5	배타적 선언: A⊕B ≡ (A∨B)∧~(A∧B)
6	'A→B'가 거짓 ≡ 'A', '~B'
7	~A∨B ≡ A→B
8	오직 A일 때에만 B할 수 있다 ≡ B는 A의 충분조건이다 ≡ B→A
9	대우 P→Q ≡ ~Q→~P
10	모순 P→Q, P→~Q ≡ ~P
11	술어 논리: 어떤 A는 B이다 ≡ A∧B

(4) 귀류법

귀류법이란 모순 관계에 있는 명제간의 적용되는 배중률을 이용해서 진위를 판단하는 간접 증명 방식이다. 가령 'A'가 참임을 증명하고 싶다면 모순 관계에 있는 '~A'를 가정하고 논의를 진행하면 이럴 경우 논의가 모순에 빠지게 됨을 보여주는 것이 곧 귀류법이다. 가령 '비가 오면 기온이 떨어진다'라는 명제가 참임을 증명하고 싶다고 하자. 그럼 '비가 오면' 정말 '기온이 떨어지는지'를 확인하는 것도 이것이 참임을 증명하는 방법이지만 귀류법을 사용해서 '비가 오면 기온이 떨어진다'가 참임을 증명할 수도 있다.

귀류법을 사용하는 경우에는 증명하고 싶은 명제의 부정을 가정한다. '비가 오면 기온이 떨어진다'라는 명제의 부정은 '비가 오면 기온이 떨어지지 않는다'이므로 이를 가정한다. 그리고 '비가 오는' 날 기온을 재 봤는데 '기온이 떨어졌음'을 발견했다고 하자. 그럼 '비가 오면 기온이 떨어지지 않는다'는 거짓으로 판명난다. '비가 오면 기온이 떨어지지 않는다'가 거짓이므로 그와 모순 관계에 있는 '비가 오면 기온이 떨어진다'는 참으로 증명할 수 있다. 다음 문제를 통해서 귀류법이 논리 퀴즈에서 어떻게 활용되는지 이해해 보자.

045
13행외-31

사무관 A~E는 각기 다른 행정구역을 담당하고 있다. 이들이 담당하는 구역의 민원과 관련된 정책안이 제시되었다. 이에 대하여 A~E는 찬성과 반대 둘 중 하나의 의견을 제시했다고 알려졌다. 다음 정보가 모두 참일 때, 옳은 것은?

- A 또는 D 둘 중 적어도 하나가 반대하면 C는 찬성하고 E는 반대한다.
- B가 반대하면, A가 찬성하고 D는 반대한다.
- D가 반대하면 C도 반대한다.
- E가 반대하면 B도 반대한다.
- 적어도 한 사람이 반대한다.

① A는 찬성하고 B는 반대한다.
② A는 찬성하고 E는 반대한다.
③ B와 D는 반대한다.
④ C는 반대하고 D는 찬성한다.
⑤ C와 E는 찬성한다.

• 해제

조건 분석

주어진 조건들을 기호화하면 다음과 같다.

• A 또는 D 둘 중 적어도 하나가 반대하면 C는 찬성하고 E는 반대한다.	조건1. $\sim A \vee \sim D \rightarrow C \wedge \sim E$
• B가 반대하면, A가 찬성하고 D는 반대한다.	조건2. $\sim B \rightarrow A, \sim D \equiv \sim A \vee D \rightarrow B$
• D가 반대하면 C도 반대한다.	조건3. $\sim D \rightarrow \sim C \equiv C \rightarrow D$
• E가 반대하면 B도 반대한다.	조건4. $\sim E \rightarrow \sim B \equiv B \rightarrow E$
• 적어도 한 사람이 반대한다.	조건5. 적어도 한 사람은 반대

선택지 해설

1) 주어진 조건들로는 결론을 도출하기 어려우므로 귀류법을 활용한다. 조건에서는 'D'가 많이 보이므로 '~D'가 참임을 가정하고 귀류법으로 접근해 보자.
2) 1)에 따라 '~D'이므로 조건1에 따라 'C, ~E'가 확정된다.
3) 1)에 따라 '~D'이므로 조건3에 따라 '~C'가 확정된다. 그런데 이는 2)에서 확정한 'C'와 모순된다.
4) 따라서 '~D'는 거짓이고 그것의 부정인 'D'는 참이다.
5) 4)에 따라 'D'가 참이므로 조건2의 대우인 '~A∨D→B'에 따라 'B'가 확정된다.
6) 5)에 따라 'B'가 확정이므로 조건4의 대우인 'B→E'에 따라 'E'가 확정된다.
7) 여기까지 확정된 것은 'B, D, E'인데 모두 다 찬성이다. 조건5에 따라 적어도 한 사람은 반대해야 하므로 'A' 또는 'C'가 반대해야 한다.
8) 조건1의 대우가 '~C∨E→A∧D'이고 E가 확정이기에 'A∧D'가 확정이므로 'A'도 찬성이다.
9) 'A'와 'C' 중 한 사람은 반대해야하므로 'C'는 반대이다.

이제 확정된 것을 정리해 보면 'A, B, ~C, D, E'이므로 정답은 ④번이다.

정답 ④

1	~(부정): A가 아니다 ⇒ ~A A가 아닌 것은 아니다 ⇒ ~(~A) ≡ A
2	선언(∨)의 부정: ~(A∨B) ≡ ~A∧~B
3	연언(∧)의 부정: ~(A∧B) ≡ ~A∨~B
4	선언 기호(∨) 제거: (A∨B, ~A)→B
5	배타적 선언: A⊕B ≡ (A∨B)∧~(A∧B)
6	'A→B'가 거짓 ≡ 'A', '~B'
7	~A∨B ≡ A→B
8	오직 A일 때에만 B할 수 있다 ≡ B는 A의 충분조건이다 ≡ B→A
9	대우 P→Q ≡ ~Q→~P
10	모순 P→Q, P→~Q ≡ ~P
11	술어 논리: 어떤 A는 B이다 ≡ A∧B

5. 술어 논리

(1) 전칭과 특칭

술어 논리는 '모든'을 뜻하는 '전칭'과 '어떤'을 뜻하는 '특칭'과 관련된 논리이다.

① 전칭 명제: 모든 A는 B이다.
   예) 모든 조류는 난생을 한다.
② 특칭 명제: 어떤 A는 B이다. ≡ B인 A가 존재한다.
   예) 어떤 새는 날지 못한다. / 날지 못하는 새가 존재한다.

(2) 전칭과 특칭의 부정

전칭과 특칭 사이에도 드모르간의 법칙이 성립한다.

① 전칭 명제의 부정: ~(모든 A는 B이다) ≡ 어떤 A는 B가 아니다.
② 특칭 명제의 부정: ~(어떤 A는 B이다) ≡ 모든 A는 B가 아니다.

(3) 술어 논리의 추론

술어 논리에서 전칭 명제는 조건문을 활용하면 된다. 문제는 특칭 명제이다. 특칭 명제는 조건문이 아니라 연언을 활용해야 한다. 다음을 보자.

예) 모든 사람은 죽는다.   사람→죽음
    소크라테스는 사람이다.   소크라테스∧사람

    따라서 소크라테스는 죽는다.   소크라테스∧죽음

046

다음 빈칸에 들어갈 결론은?

> 예) 서양 미술을 사랑하는 모든 사람은 패션을 중시한다.
> 어떤 한국인은 서양 미술을 사랑한다.
> ---
> 따라서 (   )

① 한국인이면 패션을 중시한다.
② 어떤 한국인은 패션을 중시한다.
③ 패션을 중시하지 않는 사람은 한국인이 아니다.
④ 서양 미술을 사랑하는 어떤 사람은 한국인이 아니다.

• 해제

조건 분석

주어진 조건들을 기호화하면 다음과 같다.

- 서양 미술을 사랑하는 모든 사람은 패션을 중시한다. —— 조건1. 서양 미술→패션 중시
- 어떤 한국인은 서양 미술을 사랑한다. —— 조건2. 한국인∧서양 미술

선택지 해설

1) 조건2의 '한국인∧서양 미술'에서 조건1을 활용하여 '서양 미술' 대신 '패션 중시'로 바꿀 수 있다. 그럼 '한국인∧패션 중시'가 도출된다.
2) '한국인∧패션 중시'는 연언이므로 이를 말로 풀어 내면 '한국인이면 패션을 중시한다'가 아니다. '어떤 한국인은 패션을 중시한다'이다. 따라서 답은 ②번이다.

정답 ②

1	~(부정): A가 아니다 ⇒ ~A A가 아닌 것은 아니다 ⇒ ~(~A) ≡ A
2	선언(∨)의 부정: ~(A∨B) ≡ ~A∧~B
3	연언(∧)의 부정: ~(A∧B) ≡ ~A∨~B
4	선언 기호(∨) 제거: (A∨B, ~A)→B
5	배타적 선언: A⊕B ≡ (A∨B)∧~(A∧B)
6	'A→B'가 거짓 ≡ 'A', '~B'
7	~A∨B ≡ A→B
8	오직 A일 때에만 B할 수 있다 ≡ B는 A의 충분조건이다 ≡ B→A
9	대우 P→Q ≡ ~Q→~P
10	모순 P→Q, P→~Q ≡ ~P
11	술어 논리: 어떤 A는 B이다 ≡ A∧B

047

다음 빈칸에 들어갈 전제는?

> 어떤 A는 B이다.
> (   )
> ----
> 따라서 어떤 B는 C이다.

① 어떤 A는 C이다.
② 모든 A는 C이다.
③ 어떤 C는 B이다.
④ 모든 C는 B이다.

048

다음 빈칸에 들어갈 전제는?

> 모든 A는 B이다.
> (   )
> ----
> 따라서 어떤 C는 B이다.

① 모든 B는 C이다.
② 어떤 B는 C이다.
③ 모든 C는 A이다.
④ 어떤 C는 A이다.

• 해제

조건 분석

주어진 조건들을 기호화하면 다음과 같다.

어떤 A는 B이다.	조건1. A∧B
( )	조건2. ( )
따라서 어떤 B는 C이다.	결론: B∧C

선택지 해설

1) 결론인 'B∧C'가 나오려면 조건1인 'A∧B'에서 A 대신에 C가 들어가야 한다.
2) 따라서 조건2에는 'A→C'가 들어가야 한다.
3) 이를 말로 바꾸면 '모든 A는 C이다'이므로 정답은 ②번이다.

① '어떤 A는 C이다'는 'A∧C'이다.
③ '어떤 C는 B이다'는 'C∧B'이다.
④ '모든 C는 B이다'는 'C→B'이다.

정답 ②

조건 분석

주어진 조건들을 기호화하면 다음과 같다.

모든 A는 B이다.	조건1. A→B
( )	조건2. ( )
따라서 어떤 C는 B이다.	결론: C∧B

선택지 해설

1) 결론인 'C∧B'는 조건1에 따라 'C∧A'로 변환된다.
2) 따라서 조건2에는 'C∧A'가 들어가는 것이 적절하다.
3) 따라서 정답은 ④번이다.

① '모든 B는 C이다'는 'B→C'이다.
② '어떤 B는 C이다'는 'B∧C'이다.
③ '모든 C는 A이다'는 'C→A'이다.

정답 ④

1	~(부정): A가 아니다 ⇒ ~A A가 아닌 것은 아니다 ⇒ ~(~A) ≡ A
2	선언(∨)의 부정: ~(A∨B) ≡ ~A∧~B
3	연언(∧)의 부정: ~(A∧B) ≡ ~A∨~B
4	선언 기호(∨) 제거: (A∨B, ~A)→B
5	배타적 선언: A⊕B ≡ (A∨B)∧~(A∧B)
6	'A→B'가 거짓 ≡ 'A', '~B'
7	~A∨B ≡ A→B
8	오직 A일 때에만 B할 수 있다 ≡ B는 A의 충분조건이다 ≡ B→A
9	대우 P→Q ≡ ~Q→~P
10	모순 P→Q, P→~Q ≡ ~P
11	술어 논리: 어떤 A는 B이다 ≡ A∧B

049

다음 빈칸에 들어갈 전제는?

> 어떤 A는 B가 아니다.
> (   )
> ----
> 따라서 어떤 A는 C가 아니다.

① 어떤 B는 C이다.
② 모든 B는 C이다.
③ B가 아닌 어떤 것도 C가 아니다.
④ B가 아닌 것 중에는 C가 아닌 것도 있다.

050

다음 빈칸에 들어갈 전제는?

> 모든 A는 C가 아니다.
> (   )
> ----
> 따라서 어떤 B는 C가 아니다.

① 어떤 B는 A이다.
② 어떤 B는 A가 아니다.
③ 어떤 C는 B이다.
④ 어떤 C는 B가 아니다.

• 해제

조건 분석

주어진 조건들을 기호화하면 다음과 같다.

| 어떤 A는 B가 아니다. ································· 조건1. A∧~B |
( ) ·· 조건2. ( )
따라서 어떤 A는 C가 아니다. ························· 결론: A∧~C

선택지 해설

1) 결론인 'A∧~C'가 나오려면 조건1인 'A∧~B'에서 B 대신에 C가 들어가야 한다.
2) 따라서 조건2에는 '~B→~C'가 들어가야 한다.
3) '~B→~C'를 말로 풀어내면 'B가 아닌 어떤 것도 C가 아니다.'이므로 정답은 ③번이다.

① '어떤 B는 C이다'는 'B∧C'이다.
② '모든 B는 C이다'는 'B→C'이다.
④ 'B가 아닌 것 중에는 C가 아닌 것도 있다'는 '~B∧~C'이다.

정답 ③

조건 분석

주어진 조건들을 기호화하면 다음과 같다.

선택지 해설

1) 조건1인 'A→~C'를 이용하면 결론인 'B∧~C'는 'B∧A'로 바꿀 수 있다.
2) 따라서 조건2에는 'B∧A'가 들어가야 한다.
3) 'B∧A'를 말로 풀어내면 '어떤 B는 A이다'이므로 정답은 ①번이다.

② '어떤 B는 A가 아니다'는 'B∧~A'이다.
③ '어떤 C는 B이다'는 'C∧B'이다.
④ '어떤 C는 B가 아니다'는 'C∧~B'이다.

정답 ①

1	~(부정): A가 아니다 ⇒ ~A A가 아닌 것은 아니다 ⇒ ~(~A) ≡ A
2	선언(∨)의 부정: ~(A∨B) ≡ ~A∧~B
3	연언(∧)의 부정: ~(A∧B) ≡ ~A∨~B
4	선언 기호(∨) 제거: (A∨B, ~A)→B
5	배타적 선언: A⊕B ≡ (A∨B)∧~(A∧B)
6	'A→B'가 거짓 ≡ 'A', '~B'
7	~A∨B ≡ A→B
8	오직 A일 때에만 B할 수 있다 ≡ B는 A의 충분조건이다 ≡ B→A
9	대우 P→Q ≡ ~Q→~P
10	모순 P→Q, P→~Q ≡ ~P
11	술어 논리: 어떤 A는 B이다 ≡ A∧B

051
예시 문항

(가)와 (나)를 전제로 할 때 빈칸에 들어갈 결론으로 가장 적절한 것은?

> (가) 노인복지 문제에 관심이 있는 사람 중 일부는 일자리 문제에 관심이 있는 사람이 아니다.
> (나) 공직에 관심이 있는 사람은 모두 일자리 문제에 관심이 있는 사람이다.
>
> 따라서 (   )

① 노인복지 문제에 관심이 있는 사람 중 일부는 공직에 관심이 있는 사람이 아니다.
② 공직에 관심이 있는 사람 중 일부는 노인복지 문제에 관심이 있는 사람이 아니다.
③ 공직에 관심이 있는 사람은 모두 노인복지 문제에 관심이 있는 사람이 아니다.
④ 일자리 문제에 관심이 있지만 노인복지 문제에 관심이 없는 사람은 모두 공직에 관심이 있는 사람이 아니다.

052
예시 문항

다음 글의 밑줄 친 결론을 이끌어내기 위해 추가해야 할 것은?

> 문학을 좋아하는 사람은 모두 자연의 아름다움을 좋아하는 사람이다. 자연의 아름다움을 좋아하는 어떤 사람은 예술을 좋아하는 사람이다. 따라서 <u>예술을 좋아하는 어떤 사람은 문학을 좋아하는 사람이다.</u>

① 자연의 아름다움을 좋아하는 사람은 모두 문학을 좋아하는 사람이다.
② 문학을 좋아하는 어떤 사람은 자연의 아름다움을 좋아하는 사람이다.
③ 예술을 좋아하는 어떤 사람은 자연의 아름다움을 좋아하는 사람이다.
④ 예술을 좋아하지만 문학을 좋아하지 않는 사람은 모두 자연의 아름다움을 좋아하는 사람이다.

• 해제

조건 분석

주어진 조건들을 기호화하면 다음과 같다.

> (가) 노인복지 문제에 관심이 있는 사람 중 일부는 일자리 문제에 관심이 있는 사람이 아니다. ········· (가) 노인복지 관심∧~일자리 관심
> (나) 공직에 관심이 있는 사람은 모두 일자리 문제에 관심이 있는 사람이다. ········· (나) 공직에 관심→일자리 문제 관심
> ≡ ~일자리 문제 관심→~공직에 관심

선택지 해설

1) (나)의 대우는 '~일자리 문제 관심→~공직에 관심'이다.
2) (나)의 대우를 (가)와 연결하면 다음과 같다. '노인복지 관심∧~공직에 관심'
3) '노인복지 관심∧~공직에 관심'을 말로 풀어내면 '노인복지 문제에 관심이 있는 어떤 사람은 공직에 관심이 있는 것이 아니다'이다. 이와 의미가 동일한 것은 ①번이다.

선지를 기호화하면 다음과 같다.
② 공직에 관심∧~노인복지 관심
③ 공직에 관심→~노인복지 관심
④ 일자리 관심∧~노인복지 관심→~공직에 관심

정답 ①

조건 분석

주어진 조건들을 기호화하면 다음과 같다.

> • 문학을 좋아하는 사람은 모두 자연의 아름다움을 좋아하는 사람이다. ········· 조건1. 문학→자연
> • 자연의 아름다움을 좋아하는 어떤 사람은 예술을 좋아하는 사람이다. ········· 조건2. 자연∧예술
> • (   ) ········· 조건3. (   )
> • 따라서 예술을 좋아하는 어떤 사람은 문학을 좋아하는 사람이다. ········· 결론: 예술∧문학

선택지 해설

1) 결론이 도출되기 위해서는 조건2에서 '자연'을 '문학'으로 바꾸어주면 된다.
2) 따라서 조건3에는 '자연→문학'이 들어가면 된다.
3) '자연→문학'을 말로 풀어내면 '자연의 아름다움을 좋아하는 사람들은 모두 문학을 좋아하는 사람이다'이므로 정답은 ①번이다.

선지를 기호화하면 다음과 같다.
② 문학∧자연
③ 예술∧자연
④ 예술∧~문학→자연

정답 ①

| 1 | ~(부정): A가 아니다 ⇒ ~A
A가 아닌 것은 아니다
⇒ ~(~A) ≡ A |
| 2 | 선언(∨)의 부정:
~(A∨B) ≡ ~A∧~B |
| 3 | 연언(∧)의 부정:
~(A∧B) ≡ ~A∨~B |
| 4 | 선언 기호(∨) 제거:
(A∨B, ~A)→B |
| 5 | 배타적 선언:
A⊕B ≡ (A∨B)∧~(A∧B) |
| 6 | 'A→B'가 거짓 ≡ 'A', '~B' |
| 7 | ~A∨B ≡ A→B |
| 8 | 오직 A일 때에만 B할 수 있다
≡ B는 A의 충분조건이다
≡ B→A |
| 9 | 대우 P→Q ≡ ~Q→~P |
| 10 | 모순 P→Q, P→~Q ≡ ~P |
| 11 | 술어 논리:
어떤 A는 B이다 ≡ A∧B |

※ '적어도 한 사람은'이라는 말이 들어가면 특칭 명제이며, 술어논리이다.

053
다음 전제들이 모두 참이라고 가정할 때 반드시 참인 것은?

- 정치학을 수강하는 학생은 모두 논리학도 수강하고 있다.
- 경영학을 수강하는 학생은 모두 경제학도 수강하고 있다.
- A학과 학생 중 적어도 한 명은 경영학을 수강하고 있다.
- A학과 학생은 정치학과 논리학을 반드시 수강해야 한다.

① A학과 학생 중에는 경제학만 수강하는 학생이 있다.
② A학과 학생 중에는 경제학을 수강하지 않는 학생이 있다.
③ A학과 학생 중에는 정치학과 논리학만 수강하는 학생이 있다.
④ A학과 학생 중에는 정치학과 논리학과 경제학을 수강하는 학생이 있다.

• 해제

조건 분석

주어진 조건들을 기호화하면 다음과 같다.

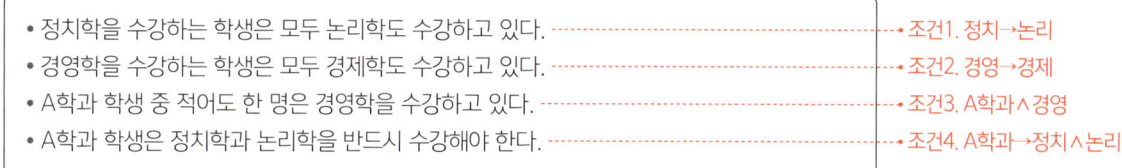

- 정치학을 수강하는 학생은 모두 논리학도 수강하고 있다. ············· 조건1. 정치→논리
- 경영학을 수강하는 학생은 모두 경제학도 수강하고 있다. ············· 조건2. 경영→경제
- A학과 학생 중 적어도 한 명은 경영학을 수강하고 있다. ············· 조건3. A학과∧경영
- A학과 학생은 정치학과 논리학을 반드시 수강해야 한다. ············· 조건4. A학과→정치∧논리

선택지 해설

1) 선택지가 모두 특칭 명제로 표현되어 있으므로 특칭 명제에 집중하자.
2) 조건2에 따라 조건3은 'A학과∧경제'로 변환할 수 있다.
3) 또한 조건4에 따라 'A학과'는 '정치∧논리'로 변환할 수 있다.
4) 3)을 활용하여 2)에서 도출된 'A학과∧경제'를 '정치∧논리∧경제'로 변환할 수 있다.
5) 이를 말로 바꾸면 'A학과 학생 중에는 정치학과 논리학과 경제학을 수강하는 학생이 있다'이다. 따라서 정답은 ④번이다.

① 조건4에 따라 A학과 학생은 정치학과 논리학을 반드시 수강해야 한다.
② 조건3에 따라 A학과∧경영이고 조건2에 따라 경영→경제이므로 'A학과 학생 중 적어도 한 명은 경제학을 수강하고 있다.'가 된다. 적어도 한 명은 경제학을 수강하고 모든 인원이 경제학을 수강할 수도 있기에 경제학을 수강하지 않는 학생이 있다고 확정지을 수 없다.
③ 조건3에 따라 A학과∧경영이고 조건2에 따라 경영→경제이므로 'A학과 학생 중 적어도 한 명은 경제학을 수강하고 있다.'가 된다. 적어도 한 명은 경제학을 수강하고 모든 인원이 경제학을 수강할 수도 있기에 정치학과 논리학만 수강하는 학생이 있다고 확정지을 수 없다.

정답 ④

6. 생략된 전제 찾기

이 문제 유형은 결론이 참으로 도출되기 위해서 필요한 전제를 찾으라는 것이다. 사실 이 유형은 지금까지 익힌 개념을 놓치지 않았다면 정답을 찾는 데 크게 어렵진 않다. 실상 이 유형을 해결하기 위해서는 결론을 역순으로 좇아가면 된다. 다음을 보자.

> A → B
> (   )
> 결론: A → C

빈칸에 들어갈 전제는 무엇일까? 결론은 'A→C'이다. 그런데 주어진 조건은 'A→B'이다. 따라서 주어진 조건에서 'B'를 'C'로 바꿀 수만 있으면 된다. 따라서 빈칸에 들어갈 생략된 전제로는 'B=C' 또는 'B→C'가 타당하다. 또 다른 예도 살펴보자.

> A → ~B
> (   )
> 결론: A → C

빈칸에 들어갈 전제도 위와 마찬가지의 논리로 해결하면 된다. 주어진 조건에서 '~B'가 C로 대체되면 결론이 반드시 참이게 되는 것이다. 따라서 빈칸에 들어갈 전제로는 '~B=C' 또는 '~B→C'가 타당하다. 이번에는 좀 더 응용된 예를 살펴보자.

> A → ~B∨C
> C → D
> (   )
> 결론: A → D

빈칸에 들어갈 전제는 무엇일까? 어렵게 느껴지는가? 그렇지 않다. 결론부터 보고 역순으로 따라가면 된다. 결론은 'A→D'이다. 그리고 'D'가 도출되기 위해서는 두 번째 조건인 'C→D'를 이용하면 되므로 'A→C'만 확정되면 된다. 문제는 첫 번째 조건이다. 'A→~B∨C'를 'A→C'로 만들기 위해서는 무엇이 필요할까? 선언을 제거하기 위해서는 'B'가 확정되면 된다. 따라서 생략된 전제에 들어갈 것은 'B'이다. 문제를 기호가 아니라 문장으로 풀어내더라도 동일하게 해결하면 된다. 다음을 보자.

> 한 사람의 목숨을 빼앗는 것은 명백히 살인이다.
> (   )
> 따라서 태아를 인위적으로 유산시키는 것도 명백히 살인이다.

위의 내용을 기호화해 보자.

> 조건1. 한 사람 목숨 빼앗음 → 살인
> 조건2. (   )
> 결론: 태아의 목숨 빼앗음 → 살인

이렇게 써 보면 조건1과 결론은 '한 사람' – '태아'만 차이남을 알 수 있다. 따라서 이 둘을 같게 만들면 자연스럽게 결론이 도출된다. 따라서 생략된 전제로 타당한 것은 '한 사람=태아'거나 '태아→사람' 정도이다. 이를 다시 문장으로 표현하면 '태아는 사람이다' 또는 '태아라면 반드시 사람이다' 정도이다.

memo

1	~(부정): A가 아니다 ⇒ ~A A가 아닌 것은 아니다 ⇒ ~(~A) ≡ A
2	선언(∨)의 부정: ~(A∨B) ≡ ~A∧~B
3	연언(∧)의 부정: ~(A∧B) ≡ ~A∨~B
4	선언 기호(∨) 제거: (A∨B, ~A)→B
5	배타적 선언: A⊕B ≡ (A∨B)∧~(A∧B)
6	'A→B'가 거짓 ≡ 'A', '~B'
7	~A∨B ≡ A→B
8	오직 A일 때에만 B할 수 있다 ≡ B는 A의 충분조건이다 ≡ B→A
9	대우 P→Q ≡ ~Q→~P
10	모순 P→Q, P→~Q ≡ ~P
11	술어 논리: 어떤 A는 B이다 ≡ A∧B

054

다음 논증이 타당하기 위해서 괄호 안에 들어갈 진술로 가장 적절한 것은?

> 실천적 지혜가 있는 사람은 덕이 있는 성품을 가진 사람이다. 그런데 덕을 아는 것만으로 실천적 지혜가 있는 사람이 될 수는 없다. 실천적 지혜가 있는 사람은 덕을 알 뿐만 아니라 그것을 실행에 옮기는 사람이다. 그리고 그런 사람이 실천적 지혜가 있다고 할 수 있다. 그런데 (　　　　　) 따라서 실천적 지혜가 있는 사람은 자제력도 있다.

① 자제력이 없는 사람은 성품이 나약한 사람이다.
② 덕이 있는 성품을 가진 사람도 자제력이 없을 수 있다.
③ 덕이 있는 성품을 가진 사람은 실천적 지혜가 있는 사람이다.
④ 자제력이 없는 사람은 올바른 선택을 따르지 않는 사람이다.
⑤ 자제력이 없는 사람은 아는 덕을 실행에 옮기는 사람이 아니다.

055

다음 글의 결론을 이끌어내기 위해 추가해야 할 전제만을 <보기>에서 모두 고르면?

> 젊고 섬세하고 유연한 자는 아름답다. 아테나는 섬세하고 유연하다. 아름다운 자가 모두 훌륭한 것은 아니다. 덕을 가진 자는 훌륭하다. 아테나는 덕을 가졌다. 아름답고 훌륭한 자는 행복하다. 따라서 아테나는 행복하다.

―보기―
ㄱ. 아테나는 젊다.
ㄴ. 아테나는 훌륭하다.
ㄷ. 아름다운 자는 행복하다.

① ㄱ
② ㄷ
③ ㄱ, ㄷ
④ ㄴ, ㄷ
⑤ ㄱ, ㄴ, ㄷ

• 해제

조건 분석

주어진 조건들을 기호화하면 다음과 같다.

- 실천적 지혜가 있는 사람은 덕이 있는 성품을 가진 사람이다. ········· 조건1. 실천→덕
- 실천적 지혜가 있는 사람은 덕을 알 뿐만 아니라 그것을 실행에 옮기는 사람이다. ········· 조건2. 실천→덕 앎∧덕 실행
- 그런데 ( ) ········· 조건3. ( )
- 따라서 실천적 지혜가 있는 사람은 자제력도 있다. ········· 결론: 실천→자제력

선택지 해설

1) 결론부터 보자. 결론은 '실천→자제력'이다.
2) 조건1에 따르면 '실천→덕'이다. 따라서 '덕→자제력'이 조건3에 추가되면 결론을 도출할 수 있다.
3) 조건2에 따르면 '실천→덕 앎∧덕 실행'이다. 따라서 '덕 앎→자제력'이거나 '덕 실행→자제력'이면 결론을 도출할 수 있다.
4) '~자제력→~덕 실행'이므로 정답은 ⑤번이다.

선지를 기호화하면 다음과 같다.
① '나약한 사람'은 문제와 관련이 없다.
② 덕∧~자제력
③ 덕→실천
④ '올바른 선택을 따르지 않는 사람'은 문제와 관련이 없다.

정답 ⑤

조건 분석

주어진 조건들을 기호화하면 다음과 같다.

- 젊고 섬세하고 유연한 자는 아름답다. ········· 조건1. 젊음∧섬세∧유연→아름다움
- 아테나는 섬세하고 유연하다. ········· 조건2. 아테나→섬세∧유연
- 아름다운 자가 모두 훌륭한 것은 아니다. ········· 조건3. 아름다움∧~훌륭함
- 덕을 가진 자는 훌륭하다. ········· 조건4. 덕→훌륭함
- 아테나는 덕을 가졌다. ········· 조건5. 아테나→덕
- 아름답고 훌륭한 자는 행복하다. ········· 조건6. 아름다움∧훌륭함→행복
- 따라서 아테나는 행복하다. ········· 결론: 아테나→행복

선택지 해설

1) 결론부터 보자. 결론은 '아테나→행복'이다.
2) '행복'하려면 조건6에 따라 '아테나'가 '아름다움∧훌륭함'을 갖추어야 한다.
3) 조건5에 따라 '아테나'는 '덕'을 갖추었고, 조건4에 따라 '덕'을 갖춘 '아테나'는 '훌륭함'도 갖추었다. 따라서 '아테나'는 '아름다움'만 갖추면 된다.
4) 조건1에 따라 '아테나'가 '젊음∧섬세∧유연'이면 '아름다움'을 갖추게 된다.
5) 조건2에 따라 '아테나'는 '섬세∧유연'이다. 따라서 '아테나'는 '젊음'을 갖추면 '아름다움'을 갖춘 게 된다.
6) 따라서 생략된 전제는 '아테나→젊음'이고, 이를 말로 풀어내면 '아테나는 젊다'이므로 정답은 ①번이다.

ㄴ. 조건5에 따라 '아테나'는 '덕'을 갖추었고, 조건4에 따라 '훌륭함'도 갖추었기에 추가될 전제가 아니다.
ㄷ. 기호화하면 '아름다움→행복'인데, 이 조건으론 '아테나는 행복하다'는 결론을 도출할 수 없다.

정답 ①

제 2 장 • 강화-약화

001
③을 평가한 내용으로 적절한 것만을 <보기>에서 모두 고르면?

2025 예시문제

> 흔히 '일곱 빛깔 무지개'라는 말을 한다. 서로 다른 빛깔의 띠 일곱 개가 무지개를 이루고 있다는 뜻이다. 영어나 프랑스어를 비롯해 다른 자연언어들에도 이와 똑같은 표현이 있는데, 이는 해당 자연언어가 무지개의 색상에 대응하는 색채 어휘를 일곱 개씩 지녔기 때문이라고 할 수 있다.
> 언어학자 사피어와 그의 제자 워프는 여기서 어떤 영감을 얻었다. 그들은 서로 다른 언어를 쓰는 아메리카 원주민들에게 무지개의 띠가 몇 개냐고 물었다. 대답은 제각각 달랐다. 사피어와 워프는 이 설문 결과에 기대어, 사람들은 자신의 언어에 얽매인 채 세계를 경험한다고 판단했다. 이 판단으로부터, "우리는 모국어가 그어놓은 선에 따라 자연세계를 분단한다."라는 유명한 발언이 나왔다. 이에 따르면 특정 현상과 관련한 단어가 많을수록 해당 언어권의 화자들은 그 현상에 대해 심도 있게 경험하는 것이다. 언어가 의식을, 사고와 세계관을 결정한다는 이 견해는 ③사피어-워프 가설이라 불리며 언어학과 인지과학의 논란거리가 되어왔다.

―― 보기 ――
ㄱ. 눈[雪]을 가리키는 단어를 4개 지니고 있는 이누이트족이 1개 지니고 있는 영어 화자들보다 눈을 넓고 섬세하게 경험한다는 것은 ③을 강화한다.
ㄴ. 수를 세는 단어가 '하나', '둘', '많다' 3개뿐인 피라하족의 사람들이 세 개 이상의 대상을 모두 '많다'고 인식하는 것은 ③을 강화한다.
ㄷ. 색채 어휘가 적은 자연언어 화자들이 색채 어휘가 많은 자연언어 화자들에 비해 색채를 구별하는 능력이 뛰어나다는 것은 ③을 약화한다.

① ㄱ
② ㄱ, ㄴ
③ ㄴ, ㄷ
④ ㄱ, ㄴ, ㄷ

※ 다음 글을 읽고 물음에 답하시오.

> 영국의 유명한 원형 석조물인 스톤헨지는 기원전 3,000년경 신석기시대에 세워졌다. 1960년대에 천문학자 호일이 스톤헨지가 일종의 연산장치라는 주장을 하였고, 이후 엔지니어인 톰은 태양과 달을 관찰하기 위한 정교한 기구라고 확신했다. 천문학자 호킨스는 스톤헨지의 모양이 태양과 달의 배열을 나타낸 것이라는 의견을 제시해 관심을 모았다.
>
> 그러나 고고학자 앳킨슨은 ㉠그들의 생각을 비난했다. 앳킨슨은 스톤헨지를 세운 사람들을 '야만인'으로 묘사하면서, ㉡이들은 호킨스의 주장과 달리 과학적 사고를 할 줄 모른다고 주장했다. 이에 호킨스를 옹호하는 학자들이 진화적 관점에서 앳킨슨을 비판하였다. ㉢이들은 신석기시대보다 훨씬 이전인 4만 년 전의 사람들도 신체적으로 우리와 동일했으며 지능 또한 우리보다 열등했다고 볼 근거가 없다고 주장했다.
>
> 하지만 스톤헨지의 건설자들이 포괄적인 의미에서 현대인과 같은 지능을 가졌다고 해도 과학적 사고와 기술적 지식을 가지지는 못했다. ㉣그들에게는 우리처럼 2,500년에 걸쳐 수학과 천문학의 지식이 보존되고 세대를 거쳐 전승되어 쌓인 방대하고 정교한 문자 기록이 없었다. 선사시대의 생각과 행동이 우리와 똑같은 식으로 전개되지 않았으리라는 점은 매우 중요하다. 지적 능력을 갖췄다고 해서 누구나 우리와 같은 동기와 관심, 개념적 틀을 가졌으리라고 생각하는 것은 잘못이다.

002

윗글에 대해 평가한 내용으로 가장 적절한 것은?

① 스톤헨지가 제사를 지내는 장소였다는 후대 기록이 발견되면 호킨스의 주장은 강화될 것이다.
② 스톤헨지 건설 당시의 사람들이 숫자를 사용하였다는 증거가 발견되면 호일의 주장은 약화될 것이다.
③ 스톤헨지의 유적지에서 수학과 과학에 관련된 신석기시대 기록물이 발견되면 글쓴이의 주장은 강화될 것이다.
④ 기원전 3,000년경 인류에게 천문학 지식이 있었다는 증거가 발견되면 앳킨슨의 주장은 약화될 것이다.

003

문맥상 ㉠~㉣ 중 지시 대상이 같은 것만으로 묶인 것은?

① ㉠, ㉢
② ㉡, ㉣
③ ㉠, ㉡, ㉢
④ ㉠, ㉡, ㉣

004

다음 글에 대한 추론으로 적절하지 않은 것은?

> 우리 헌법 제1조 제2항은 민주주의의 대원칙을 담고 있는 아주 간단한 문장이다. "대한민국의 주권은 국민에게 있고, 모든 권력은 국민으로부터 나온다."가 그것이다. 여기서 "모든 권력은 국민으로부터 나온다."라는 규정은 모든 권력의 행사는 곧 국민의 뜻에 따라 이루어져야 한다는 의미로 해석할 수 있다.
>
> 그런데 다른 한편 우리 헌법은 "입법권은 국회에 속하고"(제40조), "국회의원은 국가 이익을 우선하여 양심에 따라 직무를 행한다."(제46조 제2항)라고 규정하고 있다. 아주 간단하고 이의를 달 필요가 없는 당위적인 문장처럼 보이지만 간단치 않다. 입법권이 국회에 속하는 이상 모든 것은 국회의원들이 결정하는데, 그때 지역구 주민과 국회의원의 의견이 다를 경우 입법은 어디까지나 국회의원의 생각에 따라야 한다는 뜻이다.
>
> 헌법학에서는 '지역구 주민의 뜻이냐 국회의원의 독자 판단이냐' 중에서 후자를 선택한다. 즉 '국민이 직접 정치적인 결정을 내리지 않고 그 대표를 통해서 간접적으로만 정치적인 결정에 참여하는 기관 구성의 원리요, 의사 결정의 원리'를 일컬어 '대의 제도'라고 부르고 있다. 그런데 이것은 원론적인 직접 민주주의 이념과는 조화를 이루기가 어렵다고 볼 수 있다.

① 국회의원은 투표권자의 이익을 최우선시해야 한다는 입장은 헌법 제1조 2항의 원칙을 중시할 것이다.
② 국회의원은 국민의 대리자로서의 역할에 충실해야 한다는 입장은 헌법 제1조 2항의 원칙을 중시할 것이다.
③ 국회의원은 지역구의 이익보다 국가의 이익을 중시해야 한다는 입장은 헌법 제1조 2항의 원칙을 중시할 것이다.
④ 국회의원은 포퓰리즘에 빠지지 않고 이성적으로 사고하여 입법을 추진해야 한다는 입장은 헌법 제46조 2항의 원칙을 중시할 것이다.

005

㉠, ㉡에 대한 평가로 적절하지 않은 것은?

> 인권에 대한 제도적 접근은 최소한으로 해야 한다는 입장이 있다. ㉠그들은 명예훼손죄는 제도적으로 처벌하기에 그 경계가 명확하지 않다는 입장을 고수하며 다만 타인을 인종적으로, 지역적으로 모욕하고 차별하는 것은 법적으로 제한할 수 있다고 본다. 정치적 성향 차이로 편견을 조장하는 것 역시 옹호될 수 없다고 본다. 특히 그들은 명예훼손죄가 대부분의 나라에서 사라졌거나 사문되고 있다는 점을 들며, 명예훼손죄가 표현의 자유를 억압하는 측면이 있다는 점을 강조한다. 특히 한국은 진실을 알렸을 때에도 명예훼손죄를 적용하는데, 이런 점들을 알리며 그들의 주장을 강화한다.
>
> 반면 이에 대해 반대의 입장을 띠는 쪽에서는 다른 죄들도 그 경계가 명확하지 않음을 주장한다. ㉡그들은 살인죄의 적용 역시 언뜻 보기에는 명백할 것 같지만 상황에 따라 상해치사인지 과실치사인지 명확하게 구별하기 어려울 때가 많은 점을 근거로 든다. 진실을 알렸다 해도 개인의 인권을 침해하는 예는 많다는 점을 들며 사생활 보호 역시 개인의 인권을 수호하는 중요한 가치임을 내세우며 자신들의 주장을 강화한다.

① 사실에 기반을 둔 비판을 법적으로 허용하는 나라의 예는 ㉠의 입장을 강화한다.
② 인종차별적 발언을 명백한 명예훼손으로 본 판결 내용은 ㉠의 입장을 약화한다.
③ 여러 가지 법들의 적용 기준이 모호하다는 연구 결과는 사실은 ㉡의 입장을 강화한다.
④ 헌법에서 개인의 자유가 알 권리보다 우선시된다는 점은 ㉡의 입장을 약화한다.

정답과 해설

004 ③ 국회의원이 지역구의 이익보다 국가의 이익을 중시해야 한다는 입장은 국회의원이 자신을 뽑아준 투표권자의 이익보다는 국가 이익을 우선하여 양심에 따라 직무를 행한다는 제46조 2항의 원칙과 맞닿아 있다. 따라서 이 입장은 제1조 2항의 원칙보다는 제46조 2항의 원칙을 중시할 것이므로 ③번의 언급은 적절하지 않다.

005 ② ㉠ 역시 타인을 인종적으로, 지역적으로 모욕하고 차별하는 것은 법적 처벌의 대상이 될 수 있다고 본다. 따라서 인종차별적 발언을 명백한 명예훼손으로 본 판결 내용인 ㉠의 입장에 반하는 것이 아니므로 ㉠의 입장을 약화한다는 ②번의 진술은 적절하지 않다.

006

㉠, ㉡의 주장에 대한 비판으로 적절하지 않은 것은?

> 뉴미디어에 바탕을 둔 정보 사회의 미래상에 대해 가장 매혹적이고 원대한 시나리오를 쓴 사람은 ㉠앨빈 토플러이다. 그에 따르면, 산업 사회의 원리가 대량 생산, 대량 전달, 대량 소비라고 한다면 정보 사회의 원리는 다품종 소량의 주문 생산에 있고, 이에 따라 이미지, 생산, 소비, 생활 양식, 가치관 등에 이르기까지 모든 면에서 다양화·탈규격화가 이룩되리라고 한다. 뿐만 아니라 미래 정보 사회에 사는 사람들은 전문화·분업화를 원리로 했던 산업 사회에서는 서로 분리되었던 추상적인 것과 구체적인 것, 객관과 주관 사이의 균형을 추구하게 될 것이라고 예언하고 있다.
>
> 반면에 뉴미디어에 대한 ㉡비관론자들은 우선 뉴미디어에 의해 촉진되는 자동화 혁명은 대량의 실업 사태를 유발하리라고 전망한다. 뿐만 아니라 뉴미디어의 도입은 산업 사회에서는 중류 계급에 속했던 과거의 기능인들의 급격한 기능 상실을 초래하여, 비교적 소수의 사회 경제적 엘리트 집단과 다수의 저임금 노동자로 양극화되어 사회적인 안정의 기둥이 되는 중산층을 몰락시킬 것이라는 견해도 대두하고 있다. 더구나 뉴미디어의 발달이 오히려 정보의 부익부 빈익빈(富益富貧益貧)을 낳는다는 지적도 있다.

① ㉠은 뉴미디어 시대에 다양성이 중시되는 이유를 밝혀야 한다.
② ㉠은 정보 사회 체제에서 분업화가 생산성의 향상에 끼치는 영향을 설명해야 한다.
③ ㉡은 뉴미디어에 의해 자동화 혁명이 촉진되는 이유와 그 과정에 대해 설명해야 한다.
④ ㉡은 정보가 많아지는 사회에서 정보 소유의 편중이 나타날 수 있는 근거를 제시해야 한다.

007

㉠, ㉡의 주장에 대한 비판으로 적절하지 않은 것은?

> 세력 균형 이론이란 국가들 사이에 힘이 고르게 분포되어 균형 상태를 이루고 있을 때 국제 정치 체제가 안정적이라고 보는 이론이다. ㉠이를 옹호하는 쪽은 세력 균형은 국제 정치 질서하에서 다음과 같은 두 가지 기능을 한다고 본다. 먼저 세력 균형은 압도적인 힘을 가진 패권 국가로부터 주권 국가로서의 독립과 자율성이 파괴되는 것을 방지하는 기능을 한다. 또 세력 균형은 힘의 균형을 통해 전쟁을 방지하는 기능을 한다. 냉전 시기에 세계는 미국과 소련을 중심으로 양극 체제를 형성하였으며, 두 개의 초강대국을 중심으로 한 동맹에 의해 세력 균형이 유지되면서 핵무기가 사용되는 세계 대전의 발발이 억제되었다는 것이다.
>
> 반면 ㉡이를 비판하는 측은 다음과 같은 한계를 지적한다. 먼저 국제 정치에 있어서 패권 구조, 즉 단일한 패권 국가에 의한 힘의 지배 양상은 세력 균형에 의해 나타날 수 없는 것이지만 국제 정치 현실에서는 이와 같은 현상이 종종 나타나고 있다는 것이다. 또 세력 균형 이론에 의하면 약소국들은 패권 국가에 대항하여 동맹을 형성해야 하지만 실제로는 자국을 위협하는 국가에 편승하는 경우도 나타나고 있다.

① ㉠은 세력 균형을 이룬 패권 국가가 주권 국가의 자율성을 보장하는 예를 제시해야 한다.
② ㉠은 냉전 시기에 벌어졌던 여러 가지 전쟁이 초강대국 간의 힘이 균형이 팽팽할 때 일어났음을 증명해야 한다.
③ ㉡은 세력 균형이 이루어진 사이에서도 유일한 패권 국가가 세계를 지배한 사례를 제시해야 한다.
④ ㉡은 패권 국가가 자국의 안보를 위협하는 상황에서도 패권 국가에 편승하는 경우를 제시해야 한다.

정답과 해설

006 ② 1문단에 따르면 ㉠'앨빈 토플러'는 미래 정보 사회에 사는 사람들은 전문화·분업화를 원리로 했던 산업 사회에서는 서로 분리되었던 추상적인 것과 구체적인 것, 객관과 주관 사이의 균형을 추구하게 될 것이라고 하고 있다. 즉, 분업화는 산업 사회의 특징이며, 뉴미디어에 바탕을 둔 미래의 정보 사회의 특징에 대해 예측하고 있는 ㉠'앨빈 토플러'는 정보 사회에서 분업화로 인해 생산성의 향상이 일어날 것이라고 주장하지 않았다. 따라서 ㉠'앨빈 토플러'에게 정보 사회 체제에서 분업화가 생산성의 향상에 끼치는 영향을 설명해야 한다고 비판할 수 없다.

오답피하기 ① 1문단에 따르면 ㉠'앨빈 토플러'는 뉴미디어에 바탕을 둔 미래의 정보 사회에서는 모든 면에서 다양화가 이룩되리라고 한다. 따라서 ㉠'앨빈 토플러'의 주장에 대해 뉴미디어 시대에 다양성이 중시되는 이유를 밝혀야 한다고 비판할 수 있다. ③ 2문단에 따르면 ㉡'(뉴미디어에 대한) 비관론자들'은 뉴미디어에 의해 촉진되는 자동화 혁명은 대량 실업 사태를 유발하리라고 전망한다. 따라서 ㉡'(뉴미디어에 대한) 비관론자들'의 이러한 전망에 대해 뉴미디어에 의해 자동화 혁명이 촉진되는 이유와 그 과정에 대해 설명해야 한다고 비판할 수 있다. ④ 2문단에 따르면 ㉡'(뉴미디어에 대한) 비관론자들'은 뉴미디어의 발달이 오히려 정보의 부익부 빈익빈을 낳는다고 지적한다. 따라서 ㉡'(뉴미디어에 대한) 비관론자들'의 이러한 지적에 대해 정보가 많아지는 사회에서 정보 소유의 편중이 나타날 수 있는 근거를 제시해야 한다고 비판할 수 있다.

007 ② 1문단에 따르면 ㉠(세력 균형 이론을 옹호하는 쪽)은 냉전 시기에 세계는 미국과 소련을 중심으로 양극 체제를 형성하여, 초강대국을 중심으로 한 동맹에 의해 세력 균형이 유지되면서 세계 대전의 발발이 억제되었다고 본다. 따라서 냉전 시기에 초강대국 간의 힘의 균형이 유지될 때 전쟁이 일어났다는 것은 ㉠(세력 균형 이론을 옹호하는 쪽)의 주장이 아니다. 따라서 ㉠(세력 균형 이론을 옹호하는 쪽)의 주장에 대해 이를 증명하라고 비판할 수 없다.

오답피하기 ① 1문단에 따르면 ㉠(세력 균형 이론을 옹호하는 쪽)은 세력 균형은 압도적인 힘을 가진 패권국가로부터 주권 국가로서의 독립과 자율성이 파괴되는 것을 방지하는 기능을 한다고 본다. 따라서 ㉠(세력 균형 이론을 옹호하는 쪽)의 주장에 대해 이러한 예를 제시하라고 비판할 수 있다. ③ 2문단에 따르면 ㉡(세력 균형 이론을 비판하는 측)은 단일한 패권 국가에 의한 힘의 지배 양상이 세력 균형에 의해 종종 나타나기도 한다고 지적한다. 따라서 ㉡(세력 균형 이론을 비판하는 측)의 주장에 대한 이러한 사례를 제시하라고 비판할 수 있다. ④ 2문단에 따르면 ㉡(세력 균형 이론을 비판하는 측)은 약소국들이 패권 국가들이 자국을 위협하는 국가에 편승하는 경우도 있다고 지적한다. 따라서 ㉡(세력 균형 이론을 비판하는 측)의 주장에 대한 이러한 경우를 제시하라고 비판할 수 있다.

008

다음 글의 실험 결과가 강화하는 것만을 <보기>에서 모두 고르면?

한 연구진은 자극 X가 뇌에 미치는 영향을 밝히기 위한 실험을 수행하였다. 그들은 자극 X가 있는 환경에서 성장한 동물과 자극 X가 없는 환경에서 성장한 동물을 비교했을 때 뇌에 차이가 있을 것이라고 추측했다.

실험을 위해 동일한 조건의 연구용 쥐 100마리를 절반씩 나누어 각각 A와 B 그룹으로 배정하였다. A 그룹의 쥐는 자극 X에 노출된 반면, B 그룹의 쥐는 자극 X에 노출되지 않았다. 자극 X를 제외한 다른 조건은 두 그룹에서 동일하였다. 일정 기간이 지나고 두 그룹 쥐의 뇌에 대해서 부위별로 무게 측정과 화학 분석이 이루어졌다. 그 결과 A 그룹의 쥐는 B 그룹의 쥐와 다른 점을 보여주었다.

두 그룹에서 나타난 가장 두드러진 차이점은 전체 뇌 무게에 대한 대뇌피질의 무게 비율이었다. 대뇌피질은 경험에 반응하고 운동, 기억, 학습, 감각적 입력을 관장하는 뇌의 한 부위이다. A 그룹 쥐의 대뇌피질은 B 그룹 쥐의 대뇌피질보다 더 무겁고 더 치밀했지만, 뇌의 나머지 부위의 무게에는 차이가 없었다.

또한 B 그룹의 쥐의 뇌보다 A 그룹의 쥐의 뇌에서는 크기가 큰 신경세포뿐만 아니라 신경교세포도 더 많이 발견되었다. 신경교세포는 뇌의 신경세포를 성장시켜 크기를 키우는 역할을 하는 세포이다. 세포의 DNA에 대한 RNA의 비율은 세포가 성장하지 않을 때보다 세포가 성장하여 크기가 커질 때 높아진다. 두 그룹의 쥐의 뇌를 분석한 결과, DNA에 대한 RNA의 비율이 높아진 뇌 신경세포가 B 그룹보다 A 그룹에 더 많이 있다는 사실이 확인되었다. A 그룹의 쥐의 뇌에서는 신경전달물질 α가 더 많이 분비되었는데, 신경전달물질 α의 양은 A 그룹 쥐의 뇌보다 B 그룹 쥐의 뇌에서 약 30% 이상 더 적은 것으로 확인되었다.

<보기>
ㄱ. 자극 X가 있으면 없을 때보다 신경교세포의 수와 신경전달물질 α의 분비량이 많아진다.
ㄴ. 자극 X가 있으면 없을 때보다 전체 뇌 무게에 대한 대뇌피질의 무게 비율이 높아지고 대뇌피질이 촘촘해진다.
ㄷ. 자극 X가 없으면 있을 때보다 뇌 신경세포의 크기와 수가 늘어난다.

① ㄱ
② ㄷ
③ ㄱ, ㄴ
④ ㄴ, ㄷ
⑤ ㄱ, ㄴ, ㄷ

009

다음 글에서 추론할 수 있는 것만을 <보기>에서 모두 고르면?

> ㉠귀납적 방법이 철학이라는 지적 작업에서 불필요하다는 입장은 독단적인 철학관에 근거한다. 이런 견해에 따르면 철학적 주장의 정당성은 선험적인 것으로, 경험적 지식을 확장하기 위해 사용되는 귀납적 방법에 의존할 수 없다. 그러나 이런 견해는 철학적 주장이 경험적 가설에 의존해서는 안 된다는 부당하게 편협한 철학관과 '귀납적 방법'의 모호성을 딛고 서 있다. 실제로 철학사에 나타나는 목적론적 신 존재 증명이나 외부 세계의 존재에 관한 형이상학적 논증 가운데는 귀납적 방법인 유비 논증과 귀추법을 교묘히 적용하고 있는 것도 있다.
> ㉡모든 지적 작업에서 귀납적 방법의 필요성을 부정하는 입장은 중요한 철학적 성과를 낳기도 하였다. 포퍼의 철학이 그런 사례 가운데 하나이다. 포퍼는 귀납적 방법의 정당화 가능성에 관한 회의적 결론을 받아들이고, 과학의 탐구가 귀납적 방법으로 진행된다는 견해는 근거가 없음을 보인다. 그에 따르면, 과학의 탐구 과정은 연역 논리 법칙에 따라 전개되는 추측과 반박의 작업으로 이루어진다.

─── 보기 ───
ㄱ. ㉠은 형이상학적 논증에서 귀추법을 적용하고 있다는 점을 들어 자신의 주장을 강화한다.
ㄴ. ㉠은 철학적 주장의 정당함은 경험적으로 증명할 수 있으므로 철학에서 귀납적 방법의 불필요함을 주장한다.
ㄷ. ㉡은 추측과 반박의 작업을 통해 과학을 연역적으로 탐구해야 한다고 주장한다.

① ㄱ
② ㄷ
③ ㄱ, ㄴ
④ ㄴ, ㄷ

제 3 장 • 문학 제재

001

2025 예시문제

다음 글의 ㉠~㉢에 들어갈 말을 적절하게 나열한 것은?

> 소설과 현실의 관계를 온당하게 살피기 위해서는 세계의 현실성, 문제의 현실성, 해결의 현실성을 구별해야 한다. 우리가 살고 있는 이 입체적인 시공간에서 특히 의미 있는 한 부분을 도려내어 서사의 무대로 삼을 경우 세계의 현실성이 확보된다. 그 세계 안의 인간이 자신을 둘러싼 세계와 고투하면서 당대의 공론장에서 기꺼이 논의해볼 만한 의제를 산출해낼 때 문제의 현실성이 확보된다. 한 사회가 완강하게 구조화하고 있는 '가능한 것'과 '불가능한 것'의 좌표를 흔들면서 특정한 선택지를 제출할 때 해결의 현실성이 확보된다.
>
> 최인훈의 「광장」은 밀실과 광장 사이에서 고뇌하는 주인공의 모습을 통해 '남(南)이냐 북(北)이냐'라는 민감한 주제를 격화된 이념 대립의 공론장에 던짐으로써 ㉠ 을 확보하였다. 작품의 시공간으로 당시 남한과 북한을 소설적 세계로 선택함으로써 동서 냉전 시대의 보편성과 한반도 분단 체제의 특수성을 동시에 포괄할 수 있는 ㉡ 도 확보하였다. 「광장」에서 주인공이 남과 북 모두를 거부하고 자살을 선택하는 결말은 남북으로 상징되는 당대의 이원화된 이데올로기를 근저에서 흔들었다. 이로써 ㉢ 을 확보할 수 있었다.

	㉠	㉡	㉢
①	문제의 현실성	세계의 현실성	해결의 현실성
②	문제의 현실성	해결의 현실성	세계의 현실성
③	세계의 현실성	문제의 현실성	해결의 현실성
④	세계의 현실성	해결의 현실성	문제의 현실성

정답과 해설

001 ① 1문단에 따르면 '세계의 현실성'은 입체적인 시공간에서 의미 있는 한 부분을 도려내어 서사의 무대를 삼을 경우이고, '문제의 현실성'은 당대의 공론장에서 기꺼이 논의해볼 만한 의제를 산출해낼 때이고, '해결의 현실성'은 사회 내에 완강하게 구조화된 가능한 것-불가능한 것의 좌표를 흔들면서 특정 선택지를 제출하는 것이다. 「광장」은 '남(南)이냐 북(北)이냐'라는 민감한 주제를 격화된 이념 대립의 공론장에 던졌으므로 이는 '문제의 현실성'을 확보하였다. 따라서 ㉠에 들어갈 말은 '문제의 현실성'이다. 그리고 작품의 시공간으로 당시 남한과 북한을 소설적 세계로 선택한 것은 곧 특정 시공간에서 의미 있는 한 부분을 도려낸 것이므로 '세계의 현실성'을 확보하였다. 따라서 ㉡에 들어갈 말은 '세계의 현실성'이다. 마지막으로 특정 결말을 통해 남북으로 상징되는 당대의 이원화된 이데올로기를 흔들면서 기존의 구조화된 좌표를 흔들며 특정 선택지를 제출하였으므로 '해결의 현실성'을 확보하였다. 따라서 ㉢에 들어갈 말은 '해결의 현실성'이다.

002

다음 글을 이해한 내용으로 가장 적절한 것은?

> 이육사의 시에는 시인의 길과 투사의 길을 동시에 걸었던 작가의 면모가 고스란히 담겨 있다. 가령, 「절정」은 크게 두 부분으로 나누어지는데, 투사가 처한 냉엄한 현실적 조건이 3개의 연에 걸쳐 먼저 제시된 후, 시인이 품고 있는 인간과 역사에 대한 희망이 마지막 연에 제시된다.
>
> 우선, 투사 이육사가 처한 상황은 대단히 위태로워 보인다. 그는 "매운 계절의 채찍에 갈겨 / 마침내 북방으로 휩쓸려" 왔고, "서릿발 칼날진 그 위에 서" 바라본 세상은 "하늘도 그만 지쳐 끝난 고원"이어서 가냘픈 희망을 품는 것조차 불가능해 보인다. 이러한 상황은 "한발 제겨디딜 곳조차 없다"는 데에 이르러 극한에 도달하게 된다. 여기서 그는 더 이상 피할 수 없는 존재의 위기를 깨닫게 되는데, 이때 시인 이육사가 나서면서 시는 반전의 계기를 마련한다.
>
> 마지막 4연에서 시인은 3연까지 치달아 온 극한의 위기를 담담히 대면한 채, "이러매 눈감아 생각해" 보면서 현실을 새롭게 규정한다. 여기서 눈을 감는 행위는 외면이나 도피가 아니라 피할 수 없는 현실적 조건을 새롭게 반성함으로써 현실의 진정한 면모와 마주하려는 적극적인 행위로 읽힌다. 이는 다음 행, "겨울은 강철로 된 무지갠가보다"라는 시구로 이어지면서 현실에 대한 새로운 성찰로 마무리된다. 이 마지막 구절은 인간과 역사에 대한 희망을 놓지 않으려는 시인의 안간힘으로 보인다.

① 「절정」에는 투사가 처한 극한의 상황이 뚜렷한 계절의 변화로 드러난다.
② 「절정」에서 시인은 투사가 처한 현실적 조건을 외면하지 않고 새롭게 인식한다.
③ 「절정」은 시의 구성이 두 부분으로 나누어지면서 투사와 시인이 반목과 화해를 거듭한다.
④ 「절정」에는 냉엄한 현실에 절망하는 시인의 면모와 인간과 역사에 대한 희망을 놓지 않으려는 투사의 면모가 동시에 담겨 있다.

※ 다음 글을 읽고 물음에 답하시오.

'크로노토프'는 그리스어로 시간과 공간을 뜻하는 두 단어를 결합한 것으로, 시공간을 통합적으로 이해하기 위한 개념이다. 크로노토프의 관점에서 보면 고소설과 근대소설의 차이를 명확하게 파악할 수 있다.

고소설에는 돌아가야 할 곳으로서의 원점이 존재한다. 그것은 영웅소설에서라면 중세의 인륜이 원형대로 보존된 세계이고, 가정소설에서라면 가장을 중심으로 가족 구성원들이 평화롭게 공존하는 가정이다. 고소설에서 주인공은 적대자에 의해 원점에서 분리되어 고난을 겪는다. 그들의 목표는 상실한 원점을 회복하는 것, 즉 그곳에서 향유했던 이상적 상태로 ⓐ돌아가는 것이다. 주인공과 적대자 사이의 갈등이 전개되는 시간을 서사적 현재라 한다면, 주인공이 도달해야 할 종결점은 새로운 미래가 아니라 다시 도래할 과거로서의 미래이다. 이러한 시공간의 배열을 '회귀의 크로노토프'라고 한다.

근대소설 「무정」은 회귀의 크로노토프를 부정한다. 이것은 주인공인 이형식과 박영채의 시간 경험을 통해 확인된다. 형식은 고아지만 이상적인 고향의 기억을 갖고 있다. 그것은 박 진사의 집에서 영채와 함께하던 때의 기억이다. 이는 영채도 마찬가지기에, 그들에게 박 진사의 집으로 표상되는 유년의 과거는 이상적 원점의 구실을 한다. 박 진사의 죽음은 그들에게 고향의 상실을 상징한다. 두 사람의 결합이 이상적 상태의 고향을 회복할 수 있는 유일한 방법이겠지만, 그들은 끝내 결합하지 못한다. 형식은 새 시대의 새 인물이 되어야 한다고 생각하며 과거로의 복귀를 거부한다.

003

윗글에서 추론한 내용으로 가장 적절한 것은?

① 「무정」과 고소설은 회귀의 크로노토프를 부정한다는 점에서 공통적이다.
② 영웅소설의 주인공과 「무정」의 이형식은 그들의 이상적 원점을 상실했다는 공통점을 가지고 있다.
③ 「무정」에서 이형식이 박영채와 결합했다면 새로운 미래로서의 종결점에 도달할 수 있었을 것이다.
④ 가정소설은 가족 구성원들이 평화롭게 공존하는 결말을 통해 상실했던 원점으로의 복귀를 거부한다.

004

문맥상 ⓐ의 의미와 가장 가까운 것은?

① 전쟁은 연합군의 승리로 돌아갔다.
② 사과가 한 사람 앞에 두 개씩 돌아간다.
③ 그는 잃어버린 동심으로 돌아가고 싶었다.
④ 그녀는 자금이 잘 돌아가지 않는다며 걱정했다.

005
다음 글을 이해한 내용으로 가장 적절한 것은?

　문학 작품은 갈래적 특성에 따라서 일정한 경향성을 띠게 된다. 서정 갈래에서는 개인의 감정을 바탕으로 객관적 세계를 변용하는 세계의 자아화가 나타나고, 서사 갈래에서는 시간의 변화를 바탕으로 세계와 대립하는 자아의 고뇌가 부각된다. 그러나 경향성이라는 말은 대체로 그런 성격을 띤다는 의미이며, 당위적인 성격을 지니진 않는다. 그렇기 때문에 낱낱의 작품을 들여다보면 서정 문학의 특성과 서사 문학적 특성이 혼재되어 있는 것을 발견할 수 있다. 특히, 가사 문학은 내면의 심리나 정서, 감동을 노래하여 서정성을 갖춘 동시에, 갈등 및 저항을 내포하고 있어 서사성도 갖춘 문학으로 분류되기도 한다.
　가사 문학의 화자는 시대의 가치관을 대표할 수도 있고, 개성적 가치관을 대변할 수도 있다. 「용부가(庸婦歌)」의 화자는 시집살이를 하고 있는 대상을 '용부'*로 규정하면서 여성이라면 시집살이의 고통을 감내하고, 그것을 이겨내야 한다는 관점에서 대상을 비판한다. 반면 「규원가」의 화자는 자신의 불우한 처지를 고백하며, 자신에게 관심이 없는 남편을 원망하기도 하고, 그리워하기도 하는 등 당대의 관습에 반하는 개성적 목소리를 드러내기도 한다. 이 두 작품 모두 화자가 자신의 주관을 드러내는 서정 갈래에 속하지만 심층의 목소리를 분석하면 당대 여성을 억압했던 세계와의 갈등 양상을 파악할 수 있다.

*용부(庸婦): 어리석은 며느리

① 「용부가(庸婦歌)」의 화자는 '용부'를 비판하면서 개성적 가치관을 드러낸다.
② 「용부가(庸婦歌)」의 '용부'는 여성을 억압했던 당대에 저항하는 서정적인 인물이다.
③ 「규원가」의 화자는 당대의 관습에 맞서는 개성적 목소리를 지닌 서사적인 인물이다.
④ 「규원가」의 남편은 원망의 대상이면서 당대의 가치관을 대표하는 개성적인 인물이다.

정답과 해설

005 ③ 2문단에 따르면 「규원가」의 화자는 당대의 관습에 반하는 개성적 목소리를 드러내고, 이로부터 당대 여성을 억압했던 세계와의 갈등 양상을 파악할 수 있다. 그리고 1문단에 따르면 가사 문학이 세계와의 갈등 양상을 드러내는 것은 서사성을 내포하는 것으로 이해할 수 있다. 따라서 「규원가」의 화자는 당대의 관습에 맞서는 개성적 목소리를 지닌 서사적인 인물로 볼 수 있다.
오답피하기 ① 2문단에 따르면 「용부가」의 화자는 대상을 '용부'로 규정하는데, '용부'란 어리석은 며느리라는 뜻이므로 대상을 비판하고 있다고 볼 수 있다. 그러나 이러한 비판은 여성이라면 시집살이의 고통을 감내해야 한다는 의미이므로, 개성적 가치관이 아니라 시대의 가치관을 대표하는 것이다. ② 1문단에 따르면 서사란 세계와 대립하는 자아와 고뇌를 드러내는 것이며, 가사에 내포된 저항과 관련된다. 따라서 「용부가」의 '용부'가 여성을 억압했던 당대에 저항하는 서정적 인물이라고 한 설명은 적절하지 않다. ④ 2문단에 따르면 「규원가」의 화자는 자신에게 관심이 없는 남편을 원망하기도 하며, 개성적 목소리를 드러낸다. 즉, 「규원가」의 화자를 개성적인 인물로 볼 수 있고, 남편은 개성적 인물로 보기 어렵다.

006

다음 글을 이해한 내용으로 가장 적절한 것은?

> 한용운의 시에는 불교 승려로서의 인식과 독립 투사로서의 사상이 잘 드러난다. 가령 〈알 수 없어요〉에는 가장 기본적인 불교 사상과 민족에 대한 작가의 다짐이 내재돼 있다.
>
> 보통 사람은 있음과 없음을 구별하며, 있음을 보이는 것으로, 없음은 보이지 않는 것으로 생각한다. 그러나 부처는 있음과 없음이 같다고 가르친다. 낮이면 해가 있다가 밤이면 해가 사라지는 것이 아니라 해는 본래부터 있지만 '보였다 안 보였다' 하는 것이다. 그렇기에 "무서운 검은 구름의 터진 틈으로 / 언뜻언뜻 보이는 푸른 하늘은 누구의 얼굴입니까?"라는 화자의 물음은 절대자가 찾기 위해 구도하는 종교인의 것이 아니다. 절대자는 본래부터 있는 것으로 그것이 "오동잎"으로 나타났다가 "푸른 하늘"로 나타났다가 "알 수 없는 향기"로 나타날 뿐이다. 그렇기 때문에 제목인 〈알 수 없어요〉는 찾고자 하는 대상의 정체를 알 수 없다는 고뇌를 내포하고 있는 것이 아니다. 실상은 자기가 걸어가야 할 부처의 진리를 선명히 바라보고 있음을 반어적으로 드러낸 것이다.
>
> 또한 이 시의 말미에는 시적 배경인 "밤"이 나타난다. 이 "밤"은 일제 강점기의 현실을 상징하며, 우리 민족의 암울한 현실을 내포하고 있다. 작가는 "그칠 줄 모르고 타는 가슴"으로 절망적 현실 속 우리 민족을 지켜 나가겠다고 다짐하고 있는 것이다. 주목할 점은 이러한 다짐 역시 불교적 인식을 바탕으로 한다는 점이다. "타고 남은 재가 다시 기름이 된"다는 그의 인식은 일반적으로는 타당하지 않다. "재"는 "기름"과 상극의 속성을 지닌다. 그러나 무변무상한 것은 없다는 불교적 관점에서는 "재"와 "기름"은 동일시된다. 그렇기 때문에 "나의 가슴"은 민족을 지키기 위해 영원히 타오를 수 있는 것이다.

① 〈알 수 없어요〉에서 작가는 구도의 자세로 부처의 진리를 찾기 위한 끊임없는 물음을 던진다.

② 〈알 수 없어요〉라는 제목은 민족을 향한 작가의 다짐이 선명하게 나타나므로 반어적으로 받아들여야 한다.

③ 〈알 수 없어요〉에는 불교적 사상을 바탕으로 구도의 길을 걷는 승려의 인식과 민족을 수호하려는 투사로서의 다짐이 나타난다.

④ 〈알 수 없어요〉에서는 동일한 존재가 "오동잎 → 푸른 하늘 → 향기"로 변화하면서 무변무상한 세상의 이치를 상징적으로 드러내고 있다.

정답과 해설

006 ③ 〈알 수 없어요〉에서는 승려로서의 인식과 독립 투사로서의 사상이 잘 나타난다. 2문단에 따르면 이 작품에서는 절대자의 변모하는 모습을 정확히 파악하고 있는 화자의 모습을 통해 부처의 진리를 직시하고 있는 승려로서의 인식이 나타난다. 그리고 3문단에 따르면 "밤"을 지키는 "나의 가슴"을 통해 암울한 현실을 수호하려는 투사로서의 다짐이 나타난다.

오답피하기 ①, ② 2문단에 따르면 〈알 수 없어요〉라는 제목은 자기가 걸어가야 할 부처의 진리를 선명히 바라보고 있음을 반어적으로 드러낸 것이다. 따라서 작가가 부처의 진리를 찾기 위해 물음을 던진다고 보기 어렵다. 그리고 이러한 제목은 민족을 향한 다짐으로 해석하기 어렵다. ④ 3문단에 따르면 불교적 관점에서 무변무상한 것은 없다고 본다. 즉, 변하지 않고 항상 같은 것은 없고, 모든 것은 변한다는 것이다. 2문단에서 본래 있는 절대자가 "오동잎→푸른 하늘→향기"로 변하는 것도, 이러한 무변무상한 것은 없다는 불교적 관점을 반영한 것으로 이해할 수 있다.

007
문맥상 다음 빈칸에 들어갈 말로 가장 적절한 것은?

우리 문학에서 몽유 구조는 몽유록이 출현하기 이전에 다양한 양상으로 나타나고 있었다. 그 연원을 거슬러 올라가면 신라 시대의 조신 설화에서부터 몽유 구조를 확인할 수 있다. 이것에서 시작된 몽유 구조는 후대로 이어져 김시습의 《금오신화》에 이르러 몽유록의 유형성을 확립하게 되고 다양한 몽유록계 소설들을 발생시켰다. 〈운영전〉은 발전된 몽유록의 형식을 보여주는 작품으로, 안평대군의 궁궐인 수성궁을 배경으로 하여 벌어지는 운영과 김 진사의 사랑을 다룬 애정 소설이다.

그런데 〈운영전〉의 구조는 일반적인 몽유록과는 차이점을 보인다. 일반적으로 몽유록은 현실과 꿈에서 한 인물이 주인공으로 설정되어 이야기를 끌어 나간다. 그런데 〈운영전〉의 현실에서는 유영이, 꿈에서는 운영과 김 진사가 주인공으로 설정되어 이야기를 끌고 나간다. 그리고 궁녀인 운영과 김 진사가 사랑을 추구하다 사회적 한계에 부딪혀 비극적 결말을 맺게 되는 것을 보여준다. 즉 대부분의 고전 소설이 단순 구성에 행복한 결말이라는 보편적인 주제를 드러내는 데 반해, 이 작품은 (　　　　)을/를 통해 비극적인 주제를 드러내고 있다.

① 현실과 이상 간의 괴리로 인한 갈등
② 꿈과 현실의 주인공이 서로 다른 점
③ 주인공이 금지된 사랑을 완성하는 과정
④ 꿈과 현실의 공간이 연결되지 않는 구조

008

㉠, ㉡에 들어갈 말로 가장 적절한 것은?

'노에시스(noesis)'는 어떤 대상에 대한 지향성을 갖는 의식 작용을 의미한다. 인간이 어떤 것을 대상으로 여기려면, 노에시스의 작용이 이루어져야 한다. 만일 대상이 알 수 없는 것이나 지각 대상이 되지 않는다면 노에시스는 작용하지 않을 것이다. '노에마(noema)'는 노에시스가 지향하는 대상과 결합해서 이루어지는 사고 작용 전반을 가리킨다. 문학 작품의 작가들은 사물이나 현상을 노에시스를 통해 인식하고 그로부터 개성적인 노에마를 이루어 낸다. 독특한 작가들의 의식 작용은 일상에서 느끼지 못한 문학적 감동을 선사한다.

김남조의 「설일」은 '겨울나무'와 '바람'의 관계에 주목한다. '겨울나무'의 앙상한 가지 끝에 걸린 '바람'은 일반적으로는 겨울의 매서운 추위를 상징한다. 그러나 작가는 '겨울나무'에게는 '바람'이 있기 때문에 혼자가 아니라고 생각한다. 그리고 이러한 인식을 확장시켜 '누구도' 혼자가 아니라고 깨닫는다. 이런 깨달음은 곧 삶에 대한 인식으로 이어진다. 작가에게 삶은 만만한 것이 아니다. 그렇기에 '돌층계'로 표현된다. 그러나 삶에는 항상 자애로운 '하늘'이 함께 한다. 그렇기 때문에 삶은 '은총'의 돌층계가 된다. 즉 작가는 '겨울나무-바람'을 ㉠ 의 대상으로 삼고 생각을 확장하여 삶이 신의 섭리가 가득한 공간이라는 ㉡ 를 이루어 낸 것이다.

	㉠	㉡
①	노에시스	노에마
②	노에시스	노에시스
③	노에마	노에마
④	노에마	노에시스

009

다음 글에 대한 이해로 적절하지 않은 것은?

> 유배 시가는 작품 생성 동인(動因)으로서 '유배'와 우리 문학 갈래로서 '시가(詩歌)'를 결합한 용어로, 유배지에서 지은 일단(一團)의 시가작품들을 일컫는다. 당파 싸움이 치열했던 고려 시대나 조선 시대에 벼슬살이를 하는 정치인들은 유배라는 정치적 상황으로부터 자유로울 수 없었다. 그렇기 때문에 조선 시대까지 귀양살이를 소재로 한 시가 작품이 많이 나오게 되었다.
>
> 〈정과정〉은 고려 속요이자 유배 시가의 효시로 알려져 있다. 화자는 의종이 즉위한 뒤 참소를 받아 고향인 동래로 유배되었다. 의종은 유배를 가는 화자를 다시 불러주기로 하였는데, 시간이 지나도 자신을 다시 불러주지 않자 이 노래를 불렀다고 한다. 사설을 살펴볼 때, 임금이 자신을 버린 상황을 안타깝게 여기고 다시 불러줄 것을 간청하는 한편, 정적(靜寂)에 대한 적개심을 드러내는 내용을 골자로 하고 있다.
>
> 유배 시가는 '유배'라는 정치적 상황으로 인해 발생된 갈래이므로 다른 시가 작품과는 뚜렷하게 구별되는 내용적 특성을 가진다. 대부분의 유배 시가는 유배 당한 처지와 정서를 하소연하며, 임금을 향한 일편단심을 표출하는 성격이 강하다. 또 자신의 무고함을 호소하기도 한다. 유배 시가는 정치적 복귀를 소망하여 충절 의식을 드러내는 것이 일반적이나, 임금에 대한 원망이나 자신의 처지에 대한 한탄을 표현하는 경우도 있다. 이러한 내용은 모두 유배라는 특수한 상황에서 비롯된 정서와 태도이자, 자신의 처지와 소망을 전달하고자 하는 소통의 의도를 지닌 것이었다.

① 유배 시가의 연원은 고려 속요에서 찾을 수 있다.
② 유배라는 형벌은 유배 시가 생성의 동인으로 작용했다.
③ 가사는 산문 갈래보다 유배 생활의 고충을 호소하기에 유리했다.
④ 유배 시가는 유배의 생활과 정서를 전달하려는 소통의 의도를 지녔다.

010

다음 글에 대한 설명으로 적절하지 않은 것은?

> 문학 작품의 의미와 해석은 기존의 개별적인 작품들 및 일반적인 문학적 규범과 관습과 밀접한 관련을 맺는다. 문학 작품들이 맺는 유기적 관련성을 '문학적 상호텍스트성'이라고 한다. 문학적 상호텍스트성은 좁게는 한 문학 작품 안에 다른 문학 작품의 내용이 인용되거나 언급되는 경우를 가리키고, 넓게는 문학 작품과 문학 작품이 관계를 맺으며 발생하는 모든 의미 체계를 뜻한다.
>
> 중세에는 뛰어난 특정 작품이 규범으로 인정되며 권위를 가졌고, 그것을 본받으려는 가치가 바람직한 창작의 태도로 여겨졌다. 이러한 창작 태도는 '문학적 상호텍스트성'을 지닌 다양한 작품들이 생겨나는 전제로 작용했다. 기존의 문학 작품의 일부를 적극적으로 차용하여 모범으로 인정되는 작품에 가까이 이르기 위해 노력하였고, 이 때문에 비슷한 주제를 지닌 작품들이 많이 생겨나게 되었다. 고전 시가 중에 '백이·숙제'와 관련되는 문학 작품이 많은 것도 이와 같은 이유에서이다.
>
> 백이·숙제의 이야기는 우리나라에서도 충절을 주제로 하는 시가에서 자주 차용되었다. 그런데 우리의 시가에서는 백이·숙제의 이야기를 단순히 재생산하는 것을 넘어, 새로운 차원으로 의미를 변용하였다. 이는 상호텍스트성이란 단순히 고답적이고 복고적인 방식으로 과거의 작품을 재현하는 데에서 비롯되는 유기성이 아니라는 점을 보여준다.

① 문학 작품은 기존의 작품들과의 관계 속에서 해석되어지고 의미를 갖는다.
② 문학적 상호텍스트성은 문학 작품들의 관계에서 비롯되는 모든 의미 체계를 가리킨다.
③ 중세에는 과거의 문학 작품을 복원하는 창작의 태도가 강조되어 많은 작품이 창작되지 못했다.
④ 우리나라의 문학 작품들은 단순히 기존 작품들을 모방하지 않고 변용하여 새롭게 해석하기도 한다.